# संजीव

मूर्धन्य कथाकार संजीव का जन्म 6 जुलाई, 1947 को सुल्तानपुर, उत्तर प्रदेश में हुआ। 38 वर्षों तक एक रासायनिक प्रयोगशाला में कार्यरत रहे। सात वर्षों तक 'हंस' समेत कई पत्रिकाओं का सम्पादन और स्तम्भ-लेखन किया। लगभग दो वर्षों तक महात्मा गांधी अन्तरराष्ट्रीय विश्वविद्यालय, वर्धा और अन्य विश्वविद्यालयों में अतिथि लेखक रहे।

संजीव का अनुभव-संसार विविधताओं से भरा हुआ है। साक्षी हैं उनकी प्राय: दो सौ कहानियाँ और 'अहेर', 'सर्कस', 'सावधान! नीचे आग है', 'धार', 'पाँव तले की दूब', 'जंगल जहाँ शुरू होता है', 'सूत्रधार', 'आकाश चम्पा', 'रह गईं दिशाएँ इसी पार', 'फाँस', 'रानी की सराय', 'मुझे पहचानो' आदि उपन्यास। नवीनतम कृतियाँ हैं—महात्मा जोतिबा फुले पर केन्द्रित उपन्यास 'ज्योति कलश', छत्रपति शाहू जी पर केन्द्रित उपन्यास 'प्रत्यंचा', पुरबी के अनन्य गायक महेन्द्र मिश्र पर केन्द्रित उपन्यास 'पुरबी बयार' और 'प्रतिनिधि कहानियाँ'। कुछ कृतियों पर फिल्में बनी हैं, कुछ की उन्होंने पटकथाएँ लिखी हैं।

उन्हें 'साहित्य अकादेमी पुरस्कार', 'कथाक्रम सम्मान', 'इन्दु शर्मा अन्तरराष्ट्रीय कथा सम्मान', 'पहल कथा सम्मान', 'सुधा कथा सम्मान', 'श्रीलाल शुक्ल स्मृति इफको साहित्य सम्मान' समेत अनेक सम्मान प्रदान किए जा चुके हैं।

सम्प्रति : स्वतंत्र लेखन।

सम्पर्क : writersanjiv@gmail.com

# रह गईं दिशाएं इसी पार

संजीव

राजकमल पेपरबैक्स

पहला पुस्तकालय संस्करण
राजकमल प्रकाशन प्राइवेट लिमिटेड द्वारा
2011 में प्रकाशित

राजकमल पेपरबैक्स में
**पहला संस्करण :** 2012
**तीसरा संस्करण :** 2026



---

**राजकमल पेपरबैक्स :** उत्कृष्ट साहित्य के जनसुलभ संस्करण

---

राजकमल प्रकाशन प्रा.लि.
1-बी, नेताजी सुभाष मार्ग, दरियागंज
नई दिल्ली-110 002
द्वारा प्रकाशित

**शाखाएँ :** अशोक राजपथ, साइंस कॉलेज के सामने, पटना-800 006
पहली मंजिल, दरबारी बिल्डिंग, महात्मा गांधी मार्ग, प्रयागराज-211 001
1, अनमोल सोराबजी सन्तुक लेन, धोबी तलाव, मरीन लाइंस, मुम्बई-400 002

वेबसाइट : www.rajkamalprakashan.com
ई-मेल : info@rajkamalprakashan.com

बी.के. ऑफसेट
नवीन शाहदरा, दिल्ली-110 032
द्वारा मुद्रित

**मूल्य : ₹**499

RAH GAYEEN DISHAYEN ESI PAAR
*Novel by* Sanjeev

ISBN : 978-81-267-2189-4

उन तमाम वैज्ञानिकों को समर्पित
जिन्होंने अपना जीवन मनुष्य की नियति की बेहतरी में लगाया।

Science and Technology, not tears and rhetorics will change the society and abolish poverty.

*–Einstein*

# आभार

मनोज कुमार शुक्ल, कोलकाता; प्रमोद बेड़िया, पुरुलिया; पुष्पा तिवारी, कोलकाता; राजेन्द्र यादव, दिल्ली; अपूर्व जोशी, दिल्ली; प्रेम भारद्वाज, दिल्ली; प्रेमपाल शर्मा, दिल्ली; संजीव पाण्डे, आसनसोल; सुवास कुमार, हैदराबाद; आकाश कुमार, यू.एस.ए.; शांति देवी, हैदराबाद; देवेन्द्र मेवाड़ी, दिल्ली; आदेश्वर राव एवं परिवार, विशाखापत्तनम; रामचंद्र ओझा, रांची; प्रसन्न कुमार चौधरी, अफसार अहमद, हैदराबाद; आशुतोष सिंह, कोलकाता; उमाशंकर सिंह, दिल्ली; गौतम सन्याल, बर्द्धमान; बासुदेव मंडल, रूपनारायणपुर; अंजता शर्मा, नोएडा; विजय कुमार शर्मा, कोलकाता; हरीश पाठक, मुंबई; संजय भालोटिया, रानीगंज; विकास कुमार झा, पटना; शिवमूर्ति, लखनऊ; डॉ. शशि मुदराज, हैदराबाद; रमेश कुमार प्रजापति, दिल्ली; जसवीर चावला, चण्डीगढ़; करणदीप चावला, चण्डीगढ़; मनीषा कुलश्रेष्ठ, दिल्ली; सुशील प्रसाद, दिल्ली; पंकज शर्मा, दिल्ली; विवेक मिश्र, दिल्ली; कृष्ण मेनन, दिल्ली; राकेश बिहारी, सिंगरौली; सी.सी.एम.बी., हैदराबाद; खुशी राम यादव, बुलंदशहर; मानसिंह, दिल्ली; सुंदरवन और विशाखापत्तनम के कुछ मित्र।

इस उपन्यास के शोध के लिए श्री अपूर्व जोशी, निदेशक, इंडिपेंडेंट मीडिया इनिशिएटिव सोसायटी, नोएडा, से 50 हजार रुपए तथा श्री प्रमोद बेड़िया (पुरुलिया) से 10 हजार रुपए प्राप्त हुए। हार्दिक आभार!

# भूमिका

'रह गईं दिशाएं इसी पार' कथाकार संजीव का बेहद महत्वाकांक्षी उपन्यास है, जिसे लिखने में उन्होंने दसियों वर्ष लगाए हैं। यह एक वैज्ञानिक खोज का उपन्यास भी है। इसमें टेस्ट-ट्यूब बेबी के बहाने उन्होंने जन्म, मृत्यु, जीवन, मरण, जेंडर, ईश्वर और अनन्त के रहस्यों पर एक वैज्ञानिक की तरह बात की है। दूसरे शब्दों में उपन्यास एक ऐसी प्रयोगशाला है जहां निरंतर परीक्षण चल रहे हैं और इन प्रयोगों को अंजाम दे रहे हैं देशी-विदेशी पात्र। उन्होंने प्रेम, प्यार, संभोग और प्रजनन के सारे रहस्यों और उनके साथ जुड़े आध्यात्म को ध्वस्त कर डाला है। हर विषय पर वे खुलकर बहस करते हैं। जीवन, समाज और पूंजी के घिनौने सम्बन्धों को संजीव ने निर्मम कसाई की तरह उधेड़ा है। असीम धन का स्वामी बिस्नु बिजारिया पशुओं-यहां तक कि मानव-मांस का व्यापार करता है, जिसका जाल दुनिया के हर भाग में फैला है। वह धर्म-कर्म मंदिरों और समाजसेवी संस्थाओं को दिल खोलकर दान देता और उन्हें बनाए रखने के लिए हर तरह की सुविधाएं सुलभ कराता है। वह अमर होना चाहता है और इसके लिए उसने बड़े-बड़े वैज्ञानिकों को अपनी प्रयोगशालाओं में हर तरह की शर्तों पर रखा हुआ है। वह स्वयं अदृश्य है। उसकी माँ भी इच्छानुसार उससे नहीं मिल सकती। सुनते हैं 'प्ले बॉय' पत्रिका का संस्थापक ह्यू हैफ़नर भी बिजली के तारों में घिरे किसी ऐसी इमारत में रहता था, जहां कोई भी नहीं पहुंच सकता। उसका सारा कारोबार फोन या बिचौलियों के माध्यम से चलता था, उसे देखा किसी ने नहीं। बताया जाता है जब उसकी मृत्यु हुई तो किसी को कोई सूचना नहीं थी। शायद मैं यहां कुछ गलती कर रहा हूं, तिलस्मी किले में कैद यह व्यक्ति 'प्ले-बॉय' वाला हैफ़नर नहीं, कोई और है।

अजर और अमर होने की अपनी तमाम कोशिशों के बावजूद न कोई अजर रह पाता है और न अमर। लाशों की बदबू को न चंदन ढंक पाता है, न डीप फ्रीज, न वैज्ञानिक और आध्यात्मिक मिथ।

संजीव के इस उपन्यास के पात्रों के लिए न किसी देश की सीमा है, न काल की। वे कहीं भी सहजता से आ-जा सकते हैं। मैं इसे जीव-वैज्ञानिक और दार्शनिक बहसों का उपन्यास कहना ज्यादा पसंद करूंगा। जो प्रश्न अभी तक सिर्फ दर्शनशास्त्र के तर्क-वितर्कों और आत्मगत निष्कर्षों तक सीमित रहे हैं, उन्हें वैज्ञानिक प्रयोगशाला में लाकर वस्तुगत तथ्यों की तरह उलटना-पुलटना बौद्धिक दुस्साहस लग सकता है। मगर महत्त्वपूर्ण बहसें नहीं हैं, सबसे महत्त्वपूर्ण है संजीव की चिंताएं, काल और जीवन-मृत्यु की पहेली को सुलझा पाने की बेचैनी। इसके लिए उन्होंने सामान्य लोगों के बीच पुराकथाओं का इस्तेमाल करते हुए कृत्रिम गर्भाधान द्वारा उत्पन्न जिम या अतुल बिजारिया का अवतरण किया है। वह सब वैसा है और नहीं भी है। भावनाओं के तीव्रतम आवेग में भी वह निर्वेद, निस्संग और अजनबी है।

वैज्ञानिक शोध के परिवेश में लिखा गया यह उपन्यास हिंदी में तो विलक्षण है ही, मुझे नहीं लगता किसी और भारतीय भाषा में भी ऐसी कोई रचना है। हां, इसके आस्वाद के लिए विज्ञान की प्राथमिक जानकारी से भी ज्यादा वैज्ञानिक दृष्टि की जरूरत है। कहना अनावश्यक है कि आधुनिकता का सूत्रपात जिस रैशनेलिटी (यानी तार्किक मानसिकता) से हुआ है उसके पीछे विज्ञान के आविष्कार और यही वैज्ञानिक दृष्टि रही है।

कहने का मन तो यही करता है कि भारतीय पाठक के लिए यह पच्चीस-पचास साल पहले संभव कर दी गई रचना है और निश्चय ही विचलित करने वाली कृति है—शायद आसानी से पचाई भी नहीं जा सकेगी। संजीव के लिए स्वयं एक अकल्पनीय मोड़ है जो पता नहीं उन्हें किन अंधी गलियों में ले जाकर छोड़ेगा।

सही बात तो यह है कि इस जटिल उपन्यास पर कोई भी राय देने की क्षमता मुझमें नहीं है।

**—राजेन्द्र यादव**

# अनुक्रम

# रह गईं दिशाएं इसी पार

# संयोग के सिरहाने

सब संयोग की बात है। न भाई साहब को कैंसर हुआ होता, न उन्हें इलाज के लिए ठाकुर पुकुर आना पड़ता, न वह सुखाड़ इलाके का होता, न यहां के पानी और हरियाली की हिलकोर देख कर ऊंट-सी गर्दन निकाल कर सुबह-सुबह टहलने के लिए चल पड़ता, न राह में गिरे सुपारी के फलों को चुनने का बचकाना लोभ पालता, न डॉक्टर जैक्सन के जाल में फंसता।

ठाकुर पुकुर से काफी आगे, जहां झबरैले नारियल, सुपारी और दूसरे पाम जातीय लंबे-लंबे दरख्तों और घनी झाड़ियों से हवा बिल्कुल मछेरन-सी चिपचिपाहट और सड़ी गिजगिजी गंध लिए डोलती है, इस चिकचिक धूप में किसी अतुल मेंशन को खोज निकालना खासा मनहूस काम है, वह भी अजय जैसे जीव के लिए जो ऐन पश्चिमी राजस्थान से आया हो। कहां जैसलमेर के वे वीरान बालू के टीले, किसी पर खड़े हो जाओ और दीठ अच्छी हो तो कोस-कोस तक देख लो और कहां सुंदरवन का यह उत्तरी प्रांतर, पलक उठी नहीं कि किसी झाड़ में पतंग-सी जा फंसी। दोनों परस्पर विलोम ध्रुव! यह यात्रा भी विलोम की है।

उसे क्या पता था कि कोई उसे देख भी रहा है। उसे तो उस आवाज ने टोका था, "वेल यंग मैन, ह्वाट डू यू पिक अप डेली?" (जवान आदमी, तुम रोज-रोज क्या चुनते हो?)

उसने चौंक कर देखा तो 60-65 का गोरा वृद्ध था। यूरोपियन होगा या अमेरिकन! स्नेह और जिज्ञासा में चेहरा गूलर हो रहा था और आंखें गुलनार! कहीं वह उसे पहले से पहचानता है क्या?

"आप इसका क्या करेंगे?" प्रश्न इस बार हिन्दी में था, यूरोपियन उच्चारण मगर ठीक।

"वेल, सर, दीज आर ए शॉर्ट ऑफ नट्स। हम इसे सुपारी कहते हैं।" अजय ने अपनी झेंप झाड़ते हुए कहा?

"ह्वाट सुपारी?"

"ए शॉर्ट ऑफ हर्बल चीविंग गम आफ्टर प्रॉसेसिंग, वी टेक इट ह्विथ बीटल्स।" अजय की अनूदित भारतीय अंग्रेजी लड़खड़ाने लगी।

"आप बेंगाली-हिन्दी में बोलिए न!"

"जी भारत में इसका सांस्कृतिक महत्त्व है। इट गीव्स 50 कैलोरीज।"

"आई सी!" उन्होंने आंखें फैला दी अचरज में, फिर खुद का परिचय देने लगे, "मायशेल्फ जैक्सन! यू.एस.ए. से 'आया है', नो नो 'आया हूं' ए गायनाकॉलोजिस्ट, जान सेवा सडन का डॉक्टर है।" उनकी उंगली पीछे सेवा-सदन के बोर्ड की ओर उठ गयी।

"माइशेल्फ अजय, ए हिन्दी राइटर फ्रॉम राजस्थान, इंडिया, ए बोटनिस्ट एज वेल। यहां अपने बड़े भाई के कैंसर के इलाज के लिए आया हूं।"

"ग्लैड टु मीट यू!"

"मी टू!"

दोनों ने हाथ मिलाये। डॉ. के हाथ खुश्क थे, मुर्दे जैसे।

डॉक्टर ने अजय से भाई के रोग और इलाज के बावत पूछा, फिर विदा मांगी।

अगली सुबह अजय टहलने निकला तो खासा सावधान था कि और चाहे जो हो, वह सुपारियां चुनने जैसी ओछी हरकत से बाज आये ताकि डॉक्टर के सामने लज्जित न होना पड़े मगर डॉक्टर जैक्सन खुद ही भूत की तरह प्रकट हो गये। उनके दोनों हाथों में ढेर सारी सुपारियां थीं, "गुड मॉर्निंग अजै। आइ हैव थाउजैन्ड कैलॅरीज फॉर यू।"

इसके बाद तो साथ-साथ प्रातः भ्रमण करने का क्रम-सा बन गया। वह स्त्री रोग विशेषज्ञ थे और अजय जड़ी-बूटियों वाले खानदानी वैद्य परिवार का सदस्य। वह उनसे स्त्रियों के रोगों और अमेरिका के बारे में पूछता, वे उससे जड़ी-बूटियों और भारत के बारे में। वह उनसे अंग्रेजी सीख रहा था, वे उससे हिन्दी।

"अच्छा हुआ कि आप सरे राह मिल गए, अमेरिका के नाम से ही मेरे अंदर कहीं घंटियां बजने लगती थीं, बचपन से ही...कि कैसा होगा वह देश जो ऐन हमारे उलटे पड़ता है कि जब हमारे यहां दिन होता है, वहां रात होती है और जब हमारे यहां रात होती है, वहां दिन...।"

हंस पड़े डॉक्टर।

"बाद में जैसे-जैसे उम्र बढ़ती गई, नयी-नयी जानकारियां अमेरिका को परत-दर-परत उधेड़ती चली गयीं—कोलंबस, रेड इंडियंस, जॉर्ज वाशिंगटन, आठ घंटे की लड़ाई, उपनिवेशवाद, पूंजीवाद, साम्राज्यवाद, विज्ञान टेक्नॉलॉजी का आतंक, दादागीरी, छिन्नमूलता और जाने क्या-क्या! आप मिले तो लगा, इस भानुमती के पिटारे के रहस्य-लोक में झांकने का एक सुराख मिल गया।" डॉ. जैक्सन की

आंखें उसे रस ले-ले कर घूरती रह गयीं। उन्होंने 'सरे राह', 'घंटियां बजना' और 'भानुमती का पिटारा' का आशय पूछा फिर अटकते हुए कहा, "अमेरिका निर्वासितों की जगह है, कुछ ने यह निर्वासन स्वयं चुना है, कुछ पर लाड (लाद) दिया जाता है।"

एक दिन हल्के मूड में थे, पूछ बैठे, "मानसून विलेज कहां है।"

"ये 'मानसून विलेज' क्या मौसमी ग्राम है?"

"ओ यस।"

"द प्लेस ऑफ हेवियेस्ट रेनफाल?"

"और आपके यहां राजस्ठान के उस पार्ट में?"

"काली-पीली आंधी चलती है तो कई-कई दिनों तक धूल झरती है, पानी नहीं, धूल की वर्षा...सिन्ध के करीब, कभी-कभी तो पांच-पांच साल के बच्चे भी नहीं जानते कि वर्षा क्या है। आसमान से पानी की बूंदें भी गिर सकती हैं, दे कान्ट इमेजिन।"

डॉक्टर की आंखें फैल गयीं, "और टेम्परेचर वेरियेशन?"

"हमारे यहां गर्मियों में कभी-कभी 50 डिग्री सेंटिग्रेड के आसपास और लाहुल स्फीति और सियाचीन में सर्दियों में शून्य से इतना ही नीचे।"

"लिविंग स्टैंडर्ड को क्या बोलते हिन्दी में?"

"जीवन-स्तर...! हिन्दी वाले प्रान्त तो प्राय: पिछड़े हैं, मेरा राजस्थान तो और भी निर्धन! वैसे उसी राजस्थान से इस देश के मल्टीमिलियानियर्स भी आते हैं। कश्मीर के लोग स्नो ह्वाइट, जबकि कुछ इंडियंस टोटली ब्लैक।"

"तब भानुमटी का पटारा।"

"पिटारा?"

"ओ यस भानुमटी का पिटारा कौन हुआ-इंडिया या अमेरिका?"

अजय पर घड़ों पानी पड़ गया। ये गोरे दांव लेने से बाज नहीं आते।

"ये भी सुना कि चीविंग टुबैको लेते हैं आपकी उस सुपाऽऽरी के साठ, फिफ्टी कैलरीज प्लस निकोटिन, इज इक्वल टू कैंसर! और उसी कैंसर के ट्रीटमेंट के लिए थाउजैन्ड किलोमीटर्स से आया आप! हमारा नर्स बोलटा, अलेक्जेन्डर जब इस डेश को डेखा टो बोला, सच सेल्यूकस स्ट्रेंज है ये कॅन्ट्री!" वे विजयी भाव से हंस रहे थे।

"अब आप लौट जाइये सर।"

"नो, हम देखेंगे कि इस स्ट्रेंज देश में आप कहां रहते।"

मरा वह! सड़क के इस पार बाहरी रोगियों के लिए किराये पर बांस के ठट्ठर और ईंटों को चिन कर काम चलाऊ झोपड़े बने थे। निहायत मामूली, गंदे

भी, बाहर कपड़े सूख रहे होंगे। जंगली अरवी से भरे नाले और दूसरे झाड़। यह सब डॉ. साहब को कैसे दिखाया जा सकता है! मगर वे परछाईं की तरह चले आ रहे थे। कुछ लोग उन्हें हाथ उठा-उठा कर सलाम कर रहे थे। भैया-भाभी भी अपने मुड़े-तुड़े कपड़ों में जैसे-तैसे उठ खड़े हुए। अजय को लगा, वह बिल्कुल नंगा हो गया। उन्होंने प्रेस्क्रिप्शन और चेकअप के काग़ज़ात देखे, भैया का गला देखा।

"आप इनको अटुल मैंशन क्यों नहीं ले चलटे?"

"वो क्या कोई नर्सिंग होम है?"

"नो, हम वहां रहटे।"

"एक दो को स्वर्ग ले जाकर क्या कीजिएगा?"

डॉक्टर ने अजय को गहरी आंखों से घूरा, "मिस्टर अजै!"

"सर!"

"एक बाट बटाओ, आप फंडामेंटल रिसर्च के लिए हर्ब्स को ही क्यों चुनना चाहटे हैं?"

"मेरे परिवार में जड़ी-बूटियों से इलाज करने की एक परंपरा पहले से थी। मैंने बॉटनी से एम.एस-सी. किया था। यही इंडियन मोड है—सस्ता भी, हर तरह से हमारी प्रकृति के अनुकूल भी, शायद यही वजह रही हो।"

उन्होंने घड़ी देखी, वापस मुड़े। वह उन्हें विदा करने के लिए साथ-साथ चलता रहा। सहसा वे रुक गये, "थैंक्स! हमारा यहां बूढ़ों से कोई बाट नहीं करटा। आपने किया। कौन कहटा है कि कैलकटा मर रहा है। जीवन यहां है—यहां। ये शेक्सपीयर या थिएटर रोड, बिड़ला प्लैनेटेरियम, साइन्स सिटी, मैडान, नंडन, इस्प्लैनेड, स्ट्रीट्स आल बब्लिंग विथ लाइफ! बट वन थिंग, यू मस्ट कम टु अटुल मैंशन। हमारा सेपरेट अपार्टमेंट है, हर्ब्स का कलेक्शन भी एंड मच मोर, मे बी ए सरप्राइज फॉर यू!"

"आऊंगा।"

"श्योर?"

"श्योर!"

आज वही वादा पूरा करने जा रहा था अजय। बस हचके से रुक गयी।

"अतुल मैंशन जाबेन?" कंडक्टर ने पूछा।

"हां।"

"तो नामिये।"

लाल कोठी! 'कोठी' नहीं 'कुठी' अब तक अजय ने शब्द को आंचलिकता के लिहाज से दुरुस्त कर गोल बना लिया था। पता नहीं क्यों, एक प्रच्छन्न-सी

विरक्ति घुली थी हर बतानेवाले के अंदाज में।

"अजी कोठा बोलिए न!" मोड़ पर की गुमटी के मत्स्यजीवी श्रमिक संगठन के लीडर मनीष मंडल ने एक कदम आगे जाकर शब्द की व्यंजना ही उलट दी, "वोई है पुकुर पाड़ में।"

फिर उसने उसे ऊपर से नीचे तक तलाशती नजरों से नंगाझोरी ली, "आप जैसे पैदलवाले कब से 'लाल कोठा' के रसिक हुए?"

अजय पूरी तरह से भन्ना गया था। बैठे-बिठाये कहां की बला मोल ले ली। अब इतनी दूर आ गया हूं तो जाना तो पड़ेगा ही। उसने दुविधा को झटका, "पुकुर पाड़, माने तालाब के किनारे? लेकिन वहां तो एक बाग-सा दिख रहा है!"

मंडल की आंखें रससिक्त हुईं, "कोई मॉड सुंदरी ठो का मांग देखा है आप? दोनों हाथ से उसका बॉबकट केश ठो को हटाइये...।" मंडल ने बगल के आदमी के बाल हटा कर समझाया, "ऐसा माफिक, तब जाके देखेगा मांग। वोई माफिक इस गाछ-पाला (पेड़-पल्लव) को हटाएगा तब जाके एक रोड देखेगा आप-मांग। उसी का चूड़ा पर है 'लाल कुठी', माने कोठा!"

उसने वही किया। दोनों ओर की हरियाली के कुंतलों को बीच से हटाते ही खुल गई मांग। आगे दोराहा! ठिठक गया वह-इधर या उधर?

एक लुंगीधारी प्रौढ़ एक देसी बछिया हांकते हुए आ रहा था, बोला, "नहीं समझ पाये? दायीं सड़क लाल कुठी, बायीं जॉन साहब की समाधि-कहां जाएगा आप?"

"जॉन साहब...?"

"खांटी इंगरेज। भौत बरस पहले था। बाघ से डाइरेक्ट बात करता। कुठी बनाया, लेक बनाया, हास्पाताल (अस्पताल) खोला। बाद में बिजारिया साहब ई सब को खरीद लिया। ऊ इंगरेज नहीं, फिफ्टी-फिफ्टी...खुद इण्डियन बोऊ और सास इंगरेज। डॉ. जैक्सन भौत ई नामी डॉक्टर। जॉन साहब की सृति में जॉन सेवा सदन चलाता। जॉन साहब अभी भी हियां घूमता। कब कौन-सा रूप धारण करेगा, कोई नहीं जानता।"

अजय ने उस बातूनी प्रौढ़ को घूर कर देखा, "कहीं आप के वेश में तो नहीं?"

वह सहम गया, "ना ना, हम नहीं। आप दायां ओर चले जाओ।"

आगे चल कर जॉन साहब एक सूचना पट्ट में तब्दील हो गये-"अतुल मेंशन, बीवेयर आफ ड्रेडली डॉग्स!" गेट के वर्दीधारी गेट कीपर हरेन सिकदार ने टेलीफोन करके उसका जाना सुनिश्चित किया, "राइट।"

बायीं ओर एक आधुनिक भवन, दायीं ओर कुछ अलग आकार के घर, अंदर एक गोल लान, बीच में फव्वारा, मशीन से काटी गयी घास। कलात्मक कटे हेज, सिमेट्रिकल अंदाज में किसिम-किसिम के फूल...ये फ्रिसिया, एस्टर, अरे स्वीट अलाइसम! अहा, कारनेशन भी, उधर डबल पिटूनिया की कतारें हैं, इधर डहेलिया

की–गुलाबी, पीले, बैंगनी ये केलंडुला, ट्यूलिप, तनिक बगल शंखपुष्पी, भृंगराज, पुनर्नवा, बासक की झाड़ और...।

"हे अजै! कम ऑन दिस साइड स्ट्रेट वे", आवाज ने फिर उसे टोका। डॉक्टर जैक्सन ने आगे बढ़कर हाथ मिलाये–वही खसखसे हाथ।

"पहले तो मैंने समझा कोई होटल है।" अजय ने कहा।

हंस पड़े डॉक्टर, फिर उदास हो गए, "घर अब किसका रहा, जो है वो रेजिडेंस है।"

"घर की तामीर तसव्वुर में ही हो सकती है,
मेरे नक्शे के मुताबिक ये जमीं कुछ कम है।"

एक पकी–सधी आवाज ने उसे चौंकाया। पीछे मुड़ कर देखा तो शेर कहने वाला एक पचपन साल का अधेड़ था–गोरा रंग, लंबी कद–काठी, मगर साधारण कुर्ता–पयजामा!

"आपकी तारीफ?"

"नाचीज़ को आरिफ़ बेग कहते हैं। बाग़ान का माली।"

"यानी इस बागीचे का बागबां!"

"इतना वजनी ताज़ नहीं संभलेगा हुजूर!" आरिफ़ ने कहा।

"माली!" डॉक्टर ने कहा–"इनसे हम हिन्दी सीखटे! ए गुड नम्बर ऑफ पोयेम्स इन हिज कलेक्शन, वो क्या बोले आप उस डिन...गुलशन परस्ट हूं...?"

"गुलशनपरस्त हूं, मुझे गुल ही नहीं अजीज,
कांटों से भी निबाह किये जा रहा हूं मैं।" आरिफ़ ने पूरा किया।

"वाह! क्या शेर है! आप कहां के हुए बेग साहब?"

"अभी तो मटियाबुर्ज के। कई पीढ़ियां पहले लखनऊ के नवाब वाजिद अली शाह के साथ लाये गए थे। कभी हमारे अब्बा के अब्बाहुजूर, जॉन साहब के पास आए थे फाकाक़शी के दिनों में। तब से लाल कोठी में।"

"आप लोग बाट करो, हम अभी आटा!" डॉ. जैक्सन ने कहा।

"डॉक्टर साहब, अभी आपने 'ट' को दुरुस्त नहीं किया 'बाट' नहीं 'बात', 'आटा' नहीं 'आता'।"

"सॉरी सर!" हंसते हुए चले गए डॉक्टर।

"तो आप इनके मुदर्रिस भी हुए और उनका मुझे 'आप' बोलना भी आपकी लखनवी तहजीब की देन है।" अजय ने कहा।

"अब आप मुझे शर्मिन्दा कर रहे हैं।"

"यहां और लोग कहां के हैं?"

"कुछ बंगाल के, कुछ बांग्लादेशी, हिन्दू भी, मुसलमान भी, कुछ मेरे जैसे मगरबी मुसलमान, कुछ एंग्लोइंडियंस, कुछ नेपाली हिन्दू, कुछ पहाड़ के। घर,

सच पूछिए जनाब तो किसी का नहीं है, मालिक लोगों का भी नहीं, फिर भी क्या कमाल है, सब ऐसे रहते हैं कि पुश्तैनी हैं।"

"आइए आपको बिजारिया फेमिली में इन्ट्रोड्यूस करवा दें।" डॉक्टर ड्रेस अप होकर आ गये थे।

"मगर मैं तो आपके पास...।" पीछे-पीछे चलते हुए उसने संकोच प्रकट किया पर डॉक्टर ने जैसे सुना नहीं।

"आने में कोई डिक्कट टो नहीं हुई?"

"ना...पर ये जॉन साहब कौन थे?"

"तो खबर मिल गया? यहां-वहां माटला, नो, मा तला के इस पार, उस पार सजनाखाली से आगे तक सब जगह जॉन ही जॉन हैं। भाई कैसे हैं?"

"रे और इंजेक्शन का कोर्स पूरा हो चुका है, छह महीने बाद फिर...।"

"राजस्थान लौत जाओगे?"

संभल-संभल कर बोलने के बावजूद 'ट' और 'त' गड़बड़ा रहे थे।

"उन्हें भेज दूंगा, मैं तनिक रुककर जाऊंगा।"

बातें करते-करते वे उस बड़े भवन के मुख्य द्वार तक चले आये।

"भौं! भौं!" अरे बाप, लगा, चेन तुड़ाता भयानक अलसेसियन, "जायंट! जायंट!" अंदर से किसी के डांटने की आवाज आयी, "देबू ठाकुर संभालो। कॉम, कॉम, बी क्वाएट जैन्ट।"

धन बहादुर ने उन्हें रोका फिर अंदर से पूछकर गेट खोल दिए।

बड़ा-सा ड्राइंग रूम, आधुनिक सोफासेट और फर्नीचर्स। दीवार पर बॉन गाग, अवनीन्द्रनाथ, शोभा सिंह, रवि वर्मा और वी. प्रभा की पेंटिंग्स की अनुकृतियां, एक बाघ की जीवंत मूर्ति, एक ग्रीक मूर्ति, दीवारें हल्के लाल वालपेपर्स से मढ़ी, नीचे फर्श पर कीमती लाल टह-टह कालीन जो सीढ़ियों से होते हुए ऊपर चली गयी थी। नजर ऊपर गयी। लौटी एक अप्सरा के साथ, ऊंचा कद, नीली आंखें, दूधिया गोराई, उम्र 45 के आस-पास, सूती साड़ी, कानों में हीरे के टॉप्स, गले में सोने की पतली चेन, हाथ-पांव सूने, शैंपू से धुले तार-तार झरते सुनहरे केश...वह पंखुरी, पंखुरी चटख रही थी जैसे।

"शी इज कमिंग!" डॉक्टर ने उसके आगमन की घोषणा की।

"क्या यह भारतीय है?" अजय सोचने लगा, हाथ जुड़ गए, "अजय!"

"एलिस!" जवाब में उस महिला ने हाथ जोड़कर औपचारिक मुस्कराहट में कहा।

"अतुल नहीं है?" डॉक्टर ने पूछा।

"है न, आ रहा है।" शुभ्र दंत पंक्ति!

"आप लोग खड़े क्यों हैं, बैठिए न!" एलिस ने दोबारा कहा तो हिन्दी उच्चारण शुद्ध था, अजय को अच्छा लगा।

"जी, धन्यवाद। आपका बंगला तो काफी शानदार है, बाहर भी, अंदर भी।"

"अच्छा लगा?"

"जी!"

"डॉक्टर ने आपके बारे में बताया था, ए बोटनिस्ट एजवेल एज ए राइटर!...एक्स्क्यूज मी! हम अभी आये!" वे उठ गयीं।

"यह अटुल की मॉम थी। अटुल अपनी ग्रैंड-माँ कैथरीन के साथ वो आ रहा है।" डॉक्टर ने बताया। एक साठ-बासठ की वृद्धा अंग्रेजी बाने में और एक सत्रह-अट्ठारह का लंबा सुदर्शन युवक सीढ़ियों से उतर रहे थे। परिचय और अभिवादन के बाद सोफे पर बैठ गए। मिठाइयों का ट्रे लिए हुए एक एंग्लो इंडियन युवती और उसके पीछे एलिस लौट रही थीं।

"अतुल! नाउ नो मोर ट्रिप्स टू बोटानिकल गार्डन। मिस्टर अजै हर्ब्स के अच्छे जानकार हैं।" डॉक्टर ने कहा।

कैथरीन अजय को अपनी सूनी आंखों से देख रही थीं मगर अतुल ने इस परिचय पर सिर्फ एक बार पलकें फड़का कर देखा फिर निर्लिप्त हो गया। तीनों में एक बात कॉमन थी, दूधिया गोराई और नीली आंखें जो अमूमन भारतीयों में कम ही देखने को मिलती हैं।

सतही परिचय के अलावा ज्यादा बातचीत न हुई। एलिस की कांटेसा निकली, जायंट कूद कर सवार हो गया। फिर अतुल उठकर चला गया। बूढ़ी से क्या बात होती। अजय और डॉक्टर वहां से निकल आये।

"मिस्टर विस्नू बिजारिया नहीं दिखे?" अजय ने सवाल किया।

"बिजनेस के सिलसिले में बाहर गये हैं।" डॉक्टर ने बताया।

डॉक्टर उसे बंगले के दूसरी ओर ले गये। अगल-बगल लान और सामने एक विशाल सरोवर जिसकी झलक उसे आते समय ही मिल गयी थी। लान में झूले पड़े थे और लेक में श्वेत हंसिनी डोंगी और कुछ बत्तखें..। लेक के छोर पर कुछ आकृतियां मचलती हुई-सी। बनजारों ने डेरा जमा लिया होगा या फिर मंडल के मत्स्यजीवी संघ वाले होंगे।

वह फरवरी का प्रारंभ था और दिन का मध्याह्न! डॉक्टर अपने हर्ब्स के कलेक्शन दिखाते चल रहे थे–ज्वरांकुश, अश्वगंधा, नागबोई, भृंगराज, तुलसी, मेउड़ी आदि...कुछ उसने आते ही देख लिया था, कुछ देख रहा था। वह उकता रहा था, बोला, "वेल सर, आपने बुलाया, हम आ गए। अब इजाजत दीजिए।"

"अरे अभी ही...? अभी तो आपने अपना काम शुरू भी नहीं किया।"

"कौन-सा?"

"आपको अटुल, ओह, अतुल के साथ, क्या बोलते, हां, दोस्ती बनाना है, उसमें इन्टरेस्ट पैदा करना है और मच मोर टु डू!"

वह एक क्षण को चुप हो गया, फिर साहस करके पूछा, "किस हैसियत से?" "ओह मैंने बताया नहीं, मिस्टर एंड मिसेज बिजारिया माने विस्नू और एलिस आपको स्पांसर कर रहे हैं, फंडामेंटल रिसर्च के लिए।"

"लेकिन...!"

"आप अपने रिसर्च के लिए जैसा चाहें, लिबर्टी ले सकटे हैं।"

"बट ह्वाइ मी? इस देश और दुनिया में एक से बढ़कर एक वैज्ञानिक पड़े हुए हैं, मैं तो...।"

"उन्हें अपने बेटे के लिए एक फ्रेंड और गाइड चाहिए।"

"वह भी हजारों में मिल जाएंगे।"

"अगर उन्होंने हजारों में से सिर्फ आपको चुना तो हम क्या कर सकटे!"

अजय की उलझन सुलझने की बजाय उलझती ही जा रही थी। डॉक्टर की मुद्रा पिघली, वही स्नेहिल चितवन, कंधे पर हाथ रख कर थपथपाते हुए बोले, "जानना चाहते हो, टो सुनो, क्या कभी 36, चौरंगी लेन गये ठे?"

"ख्याल नहीं आता..." उसकी ऊंट-सी गर्दन ऊपर उठी, "हां एक बार इसी नाम की फिल्म से आकर्षित होकर गया तो था।" शायद तीन महीने पहले।"

"वहां किसी बूढ़े एंग्लो इंडियन को तुमने सड़क पार कराया था?"

"शायद!"

"सुनो, वहां बहुत-से ऐंग्लो इंडियंस हैं, बच्चे ऑस्ट्रेलिया, न्यूजीलैंड, इंग्लैंड, साउथ अफ्रीका, मैकलुस्कीगंज या कहीं और जा बसे हैं, इन बूढ़ों-बूढ़ियों की देख-भाल करने को कोई नहीं है। आपने जिस बूढ़े को सड़क पार कराया, उन्हीं में से एक ठा। वह मेरा बड़ा भाई था जो बाद में मैकलुस्कीगंज में मर गया। बाद में हमने आपको फिर ट्रेस आउट किया ठाकुर पुकुर की मार्निंग वाक में। बिजारिया परिवार के लिए आपसे बड़ा फिटिंग फ्रेंड हो ही नहीं सकता था उनके बेटे के लिए। बिजारिया फेमिली ने आपको देखा था उस दिन। वैसा करते हुए हमने भी..."

वह अवाक् होकर डॉक्टर का मुंह देखता रह गया। यादों में एक जईफ बूढ़ा सड़क पार करने के बाद छड़ी टेकते हुए कांपती आवाज में कह रहा था, "मे गॉड ब्लेस यू!"

"ओह, लेकिन वो तो एक निहायत ही मामूली घटना थी।"

"हर बड़ी घटना की शुरुआत एक मामूली घटना से होती है।" डॉक्टर ने कहा, "मे गॉड ब्लेस यू!"

देबू ठाकुर कहते हैं कि आकाश में कितने तारे हैं, यह जाना जा सकता है पर अतुल मेंशन में कितने-कितने लोग किस-किस हैसियत से जुड़े हैं-यह जानना संभव नहीं है। ठीक ही कहते हैं देबू ठाकुर। उन्हीं से शुरू करें तो मुंह पर कपड़ा बांध कर शाकाहार रांधने वाले देबू ठाकुर के बाद नंबर आता है, स्कर्ट और एप्रोन वाली मांसाहार रांधने वाली लूसी का। तीसरे नंबर पर आते हैं बागवान आरिफ बेग। एक खांटी हिन्दू, एक खांटी क्रिश्चियन, एक खांटी मुसलमान। चेहरे को देखे तो एक हिरण, एक बिल्ली, एक बकरा...फिर तीनों की फौज...। इन फौजों के अलावा हरेन सिकदार, देवेन, अखिलन, जगमंदर सिंह, खेलावन सिंह, असरफ खान सिक्योरिटी गार्ड हैं। धनपाल प्रद्योत मुखर्जी, सुलतान, राबर्ट, ड्राइवर हैं, सावित्री, जगदेई, फुलिया, तुली, आदि दाइयां। मांझी दूध, अरुष पॉल्ट्री और जावेद मांस की व्यवस्था करते हैं-स्वतंत्र भी, संयुक्त भी...। सबका अपना-अपना इतिहास है जो उनके अनुसार गौरवपूर्ण है पर सबसे गौरवपूर्ण इतिहास है शंकर का। कहने को मेहतर या सफाई कर्मचारी लेकिन चेहरा-मोहरा किसी मध्ययुगीन राजपूत का। छह फुटी गोरी चिट्टी काया। ऐंठी मूंछें। साफ-सुथरे कपड़े। यहां भी वह सरदार है।

उसके अधीन पांच अन्य सफाई कर्मचारी हैं। सेवा सदन के कर्मचारी अलग हैं, दूसरी जगहों के अलग। इनके अतिरिक्त ऐसे कितने हैं जो इस पृथ्वी और ब्रह्मांड में दूर-दूर छिटके पड़े हैं और जिनका प्रत्यक्ष या परोक्ष संबंध अतुल मेंशन से है।

इस बड़े परिवार में मालिक कहने को अतुल या जिम के पापा विस्नू बिजारिया, माँ एलिस, दादी करनी देवी, नानी कैथरीन है। मंदिर से जुड़े अलग घर में रहने वाली दादी करनी देवी का अलग संसार है, अटैच्ड भी, डिटैच्ड भी, जहां उनके भाई किस्नू और कुलगुरु भी कभी-कभी चरण धूलि देते हैं। बाकी लोग एक साथ। पारिवारिक मित्र फेमिली डॉक्टर डॉ. जैक्सन आउट हाउस में रहते हैं। नौकर-चाकर सरवेन्ट क्वार्टर्स में, जो दूर भी हैं, पास भी। इस बड़े परिवार में आज सुदूर राजस्थान से आया एक और युवक जुड़ रहा था-अजय।

प्रायः सूने पड़े रहने वाले लैब की धूल झाड़ी गयी। रंग-रोगन, विद्युत कनेक्शन और प्लम्बरिंग ठीक की गयी। उपकरण आये, रीएजेंन्ट्स आये। सात दिनों में लैब का कायाकल्प कर अजय ने पूछा, "अब?"

"जिम ने इसे देखा?" डॉक्टर ने पूछा।

"उसने तो इधर का रुख भी नहीं किया। वैसे भी जिम से इस लैब का क्या ताल्लुक?"

"जिम से ही तो है।" डॉक्टर बर्राये, "खैर उसके साथ दोस्ती बढ़ाओ। तीन दिन बाद उसकी बर्थ डे पार्टी है तब तक...।"

# बर्थ डे-पार्टी

देखते-देखते आ गया वह दिन। वाकई वह एक बड़ी पार्टी थी।

अतुल मेंशन को सजाने के लिए खास बनारस से पुष्प सज्जाकार और चंदन नगर से लाइट डेकोरेटर्स आये थे। आलोक-अल्पना की ऐसी चमत्कारी सजावट अजय ने इसके पहले नहीं देखी थी। नीचे धरती पर जगह-जगह रंग-बिरंगे फव्वारे थे, ऊपर आकाश में रह-रह कर खिलती रंग-बिरंगी आतिशबाजियां। कोठी तो कोठी, लान, उद्यान और पोखर तक जगमगा रहे थे। गाड़ियों की संख्या इतनी ज्यादा थी कि ज्यादातर गाड़ियों को बाहर सड़क पर ही खड़ा करना पड़ा। सफेद सूट और हैट पहने सोफर गाड़ी रोककर पीछे का डोर खोलते, लक-दक वस्त्राभूषणों में अतिथि उतरते और उत्सव-परिसर की ओर बढ़ जाते।

बिजारिया साहब हवाई जहाज से उतरकर दमदम से सीधे अतुल मेंशन आ रहे थे कि ट्रैफिक जाम में फंस गए, सो अतिथियों का स्वागत उनके मुखर्जी बाबू, घोष बाबू, डॉ. जैक्सन और श्रीमती एलिस कर रहे थे। अपने नौजवान दोस्तों से घिरा कामदार बैंगनी कुर्ते, चूड़ीदार पायजामे और जरीवाली जयपुरी जूतियों में अतुल किसी स्टेट का राजकुमार-सा लग रहा था। इस भीड़ में अकेला था अजय। शराब का दौर चल रहा था, वह उसमें नहीं था, कुछ प्रौढ़ आपस में बातें कर रहे थे, वह उसमें भी नहीं था, किलकारियों में नहीं था, ठहाकों में नहीं था, फुसफुसाहटों में नहीं था। उसकी समझ में नहीं आ रहा था कि वह वहां क्यों था। सहसा बैंड एक द्रुत ताल पर जाकर ठहर गया। कोई वी. आई. पी. आया था। सारी नज़रें प्रवेश द्वार की ओर ठिठक गयीं। विस्नू बिजारिया थे। अपने ही घर आप ही मेहमान—यह कैसी माया थी!

गोल, गंदुमी, क्लीन शेव्ड चेहरा, दायीं आंख के नीचे एक गोल मस्सा, पचपन को छूती उमर, लंबी स्वस्थ काया, क्रीम रंग के सूट में एक एक से औपचारिक मुस्कराहट से मिल रहे थे। अजय के पास आये, "वेल आप...?"

सहायता के लिए डॉ. जैक्सन आगे आ गए, "मिस्टर अजै, जिसे आपने स्पांसर किया है फंडामेंटल रिसर्च के लिए।"

मुंह गोल हुआ, आंखें उछलीं, "ओ यूऽऽऽ!" अजय को उन्होंने बाहों में भर लिया। सेंट की खुशबू से नहा गया वह।

"तो आप यहां क्यों खड़े हैं? आपको तो जिम के दोस्तों के बीच होना चाहिए। गो एंड एंज्वाय!"

"अतुल बिजारिया के पुकारने का नाम जिम है।" एक सुदर्शन प्रौढ़ ने कहा, "मेरा ख्याल है आपको अजय होना चाहिए।"

"जी और आप?"

"अरे इनसे मिलो, प्रो. सत्यप्रकाश–विशाल के डैड!" डॉ. जैक्सन ने ऐसे परिचय कराया जैसे वह विशाल को जानता हो।...कौन है यह विशाल?

प्रोफेसर साहब को अजय ने नमस्कार किया!

उन्होंने हंस कर उसके दोनों हाथ अपने हाथों में ले लिए, "आप आयसोलेटेड फील कर रहे थे न! जाइए उधर नौजवानों की महफिल में।"

अजय ने गौर किया आज डॉ. जैक्सन के साथ एक चौदह पंद्रह वर्ष का सलोना लड़का भी था, वे जहां-जहां जा रहे थे, वह वहां-वहां जा रहा था। वह हर आगंतुक को घूरता चल रहा था। उसकी आंखें इतनी वेधक थीं कि लगा चेहरे में सुराख हो जाएगा। इतनी तीखी नजर! वह अभी उस लड़के के बारे में सोच ही रहा था कि आतिशबाजियों ने ध्यान खींच लिया। आकाश रंगों से भर गया।

विस्नु बिजारिया अतुल को घेर कर चुहुल कर रही भीड़ की ओर लपके फिर एक नीले सूट वाले लंबे युवक के पास ठिठक गये, चेहरा खुशी से चमक उठा, "यू! माय सरप्राइज? कब आये लंडन से?" उन्होंने वहीं से अजय को बुलाया, "मीट डॉ. विशाल ए शाइनिंग ग्लोरी, लंडन की गैलेक्सी लैव का साइंटिस्ट और विशाल, मीट अजय, मेरी गैलेक्सी का नया सितारा, ए बोटानिस्ट!"

विशाल ने गर्मजोशी से हाथ मिलाया।

"माय फ्रेंड्स, लारा, कौशल्या, शीबा..." लड़कियों का परिचय कराते हुए वह मुड़ा...।

"इनसे मिलो, ये हैं मधु सांकलिया, एन एक्सेलेंट आर्टिस्ट, ये मरी हुई चीजों को भी जिन्दा कर देती हैं।"

"सुना है, आपने कोई लैब डेवेलप की है?" मधु ने अजय से पूछा।

"अभी कहां?"

तब तक केक काटे जाने की घोषणा हुई और लोग टेबुल के गिर्द जमा होने लगे।

बीस मोमबत्तियां जल रही थीं केक पर। अतुल ने फूंक मारकर बुझायीं। केक काटा और "हैपी बर्थ डे टू यू बिजारिया", "हैपी बर्थ डे टू यू अतुल"

की आवाज तालियों की लय पर तैर गयी। नौजवानों का दल भूल गया कि उन्हें अजय की लैब भी देखनी है। अजय फिर अकेला हो गया। इस तनहाई में एक बार फिर प्रोफेसर सत्यप्रकाश ने ही आगे बढ़कर उसे सहारा दिया,

"आप ड्रिंक-विंक नहीं लेते?"

"विंक ले लेता हूं, ड्रिंक नहीं।"

"सीख लीजिए, काम आएगा। लीजिए दीक्षित हो लीजिए।" एक साथ नहीं, घूंट-घूंट। सोडा या पानी के साथ, रॉ नहीं। लाइये मैं तैयार कर देता हूं। हां बाई द वे आपके शोध का विषय क्या है?"

"जीवन के रहस्य।" पहला घूंट जीवन की तरह ही बेस्वाद-सा!

"अमा, हम सारे ही लोग यही तो कर रहे हैं। कुछ स्पेसिफिक बताइये।"

"सेल्यूलर है। विशाल क्या करता है?"

"जेनेटिक्स पर...।"

"ओऽऽऽ!"

"आपने सुंदरवन देखा है?"

"जी ना।"

"हाबड़ा का बोटानिकल गार्डेन और मोलेक्यूलर सेल्यूलर इंस्टीच्यूट, साइंस सिटी, बोस इंस्टीच्यूट?"

"जी ना। ये सभी मेरी लिस्ट में हैं।"

"जिम का म्यूजियम?"

"जिम का कोई म्यूजियम भी है?"

"लीजिए। चरक और धन्वंतरि की कहानी सुनी होगी आपने? कुछ भी बेकार नहीं होता।"

"सर, मैं आपके घर आ सकता हूं?" अजय को रस आने लगा था प्रोफेसर की बातों में।

"स्वागत है, एक छोटा-सा फोन कर लीजिएगा!"

"छोटा-सा?" वह हंसा, "अच्छा उस लड़के का परिचय क्या है?"

"वो, तीखी नजरों वाला...? आप को भी घायल कर दिया उसकी नजरों ने। उसका नाम पीटर है। उस पर फिर कभी।" सत्यप्रकाश ने हंसते हुए विदा ली।

एक-एक कर चली गयीं कारें। छंट गयी भीड़।

दूसरे दिन सुबह देबू ठाकुर पूजा के फूल चुन रहे थे कि अजय ने पूछा, "जिम कहां है?"

"जिम बाबा...? वोई-जे...।" उनका इशारा झील की ओर था।

झील के किनारे दोनों हाथों पर गाल टिकाये बैठा था जिम। सामने सूरज उग रहा था। सूरज से वहां तक एक लाल मखमली कालीन कांप रही थी। पांत में खड़े दोनों ओर के घने पेड़ सूरज के उत्स तक चले गए-से लगते थे। कुछ देर तक मुग्ध भाव से निहारता रहा इस सौंदर्य को फिर जिम की ओर मुड़ा। छेड़ने का साहस न हुआ। हाथ बढ़ाया। हाथ खींच लिए।

रह गया फिर वही मेंशन, मोम की गुड़ियाएं, एलिस और कैथरिन, दादी करनी देवी उनका पोता जिम और नौकरों-नौकरानियों की नन्ही फौज। अजय पौधों के सिरम बनाता, कभी फूल, कभी पत्ते, कभी छाल फिर उन्हें टेस्ट करता। कोशिकाओं की माइक्रोस्कोप जांच भी चलती रहती। पर यह सब किसी गाइड के अधीन न होने से सुश्रृंखलित रहता है, यहां अंधेरे में टटोलते हुए चलना था, पता नहीं, कब क्या हाथ लग जाए, लगे भी या नहीं। उसे लगा फौरी तौर पर तीन काम उसकी प्राथमिकता की सूची में हैं—एक जिम से मिलना, दूसरा प्रो. सत्य प्रकाश और विशाल से, तीसरा सूचीबद्ध जगहों को देखना। सूची में पहला नाम था सुंदरवन!

सुंदरवन के नाम से ही उछल पड़े देबू ठाकुर, "हमसे जास्ती (ज्यादा) कौन जानता है सुंदरवन को। या (इतनी) बड़ी-बड़ी नदी, या बड़ा-बड़ा बांध, रायल बेंगाल टाइगर, या भारी-भारी कुमिर (मगर) और माछ, या भारी-भारी मधुछत्र!"

"और या छोटे-छोटे पेड़!" आरिफ ने ठाकुर की वाक्‌विदग्धता की किरकिरी कर दी।

चिढ़ गये ठाकुर, "तुम्हारा लखनौ का गोमती जैसा नदी तो हमरा बाघ पेच्छाब कर दे तो बन जाये! हुंह, चला है बराबरी करने।"

"हां तो कौन-कौन चलेगा ठाकुर?" अजय ने बात मोड़ी।

"हम, आप, जिम बाबा, उसका चार ठो फ्रेंड, मेमसाहब लोग साथ में आरिफ को भी ले लेगा नहीं तो मन खराब करेगा।"

"और जायंट?"

"हां जयंत को भी ले लेगा।"

जयंत! देबू ठाकुर भी खूब हैं। जैक्सन को जयकिशन, जायंट को जयंत बोलते हैं, पीटर को पुत्तर। अंग्रेजी का भारतीयकरण! नहीं समझ में आता तो फिर ट्रांस्लेट करते हैं। उन्हें गुमान है कि मेम साब लोगों के साथ रहते-रहते इतनी अंग्रेजी तो उन्हें आ ही गयी है कि एम.ए.-बी.ए. को भी 'फेल' कर दें।

# सुंदरवन की भूल-भुलैया में

वह चांदनी रात थी और मातला का किनारा। विशाल पाट! तट पर सामने नतोदर भाग, जहां–तहां पानी, पौधे, दलदल में फंसा एक पुराना जलपोत। सब पर चांदनी बरस रही थी–कुछ उजली, कुछ स्याह, कुछ साफ, कुछ धुंधली। एक अतीत बुन रही थी, जैसे सदियों पहले कोई जहाज आकर रुका हो धीरे–धीरे, चोंगेदार पैंट, लाल कोट और सिर पर टोप लगाये लॉर्ड कैनिंग अपनी टुकड़ी के साथ उतर रहे हों।

इतिहास के अभागे नायकों की सूची में गुम होता एक नाम कैनिंग! करता कौन है, भरता कौन...। ज्यादती डलहौजी की, खामियाजा भुगतना पड़ा तुम्हें। सन् 1857 के सिपाही विद्रोह के तूफान में उतरे थे तुम एक दिन इस तट पर, भारतीयों को पेड़ों पर लटका कर जहां–तहां फांसी दी जा रही थी, गांव के गांव रौंदे जा रहे थे। तुमने तूफान को रोकने की कोशिश की। अंग्रेजों का एक दल तुम्हें उदार कैनिंग कह कर खिल्लियां उड़ाता। लेकिन तुम अविचल रहे धार्मिक–सामंती रूढ़ियों और अंधविश्वास की कुंठा को तुमने समझा, तुम्हारी दूरदृष्टि के चलते कलकत्ता, बंबई और मद्रास में विश्वविद्यालय बने, अंग्रेजी शिक्षा पद्धति शुरू हुई, हाइकोर्ट बने, लगान कानून पास हुआ, बारह वर्ष की जोत पर रैयत के पुश्तैनी कब्जे कायम हुए, जब्ती कानून रद्द हुए, रेल, सड़क, नहरें बनीं, स्कूल खुले। सन् 57 से 62 तक हांफते हुए दौड़ते रहे। कुछ दिन और रह जाते तो कैनिंग कलकत्ता एक हो जाते, पर पंजाब में 1862 में चुक हो गये तुम्हारे दिन। धंस गई तुम्हारी नाव। एक युगसंधि की गांठ बन कर रह गए तुम। इतिहास का कोई चमकीला नाम नहीं है कैनिंग। पर अजय के लिए है।

"के (कौन)?" एक आवाज ने टोका। देखा तो बाघ जैसा चौड़ा मुखड़ा, चमकीली आंखें...शायद दस्तीदार हैं। बाघों के साथ रहते–रहते, कहते हैं, चेहरा बाघ जैसा हो गया है।

"आमी! मैं अजय।"

"कौन, अतुल मेंशन के अजय?"

"हां, आप?"

"अरे मोसाय, आपना के खुजे-खुजे आमी हायरान (हैरान) हैऽऽ, यहां क्या कर रहे हैं?"

"इतिहास को सूंघ रहा हूं, भूगोल को छू रहा हूं। मेरी आदत है।"

"कठिन लोक! आप रात को ही लांच पर आ गए थे न?"

"आपको मालूम है?"

"मालूम नहीं होगा! उस दरबार का दरवान तो मैं ही हुआ न-टाइगर प्रोजेक्ट का साधन दस्तीदार! मुझे इग्नोर कर आप जा भी कैसे सकते हैं?" हो-हो करके हंस पड़े दस्तीदार।

जल्दी-जल्दी करने पर भी सबके इकट्ठा होते-होते सात बज गए। एलिस, कैथरीन, अतुल, विशाल, मधु, देबू ठाकुर, आरिफ, मंडल और कुत्ता जयंत। देबू ठाकुर, आरिफ और दस्तीदार ने लांच पर सवार होने के पहले घुटने टेक कर 'बन बीवी' को प्रणाम किया।

दस्तीदार बताते चल रहे थे, "हिन्दू हो या गैर हिन्दू, सुंदरवन में प्रवेश करने के पहले सबके लिए 'बन-बीवी' को प्रणाम करना अनिवार्य है। ये हिन्दुओं, मुसलमानों की संयुक्त देवी हैं।"

"2585 वर्ग किलोमीटर का यह वन्य क्षेत्र 54 द्वीपों में पसरा हुआ है। इनमें चार द्वीप हल्दी बाड़ी, साईंमारी, बाघमारा और चामटा व्याघ्र प्रजनन के लिए सुरक्षित रखे गए हैं। नदी-नालों और अपवाही धाराओं का मकड़-जाल बिछा हुआ है, जिसमें फंसे 54 द्वीप जाल में मछली की तरह तड़प रहे हैं।"

आगे एक नदी थी। नदी में भटभटी (इंजनयुक्त नाव) थी। नदी से नदी मिली और नाव से नाव। मातला और बासन्ती। भटभटी की लड़कियां स्टीमर पर आ चढ़ीं।

"जा बाबा!" मधु ने हांफते हुए कहा, "चारीदिके जॅल...किंतु एक फोटा मुखे देवा जाबे ना! (चारों तरफ पानी ही पानी, लेकिन एक बूंद भी मुंह में नहीं डाला जा सकता।)"

जिम अपनी पलकों से हंसा, होठों से हंसा, पलकों ने इस निर्लिप्तता में लड़कियों का परिचय देकर सेंधमारी की, "ये हुई कौशल्या, ये लारा, ये मेरी, ये बलविन्दर, पहचाने? ये सब तुम्हारी क्लासमेट रही हैं।"

जिम कंजूसी से मुस्कराया।

विशाल ने तंज कसा, "बस?"

हाजिर जवाब मधु ने तपाक से उत्तर दिया, "मैं तो पूरे दर्जन भर लड़कियां ला रही थी। सोचा दब कर मर जाएंगे बेचारे। रहम किया। छांट-छांट कर सिर्फ चार ले आयी। क्यों आंटी!" मधु ने एलिस को भी भींच लिया।

चुहल से स्टीमर का वातावरण खुशनुमा हो उठा।

मधु ने जिम का एक तरह से अपहरण कर लिया। वह उसे औरों से अलग केबिन की आड़ में ले गयी। हाव-भाव से लगता था, वह कोई महत्त्वपूर्ण सूचना जिम के कानों में जबरन डंप कर देना चाहती थी। स्टीमर बांयी ओर मुड़ा। दोनों ही किनारों पर दूर तक चिकनी और दलदली मिट्टी। ऊपर गांव थे। लोग भटभटी (इंजनयुक्त नाव) से इस पार से उस पार आ-जा रहे थे।

"स्कूल, कॉलेज, दफ्तर, सब इसी भटभटी से...।" देबू ठाकुर ने कहा, "इन द्वीपों की सबसे बड़ी समस्या क्या है, मालूम? पीने का पानी...।"

"पानी? पानी बिच मीन पियासी?" अजय ने कहा।

"ये नदियां समुद्र से फीडबैक लेती हैं, सो इनका जल खारा है, ज्वार के चलते मटियाला भी।" दस्तीदार ने बताया।

"पता नहीं, किसने इन पौधों का नाम 'सुंदरी' रखा? क्या सुंदर है इनमें?" एलिस अपनी विरक्ति को रोक न पायीं।

आरिफ से सुंदरवन की यह तौहीन देखी न गयी, "गुस्ताखी माफ हुजूर, मुझे तो लगता है, जिसने भी यह नाम रखा है, उसकी पसंद की दाद देनी चाहिए। ये औनी-पौनी, छैली-छितरायी डालियों वाले पेड़ जैसे कोई हसीना फैले घाघरा को दोनों हाथों से उठाये नदी में उतर रही हो।"

आरिफ मियां के सौंदर्य-बोध की सभी दाद देने लगे। मगर उनका यह जादू एलिस पर न चल सका। एलिस को इस दृश्य पर उबकाई आ रही थी। वह अंग्रेजी में बड़बड़ायीं, "यहां सुंदर क्या है? ये मंझोले कद की झाड़ियां, ये गंदे पानी की नदियां, न कोई फूल, न कोई पक्षी, न कोई वेरायटी। अपने न्यू फाउंडलैंड में सागर जल इतना ट्रांस्पैरेंट है कि...।"

कैथरीन ने अपनी बेटी को एक नजर देखा फिर जिम की ओर देखने लगीं। उनकी खुद की रुचि-अरुचि का जैसे कोई महत्त्व न था। सब तो बेटी में विसर्जित कर चुकी थीं।

दस्तीदार दिखा रहे थे, "क्या लाजवाब कलेक्शन है मैंग्रोव्स का।"

"खाक है" एलिस ने कहा। विशाल ने संभाला, "ए चेन्ज फ्रॉम अवर डे-टु-डे अरबन लाइफ! वो देखिए, एक क्रोकोडाइल।"

"और वो एक बंदर!" आरिफ ने कहा, "मछली खा रहा है।"

"मंकी क्या देखिएगा, डीयर देखिए डीयर।" देबू ठाकुर ने एलिस से कहा। 'डीयर' के श्लेष पर हंस पड़े सब।

"वो देखिए बाघ।" दस्तीदार ने कहा।

"बाघ!" सबका कलेजा सनसना उठा। गोंसांबा की ओर मुंह करके कोई बाघ पानी पी रहा था। लारा और मधु ने क्लिक किया।

"प्लीज! कोई डिस्टर्व नहीं करेगा!" दस्तीदार फुसफुसाये। बाघ ने एक उदास-सी नजर लांच पर डाली फिर धीरे-धीरे किसी वीतराग संन्यासी-सा जंगल की ओर खुलते नाले में लौट गया।

"माइ गॉड!" टाइगर सेलाइन वाटर पीता है और मंकी मछली खाता है। "एलिस को पहली बार रुचि जगी।"

"यस मैडम!" दस्तीदार ने कहा, "सुंदरवन की फूड हैविट्स बदल गयी हैं। शाकाहारी बंदर को यहां फल कहां मिले? लाचार होकर मछली या मांसाहार पर निर्भर होना पड़ रहा है।" "हाय रे मेरे हनुमान जी!" देबू ठाकुर ने हाथ जोड़कर अपने प्रभु से उनकी इस दुर्दशा के लिए माफी मांगी।

"क्या ये सारे ही बाघ मैन ईटर्स हैं?" मधु ने पूछा।

"सारे ही। पानी खारा, खून भी खारा, सो खारे पानी के चस्के से खून का भी चस्का लग गया।"

"लेकिन कुछ लोगों को हमने जंगल में अंदर जाते देखा।"

"वे मधु संचय करने जाते हैं।"

"इन्हें खतरा नहीं है?"

"है।"

"द्वीपों पर आदमी भी रहते हैं?"

"रहते हैं।"

"वहां बाघ नहीं आता?"

"आता है, पर हमेशा नहीं। वैसे आबादी के लिए कोई अच्छी जगह तो हैं नहीं ये द्वीप। दो सौ वर्ष पहले इस नमकीन, दलदली, जंगलों से ढंकी भूमि पर आदमी ने पांव रखे। खेती करनी शुरू की। मशक्कत से कुछ धान, कपास, चीना बादाम (मूंगफली) पैदा भी करने लगे हैं मगर अभी भी माछ पकड़ना, मधु संग्रह और लकड़ी काटना ही मुख्य धंधा है।"

"सिर्फ दो से तीन सौ वर्षों का डेवलॅपमेंट है यह सब?"

"हां, लेकिन बीच में एक और घटना घटी। यहां के जंगलों को काट कर पूर्वी बंगाल से उद्वास्त परिवारों को बसाया गया। जंगल कटे तो बाघ भी उद्वास्त हुए। सो तब से उद्वास्त और उद्वास्त, यानी आदमी और बाघ के बीच लड़ाई चल रही है।"

"जीने के साधन तो जीने के, आवागमन के साधन भी तो कम ही हैं-ले-दे कर वही नाव!"

"मैंने पहाड़ देखे हैं, वहां जीवन वर्टिकल होता है, यहां होराइजंटल पर तैरता हुआ...।" अजय ने कहा।

"वाटर-वाटर एवरी ह्वेयर नॉट ए ड्रॉप टु ड्रिंक!"

"राजस्थान के मेरे गांव में 25-30 किलोमीटर जाने पर पीने का पानी मिलता है, लेकिन ये इलाके तो उनसे भी बदनसीब हुए।"

सजनाखाली के गेस्ट हाउस में पड़ाव पड़ा। लंच हुआ। वाच टावर से लोगों ने एक जोड़ा बाघ देखा, आखिर में वाइनोकुलर से एक बाघ और नजर आया हिरण का पीछा करते हुए। यानी कुल अदद चार बाघ अब तक!

"क्या कोई सुरक्षित जगह है, जहां घंटे भर रुककर हम जंगल के अंदर जा सकें?" अजय ने पूछा।

"है। मुझे भी उतरना है अपने काम से।" दस्तीदार ने कहा।

नेता धोपानी की ओर जाते हुए लांच किनारे लगा। उससे अतुल की श्वेत डोंगी उतारी गई–'हंसा!'। चार वन-रक्षी उतरे। दो के हाथों में बंदूकें थीं। ऐसे खतरनाक जंगल में उतरना उचित होगा या नहीं–औरतों के दल में दुविधा का घेरा था। अचानक घेरे को तोड़ कर हिरणी की तरह कुलांच उठी लारा।

"अरे-अरे क्या नादानी करती हो, रुको, रुको।" सखियों ने उसे रोकने की कोशिश की।

"मैं एक बहादुर पुलिस अफसर की बेटी हूं। मैं उनके नाम पर धब्बा नहीं लगा सकती।" लारा ने कहा और पुरुषों के दल में शामिल हो गयी।

उसके आचरण में एक प्रकार का बचपना और शोखी छलक रही थी। कइयों ने मुंह बिचकाये, कई हंस पड़े।

मैंग्रोव जाति की वनस्पतियां। खारे पंक के चलते जड़ों पर मिट्टी जमी थी, सो सांस लेने के लिए खूंटे की तरह अलग से जड़ें निकली थीं। अजय ने कुछ जड़ें कलेक्ट कीं। देबू ठाकुर 'केओड़ा' खोज रहे थे।

एक अजीब रहस्यमयी चुप्पी ओढ़े पड़ा था जंगल। वे बहुत चौकन्ने होकर हर तरफ निहारते कि कहीं कोई बाघ या वन-सूअर न घात लगा कर बैठा हो। पर नहीं। इस समय वहां कोई न था। अंदर जाने पर कुछ पुतले जरूर नजर आये।

"ये क्या कोई देवस्थान है?"

"नहीं स्प्रिंग के पुतले हैं। इनमें बैटरी से करेंट आती है। बाघ इन्हें आदमी समझ कर खाने आयेगा तो छूते ही शॉक खा जाएगा, डर कर भाग खड़ा होगा। इस तरह उसके अंदर डर पैदा होगा।"

अंदर ऐसे ही कुछ पुतले मधु के छत्ते के पास खड़े मिले।

"ये कैसे पुतले हैं, लगता है, इनके दोनों ओर मुंह है।" लारा ने पूछा

"ये मधु दुहने वाले लोग हैं, पुतले नहीं।"

"तो क्या इन्होंने मुखौटे पहन रखे हैं?"

"हां। बाघ अक्सर पीछे से अटैक करता है। जब वो देखेगा कि पीछे भी मुंह है, सामने भी, तो कन्फ्यूज कर जाएगा। एक तो विद्युत शॉक, दूसरे यह कन्फ्यूजन फिर आदमी की एलर्टनेश, आदमी बच सकता है।"

"और अगर ऐसा न हुआ तो?"

"तब तो 'बन बीवी' ही मालिक हैं।" उन्होंने दोनों हाथ जोड़ लिए।

"अशोधित या रॉ मधु में एक ऐसा खट्टा तत्व होता है जो कामशक्ति बढ़ाता है। लखनऊ के शोध संस्थान के वैज्ञानिकों ने पता लगाया है वियाग्रा से भी ज्यादा प्रभावी!" अजय ने धीरे से कहा।

"इज इट?" दस्तीदार चौकन्ने हो गए।

"यस! अरब कंट्रीज में हेवी डिमांड है।" अजय ने कहा।

देबू ठाकुर के कान खड़े हो गये, "सत्ती (सचमुच) की अजय बाबू?"

"हंड्रेड परसेन्ट सत्ती!"

"यह केओड़ा है, जर्मिनेशन अंदर होता है, ज्वार में बहकर दूर जाकर जमता है, लाइक टेस्ट ट्यूब बेबी।" दस्तीदार ने एक पौधे की ओर इशारा किया।

जिम ने पहली बार आंख उठा कर देखा।

अचानक किसी के चिचियाने की आवाज आयी। आवाज उस खाल (नाले) से आ रही थी। कहीं बाघ के शिकार तो नहीं हो गए, देबू ठाकुर? दौड़कर वहां गए। देखा तो ज्वार के अवसाद में कमर तक डूबे हुए थे ठाकुर। आरिफ और जायंट भी। वह कभी कूं कूं करता कभी गुर्राकर कातर भाव से भूंकने लगता।

एलिस लांच से ही चीखी, "तुमको कौन बोला हुआं जाने को? शिट!"

अजय उन्हें निकालने के लिए अंदर जाना चाहता था कि दस्तीदार ने उसे रोक लिया। बोट लेकर लांच से रस्सा लाया गया। वन रक्षियों ने फंदा बना कर पहले जायंट को खींचा फिर आरिफ और देबू ठाकुर को। आरिफ और देबू ठाकुर देह से कीचड़ कांछ-कांछ कर शब्दों के साथ फेंक रहे थे, "अपने साथ-साथ मुझे भी ले डूबते आज।" आरिफ ने ठाकुर को कोसा।

"तुम नहीं समझेगा रे आरिफ, जान साहब और बन बीबी पॉरीक्खा (परीक्षा) ले रहे थे।" जैसे-तैसे धो-धाकर वे लांच पर चढ़े तो एलिस को डांट कर उनकी बड़बड़ाहट शांत करानी पड़ी। कुत्ता बार-बार जिम के पास जाने की जद्दोजेहद कर रहा था, उसे चेन से बांधना पड़ा।

"क्यों मैडम, भगवतपुर का क्रोकोडाइल प्रोजेक्ट चलें?" दस्तीदार ने पूछा, "वहां मगर के अंडों को कृत्रिम तरीके से...।"

"नो ।"

"पाखी नाला..?"

"नो।"

"नेता धोपानी...?"

देबू बीच में कूद पड़े, "ऊ ठो जाना चाहिए मैडम।"

"क्या है वहां?"

"वो सती बेहुला था न, चांद सौदागर का वाइफ, अपना हैसबैंड का डेडबॉडी लेके इधिर आया तो नेता धोपानी देवता लोग का कापड़ धो रहा था, माने वाशर ओमैन वाशिंग गॉड्स गारमेंट्स। बेहुला बोला, आप रेस्ट लो, हम आपका काम करेगा। किया, खूब क्विक। देवता लोग खुश! नेता धोपानी खुश! बोथ प्लीज्ड। आशीर्वाद दिया, जाओ तुमारा जात्रा, माने होली जर्नी सफल हो। और हुआ भी...आप भी चाहें तो...।"

"आज नहीं। नेता धोपानी तुम्हारा यूनीफार्म देखेगी तो यूनीफार्म के साथ-साथ तुमको भी वाश कर देगी।"

देबू उदास हो गए। कुछ सोच कर वहीं से उन्होंने नेता धोपानी को प्रणाम किया। अजय अपने सैंपल्स दिखा कर बता रहा था, "सुंदरवन के पेड़-पौधे हेलीफाइट यानी लवणजीवी की श्रेणी में आते हैं।"

"वो तो समझा।" विशाल ने कहा, ''लेकिन आप कुछ ज्यादा ही उत्साहित हो रहे हो, कोई खास वजह...?''

"इनमें मुझे जगह-जगह से आयी हुई जातियों के बारे में एक सच्चाई की झलक मिलती है-खारे पंक में डूबी, ऑक्सीजन के लिए तड़पती आत्मा, सो उसके लिए अलग नाक का डिवाइस तैयार कर खुद को किस तरह जिन्दा रखती हैं।"

"वाऊ!" मधु ने आंखें नचायीं।

"काश यह दाद जिम से मिली होती।" अजय का यह वार भी खाली गया। जिम पूर्ववत जल के विस्तार को देखता रहा। आखिर वह चाभी कहां गुम है जो उसके अंदर के कपाट खोलती हो?

धीरे-धीरे चल कर वह अकेले-अकेले बैठे विशाल के पास पहुंचा, "इस पूरी यात्रा में सबसे कम उम्र का जिम सबसे बुजुर्ग की तरह बिहैव करता है।"

विशाल की नजर घर लौटते परिन्दों की ओर थी, "थोड़ा रिजर्व रहता है।"

"मगर क्यों? यह उसके रिजर्व रहने की उम्र तो है नहीं।"

"क्या पता?"

"गर्ल फ्रेंड्स नहीं हैं उसकी?"

"ढेरों! कुछ आपके सामने हैं, कुछ कहीं और!"

"डेटिंग?"

"मे बी।"

"नाइट क्लब्स?"

"कान्ट से।"

"कोई दूसरी हॉबी?"

"वो एक म्यूजियम है–सालार जंग की तरह का पर्सनल म्यूजियम। इसके अलावा तो याद नहीं आता कुछ।"

"तुम तो बचपन के दोस्त रहे हो। क्या पहले से ही ऐसा था?"

"छोटा था तो बड़ा प्यारा था, चंचल भी, शोख भी, मिलनसार भी। बट इधर मैं लंडन से लौटा तो मैंने पाया कि कुछ ज्यादा ही एडल्ट हो गया है जिम।"

# कौन हो तुम?

जिम को घेरने की अब तक की सारी कोशिशें नाकाम रहीं। उसने जब भी उससे मिलने की ठानी, उसे अनुपस्थित पाया। दरबान शंकर ने बताया कि अपनी निजी जिन्दगी में किसी की भी दखलंदाजी उसे पसन्द नहीं। अक्सर वह पीछे के फाटक से निकलता। उसके जाने के बाद मेंशन में रह जातीं दो बूढ़ियां–कैथरीन और करनी देवी और एक प्रौढ़ा श्रीमती एलिस। कैथरीन की सूजी सहमी आंखें अभिवादन के जवाब में जरा-सी पिघलतीं फिर जम जातीं। ऐसा लगता, उनका कुछ छिन गया है जिसे ऊपर से नीचे सुस्त कदमों से चलती हुई वे ढूंढ़ती रहतीं। करनी देवी अपने मंदिर में किसी न किसी साधु-संन्यासी को बैठाये रहतीं। करनी देवी का मंदिर मेंशन के उत्तर में था तो कैथरिन का गिरजाघर दक्षिण में। लूसी पूरे मेंशन में चहलकदमी करती रहती। पीटर अक्सर ही गायब रहता। कभी आता तो डॉ. जैक्सन के साथ ही आता और अकेले-अकेले सीढ़ियों पर बैठा रहता। नौकर-नौकरानियां पूजा में सहायता करते फिर चले जाते। विस्नू बिजारिया उस दिन के बाद जो उड़न-छू हुए कि फिर उनकी झलक न मिली। बिजनेस के सिलसिले में अक्सर वे बाहर ही रहते-देश से भी बाहर। डॉ. जैक्सन मेंशन में कम ही आते, वैसे भी उनका ज्यादातर समय जॉन नर्सिंग होम के ही हवाले था। जिम से ही मेंशन की जिन्दगी धड़कती। जिम के जाने के बाद फिर वही सन्नाटा! मंदिर या गिरजाघर की घंटियां बजतीं तो यह सन्नाटा चिहराता, उसकी किरचें दूर-दूर तक फैल जातीं, फिर एक अद्‌भुत आध्यात्मिक शांति मेंशन को अपनी गिरफ्त में ले लेती...मगर इस शांति में भी सरगोशियां थीं। कोई कान लगा कर सुनता तो बूढ़ी कैथरीन के सुस्त कदमों की आहट को सुन सकता था–ऊपर से नीचे, नीचे से ऊपर जैसे कोई अशरीरी आत्मा चल रही हो।

इस भम्म अरराते भूत बंगले की तुलना में सरवेन्ट क्वार्टर्स की 'किचिर-कांय' अजय को ज्यादा प्राणवंत लगती। देबू ठाकुर की नकचढ़ी पत्नी जब ठाकुर की नजर उतार रही होती या अपने 'खोका', 'खुकी' को गुहार रही होती, शंकर और थापा, सिकदार या खेलावन सिंह की बीवियां अपने-अपने मर्दों की नालायकी

का रोना रो रही होतीं, आरिफ की बीवी अपने बेटों नूर और जहीर को डंडे लेकर खदेड़ रही होती, कोई फुसफुसाहट, कोई दबी खिलखिलाहट, कोई उभरती हलचल, उसे सुहानी लगती। सबसे सुहाना लगता लूसी का गाना 'बीयांड द हिल्स...।' इन्हें पता था कि साहब राजस्थान से यहां दवा खोजने आये हैं, सो लैब के काम में सभी सहयोग करते और हालांकि अजय का भोजन देबू ठाकुर मेंशन से ही टिफिन कैरियर में ले आते, चाय-नाश्ता किसी न किसी घर से पहुंचा रहता। इस बीच दो दिन वह विशाल के घर भी हो आया था और उसकी तेजस्विता का कायल हो चुका था। तय यह हुआ था कि एक दिन विशाल और वह मैंग्रोब रिसर्च सेन्टर देखने जाएंगे और अपने शोध के आंकड़ों को वेरीफाई करेंगे। विशाल ने यह भी वादा किया था कि वह जिम को भी साथ ले लेगा और उसको म्यूजियम भी दिखाएगा।

लैब के काम को समेट कर बोरियत मिटाने की गरज से वह गेट पर आया तो आरिफ, शंकर और दूसरे लोग भी आ गए। "आरिफ साहब, आज आपने कितने पौधे उखाड़े, कितने लगाए, कितनों को चारा डाला?" यूं ही आरिफ को छेड़ने की गरज से उसने कहा।

आरिफ, लगता था, बेखुदी में थे, उन्होंने प्रश्न को दार्शनिक मोड़ दे दिया, "हम क्या हैं साहब, हमारी क्या हस्ती, वो ऊपर वाला है न, वही सबसे बड़ा बागबां है, कहां से उखाड़ कर कहां रोपता है, सब उसकी कारसाजी है, हम तो..." सिकदार ने कहा, "आरिफ साहब को अपना लखनौ याद आ रहा है।" असलम ने कहा, "वहां जनाब के पुरखे नवाब हुआ करते थे कभी।"

"उहूं!" शंकर ने कहा, "इनकी आत्मा दो राहे पर कदम ताल कर रही है। कभी बोलेंगे 'नवाब' थे, कभी बोलेंगे 'खिदमतगार' थे, माने दायां 'नवाब' बायां 'खिदमतगार'। आगे दोनों पटरियां दो दिशाओं में चली गयी हैं।''

"और तुम? तुम्हारी रूह पर मिलीटरी का जिन्न सवार है।" आरिफ ने पलटवार किया, "धन बहादुर थापा पर नेपाल के पशुपतिनाथ का और देबू ठाकुर पर महिषादल का।"

"ए भाई, सब केहू पशुपतिनाथ और नवाबों की बात करता है। कोई ई नहीं कहता कि पशुपतिनाथ और नवाबे नहीं, बाई जी और वेश्या लोग भी हुंवईं से आती हैं।" खेलावन सिंह ने कहा तो थापा और आरिफ मिलकर टूट पड़े सिंह पर, "पहले आप अपना फटा देखिए जहां से आप आते हैं, खोजा और लवंडा लोग भी हुंवईं से आता।" थापा ने कहा।

"कौन, पौधा कहां से लाकर कहां लगाया गया, यह तो बागबां जाने।" आरिफ अभी भी दर्शन के दलदल से उबर नहीं पाये थे।

"लेकिन एक इलजाम तो है आरिफ साहब पर कि उनका लगाया एक पौधा टेढ़ा है।" अजय ने छेड़ा।

"कौन-सा?" आरिफ ने पूछा।

"अपने डॉक्टर साहब की जबान! आपकी सख्त मुदर्रिशी का यह आलम है कि अब वे 'ड' और 'द' और 'ट' और 'त' में पहले से ज्यादा गड़बड़ाने लगे हैं। एक दिन उन्होंने भिंडी को 'भिंदी' कहा तो मैं समझ ही न पाया।"

"उनकी 'जिड' है कि वे 'हिंडी' सीखकर ही रहेंगे।" आरिफ ने कहा तो लोग हंस पड़े।

"खतरा सिर्फ वहीं तक सीमित रहता तो कोई बात न होती, उससे बड़े खतरे की बात यह है कि डॉ. साहब को सिखाते-सिखाते आरिफ मियां खुद कितनी अंग्रेजी सीख गए।" शंकर ने कहा।

"ऐसा?"

"तो और क्या, डॉक्टर ने कहा, 'अन्डरस्टैंड', बस क्या था, जनाब नीचे खड़े हो गए (अन्डर = नीचे, स्टैण्ड = खड़ा होना)"

आरिफ ने शंकर को खदेड़ लिया।

फाटक पर तेज लाइट के साथ कार का हॉर्न बजा। सिकदार ने दौड़कर गेट खोला, डॉक्टर थे।

"आधे घंटे बाद हमसे मिलिए।" चलते-चलते डॉक्टर ने अजय के लिए फरमान जारी किया।

आधे घंटे बाद वह उनके कमरे में पहुंचा तो म्यूजिक सिस्टम पर कोई पश्चिमी गीत बज रहा था। डॉक्टर अपने स्लीपिंग गाउन में हाथों में जाम लिए बैठे थे।

"कहिए, मिस्तर अजै, आपका स्तुदेन्त कैसा है?" डॉक्टर शब्दों को संभाल-संभालकर रख रहे थे।

"जिम?" अजय ने 'स्तुदेन्त' का खुलासा चाहा।

"यस!"

"वो तो सर मिला ही नहीं ठीक से।"

"महीने भर से मिला ही नहीं?" डॉक्टर अवाक् होकर निहारने लगे अजय को। मौन बिछलता रहा। अपराधी-सा खड़ा रहा अजय।

"सर!"

"नो सर!" डॉक्टर ने खट से म्यूजिक सिस्टम बंद किया और जाम लेकर खड़े हो गए, "यू इंडियंस, इतनी लेथरजी क्यों रहती है तुम सब में?"

अजय उनके इस उत्तेजित रूप को देख कर डर गया। कहीं दारू तो ज्यादा नहीं चढ़ गयी इन्हें?

"क्षमा करें, मुझे नहीं मालूम था कि जिम से मिलना ही मेरी फर्स्ट और फॉरमोस्ट ड्यूटी है।" अजय हकलाया ।

"वो मैंने प्वाइंट आउट कर दिया था कि...।"

"ऐसा क्या है स्पेशल जिम में?" अजय ने दुस्साहस से पूछा ।

"क्या ऐसा कुछ भी स्पेशल नहीं है जिम में?"

वह जिम के अक्स को पकड़ने की कोशिश करने लगा।

"क्या आपका इशारा उसकी नीली आंखों की ओर है?" अजय ने एक मूर्खता भरा सवाल किया।

"ओह दैम दैट नीली एंड पीली आंखें। पोएट्स का नानसेंस टाक!" उन्होंने क्षोभ में ग्लास को जोरों से टेबुल पर पटका। शुकर था, ग्लास टूटा नहीं। फिर अपनी उत्तेजना पर क्षमा मांगते हुए बोले, "मुझे लगा ठा, टुम औरों से ज्यादा सेंसिटिव हो, पकड़ लोगे एनी वे...।" उन्होंने सीधे अजय की आंखों में ताका।

"जिम इतना चुप क्यों रहता?" बात की शुरुआत कर डॉक्टर खुद चुप हो गए थे। लगा, वे खुद से जूझ रहे हैं। थोड़ी देर बाद उनकी बुदबुदाहट फिर शुरू हुई, "इन फैक्ट", मैं खुद भी नहीं जानता, तुम्हें यह बात बता कर मैं राइट कर रहा हूं या रांग! बट...जिम अपनी माम को क्या बोलटा?"

"मॉम या मम्मी।"

"और ग्रैंड मा को?"

"नानी को?" वह याद करने की कोशिश करने लगा, "उसे भी वही।"

"इसका कोई मतलब नहीं है?"

"बट ऐसा तो हमारे यहां होता है। दूसरों को बोलता देख बच्चे भी वैसा ही बोलने लगते हैं। जैसे माँ को काकी, मौसी, पिता को अंकल, काका या बाबा।"

"लेकिन वो सच नहीं होता, यह सच है।"

अजय के सिर पर झन्न-सा बजा, "क्या?"

"हां।" डॉक्टर ने जाम फिर से उठा लिया था, "इनफैक्ट, तुमको मुझे ये बात बोलना नहीं चाहिए था, लेगल, मोरल और ह्यूमनीतेरियन बहोत से एस्पेक्ट्स हैं, मगर तुम समझदार आदमी हो, लीक नहीं करोगे-प्रॉमिस!"

"प्रॉमिस!"

और डॉक्टर ने रुक-रुक कर अंग्रेजी में बताना शुरू किया।

"बात आज से कई साल पुरानी है। उन दिनों मैं शिकागो में था। एलिस और विस्नू की शादी हो चुकी थी लेकिन वे इंडिया नहीं आये थे, वहीं रह रहे थे। मैं उनका फेमिली डॉक्टर था। एलिस जब पहली बार प्रेगनेंट हुईं तो

उसने अजीब किस्म की बेचैनी की शिकायत की। मैंने और मेरे सहयोगी डॉक्टरों ने हरचंद कोशिश की लेकिन हम बच्चे को बचा नहीं सके, एबॉरसन हो गया। जब यही पीड़ा दूसरी बार के गर्भधारण काल में शुरू हुई तो हम चौंके। गहन जांच चली। हम इस निष्कर्ष पर पहुंचे कि एलिस के गर्भाशय को एलर्जी थी। वह अपने बच्चे को गर्भ में नहीं रख सकती थी। यह भी एक विचित्र अंतर्विरोध था कि माँ का मस्तिष्क बच्चे के लिए लालायित रहे और माँ का गर्भाशय उसे न चाहता हो। दूसरी बार भी गर्भपात होकर रहा।"

डॉक्टर ने दोबारा जाम बनाया और उन दिनों को याद करने लगे, "गर्भ काल में एलिस अपने रूप और यौवन के शिखर पर होती और बिजारिया उस पर हजार जान से फिदा रहते पर लगातार दो-दो गर्भपातों से परिवार में ग्रहण लग गया। एलिस दिन-रात बिसूरती रहती और बिजारिया उदास बने रहते। किसी तीसरे विकल्प यानी दूसरे का बच्चा गोद लेने की बात उन्हें पच नहीं रही थी। उन्हें अपना और सिर्फ अपना बच्चा चाहिए था। क्या किया जाय? उन्हें इंडिया लौटना भी था, उनके छोटे भाई किस्नू संन्यासी हो गए थे और विधवा माँ अकेली थीं, बाप ने वार में जूट की सप्लाई में लाखों कमाए थे, संपत्ति को देखता कौन?

"मैंने अपने सीनियर्स और अन्य विशेषज्ञों के साथ दोबारा जांच शुरू की-पार्ट बाई पार्ट, वैसे ही जैसे किसी अपैरेटस के फॉल्टी हो जाने पर तुम लोग उसकी पार्ट बाई पार्ट जांच करते हो। माँ के डिंब और पिता के शुक्राणुओं में कोई गड़बड़ी नहीं। फेलोपियन ट्यूब भी ठीक, गर्भाशय जरा-सा सूजा हुआ था, मगर कुछ खास नहीं। मैंने गर्भाधान की पूरी प्रक्रिया के दो भाग किए-एक जो ठीक था, दूसरा, जहां से डिफेक्ट शुरू होता था...खैर, डिटेल में जाकर क्या होगा। एक दिन मैं एक मेडिकल जर्नल उलट-पलट रहा था कि एक लेख पढ़कर एक आइडिया आया। अगर निषेचन के बाद डिंब या भ्रूण को फेलोपियन ट्यूब में थोड़ा डेवेलॉप कर बाकी डेवेलॉपमोन्ट को किसी अन्य गर्भाशय में कराया जाय तो...? हां यही उपाय है, एकमात्र यही उपाय।"

"मैंने विस्नू और एलिस के सामने यह योजना पेश की तो पहले तो उन्होंने अबूझ भाव से निहारा लेकिन मेरे समझाने पर कि इसके सिवा उनके पास अपना बच्चा पाने का कोई दूसरा उपाय नहीं है, बुझे मन से उन्होंने हामी भर दी।"

"अब समस्या थी उस दूसरी औरत की खोज जिसके गर्भाशय में प्रत्यारोपण का यह प्रयोग किया जाता। यह दायित्व एलिस पर छोड़ा गया। उसने आगे-पीछे का सारा कुछ सोच कर जिस औरत को उसके लिए राजी कराया, उसकी कल्पना हमने सपने में भी न की थी। वह थी श्रीमती कैथरिन-एलिस की अपनी माँ,

जिनका पति समुद्र में कई वर्ष पहले लापता हो चुका था। बेटी की खुशी के लिए मान गयीं कैथरिन। उनकी जांच की तो उम्र, फर्टिलिटी के लिहाज से थोड़ी रिस्की मगर कोशिश की जा सकती थी। हमने उन्हें हार्मोन्स के इन्जेक्शन, विटामिन ई और दूसरे तरीकों से तैयार किया। कानोंकान खबर न हो, इसलिए अपने पास रखा। यहां भी एक दो प्रयोग असफल रहे लेकिन हमने धीरज नहीं खोया और तीसरा प्रयोग कामयाब रहा। यही जिम है या अतुल बिजारिया जिसे एलिस अमेरिका से अपनी गोद में ले आयी भारत।"

धीमी रोशनी में सीझता हुआ वह कमरा यकायक किसी सद्यःप्रसव-सा हरा-भरा हो उठा। सारी रेखाओं में रंग भर गए।

"इसका मतलब यह हुआ कि जिम एक टेस्ट ट्यूब बेबी है, अजय उत्तेजित हो उठा।"

"शायद! मगर मैं इसे हौवा नहीं बनाना चाहता। आज भी नहीं, सिर्फ इसलिए नहीं, कि नैतिक और मानवीय ढेरों पहलू हैं बल्कि इसलिए कि हम अभी भी वयस्क नहीं हो पाये हैं।"

"किसकी वयस्कता, जिम की?"

"नहीं, समाज की।"

थोड़ी देर तक दोनों ही अपनी-अपनी उधेड़-बुन में खोये रहे फिर अजय ने पूछा, "जिम को यह राज मालूम है?"

"इसी बात का तो संशय है। पहले वह एक सामान्य लड़का था, चंचल शोख, शरारती, मगर कुछ महीनों से उसका बचपना सूखा गया है। विशाल और मुहम्मद जिया का क्लास फेलो रहा है जिम। बॉटनी से एम.एस.सी. है, चाचा किस्नू उस पर हजार जान से न्यौछावर लेकिन उसने उनकी भावना को कभी सम्मान न दिया, एक तरह से उनकी छाया से भी इस्केप करता रहा। विस्नू चाहते हैं कि एम.बी.ए. करे मगर मुझे लगता है कि वह आत्मकेन्द्रित शोधी, जिज्ञासु और दार्शनिक प्रकृति का होता जा रहा है। वैसे विस्नू भी वैज्ञानिक प्रकृति के थे, मैं भी इसी में आ जुड़ा सो जिम की प्रकृति भी उसी तरह ढलती गयी।"

"कहीं वह जान गया हो तो...?"

"तब डर है, कहीं अनास्था का शिकार न हो गया हो। मैंने कभी कहा था कि अमेरिका निर्वासितों की जगह है, कलकत्ता भी...प्रायः हम सभी ही...लेकिन जिम का निर्वासन तो और भी गहरा है, जन्म से पहले ही शुरू हो जाता है। वैसे विज्ञान की भाषा में कहीं कुछ असामान्य नहीं मगर यह इडियट समाज...! मलेरिया और कई संक्रामक बीमारियों के पुनरागमन की तरह फिर से सिर उठाने लगे हैं मध्ययुगीन अंधविश्वास। हमने हरचंद कोशिश की कि जिम असामान्य न महसूस

करे। तुम्हें हम लाये ही अपने इसी स्वार्थवश कि तुम उसे कम्पनी दोगे लेकिन तुम...।"

खुद में घुलते रहे डॉक्टर, उन्होंने अपनी हथेलियों को फैलाया, बंद किया, फिर खोला, "समय हमारी मुट्ठी में नहीं बंध पाता। समय के साथ-साथ कुछ और बातें प्रेसीपिटैट करने लगी हैं।"

उन्होंने लाचारी में सिर हिलाया फिर खुद को दलदल से निकालने की गरज से बोले, "अभी इतना ही। तुम्हें इसलिए यह सब बता दिया कि तुम अपनी ड्यूटी की गंभीरता को समझ सको। मगर ध्यान रहे, तुम्हें सिर्फ पता करना है, किसी पर भी किसी भी हालत में यह राज नहीं खोलना है। प्रोमिस!"

"प्रोमिस!" अजय बेखुदी में बर्राया। उसके दिलो-दिमाग में अजीब-सी सनसनी फैली हुई थी। थोड़ी देर पहले आरिफ बेग की कही बात याद आयी, "वो ऊपर वाला है न, वही सबसे बड़ा बागवां है, कब, किसे कहां से उखाड़कर कहां रोपता है, सब उसकी कारसाजी है।" अब उसके लिए जिम, जिम नहीं रह गया था, एलिस एलिस नहीं, कैथरिन कैथरिन नहीं।...जैसे घंटों आप किसी अंधेरे महल की मनहूसियत में ऊब रहे हों और अचानक बिजली चली आये। एलिस इन द वन्डर लैण्ड!

जिम से मिले बिना अजय को चैन नहीं। रात जैसे-तैसे कटी, भोर हुई। सबसे पहले उसने उसे घर में ढूंढ़ा। पहले की तरह ही नदारद थे जनाब। पर आज कुछ भी हो जाये, वह उसे ढूंढ़ कर रहेगा। कहां गया होगा, मंदिर, गिरजाघर, स्टडी, म्यूजियम, झील...? तो यहां बैठे हैं जनाब। उगते सूरज की पृष्ठभूमि में झील का पानी रक्तिम हो रहा था, मानो वह एक बड़ा गर्भाशय हो और उसके तट पर बैठा जिम एक भ्रूण, जिसे घर के तंग गर्भाशय से यहां ट्रांस्प्लांट कर दिया गया हो। बीतरागी, विदेह जिम!

उसकी पीठ सामने थी जिस पर कई पहेलियां टंकी पड़ी थीं, "जिम अपनी माँ को क्या कहेगा-माँ या बहन? क्या कहेगा अपनी नानी को-नानी या मां? और विस्नू बिजारिया को-पापा या जीजा? इस तेज रफ्तार से भागती दुनिया में किसी रिश्ते का कोई मतलब बचा भी है क्या?"

अजय कदम-दर-कदम जिम के पास जाता है, हौले से उसके कंधे पर हाथ रखता है, "हॅलो जिम, गुड मॉर्निंग!"

"गुड मॉर्निंग!" जिम ने दार्शनिक भाव से निहारा।

"थोड़ी मदद करोगे मेरी? वो क्या है कि अलग-अलग प्रजाति के पौधों के लेबेल करने हैं, जॉन साहब ने जिस ढंग से पहले क्लासीफाई किया था, उससे अलग...।"

इस बार जिम कतराया नहीं, अजय के साथ-साथ चल पड़ा।

"एक तरीका यह हो सकता है कि हम फंगस से शुरू करें और संक्रमण के उस बिन्दु पर पहुंचे जहां पौधों के जीव में बदलने की प्रक्रिया शुरू होती है या उद्भिज और जन्तु अलग-अलग होते हैं...फिर जीवों से शुरू कर विकास के शिखर यानी आदमी तक पहुंचें।"

जिम ने स्वीकार में मुंडी हिलायी फिर कुछ सोचने लगा।

"क्या हुआ?"

"मैं सोच रहा था क्यों न हम नॉन लिविंग के लिविंग (निर्जीव के सजीव) में बदलने के प्वाइंट से शुरू करें।"

"यह तो और भी अच्छा है।" अजय उसकी मेधा पर चमत्कृत हुआ।

"विशाल तो अभी यहीं है, उसे भी बुला लेते, मधु और दूसरे दोस्तों को भी।" जिम खुल रहा था।

"यह तो और भी अच्छा रहेगा।" अजय को जिम का इस तरह खुलना अच्छा लगा। दोपहर तक विशाल भी आ गया, मधु भी, जिम भी। मधु ने देखते ही मुंह बिचकाये, विशाल को हंसी आ गयी।

"चाइल्डिश कहें या चाइल्ड लाइक?"

अजय ने उसका हाथ दबा कर उसे सतर्क कर दिया कि वह उसके खेल में खुच्चड़ न करे।

खेल-खेल में शुरू किया गया यह खेल काफी मनोरंजक बन गया। उन्होंने उपलब्ध प्रजातियों को तत्वों के पेरिओडिक टेबुल की तरह सजाना शुरू किया।

यह उनके लिए जासूसी उपन्यासों में खूनी की खोज से कम उत्तेजक न था। देखते-देखते एक रफ खाका तैयार हो गया। बहुत-सी जगहें अभी भरी जानी थीं। उनके पास कुछ धुंधले बिन्दु भर थे जिनको मिलाकर अनुमान के सहारे वे एक ग्राफ पूरा करने की कोशिश कर रहे थे।

कुछ मूल चीजें थीं, कुछ उनका संस्करण या विस्तार, जैसे कुछ एलीमेंट्स (तत्व) होते हैं, बाकी कम्पाउन्ड्स (यौगिक) एक-एक को पकड़ कर नस्लीय धारा कहां-कहां तक चली गई थी!

"हमारा अनुमान है कि एक बार विकास की कड़ियों के छन्द भर मिल जाएं, बाकी ज्ञात-अज्ञात चीजों को उसमें जोड़ लेंगे।" अजय ने कहा।

"यह तुम पहले नहीं हो, डार्विन से लेकर आज तक यह ईवोल्यूशन बहुतों के लिए खोज का विषय रहा है।" विशाल ने कहा।

"विकास और विपर्यय के सारे रहस्य हमारे सामने खुले पड़े होंगे।" मधु चहक उठी।

"और आदमी...?" जिम ने पहली बार सवाल किया।

"हां आदमी!" विशाल ने दीर्घ निःश्वास छोड़ा, "चलो, खोजा जाय, कहां है मरदूद आदमी?"

जिम को सुबह-सुबह देख कर अच्छा लगा।

"गुड मॉर्निंग अजय दा।" आज पहल जिम की ओर से आयी थी।

"गुड मॉर्निंग जिम! इत्ते सबेरे, सब ठीक-ठाक है तो?"

जिम अटपटा गया जैसे उसे अपने उतावलेपन पर खीझ आयी हो, "मैं बाद में आता हूं।"

"बाद में क्यों, अभी इसी वक्त...।"

"नहीं वो...मैं सोच रहा था क्यों न हम एक बार मैंग्रोव्स सॉयल रिसर्च सेन्टर भी देख लें, पास ही है।"

"चलो चलते हैं।" अंधा क्या मांगे, दो नैना!

पन्द्रह मिनट की ड्राइव पर वे एक जीर्ण भवन के सामने खड़े थे। अजय ने बोर्ड पढ़ा,

"केन्द्रीय लवणाक्त मृत्तिका अनुसंधान केन्द्र!"

नाम रखने में बंगालियों का कोई सानी नहीं। नाम मात्र से ही एक पूरी की पूरी अर्थगर्भित दुनिया खुलने लगती है। पर हकीकतन कोई जरूरी नहीं कि सुंदर नाम वाली चीज भी उतनी ही सुंदर हो। ऐसे ही 'पद्‌पुकुर' जाना हुआ तो वह बदबू देते पंक से अंटा पड़ा था, डायमंड हार्बर को पहली बार देखा तो निराशा हुई।

"यहां नया क्या हो रहा है?" अजय ने पूछा।

"नया तो यही कोयेक्स है।" बैनर्जी ने उन्हें एक पौधा दिखाया जो मकई या ज्वार जैसा था, "यह पशुओं का चारा है भुट्टा की तरह जून-जुलाई की फसल। एक से दो फीट लंबा होता है।"

"विशेषता क्या है?"

"हाइली प्रोटीनेसियस, कैरोटिन और विटामिन्स से भरा हुआ"

"एक पौधा मुझे दीजिएगा, एक्चुअली मैं मैंग्रोव्स में इन्टरेस्टेड हूं।"

"स्योर, ये लीजिए।"

"इसके अलावा क्या है?"

"आइये दिखाते हैं।" बैनर्जी आगे बढ़ गये। कुछ बेड्स बनाये जा रहे थे, कुछ बने हुए थे। बने हुए बेड्स में पौधे लगे हुए थे, इसे तो आप पहचानते होंगे? "सुंदरी!" जिम ने लपक लिया, अजय को खुशी हुई।

"जी। अब ये देखिये, यहां की भाषा में इसे 'गरान' कहते हैं, ये 'गेबा', ये 'घुघ', 'तोड़ा' और वो कहां गया, कहां गया," बैनर्जी ने चारों ओर नज़रें दौड़ाईं, ''हां वो रहा 'गोल पाता...।''

"यह तो खत्म हो रहा है?"

"इसीलिए तो इसे बचाया जा रहा है।"

"इसका भी एक पौधा मिल जाय तो...।"

"देखते हैं।"

लौटते समय जिम ने पूछा, "ऐसा क्या खास लगा आपको इस साल्टी सायल...वो क्या कहते हैं लवणाक्त मृत्तिका के पौधों में?" वह ऐसे संभल-संभल कर बोल रहा था जैसे बाघ संभल-संभल कर पंजे रख रहा हो खलियाई नदी में।

"कल तुमने एक सवाल किया था, इसमें आदमी कहां है?"

"हां।"

"इन पौधों से उसका पता पूछेंगे।...इस साल्टी सायल के चलते जीना और सांस लेना मुहाल है, फिर भी जी रहे हैं, इन पौधों में हो सकता है प्रतिकूल से प्रतिकूल, विषम से विषम परिस्थितियों में उसकी कोशिशों के कारक तत्व मिल जायें।" उसे याद आया, यह बात उसने दूसरी बार कही थी। उद्देश्य तब भी जिम का ध्यान आकर्षित करना था, आज भी।

"आपने मेरा पर्सनल म्यूजियम नहीं देखा?" आश्चर्य, जिम खुद ही आमंत्रित कर रहा था।

वह संभवत: संवाद की शुरुआत थी।

गाड़ी अतुल मेंशन के अंदर दाखिल हो रही थी।

# एक और अजूबा

बिना नॉक किये ही म्यूजियम में घुस आया अजय। अंदर झांका तो न अतुल नजर आया, न विशाल। गये कहां! वह लौटने ही वाला था कि कमरे में कोई आहट-सी सुनाई दी। पलट कर देखा तो हैरान रह गया। दोनों ही चौपायों की तरह कमरे में टहल रहे थे।

टहलते-टहलते दोनों दो बंदरों की तरह एक दूसरे के आमने-सामने रुके।

"कैसा लगा?" अतुल ने पूछा।

"अच्छा लगा, थोड़ा रिलैक्स फील किया।" विशाल ने कहा।

"मैंने कहा था न! चौपायों की तरह बाकी क्रियाएं भी कर के देखो, और मजा आयेगा।"

"खाना-पीना...?" विशाल ने पूछा।

"यस, सीधे मुंह से या फिर हाथों से...।" अतुल ने कहा।

"टट्टी-पेशाब?"

"वह भी।"

"संभोग...?"

"वह भी।"

विशाल खड़ा हो गया। उसने जिम की आंखों में झांका और डर गया, यह जिम में कैसा बदलाव आ रहा है, कहीं यह सेक्स हारमोनों का अत्यधिक स्राव है या फिर विकास क्रम की स्मृतियों की अनुगूंज! वह खड़ा था और जिम चौपाया बना टहल रहा था। अब वह लेक्चर दे रहा था और जिम डिमान्स्ट्रेट कर रहा था-

"मनुष्य इसलिए मनुष्य है कि उसने स्मूथली डेवेलॅप करते हुए अपने हर अंग का बेहतर इस्तेमाल किया। पचास करोड़ वर्ष पहले जब पृथ्वी पर डायनासोर राज करते थे, जलवायु गर्म थी, डायनासोर सीधे सूर्य से ऊर्जा ग्रहण करते थे। उस समय आदमी का पूर्वज पिकाया क्या करता था मालूम...?" विशाल जिम के पीछे-पीछे चल रहा था जैसे बंदर के साथ मदारी।

"ना।" जिम ने उत्तर दिया।

"डर-डर कर संभल-संभल कर ग्रो कर रहा था, उसके सेन्ट्रल नॉड्स थे, जो बाद में स्पाइनल कॉर्ड बने जिसमें आगे का भाग ब्रेन में डेवेलॅप करता गया जो आगे चलकर अकूत क्षमता का स्वामी होने वाला था। जब दूसरे जीव अपनी सुरक्षा के लिए अपने शरीर को कड़े से कड़े खोल में बंद कर रहे थे, पिकाया और बाद में लीमर धैर्यपूर्वक अपने मेरुदंड, अस्थियां, पंजों, मांसपेशियों का बेहतरीन रूपांतरण कर रहे थे। आज का उसका कूदना, ट्रैपीज आदि सर्कस जैसे करतब वहीं से इनहेरिटेड हैं। ऑड परिस्थितियों और खूंखरों से संघर्ष कर उसने ब्रेन को शार्प किया। पहले उसने खुद को चौपाये से दोपाये में बदला। सोचा, जब दो पांव से ही चला जा सकता है तो चार पांवों को फंसाये रखना निरी मूर्खता है, वह दो पांवों पर खड़ा हो गया, बाकी दो पांव यानी दो हाथ खाली हो गये दुनिया भर के काम करने के लिए। स्पाइनल कॉर्ड सीधा हो गया, सर खिल गया, नजर ऊंची हो गई, उसे दूर-दूर तक दिखाई पड़ने लगा...।"

जिम उसी क्रम में खड़ा होता गया। खड़ा हो गया। खड़े होते ही दूर की जो चीज़ इस 'पिकाया' को दिखाई पड़ी वह अजय था।

विशाल ने हंसते हुए कहा, "तालियां!" तालियां बजाते हुए अजय ने इस विकास कथा की दाद दी।

"तो आपने सारा कुछ देखा?" यह जिम था।

"ना, मैंने कुछ नहीं देखा, आओ बैठो।" अजय ने कहा।

विशाल ने जिम की पीठ सहलाते हुए प्यार से पूछा, "कहीं तुम्हारी इन्हीं चौपाये वाली हरकतों के चलते ही तो जूली नहीं भागी थी?"

"ना, वो तो...।" जिम एक पल को झिझका।

"ना, मैं कहां सुन रहा हूं!" अजय ने कहा, "हां जिम, अजय दा कुछ भी नहीं सुन रहे हैं, बोलो क्या हुआ था जूली के साथ।"

"वो एक कॉल गर्ल थी। मैंने उससे सिंपल-सा सवाल किया, इन पैसों का क्या करोगी?'' उसने कहा, 'शादी बनाएगा।' मैंने कहा, ''शादी माने संभोग? माने 'संभोग से समाधि' नहीं 'संभोग से संभोग' तक...क्या पजल है? बस्स!"

हंसने लगा विशाल, "कितने मासूम लग रहे हो तुम, तुमको जालिम कहे, वो झूठा है।"

"अरे बाबू! जिस तरह एक्स-वाई और एक्स-एक्स क्रोमोजोम्स मिल कर भ्रूण बनाते हैं उसी तरह पति-पत्नी मिल कर एक हो जाते हैं।"

"वह सार्त्र का दर्शन है। मैंने तो एक होते किसी को नहीं देखा, दोनों की अपनी-अपनी आयडेंटिटी है और रहेगी।"

"एक होते भी हैं।"

"अगर हुए हैं तो किसी-न-किसी की पृथक सत्ता की या दोनों की हत्या हुई है।"

"शादी का मतलब ही समझौता है।"

"अपनी फ्रीडम से।"

"सामाजिकता और परिवार में अपने-अपने फ्रीडम का कुछ न कुछ त्याग तो करना ही पड़ता है। अगला भी तो अपने 'स्व', अपने 'ईगो' का तुम्हारे लिए बलिदान कर रहा है।"

दोनों ही एक दूसरे को घायल कर रहे थे।

"तुम चौपाये की बात कर रहे थे न?"

"हां।"

"असल चौपाया तो विवाहित जीवन है, दो पांव पति के, दो पत्नी के।"

"शायद इसीलिए पूरी तरह तनकर खड़ा नहीं हो पाता विवाहित आदमी।"

"खड़ा हो सकता है, बशर्ते दो पांव सपोर्ट करें, दो मुक्त हो जायें बाकी कामों के लिए।"

"अगर वे एक बंधन में नहीं बंधे तो बच्चों का क्या होगा?"

"हां, बच्चों का क्या होगा?" "इन बच्चों को नहीं देखा गया तो वंशबेलि का क्या होगा? महामानव कहां से आयेंगे? इन्सानी नस्ल का क्या होगा?"

परिन्दों की तरह मित्रों का यह झुण्ड लड़ते-लड़ते जा गिरा अलीपुर में जहां जिया साहब शर्मा दंपत्ति से 'पुनर्जन्म', 'अवतार' आदि पर इसी तरह गहरे विमर्श में डूबे थे।

"आंटी मेरा प्रयोग अगर सफल रहा तो मैं इस पुनर्जन्म वाली गुत्थी को सुलझा कर रहूंगा।" उनके सांवले चेहरे पर चकित शिशु का उत्साह तैर रहा था, जिससे मूर्खता की आंच आ रही थी।

"इसके लिए आपको कई बार जन्म लेना पड़ेगा।" सत्यप्रकाश जी ने चुटकी ली।

"आप इसे हंसकर न उड़ाइये प्लीज, एक लड़का या लड़की कहती है कि मैं अलां नहीं फलां हूं, यहां नहीं वहां मेरा घर है, वो रहा मेरा परिवार जबकि उसने उस घर परिवार को देखा तक नहीं, सुना तक नहीं। कैसे संभव है?"

"सबों के साथ ऐसा क्यों नहीं होता? यह सब सुनी-सुनाई चीजें होती हैं?"

"जो झूठ है, झूठ है। पर जो सच है वह सब टेलीगैथी के अन्तर्गत आयेगा।"

"आप क्या कहते हैं, देवता भी तो अवतार लेते हैं।" शांति जी ने बहस को अपनी ओर खींचा।

"अवतार!" प्रोफेसर साहब ने गहरी सांस ली।

"पृथ्वी के लोगों पर यकीन नहीं, सो स्वर्ग से देवता आते हैं पृथ्वी पर अवतार लेने...पर आते हैं किसी हाड़-मांस की स्त्री के गर्भ में ही, वही उन्हें पैदा करती है, महामानव बनाती है।" जिया ने कहा।

"और अप्सराओं को क्या कहेंगे आप?" प्रोफेसर ने पूछा।

"अप्सराओं को भी माँ बनने के लिए धरती पर ही आना पड़ता है। स्वर्ग मात्र स्वर्ग है, हमारी दमित वासनाओं का संपुजन। धरती की मृण्मयता के बिना हमारी कोई गति नहीं, संगति नहीं। कभी-कभी यह विलक्षण प्रतिभा इतनी तेजस्वी होती है कि कोख संभाल ही नहीं पाती।"

मित्र-त्रय अपनी बहस भूल कर प्रोफेसर साहब के वाक् प्रवाह में बह गयी।

अजय को जैसे अपने सवाल का जवाब मिल गया। 'जिम को भी गर्भ में समाये रखने की क्षमता अकेले एलिस में न थी, तभी तो उसे कैथरिन के गर्भ का सहारा लेना पड़ा।'

# जिम का जिमखाना

जिम का पर्सनल म्यूजियम यानी विचित्रताओं का जखीरा! उसका एक अंश मधु का सजाया हुआ, एक किसी आर्टिस्ट का, बाकी जिम का।

सुकुमार राय के द्वारा बनाये गये सारे विचित्र चित्रों की मृण्मय अनुकृतियां सजी थीं करीने से-मछली की देह पर हाथी का मस्तक, मच्छर को मिली है जेराफ की गर्दन, मुर्गे का धड़ और बैल का मुंड...आगे हनुमान हैं, गणेश हैं, नरसिंह हैं, अज हैं, वह मुस्लिम देवी है, जिसका सारा बदन गाय का है, चेहरा मुकुटधारिणी औरत का, जिसके स्तन से दूध झर रहा है शिवलिंग पर। तर्क यह कि अगर ये सच हैं तो वे क्यों नहीं। एक क्रम उन जीवों का है जो बांझ होते हैं, श्रमिक मधुमक्खी, खच्चर आदि, फिर संकर नस्लें-भेड़ और बकरी के क्रॉस से बना गीप, सिंह और बाघ के क्रॉस से बना 'सिंघ्र'। एक कोने में कांच के फ्रेम में पड़ा था आनन्द मोहन चक्रवर्ती का बनाया हुआ नया जीव सुपर बग जो तेल खाता था। एक कोने में खड़ी थी भेड़ की क्लोनिंग कन्या डॉली अपने पूरे संदर्भ के साथ-डॉली पारटन अभिनेत्री के उन्मुक्त वक्ष भी। 1952 में प्रथम लिंग परिवर्तन करने वाले जॉर्ज जोगन्सन थे तो उनका नारी रूपांतरण क्रिस्टी भी। फ्रेडरिक ड्रिमर के बॉब कार्क का अर्द्धनारीश्वर रूप था तो ग्रीक दर्शन के हर्मीफ्रोडाइट भी, शिव-पार्वती का अर्द्धनारीश्वर रूप भी। केंचुए समेत उभयलिंगी प्राणी थे और उसी क्रम में इल-इला भी। विषकन्याएं, मत्स्य कन्याएं और परियां भी।

अजायब घर यहीं शेष नहीं होता। आगे कार्बन चेन्स थे, गुणसूत्रों की सीढ़ियां उतरते इंसान के आदिम पुरखे थे। आदम थे, हव्वा थे, बिग बैंग था, ब्लैक होल्स थे, आकाशगंगाएं थीं, धूमकेतु थे, सूर्य से निकलती ज्वालामयी पृथ्वी और अन्य ग्रह थे।

अजायब घर का एक भाग टीशू-कल्चर से उपजाये फलों पर था, एक भाग फोटोग्राफ्स से भरा हुआ, जिसमें होमोसेक्स थे, लेसिबियन्स थीं।

"इनसे मिल सकता हूं?"

"बिल्कुल!"

"सुंदरवन की एक भी चीज नहीं।"

"ये मिस्टर जॉन हैं, बन बीबी हैं, ये नेता धोपानी और ये दक्षिण राय।"

"पहले तीन के बारे में तो उस दिन सुना पर दक्षिण राय...?"

"जो मिथ जॉन साहब के बारे में मशहूर है वही यहां भी...ये जब चाहे बाघ बन जाते, जब चाहे आदमी।"

"ये कोई ऋषि हैं?"

"हां, विश्वामित्र! सृष्टि के काउंटर में सृष्टि करने वाले।"

"ओ, तो वो जो उलटे झूल रहे हैं–त्रिशंकु!"

"हां।"

"और ये नारियल का पेड़?"

"विश्वामित्र से बड़ा कोई आइडियल नहीं मेरा। उन्होंने सोचा, सृष्टि ऐसी ही क्यों। स्वर्ग में देवताओं की ही मनमानी क्यों? वो इन्हें, ह्वाट शुड आय से...।"

"नहुष या त्रिशंकु!"

"हां त्रिशंकु को उन्होंने जीते जी स्वर्ग भेजा तो देवताओं ने जाने नहीं दिया। बीच में ही लटके रह गये त्रिशंकु। खाते क्या? पीते क्या? तब उन्होंने यह नारियल बनाया स्वर्ग और पृथ्वी के बीच लटका हुआ जिसमें भोजन भी है, पानी भी...।"

"वाह! सुना, गंगा को लेकर भी कुछ अलग सोच है तुम्हारी।"

"हां, गंगा मेरे लिए उस लता की तरह हैं, जिसकी जड़ें बंगाल की खाड़ी या सुंदरवन के डेल्टा में हैं। ये जो मातला, विद्याधरी, गोसांबा या कालनागिनी जैसी नदियां हैं, उनकी उभरी हुई जड़ें हैं। लता और ऊपर उठती है। ब्रह्मपुत्र, महानंदा, कोशी, गंडक, सोन, सरयू, गोमती, यमुना और दूसरी नदियां इसकी ब्रांचेज हैं। इस तरह यह लता लहराकर हिमालय पर चढ़ जाती है।"

सोच में पड़ गया अजय, क्या यह जिम का निरा पागलपन है या और कुछ? आखिर यह जिम चाहता क्या है? कौन-सी खोज है जो इसे विकल बना रही है? कौन-सी तड़प है जो इसे तड़पा रही है? बाहर क्रिकेट है, पॉलिटिक्स है, सिनेमा है, टीवी है, इंटरनेट है, अड्डेबाजी है, औरतें हैं लेकिन जिम को यह सब देर तक नहीं बांध पाते। जिम की खोज कुछ और ही है। क्या है वह?

जिम के म्यूजियम का अंग बन गयी अजय की लैब। अब वे दोनों मिलकर इसे सजा रहे थे। डॉ. जैक्सन जिम की संलग्नता देख कर मुस्करा कर अजय की पीठ थपथपा जाते।

गर्मियां शुरू हो गयी थीं। अतुल मेंशन के उद्यान में फूलों की दूसरी परत चढ़ गयी थी। इन सबसे बेखबर वे अपने विकास-क्रम को सजाने में लगे हुए थे।

पत्ते का सघन तंतुजाल है विकास-क्रम का ग्राफ और जब इस जाल से होते हुए उलटे अपने उत्स की ओर लौटना हो तो इस भूल-भुलैया की इन्तहा कहां? जिम अपने कम्प्यूटर पर और अजय अपनी किताबों में गोते लगा रहे थे, मगर जगह-जगह पहेलियां आंखें मटका रही थीं।

"यार ये रेप्टाइल्स और बर्ड्स के बीच उस सांप का नाम क्या है जिसके डैने थे और मुंह घड़ियाल जैसा था?" अजय ने सवाल किया।

"आप कैसे कह सकते हो कि वही इनके बीच की कड़ी है?" जिम ने पूछा।

"उसके डैने थे बदन पर भी, पूंछ पर भी। ये पंख उसे पक्षी वर्ग से जोड़ता है और मुंह में दांत थे, जबकि पक्षियों के दांत नहीं होते यह चीज उसे रेप्टाइल्स से जोड़ती है।

"वाह!" जिम उत्साहित हो उठा, और वो बर्ड्स और रेप्टाइल के बीच की कड़ी...?

"आर्किओप्टेरिक्स!" दोनों के मुंह से एक साथ निकला, दोनों ने हाथ मार जीत का जयकार किया, "ग्रेट मेन थिंक ए लाइक!"

"लेकिन यह पन्द्रह करोड़ वर्षों का पुराना मामला है। रेप्टाइल्स की तरह हाथ-पांव...?" अजय अटकने लगा।

"और पूंछ चिड़ियों की।" जिम ने पूरा किया।

"चलो डॉक्टर से पूछते हैं।"

इधर का माजरा कुछ और ही था। फोन साइलेंट में कर डॉक्टर जैक्सन प्रभु बिजारिया को मुग्ध भाव से निहार रहे थे। प्रभु के चेहरे पर मुस्कुराहट थी और आंखों में चमक। इस मुस्कुराहट और चमक का स्रोत स्वयं जिम था, ठीक जिम नहीं, जिम का पर्सनल म्यूजियम। इसी तर्ज पर वे 'बिजारियाज' के सारे प्रोजेक्ट्स और इकाइयों को एक साथ ऐसेमिलेट करना चाह रहे थे, उनके अपने-अपने वृत्तचित्रों के साथ। "अब सवाल है शुरूआत कहां से की जाय।" प्रभु डॉक्टर जैक्सन से पूछा।

"शुरूआत तो इस नर्सिंग होम से भी की जा सकती है।"

"यहां से?"

"यहां ऐसा क्या है?"

"अभी तो सिर्फ एबॉर्शन है मगर वो सब मुझ पर छोड़ दीजिए।"

डॉक्टर तैयारी कर ही रहे थे कि उनकी नजर फोन पर गई,

"हां बोलो जिम।"

"सर, उस जीव का क्या नाम है जो..."

हंस पड़े डॉक्टर, "बायोलोजी के बुक में देख लो। अभी मैं बिजी हूं।"

"बिजी माने ऑपरेशन।"

"सिन (पाप) कहो...एक एबॉर्शन को मॉनीटर करना है।"

"एबॉर्शन! प्लीज रुके रहिए। मैं देखना चाहता हूं।" जिम की जिज्ञासा को पंख लग गए।

"लेकिन...।"

"प्ली-ई-ई-ई ज!"

जिम की किसी भी इच्छा को टाल नहीं सकते डॉक्टर जैक्सन।

मुझे यह फिल्म देखनी है। जिम अचानक ही उत्तेजित हो उठा।

अजय ने कहा, "चल तो रहे ही हैं।"

"नहीं, वैसे नहीं।"

"फिर कैसे?"

"उसके सारे अनुषंगों के साथ।" अजय ने स्टिंग ऑपरेशन के लिए जरूरी साजों समान बैग में भरे और दोनों निकल पड़े।

जान सेनीटोरियल का एक भाग प्रसूति गृह है। अलग-अलग बेड्स पर लेटी थीं आसन्न प्रसवाएं-फूले पेट, सुपुष्ट स्तन, जर्द चेहरे...। उन्हें बीच से गुजरता देख तन के कपड़े ठीक करने लगीं। बीच में इन्क्युबेटर्स थे, ममियों की तरह सोते हुए वक्त से पहले जन्मे शिशु। समय से पहले आ धमकना भी समस्या है। कई बार तो टाइम से आने वालों को भी रोक देते हैं-रुको। जगह बनाने दो। आगे प्रसूताएं थीं। माँ से अलग होकर माँ के बदन का टुकड़ा माँ के बगल लिटाया हुआ...उधर ऍबार्शन के लिए महिला तैयार थी और इधर बैनर्जी और डॉक्टर चड्ढा भी। तभी भूत की तरह जाने कहां से आ प्रकट हुए प्रभु बिजारिया-"यू टू? नो-नो दिस इज अगेन्स्ट द मेडिकल एथिक्स।" एक बेरहम तानाशाह ने एक उत्तेजक अनुभव से वंचित कर दिया उन्हें। कसमसा कर रह गया जिम। सामान्य होने देने के लिए अचानक छोड़ देना ही उचित लगा अजय को। पन्द्रह एक मिनट के बाद बाहर से लौटकर आया तो देखा वहां जिम नहीं था।

अजय डॉक्टर के कमरे में गया तो उसने देखा, जिम एक जार में एबॉर्शन का मांस पिंड लिए हुए खड़ा था, ऊपर से फॉरमलिन डाल रही थी कोई नर्स। "इसे मेरे म्यूजियम में पहुंचा देना।" जिम ने जार का मुंह सील किया फिर जार पर लेबेल लगाया 'बाल भोग!'

"यह क्या मजाक है?" अजय ने पूछा।

"क्यों नाम पसन्द नहीं आया? इसे 'शिशु आहार' कर दें क्या?" आश्चर्य! दुखी या करुणार्द्र होने की जगह उसकी बातों में तंज था जो उसके गंभीर स्वभाव से मेल नहीं खा रहा था।

वह खासा उत्तेजित लग रहा था। लौटते हुए कार में उसने स्वयं चर्चा छेड़ी, "अजय दा, सबसे टेस्टी मांस किसका होता है?"

"चिकेन"

"उहूं!"

"बीफ!"

"नो।"

"पोर्क?"

"नो नो!"

"मुझे नहीं पता।"

"आदमी का।"

"आदमी?" अजय की भौंहें सिकुड़ गयीं।

"हां। और उसमें भी शिशु का।"

"कहते क्या हो?"

"वही जो खाने वाले बताते हैं। जापान, चीन या हांगकांग में सुना है कहीं-कहीं सर्व भी होता है।"

"पर शिशु का मांस मिलेगा कैसे?"

"वैसे ही, जैसे आज मिला।"

"पर इसे खायेगा कौन? तुम...?"

"खाने वाले मिल जाएंगे।"

"इट्स ए हॉरर!"

"इट्स सो सिम्पुल! एबॉर्शन के बाद इसकी यूटिलिटी क्या रह गयी है। एक जीव नहीं खायेगा तो खाने वाले अनेक जीव हैं–गीध, कौवे, कुत्ते-बिल्ली कीड़े-मकोड़े!"

"फिर भी आदमी आदमी को खाये, बात कुछ पची नहीं यार।"

"एक थ्योरी है कि जो मर चुका है, उसे खाने में दोष नहीं।"

"मुझे हिमाचल प्रदेश के एक नरभक्षी राजा के बारे में बताया गया कि एक बार उसके शिकारियों ने शिकार न मिलने पर एक मुर्दा आदमी का मांस पेश किया। उसे अच्छा लगा तो उसने उसी जानवर के मांस की मांग की। रोज-रोज मुर्दा आदमी कहां से मिलता सो जिन्दा आदमी मार कर लाये जाने लगे, इस तरह

बना वह नरभक्षी। बिहार के गया में भी ऐसा हुआ था, कोई शर्मा होटल था। कर्नल गद्दाफी के बारे में सुना था कि वह नरभक्षी था।"

"मैंने कहीं पढ़ा है कि मानव विज्ञानी एशली मोंटेंगू इस तरह के नर मांस खाने वालों को नरभक्षी नहीं मानते–भला मरे हुए को क्या मारना। जीने के लिए मरे हुए को खाया जा सकता है।"

"जीने के लिए न!"

"विशाल ने बताया कि इंग्लैंड में गायों को गायों की ही हड्डियां पीस कर खिला देते हैं, जिससे गायें और भी तगड़ी हो जाती हैं, और भी ज्यादा दूध देने लगती हैं।"

"छी!"

"तुम्हारा हिन्दू मन 'छी–छी' कर रहा है लेकिन वहां के स्वामी नारायण मंदिर और दूसरे मंदिरों, गुरुद्वारों में जो भावविह्वल हिन्दू प्रभु–प्रभु चिल्लाते हैं, यहां की गोरक्षण समितियों को दान देते हैं ताकि गायों की रक्षा हो, वे सभी वहां वही दूध पीते हैं।"

"यह तो विचित्र बात बताई तुमने।"

"न्यू गिनी में एक कबीला ऐसा भी था जो अपने मरे हुए लोगों का मांस खा जाता था। उन्हें भी इसी तरह 'कुरू' नाम की बीमारी हुई। कैनीबल्स हैं ही। स्लाटर हाउस के कई मालिक गोरक्षा समितियों को मोटा चंदा देते हैं।"

सहसा असफलता की परछाइयां फिर से चेहरे पर उभर आईं। "हमने इतनी–इतनी कोशिशें कीं मगर एबॉर्शन की वह फिल्म नहीं ही मिल पायी हमें। उसका सारा कुछ जब्त कर लिया पापा ने। आखिर उस फिल्म में ऐसा क्या था जिसे नहीं देखना था हमें।"

जिम के जिमखाने में और भी बहुत कुछ था जिसका पता धीरे–धीरे चल रहा था जैसे उस दिन...

तीन–तीन मिस काल, जिम ने देखकर अनदेखा कर दिया।

"मैं निर्जीव और सजीव के बीच की कड़ी खोज रहा हूं प्लीज बता दो ना, वह वाइरस है या तुम हो?" अजय ने तंज कसा। जिम पर कोई प्रतिक्रिया न हुई। वह न निर्जीव था, न सजीव।

"एनी प्रॉब्लम?"

"... ... ... ... ..."

"ये मिस काल किसके हैं?"

"मेरी एक पुरानी क्लासमेट है, कौशल्या। वह जो उस दिन मधु के साथ आयी थी।" शुकर था, वह बोला तो!

"उसकी माँ को उसके डैड ने छोड़ दिया है। माँ बीमार है। माँ का इलाज भी जरूरी है और अपनी मेडिकल की पढ़ाई भी। ट्यूशन से यह संभव नहीं।"

अगली सुबह वह विक्टोरिया मेमोरियल के परिसर में कौशल्या के सामने था। पहली बार उसने कौशल्या को गौर से देखा। आकर्षक कट, गंदुमी रंग, मझोला कद, पीली साड़ी में खड़ी थी कौशल्या। वह बस एक जगह थी और बीत चुकी सुबह के बाद की उदास जगह। पर्यटक आ-जा रहे थे और प्रेमी इन सबसे निरपेक्ष अपने आप में खोये पड़े थे।

"यहां वर्जिनिटी (कौमार्य) की क्या कीमत होती होगी?" जिम ने पूछा।

"यू मीन नथ उतारना?" कौशल्या ने पूछा।

"मुझे नहीं मालूम कि...?"

"एक ही बात है।"

"मैंने पूछी कीमत।"

"पांच-दस हजार मिल जायं तो बहुत हैं, वैसे इस देश में जहां तीन साल की बच्चियों तक से बलात्कार होते हैं, वहां क्या तो वर्जिनिटी और क्या तो उसकी कीमत!"

जिम चुप हो गया। थोड़ी देर बाद कौशल्या ने कुरेदा, "क्या बात है?"

जिम फिर भी मौन साधे रहा।

शायद जिस सवाल को वह कौशल्या से करना चाह रहा था, उसके लिए शक्ति संचय कर रहा था, आखिर उसकी चुप्पी टूटी, "क्या तुम वर्जिन हो?"

तड़क उठी कौशल्या, "हाऊ डिड यू डेयर टू आस्क सच ए क्वेश्चन टू मी?"

"रिलैक्स, रिलैक्स! मुझे सचमुच इस सवाल का जवाब चाहिए 'यस' या 'नो' में।"

"... ... ..."

"बताओ।"

"यस।"

"गुस्से में नहीं, हंसकर।"

"यस!" इस बार हंसते हुए कौशल्या ने कहा।

"हन्ड्रेड परसेंट? सोच लो।"

"सोच लिया।"

इसके बाद जिम ने कौशल्या से जो सवाल किया उसकी उसने कल्पना भी न की होगी, "क्या कीमत लोगी अपनी वर्जिनिटी की?"

"हैव बिकम क्रेजी?"

"मैं तुम्हारी बात दुहरा रहा हूं, पांच-दस हजार मिल जायं तो बहुत हैं। वैसे इस देश में जहां तीन-तीन साल की बच्चियों से बलात्कार होते हैं, वहां क्या तो वर्जिनिटी और क्या तो उसकी कीमत।"

वह उसे मुक्के मारने लगी, "यू आर सो क्रूएल! अगर मैं दस-पांच हजार में बिक भी गयी तो उससे कितने दिन का मेरा खर्च निबह जाएगा?"

"और अगर तुम्हारी वर्जिनिटी की कीमत एक करोड़ हो तो?"

उसकी बौखलाहट थम गई। "कौन देगा, तुम या ये?"

"ये तो अजय हैं, मेरे फ्रेंड! हम क्या और कोई और क्या? जब मंडी में उतर ही आए तो जो भी कीमत अदा कर दे, उसके हुए।"

कौशल्या एक करोड़ की बात पर खुश हो गई। खुश हो गई और हिसाब लगाने लगी। जिम ने उसे ताड़ लिया। इसका पता चलते ही वह झेंप गई। झेंप गई और खिसिया गई।

# बीजर से न्यू फाउंडलैंड

बहुत दिनों बाद बालीगंज जाना हुआ।

प्रो. सत्यप्रकाश ने छूटते ही सवाल किया, "कहां तक पहुंचे?"

"किनारा भर छू पाया हूं अभी तक।" अजय ने कहा

"किसका–उद्भिज का या उद्भावना का?"

"उद्भावना...?"

"अरे वही आपका जिम।"

चौंका वह, फिर संभल गया, "दोनों का।"

शीला जी ने नौकर के हाथ डाभ (नारियल-पानी) भिजवा दिया था।

"लीजिए, मेरी पत्नी ने आपको अपवित्र होने से बचा लिया। दारू नहीं, डाभ है।...और हां, जिम आपसे बात-वात करता है?"

"नहीं। पर सोचता रहता है।"

"इसीलिए मैंने उसका नाम उद्भावना रखा है।"

"मेरी समझ में नहीं आता कि जिम इतना विदेह क्यों है।"

"यह नारियल देख रहे हैं न, ऊपर-ऊपर एक जटिल कठोर कवच। अगर आप इस कवच को भेद सकें तो पायेंगे कि अन्दर वह नारियल की गिरी की तरह ही पवित्र, नर्म और करुणार्द्र है।"

"मगर उस कवच को भेदा कैसे जाये?"

"यह एक तरह का आध्यात्मिक प्रश्न है, जिसका जवाब उसकी सोशल बायोलोजी और फेमिली स्ट्रक्चर में है। जिम की दादी ने आपको नहीं बताया क्या?"

"न तो...।"

"खैर जितना मैं जानता हूं, मुख्तसर में यह है कि..."

वक्ता ओझल हो गया, अब वहां एक इतिहास था, निखालिश इतिहास, परत-दर-परत उघरता हुआ...।

"डेढ़ सौ साल पहले राजस्थान के शेखावटी के बीजर गांव से कुछ परछाइयां अलग होती हैं। ये मारवाड़ी युवक व्यापार करने देसावर के लिए निकल रहे हैं।

साथ में है सिर्फ लोटा-कम्बल। धूल, धुंध, जंगल, झाड़, पहाड़ नदी-नालों, मैदानों में चलते जाते हैं, चलते जाते हैं। पहला बड़ा पड़ाव मिर्जापुर। अटकते हुए कलकत्ते में जाकर रुकते हैं। शाखा-दर-शाखा फैलते जाते हैं परिवार। कुछ कलकत्ता (कोलकाता) और हावड़ा में बस जाते हैं और कुछ असम, कुछ रानीगंज, जामुड़िया, बराकर और झरिया तक फैल जाते हैं। कोई शाखा जूट मिल खोलती है, कोई बर्दवान और मानभूम के मूर्ख जमींदारों को झांसा देकर उनकी जमीन और कोलियरियां हथियाती है, छोटे-मोटे उद्योग धंधे खोलती है। कोई अफीम के धंधे करने लगता है, कोई वार की सप्लाई के ठेके लेता है और कोई-कोई तो सिर्फ सट्टे-फटका!"

"जूट मिलों में, कोलियरियों में, अफीम के धंधे में कितने लोग मरे होंगे, कितने जमींदार निर्वंश हो गये होंगे, क्या पता! वार की सप्लाई के ठेके का पाप ऊपर से। कुछ अच्छे काम भी किए उन्होंने, मगर ऐसे लोगों की संख्या कम थी। गंगा थी ही पाप धोने के लिए, इन सारे पापों को धोती रही। धोती रही...। पाप-मुक्त होते ही बिजारिया लोग और पाप करते रहे। धीरे-धीरे वह उनकी आदत में शुमार होता गया। इन्हीं बिजारिया लोगों में एक थे गिरिधारी बिजारिया जिन्होंने एक फटके में ऐसी मात खाई कि सीधे गंगा में जा डूबे-छपाक्!"

छपाक्! जिम के कम्प्यूटर में कथा की शुरुआत इसी डूबते आदमी के 'छपाक्' से होती है। पानी में एक वृत्त बनता है और वृत्त की परिधि पर उनके दोनों बेटे विस्नू बिजारिया और किस्नू बिजारिया हिचकोले खाने लगते हैं। दोनों भाइयों के बीच मात्र एक लड़का विस्नू का बेटा अतुल या जिम। दोनों भाई उस पर सौ जान से न्यौछावर!

"दोनों ओर से घेरते दो पत्ते और उनके बीच घुटती-कसमसाती कोंपल-कुछ ऐसी ही कोंपल-कथा बनती है अतुल बिजारिया या जिम की। एक बॉटनिस्ट के लिए यह एक सहज स्थिति है, एक लेखक के लिए असहज।"

अजय के लेखक ने सिर उठाया,

"आपने तो बिजारिया भाइयों का पूरा इतिहास ही खोल दिया। मैं तो सिर्फ इतना जानता था कि विस्नू और किस्नू दोनों सगे भाई हैं मगर दोनों की दिशाएं विपरीत हैं-विस्नू बिजनेस मैन है और किस्नू संन्यासी। दोनों के बीच लिंक है माता करणी देवी।"

"एक और लिंक है।" प्रोफेसर साहब ने रहस्य बांधा।

"कौन?"

"जिम।"

"जिम?"

"हां जिम यानी अतुल बिजारिया। दोनों भाइयों के बीच अकेली संतान! लिंक भी और डी-लिंक भी।"

"लेकिन मैं इतने दिन से जिम के साथ हूं, जिम ने तो कभी भूल कर भी जिक्र नहीं किया अपने चाचा का।"

"वही तो! शुरू-शुरू में संन्यासी होने के बावजूद कभी-कभार घर आया करते किस्नू। आने का सबसे बड़ा आकर्षण होता जिम—भगवान की तरह सुंदर! वे उसके साथ ज्यादा से ज्यादा समय गुजारने की कोशिश करते, उससे बातें करते, उसे गायत्री और दूसरे मंत्र सिखाने की कोशिश करते लेकिन जिम उन्हें कोई तवज्जो न देता। जैसे-जैसे बड़ा होता गया, वह, उनसे और भी कट कर रहने लगा। धीरे-धीरे निराश और खिन्न होते गए चाचा अपने भतीजे की इस उपेक्षा पर, ठीक है बेटे, गोरी मेम के बच्चे हो न!"

"यही ठेस उन्हें अपने ही बुने गहरे एकांत में ले गयी—वैराग्य! उन्होंने राजस्थान आकर गोरक्षा समिति बनायी। दर-दर भटकती लावारिस गायों को ढूंढ़ कर लाते और उनके चारे-पानी की व्यवस्था करते। धीरे-धीरे गोरक्षा की यह भावना उनकी सनक बनती गयी। उन्हें लगता, वे गायों की भाषा समझते हैं। उन्हें लगता कि सिर्फ राजस्थान और गुजरात ही नहीं, पूरे देश की गायें सजल नेत्रों से उनकी ओर ताक रही हैं। अब तक किए जा रहे छिटपुट कामों से नहीं चलेगा। पूरे देश में गोशालाएं और गोरक्षा समितियां खोलनी पड़ेंगी। मन ही मन उन्होंने निश्चय किया। रात उन्हें सपना आया कि गायें 'बां ऽऽऽ', 'बां ऽऽऽ' करती हुई फरियाद कर रही हैं,

'बेटा, सबसे पहले हमारा उद्धार करो। और सब तो हो सकता है, कुछ दिन जी भी लें, लेकिन हमारा तो अस्तित्व ही मिट जाएगा सदा-सदा के लिए।'

'माते, आप कहां की गो-माताएं हैं?'

'ओड़िसा, कालाहांड़ी की।' गायों ने जवाब दिया।

'नींद से जग गए किस्नू। इस टेर को और अनसुना नहीं किया जा सकता। सोचने लगे, जहां आदमी तक पचीस-पचास में अपने बच्चे बेचने को मजबूर हो रहे हों, उस क्षेत्र में अनाथ-सी भटकती गायों की सुधि कौन लेगा!'

"लाव-लश्कर लेकर पहुंच गये ओड़िसा। वहां उन्होंने कंकालवत लावारिस गायों के झुण्ड को भटकते देखा तो दुख दूना हो गया। ये गाये हैं या भेड़-बकरियां! राजस्थान की उन्नत नस्ल की गायों के मुकाबले ये कुछ भी तो नहीं। कुछ भी हो, हैं तो गायें ही। गो माता रो रही हैं। उनकी आंखों से लोर चूने लगे।

उनके पी.ए. डॉ. दास ने विनीत स्वर में निवेदन किया, "क्षमा करें महाराज। आज्ञा हो तो एक बात बोलें।"

"बोलो।" किस्नू ने अभयदान दिया।

"तात्कालिक उपायों से आप इनके कष्टों का निवारण नहीं कर सकते। उपाय ऐसे हों जो दूर तक इनकी रक्षा करें।"

"बोलो भी।"

"नस्ल का सुधार! सारी गड़बड़ी की जड़ तो वे स्थानीय मरियल सांड़ हैं, जिनसे इनकी नस्ल दिन-ब-दिन खराब होती जा रही है। लगातार अकाल क्षेत्र में रहने के चलते इन सांड़ों में कुछ रह नहीं गया है।"

"कहते तो ठीक हैं।" किस्नू मूंड़ी हिलाने लगे।

"जब हमें तेजस्वी राम, तेजस्वी हनुमान, तेजस्वी दुर्गा, तेजस्वी काली चाहिए तो फिर बाकी सबकुछ तेजस्वी क्यों नहीं! इनसे पिद्दी बच्चे ही पैदा होंगे।"

"जी सर!"

"इन सांड़ों को हटाकर उन्नत नस्ल के सांड़ों से...मेरा मतलब समझ रहे हैं न।" यह नया अभिज्ञान पाकर किस्नू अचानक उठकर खड़े हो गये।

"मने कि अब मेरे को लगा कि मेरा भाई गलत नहीं था। वो हमेशा नस्ल सुधार की बात करता था। वो क्या होता है। जिन्न जैसा कुछ...।"

"जिन्स?"

"हां वही होगा, मने कि खदेड़ दो इन साले पिद्दी सांड़ों को। ले आओ अच्छी नस्ल के सांड़ों को। छांट-छांट कर।"

"कब?"

"जितनी जल्दी हो सके, गो माता रो रही हैं दास बाबू, जार-जार रो रही हैं।"

दास बाबू जाते-जाते हठात् ठिठक गये। सिर खुजलाते हुए बोले, "लेकिन सर, सांड़ भी अब नहीं बचे हैं। बछड़ा पैदा हुआ नहीं कि बेच दिए कसाइयों को।"

"क्या बोलते हो दास बाबू, पंजाब, हरियाणा, राजस्थान, गुजरात, यू.पी. में सांड़ बचे ही नहीं?"

"सर, जो बचे हैं, उनमें ढोल जैसे डोलते हुए सांड़ किसी काम के नहीं। इन पांचों प्रान्तों की हालत एक जैसी है। प्लास्टिक और कचरा खा-खाकर इनका जीवन खुद के लिए ही भार बना हुआ है।"

यह अलग मुसीबत डाल दी दास ने।

"ऐसा करते हैं सर।" दास ने कहा, "अभी स्थानीय मरियल सांड़ हटा देते हैं। उनकी जगह कुछ सांड़ जहां भी मिलते हैं, ले आते हैं। फिर बाद में विदेशों से आयात कर लेंगे।"

''हां, ये भी ठीक। अपना भाई से भी बोलेंगे। उसकी लैब में सांड़ बनाया जा सकता है। लेकिन एक बात, अभी जो सांड़ लावोगे, वो सबसे अच्छा डील-डौल का सांड़ होना चाहिए। मने कि, बूझ रहे हो न, जो जीवन बेकार-सा गया। अबसे बेकार नहीं जाने देंगे।''

इस तरह गायों के लिए उन्नत किस्म का चारा आ गया। हां मनुष्यों के लिए कालाहांडी में अभी भी सूखा था। वक्त बीतते न बीतते पचास-एक उन्नत नस्ल के सांड़ क्षेत्र में छोड़ दिए गये। लेकिन हा-हतोस्मि! साल भर बाद डेढ़ हजार गायों में से जो भी गायें गाभिन हुईं, उनके बच्चे बच न सके। दास बाबू सिर झुका कर खड़े हो गये किस्नू के सामने।

''खैर छोड़ो, मुझे रास्ता बताओ, रास्ता।" किस्नू ने पूछा।

''आप फिर से देसी सांड़ों को ले आइये और इस पूरे क्षेत्र को विकसित कीजिए।''

''पूरे क्षेत्र को? वो तो मेरा बाप भी नहीं कर सकता।''

दौलताबाद से फिर दिल्ली! अब ऐसे सांड़ों की खोज शुरू हुई लेकिन दैव दूर्विपाकात, विस्नू के दलाल इन लावारिस सांड़ों को पहले ही बधशाला ले जा चुके थे। न वे सांड़ रहे, न ये सांड़। बांऽऽ...बांऽऽ...!

किस्नू परेशान-परेशान!

''कहां तक तुम्हें बचाऊ माँ, प्लास्टिक चुनने के लिए लड़के लगवाये, प्याऊ खुलवाये, जगह-जगह गोशालाएं खुलवायीं, इस काम के लिए सैकड़ों आदमी लगाये। लेकिन तुम्हारा कष्ट हर नहीं पाये। सुनते हैं, विलायत में हड्डियां पीसकर गायों को खिलाया जाता है, ताकि दूध और पौष्टिक बने—इसके चलते गायों को बीमारी हुई काऊ मैड! हत्यारों ने लाखों की संख्या में तुम्हें मरवाया है—खुर वाली काऊ मैड की बीमारी के चलते, जैसे मुर्गियां मारी जा रही हैं 'बर्ड फ्लू' के चलते, बच भी जातीं तो भी मारी जातीं। पूरी दुनिया में मारी जा रही हैं। और तो और गौ, ब्राह्मण, वेद और गंगा-यमुना, राम-कृष्ण के इस देश में भी कसाईखाने खुले हैं। क्या करूं मैं, अकेला क्या करूं?''

'बां ऽऽ...बांऽऽ...!' किस्नू परेशान-परेशान!

एक आर्त्त टेर सुदूर ओड़िसा से राजस्थान तक तैरती चली आ रही है। कानों में उंगली देकर बैठ जाते हैं किस्नू।

प्रोफेसर सत्यप्रकाश विस्नू की कथा पर फिर लौटे,

"उधर विस्नू बिजारिया अमेरिका से घर लौटे तो उनके साथ, उनकी विदेशी पत्नी, सास और नवजात बच्चा था—अतुल या जिम बिजारिया।

"पर मैंने एक दिन दादी को कहते सुना कि उनके पति और पुरखों ने खून-पसीना एक कर एक-एक पैसा जोड़ा है।" अजय ने टोका।

"बिना दूसरे का हक मारे कोई भी धनवान नहीं हो सकता।"

"पर उन्होंने धर्मार्थ खर्च भी किये हैं कितने तो अस्पताल, अनाथालय, विज्ञान-प्रौद्योगिकी के रिसर्च सेन्टर्स, स्कूल वगैरह।"

"वही क्यों, मैं कितने व्यापारियों, ठेकेदारों, बाहुबलियों को बता सकता हूं जो दान और जकात के जरिए अपने कालिख भरे चेहरे पर चंदन लगा कर समाज के सिरमौर बने घूम रहे हैं, राजनीति, फिल्म, क्रिकेट, साहित्य, कला, संस्कृति के संरक्षक बने बैठे हैं। इनमें से किसी से भी पूछिए, सभी कहेंगे कि यह सब मेरे खून-पसीने की कमाई है।"

"पता नहीं।'' उसने ऊबते हुए कहा, ''मुझे तो उनकी उदारता और दानशीलता के बारे में ही बतलाया गया है।"

"जैसे?"

"चींटियों को शक्कर देते हैं?"

"और मछलियों को चींटियों के अंडे।"

अजय गड़बड़ा गया फिर भी उसने हार न मानी, "राणी सती और बर्बरीक के प्रतीक श्याम देव की पूजा...।"

"और अपनी बनायी चिताओं, बर्बरीकों और कबंधों को नहीं देख पाते।"

"स्वदेशी के पैरोकार हैं।"

"और सर से पांव तक विदेशी।"

"यह आप क्या कहते हैं?"

"वही जो हकीकत है। जिम को अगर ढूंढ़ना है तो उसे सिर्फ उसके जिम-खाने में ही नहीं, उसके सारे संदर्भों में ढूंढ़ो, बिजारिया के अतीत में ढूंढ़ो, वर्तमान में ढूंढ़ो, बिजनेस में ढूंढ़ो, इंटरटेन्मेंट में ढूंढ़ो।"

"क्या बिजनेस है?"

प्रोफेसर ने इधर-उधर देखा, एकांत पाकर फुसफुसाए, "फिश एंड फ्लेश का, लेकिन इसे अपने तक ही रखो।"

"लेकिन खुद तो सुना है, मांस-मछली छूते भी नहीं।"

"फूड हैबिट्स बदलते भी हैं, बदले भी जाते हैं। साफ पानी पीने वाला सुंदरवन का बाघ मजबूरन खारा पानी पीता है, फिर खारा पानी पीते-पीते मजबूरन खारा खून पीने लगता है। शाकाहारी बंदर भी मछली खाता है।" बिजारिया ने यह बात मर्म-मर्म में महसूसी। गुरु मिला अमेरिका का केन्ट जो कलकत्ते आता रहता था। उसने मांस-मछली व्यवसाय की अकूत संभावनाओं की ओर विस्नू का ध्यान

दिलाया, "आबादी की रफ्तार देख ही रहे हो। अन्न की पैदावार, माना कि बढ़ी है, मगर बढ़ने की भी एक सीमा है, फिर ज़मीन की भी सीमा है, वह सीमा दिनोंदिन छोटी होती जा रही है। इसकी तुलना में समुद्र को देखो तो प्रायः तीन गुना है। सो आदमी को फूड हैबिट्स बदलने ही होंगे—मांस, मछली या समुद्री खर...।" चारे में फंसाने के बाद केन्ट ने धीरे-धीरे खींचा, "मछली का व्यवसाय ही करना है तो न्यू फाउंडलैंड चलो।"

"वो कनाडा के पूर्वोत्तर का द्वीप?"

"एक द्वीप है? हजारों...!"

"वहीं क्यों?"

"मछलियां ही मछलियां! किस्म-किस्म की मछलियां-देखोगे तो आंखें फटी रह जाएंगी। सील्स की हम्पबैक, ब्लू पिन मिन्क ह्वेल, विशेष रूप से कीलर ह्वेल्स। डॉलफिन्स कम हैं। स्पर्म ह्वेल्स तटों से दूर मिलती हैं। आमतौर पर हैलीबट कॉड, रेडफिश, प्लैइस तट के पास, फिर फौना है, शेल फिश है। कितना गिनायें?"

विस्नू उस अनदेखे सागरलोक में पहुंच गये। मछलियां ही मछलियां किलबिल करती हुई। ऊपर बेशुमार पंछी मंडराते हुए।

"दुनिया का सबसे बड़ा पक्षी-विहार है वह।" केन्ट ने कहा। क्या टेलीपैथी जानता था केन्ट!

"लेकिन पहले के जो पंछी हैं, वे इस नये पंछी को चोंच मारकर खदेड़ दें तो।" विस्नू ने आशंका प्रकट की।

"वो तुम मुझ पर छोड़ो।"

"तुम्हारी फीस?"

"फिफ्टी-फिफ्टी।"

"देखो!" एक सधे दलाल की तरह टेबल पर पंजों के बल उचक आया केन्ट, "पहले तुम न्यू फाउंडलैंड के मछली व्यवसाय को नजदीक से देखो, परखो, उसकी बारीकियां समझो। वहां से काम कर सको तो वहां से, नहीं तो दुनिया में जिस समुद्री तट से भी काम करना चाहो, कर सकते हो। चाहो तो यहां कैनिंग से ही। मैं व्यवस्था कर दूंगा।"

"मैं अगर कैनिंग को ही सेंटर बनाऊं तो...?"

"कोच्छ हर्ज नहीं। तुम्हारे पास इंडिया में 7000 किलोमीटर समुद्री तट है, आइडियल लैगून्स हैं जहां समुद्री खर-पतवारों की खेती की जा सकती है। फिलिपाइन्स जैसे छोटे देश में 70 हजार किसान आश्रित हैं इस पर। थर्ड बड़ा एक्सपोर्टर है, अस्सी मिलियन अमेरिकी डालर उसने 1992 में ही कमाया था।

खुद अमेरिका ने सन 1991 में दस खरब डालर कमाया।" केन्ट की आंखें कभी सिकुड़ रही थीं, कभी फैल रही थीं।

"ऐन्ड ह्वाट एबाउट फ्लेश?"

"देखो इंडिया में बर्ड्स और कैटल की कमी नहीं। काटे भी जाते हैं, कुछ खुलेआम, कुछ चोरी-छुपे। लेकिन दिक्कत कहां है जानते हो–प्रोसेसिंग और पैकेजिंग में, बहुत सारी चीजें जिनका बाई प्रोडक्ट बनता, वह यूं ही बेकार चला जाता है जबकि शिकागो वगैरह में कुछ भी बेकार नहीं जाने देते–बाल, चमड़ा, हाड़, नाड़ियां, खून, मल, मूत्र, सारा कुछ। व्यवसाय तुम लोग भी करते हो, वे भी करते हैं, पर वे जो भी करते हैं टोटल एंड कम्प्लीट और तुम लोग जो करते हो आधा और अधूरा।"

"विस्नू के मुनाफाखोर मन का गिद्ध मांस और मछली दोनों पर मंडरा रहा था। केन्ट ने अमेरिका जाने की सारी व्यवस्था कर दी, वीजा भी। वे जुलाई के शुरुआती दिन थे। न्यू फाउंडलैंड के लिए सबसे उपयुक्त मौसम। विस्नू की जवानी के दिन थे। एक बार गये, फिर बार-बार गये। वहां के 'टेक्निकल नो हाउ' को यहां लगाया। अब जगह-जगह इनके ट्रालर चलते हैं कुछ केरल, कुछ चेन्नई, कुछ विशाखापत्तनम, कुछ चिल्का में, कुछ यहां। ट्रालरों के चलते स्थानीय मछुआरों से कभी-कभी ठन भी जाती है–इसी तरह मांस उद्योग भी फल-फूल रहा है पर सब गुप-चुप तरीके से...बस।" प्रोफेसर इतना बता कर चुप हो गये। सहसा उन्हें कुछ याद आया, "एक जरूरी बात रह ही गई। इसी फिश और फ्लेश के व्यवसाय में उनके जाल में एक 'सोन मछरी' भी फंसी–एलिस, जिम की माँ। माँ आयी तो नानी भी। कैथरिन के पिता एक मछुआरे थे, एक बार समुद्र गये तो लौटे ही नहीं। कैसे-कैसे तो कैथरिन का जॉन साहब से संबंध भी जोड़ लिया, उनकी कब्र खुदवा कर ले आये।"

"यानी सबकुछ ट्रांस्प्लांटेड!"

"हां!"

"आप यह सब कैसे जानते हैं?"

"मैं विस्नू का बचपन का संगी रहा हूं। मेरे अलावा भी कई लोग जानते हैं।"

"क्या श्रीमती एलिस, कैथरिन और करणी देवी भी...?"

"उतना ही जानती हैं, जितनी संबद्ध है, बाकी नहीं।"

"और जिम?"

"क्या पता?"

"इसका मतलब यह कि मुझे भी इसे गुप्त ही रखना है।"

"हां।"

"पर आपने यह सब मुझे बताया ही क्यों?"

"इसलिए कि ये जानकारियां आपके शोध से जुड़ी हैं। आप जानना चाहते थे न कि जिम इतना विदेह क्यों है! जिम ही क्यों, उस परिवार में कोई भी खुश है? उनके पास सबकुछ है–पैसा, रुतबा, सिर्फ एक चीज़ नहीं है–खुशी। सब के सब ट्रांस्प्लांटेड जो हैं–अपने बिछड़े बसेरे के वियोग में उदास। और खुशी ही वह चीज है जो ट्रांस्प्लांट नहीं की जा सकती।"

अजय की पहेली और भी उलझ गयी।

"विशाल का कोई फोन–वोन आया था आप लोगों के पास?" प्रोफेसर ने विषयांतर किया।

"न, लंदन जाने के बाद से तो संपर्क ही टूट गया। आपके पास...?"

रोज ही ई–मेल और हर ई–मेल में एक ही बात–"हम खैरियत से हैं, आप लोग अपना ख्याल रखें।"

"अच्छा सर, अब इज़ाज़त दें।"

"सुनती हैं शीला जी।" प्रोफेसर ने कमरे के अंदर पत्नी को चेताया, "अजय जा रहे हैं।"

"अरे!" शीला जी बाहर आयीं, "ये जो आटा गूंथने में मैंने हाथ गीले किये, उन्होंने आटा सने हाथों को दिखाते हुए धमकाया, "किसके लिए? चुपचाप बैठो, खाना खाकर जाओ, वरना मैं यह लोई तुम्हारी मेमिनों को भेज दूंगी।"

प्रोफेसर साहब के 'आप' की तुलना में उनका 'तुम' कह कर धमकाना आत्मीय लगा।

भोजन के साथ फिर शुरू हो गये प्रोफेसर, "आपको तो अभी स्पांसर भर किया है विस्नू ने, वह चाहें तो खुद का फंडामेंटल रिसर्च सेन्टर शुरू कर सकते हैं।"

"क्यों करेंगे भला?"

"इसलिए कि उनका सारा शोध खुद से जुड़ा हुआ है।"

"आपको पता है यहां एक एनिमल फार्म में चिंपाजी और सूअर पोसे जा रहे थे।"

"कहीं मैं भी तो...।"

"कोई आश्चर्य नहीं।"

"नहीं।" पहली बार हस्तक्षेप किया शीला जी ने, "आपसे कुछ सोने के अंडे उन्हें और निकालने हैं सो इतनी जल्दी हलाल नहीं करेंगे आपको।"

"मैंने भी एक दवा बताई थी यौवनोद्दीपक।"

"लीजिए हुआ न!" प्रोफेसर ने ठहाका लगाया, "कौन-सी?"

"वो ऐसी ही है, रा मधु से निकाली जाती है।"

"हमारे गांव में एक बुजुर्ग हैं।" शीला जी ने कहा, "बहुत सीधी थ्योरी है उनकी–आपका सबकुछ तय है, इतनी सांस, इतना भोजन, इतना सेक्स। अगर आप पहले ही ज्यादा इस्तेमाल कर लेते हैं तो बाद में फाकाक़शी की नौबत आ सकती है। बिजारिया अपने हिस्से का सबकुछ पहले ही डकार चुका है सो अब तो बस...।"

प्रोफेसर दंपती ने सारा कुछ गड़बड़ा दिया।

# तुम्हारी हर बात अटपटी है

एक मुगालता टूटा मधु से मिलकर। विस्नू की चुनी हुई भावी पुत्रवधू। नकली पशु-पक्षी बनाने वाली मधु। सिंह, बाघ, बारहसिंगा से लेकर नाचता हुआ मयूर और नन्हीं लाल मुनिया तक एक से बढ़कर एक चीजें सजी हुई थीं उसकी गैलरी और टैरेसों पर। खुद भी किस्म-किस्म के परिधान में रहती। अभी वह पीले पठानी सूट में थी। लेकिन हाय, जिम ने कोई नोटिस ही न ली–'का पर करूं सिंगार बलम मोर आन्हर!'

"कला के नाम पर कितने जीवों का संहार!" अजय पर किस्नू बिजारिया का भूत सवार हो गया जैसे या शायद अवचेतन में उसका उस दिन का मुंह बिचकाना कौंध गया था, "आपने कुछ फरमाया?" मधु ने पूछा।

"चलते-फिरते जीव अच्छे नहीं लगते आपको?" अजय ने कहा।

"अच्छे नहीं लगते तो उनकी कॉपी करते?"

अजय फिर भी संतुष्ट न हो सका। मधु ने कनखियों से उसे देखते हुए पूछा, "बाघ अच्छा लगता है आपको?"

"ह्वाई नॉट?"

"लेकिन वही बाघ आपके सामने आ जाए तो?"

"भय के मारे जान निकल जाएगी।"

"हम उस भय की भावना को कौतुक में सब्लाइम करते हैं। झरना अच्छा लगता है, पर तभी तक जब तक वह हमें हर्ट न करे। हम भय को माइनस करते हुए उसी उत्सव-भावना को आपके ड्राइंग रूम में ले आते हैं। हम नहीं मारते जीवों को, मारता कोई और है, हम बस उसकी खाल, पंख और दूसरी चीजें खरीद लेते हैं।" "बट, हत्या के कहीं न कहीं करीब लाते हैं खुद को। कहीं जान जाती है और आपको कौतुक सूझता है। बर्बरता है यह।"

अजय जैसे जान-बूझ कर लड़ने पर आमादा था। मधु बिल्ली की तरह पलट कर गुर्रायी, "ऐ, हमसे कहीं ज्यादा बर्बर तो तुम साइंटिस्ट लोग हो, एक्सपेरिमेंट के नाम पर कौन-से अत्याचार नहीं करते पशुओं के साथ...!"

अजय ने जिम का कंधा दबाया, "ए हार्ड नट टू क्रैक लेकिन आपके पापा की च्वाएस की दाद देनी पड़ेगी—लाखों में एक।"

जिम के चेहरे पर फिर भी कोई रंग नहीं आया। वह बगल में बन रही नकली बिल्ली और मुर्गे को देखता रहा। एक-एक चीज करीने से सजायी जा रही थी।

"आगे क्या करेंगी आप इनका?" अजय इस बार नम्र था।

"सिर और धड़ बन जाय तो फिट कर देंगे?" मधु ने बताया।

"सिर तो बन गये हैं।"

"अभी कहां?"

"क्यों, क्या बाकी रह गया?"

"जिस्म में सबसे प्रोमिनेन्ट क्या होता है?"

"दिल, दिमाग, जिगर, इंटेस्टाइन सभी कुछ।"

"वो आप वैज्ञानिकों के लिए होता होगा। हमें इनका क्या करना है?"

"आंखें?"

"हां आंखें। आंखें ही आंखों को जोड़ती हैं।"

"कहां...? उसी पल का तो इंतजार है।" अजय ने शरारत से जिम की ओर देखा पर जिम तो किसी और ही काम में व्यस्त था।

"अरे-अरे यह क्या कर रहे हो?" मधु झपट पड़ी जिम पर जिसने इस बीच मुर्गे का मस्तक बिल्ली पर लगा दिया था और बिल्ली का मस्तक मुर्गे पर?

"यू ब्रूट!" वह जिम से लिपट पड़ी।

"बट ऐसा भी तो हो सकता है।" जिम ने कहा।

"नो।"

"ऐसा क्यों नहीं हो सकता? ऐसा हो जाय तो क्या गुनाह हो जाय?" "तुम्हारी हर बात अटपटी है। और जब तुम अटपटे होते हो, मुझे और भी चटपटे लगने लगते हो।" कह कर जिम के गले में बाहें डाल कर मधु ने उसे चूम लिया, "ठीक है, तुम वैसा चाहते हो तो वैसा ही होगा, मगर मैं रखूंगी कहां इन्हें?"

"इन्हें मेरे म्यूजियम में भिजवा देना।"

मधु से मिल कर अजय को पहली बार महसूस हुआ कि जिन्दगी सिर्फ शोध और तर्क का बायस नहीं, उपभोग का भी नाम है और तर्क और अनुभव सिर्फ वैज्ञानिकों की बपौती नहीं। कुछ ऐषणाएं हैं जो तर्कातीत हैं। जैसे-जैसे वह भिन्न-भिन्न लोगों से जुड़ता जा रहा था उसे प्रतीत होने लगा था कि ज्ञान, अनुभव और बोध का एक अंश जो विश्वविद्यालयों और पुस्तकालयों में बंद है, उससे कहीं ज्यादा वह उसके बाहर प्रकृति और जीवों में बिखरा पड़ा है। सभी के दिमाग में कुछ

न कुछ ऐसा विशिष्ट है जो दूसरे के दिमाग में नहीं है। इसी क्रम में उसका ध्यान गया देबू ठाकुर पर।

आहार, निद्रा, भय, मैथुन–कुल चार बिन्दुओं के गिर्द घूमती एक दुनियादार आत्मा। वह ज्योतिष जानते हैं, तंत्र जानते हैं, बतरस से रंग जमाने में उनका कोई जवाब नहीं। पुरोहिती चलती है मछुआरों के बीच। बिजारिया परिवार के अभेदानन्द जी तक उनका लोहा मानते हैं। लंबा, सांवला चेहरा, लंबे-लंबे हाथ-पांव, नसें निकली हुईं, बोलते हैं तो लगता है कोई राज खोल रहे हैं।

सुनामी आंध्र प्रदेश के आगे इस पार आया नहीं, लेकिन उनका दावा है कि उन्होंने उसे देखा और भोगा है, "एक घंटे में 700 कि.मी. सों-सों-ऽऽऽ! यह था उस दिन हवा का वेग। अकेले तमिलनाडु में मारे गए आठ हजार, कन्या कुमारी में 808 विवेकानन्द रॉक्स पर 700, पांडिचेरी में 30 हजार बेघर। अंडमान का तो भूगोल ही बदल गया, जहां जल था वहां जमीन निकल आयी, जहां जमीन थी वहां जल!...छब्बीस दिसंबर 2004 का मॉर्निंग!" वे जब बोलते तो छब्बीस दिसंबर 2004 खासा तिलस्मी हो उठता..."अस्सी-अस्सी फीट की वो ऊंची-ऊंची लहरें और साढ़े पांच फीट के हम!"

"पीछे-पीछे लहरें और आगे-आगे हम!"

"पीछे-पीछे बासुकी-सी लहरें और बासुदेव-से हम!"

"पीछे-पीछे बासुकी की तरह फन फुलाये फुंफकारती लहरें आगे-आगे श्लोक पढ़ते हुए दुत्त-दुत्त कहकर दुत्कारते हुए वे ये तुम्हारा देबू ठाकुर!" वाक्य लंबे होते जाते। प्रभावशाली होते जाते। दृश्य बनते जाते। उनके हिसाब से यह उन्हीं का प्रताप था कि सुनामी को इधर आने से रोक दिया, बिजारिया साहब के तीन-तीन ट्रालर सुरक्षित लौट आए और इस ओर के समुद्र-तट की लाखों जिंदगियां भी।

अन्य मछुआरों की तरह चकित-विस्मित सुना करता था पांचू। लेकिन आज की बात कुछ और है।

कैनिंग के मछली बाजार के बगल में एक प्लास्टिक पर कुछ मछलियां सजाए बैठा है पांचू। बगल में ताहिर की घरवाली ने सूखी मछलियों को झंडी की तरह टांग दिया है, दूसरी ओर अठारह साल की कुलसूम का ज्यादातर माल बिक चुका है। मोतियों-सी चमक रही हैं मछलियों की छुड़ायी हुई चोइयां। फिजां में अजीब-सी उबकाई लाने वाली बास है।

पांचू के तांबई चेहरे की पकी दाढ़ी की फुनगियों पर कोई दीनता नहीं, कुछ है तो वह है गहरा अफसोस। कैनिंग मछली बाजार के बाहर अपनी छोटी-सी दुकान सजाए बैठा है बूढ़ा। प्लास्टिक धागे की कमानी में फंसे चश्मे से कोई झांके तो वहां एक चिलकता सागर छुल्ल-छुल्ल करता मिलेगा। अब जबकि

मछलियां औने-पौने दाम में बिक चुकी हैं, किसके इंतजार में बैठा है पांचू-देबू ठाकुर के?

उसे क्या पता कि देबू ठाकुर आज अजय के साथ जादू घर देखने गये हैं। देर लगेगी उनके शब्दकोश में आज एक नया शब्द जुड़ा है-दानवासुर (डायनासोर)। देबू ठाकुर कों कलकत्ता जितना अच्छा लगता है, कैनिंग उतना ही बुरा। वैसे तो चोरी-चुप्पे रोहू-कातला खा लेते हैं पर चिड़िंग एकदम नहीं, केकड़े भी नहीं और मगर के रसगुल्ले जैसे डिम्ब? राम, राम! जिस दिन बड़ी माँ को भनक मिल गयी, उनका पत्ता साफ!

एक तो मछली बाजार, दूजे कैनिंग-करेला नीम पर चढ़ा हुआ। कीचड़, दुर्गंध, गंदगी ही गंदगी। कोई नियम-अनुशासन नहीं। जहां चाहे माछ उलट दो, जहां चाहे केकड़े। अपराह्न बेला है। देबू ठाकुर नाक पर रूमाल रखे चले जा रहे हैं। आंखें अपने परिचित यजमानों को ढूंढ़ रही हैं। जब से उन्हें पता चला है कि चीनी, जापानी, थाइलैण्ड वाले भी केकड़े खाते हैं, उनके नाम से ही घिन आने लगी है, तभी तो 'छिंग-छांग' बोलते हैं। जैसा खायेंगे, वैसा ही तो बोलेंगे। जब चेहरा भी केकड़े जैसा हो जाएगा, तब अकल काम आयेगी।

मस्तक को ज़मीन पर टेक कर प्रणाम करता है पांचू। गहरे अफसोस में चूते हैं शब्द, "कौन-सी चूक हो गयी ठाकुर?"

"सोचना पड़ेगा पांचू। माँ गो, माँ दुर्गा दुर्गति नाशिनी! वैसे उनकी सवारी तो सिंह है, बाघ नहीं.. लेकिन बाघ भी तो सिंह का ही एक रूप है। जैसे माँ के अनेक रूप हैं वैसे सिंह के भी...। अब बिजारिया साहब के लिए पूजा-पाठ मैं ही करता हूं। देवी के लिए जैसे तुम, वैसे वे। जॉन साहब को बाघ खा गया था, सो तो तुम जानते ही हो, मगर बिजारिया साहब को बाघ छू भी दे तो जानें। मेरी ही पूजा-पाठ के चलते दिन दूनी रात चौगुनी उन्नति किये जा रहा है वह परिवार।"

"देवी भी सिर्फ बड़े लोगों की मदद करती हैं।"

"कोई त्रुटि हुई होगी तुमसे।"

"आपने जो-जो कहा, हमने वह-वह किया। हर साल पाठा (बकरा)चढ़ाते हैं, नवरात्रि करते हैं। सब एक-एक कर गये दुर्गति नाशिनी के वाहन के पेट में।"

"मैं तुम्हारे ही लिए इस बार विंध्याचल जाऊंगा, पांचू।"

"मेरे पास तुम्हें देने को कुछ भी नहीं है, ठाकुर।"

"पैसे की फिक्र न करो पांचू। वह हम तुमसे लेंगे भी नहीं, हमें कुछ टटका मधु दे दो।" "चाक भांगा मधु?" "हां, पूजन में लगता है।" बोलते हुए जबान

लड़खड़ा रही है ठाकुर की, मन ही मन "खॅमा करो माँ।" उच्चार रहे हैं। मधु उन्हें बिजारिया साहब के लिए चाहिए, अजय ने उस दिन इस रामबाण की सूचना दी थी, यह वे पांचू से भला कैसे कह सकते हैं!

मगर पांचू के आगे कोई युक्ति नहीं चलती, "खॅमा करो ठाकुर, भाई तो गये, अब बेटों, भतीजों को मौत के मुंह में भेजने की दोबारा गलती नहीं करूंगा।"

ठाकुर ने बहुतेरी कोशिश की, पांचू एक न माना, "हम आपको जंगल बता देंगे जहां मधु के छत्ते हैं, आप खुद ले आओ जाकर।"

फेरे में पड़ गये ठाकुर। विस्नू बिजारिया को नामर्दी घेरने लगी है, यह सिर्फ वही जानते हैं। इस सिलसिले में उनका कृपा भाजन बनने के लिए उन्होंने कई तरकीबें अपनायीं। बाघ के लिंग का अचार या उसका आसव सबसे ज्यादा यौवनोद्दीपक है। उससे लाभ भी हुआ था उन्हें। पर जब से बाघ के शिकार पर पाबंदी लग गयी है–यह काम चोरी-छुपे ही होता है। बाघ की हड्डियों का दलाल ही लाया करता था ये दवाएं। अब वह भी लाचार है। सो मधु तो चाहिए ही चाहिए।

बाघ का अंग या मधु समस्या नहीं है, समस्या है बाघ। या तो बाघ को मारो या उससे मरो। मुश्किल है किसी को बता भी नहीं सकते कि यह सब उन्हें चाहिए किसलिए। एक पांचू पर ही आखिरी आस थी, आज वह भी जाल से छिटक गया।

# सार्क

बिजारिया के मत्स्य उद्योग से सिर्फ पांचू परिवार ही तबाह हुआ होता तो एक बात होती, यहां तो समुद्र और समुद्री अन्त:वाही अपवाहों के हजारों मत्स्यजीवी संघ त्राहि, त्राहि कर रहे हैं। विद्याधरी, कालनागिनी, गोसांबा, हेतानिया, दोआनिया, करताल...सब पर उसका ग्रहण पसर रहा है। श्रीलंका, वर्मा (म्यांमार) और बांगलादेश तक के मछली चोर ट्रालर चले आते हैं जैसे मामा का घर हो। वैसे तो कैनिंग, डायमंड हार्बर और तट से लगे हजारों मत्स्य जीवी संघ हैं, लाखों मछेरे और उनके परिवार हैं मगर ये छोटी मछलियां हैं–पोना! इन छोटी मछलियों की समझ में यह नहीं आता कि वे उन बड़ी मछलियों का मुकाबला कैसे करें। बड़ी मछलियों के जाल गुजरात, महाराष्ट्र, गोवा, केरल, तमिलनाडु, आंध्र, ओड़िसा से लेकर बंगाल के सागर तटों तक फैला हुआ है। बड़े-बड़े एक्सपोर्टर हैं और बड़े-बड़े रैकेट-देश से विदेश तक। बड़ी मछलियों की बड़ी दुनिया के मुकाबले इन छोटी मछलियों की दुनिया निहायत छोटी है।

एक छोटी मछली बेला भी है। सांवली सलोनी दीघा के पास की मछुआ-पट्टी में अकेली रहती है। मां-बाप दोनों डोंगी लेकर समुद्र में मछली पकड़ने जाते थे। छोटी-सी डोंगी। छोटा-सा सपना। एक ही तो लड़की है, पढ़ा-लिखा कर उसे डागदरानी बनायेंगे। लेकिन सुनामी आया, निगल गया उन्हें भी, उनके सपने को भी। एक दिन डोंगी लेकर गये तो फिर लौटे नहीं। लोग आज तक समझ नहीं पाते, यह कैसे हुआ, सुनामी तो इस अंचल में आया भी नहीं।

बेला उस समय मात्र तेरह वर्ष की थी आठवीं कक्षा की छात्रा। बहुत रोई...बहुत! तट पर बैठी-बैठी घंटों बिसूरती रहती। काका-काकी, मुहल्ले-टोले वाले पकड़ कर ले आते, जबरन खाना खिलाया जाता। छूटते ही फिर तट पर...और एक दिन न किसी से पूछा, न किसी को खबर दी, काका की डोंगी लेकर उतर ही पड़ी समुद्र में। अकेले-अकेले मछली पकड़ती। खाली-खाली आंखों से घूरा करती समुद्र को। चिक-चिक करती सांवली-सांवली लहरें फूलती, पिचकती, फन पटकतीं। नाव ऊपर-नीचे होती रहती। गोकुल काका, शमशुल चाचा, फकीरन पीसी (बुआ)...

सभी मना करते, मगर वह एक न मानती। एक मासूम-सा विश्वास था कि समुद्र में खोये मां-बाप जैसे गये थे, उसी तरह एक दिन पानी को हिलकोरते हुए लौट आयेंगे, सीने-से चिपका कर चूमने लगेंगे वे-"चल-चल बूड़ी, घर चल।"

प्रतीक्षा के पालने में झूल कर सयानी हुई बिटिया। मां-बाप के न होने के चलते टोले भर का लाड़ मिला। तनिक नकचढ़ी हुई। पांच साल बीत गये। तेरह से अठारह की हुई। उटंग साड़ी पर आंचल का फेंटा मारे, वीरांगना बनी हर पल लड़ने को तैयार।

इधर जब से ट्रॉलरिंग शुरू हुई, मछुआरों पर बन आयी है। मछलियां मिलती ही नहीं। वे सभी खीझे रहते पर वे और उनका संघ एक-से लाचार। एक दिन तो हद हो गई। तिरपन मछुआरे और कुल सौ मछलियां!

"इत्ती कम मछलियां! क्या बात है फकीर चाचा?" बिफर पड़ी बेला।

"वो ओसेन फूड्स का ट्रालर गया न!"

"कब...?"

"चार घंटे पहले।"

"ट्रॉलर आया, गया और आप लोग देखते रहे?"

"हम करते भी क्या!"

"क्यों, उसे घेर नहीं सकते थे?"

लहरों के शोर में आवाजें छिन्न-भिन्न हुई जा रही थीं।

"तुम कहां थी?"

"मैं तो भात रान्ना कर रही थी।"

"उधर तो मछलियां मिलने से रहीं, मेरा जाल खाली का खाली है, आगे शायद मिले।"

"आगे भी नहीं मिलेगी, वे साले ले गये सब।"

"पर तुम लोगों ने रोका क्यों नहीं?" फिर वही झुंझलाहट।

"क्या मजाक करती हो, तुम होती तो रोक लेती?"

"अलबत्त रोक लेती।"

"तो देखो वो ट्रॉलर लौट रहा है।"

"ट्रॉलर ही तो लगता है।" उसने हथेली की ओट बना कर उस धब्बे को देखा था जो शायद उनसे दो-ढाई किलो मीटर दूर था फिर पलट कर पीछे देखा। तट की ओर कुछ धब्बे नजर आये। नावें लगती थीं। लगता था, तीन किलोमीटर अन्दर तक चले आये थे वे।

"फकीर चाचा, मछली की आस छोड़ो, लौट लो, सबको बुला लाओ। ट्रॉलर पूरब की ओर बढ़ रहा है, मैं आगे जाकर उनका रास्ता रोकती हूं, तुम लोग पीछे से आओ।" उसने नाव का रुख पूरब की ओर किया और तेज-तेज चप्पू चलाने

लगी। भाग्य उसके साथ था, ट्रॉलर की गति मंद थी। उसका जाल शायद उलझ गया था।

जिम और अजय उस समय सागर संपदा की किसी गंभीर गुफ्तगू में मशगूल थे कि मछेरे जमील ने आकर डेविड का संदेश दिया, "कुछ नावों ने हमारे ट्रॉलर का रास्ता अवरुद्ध कर दिया है। डेविड साहब बुला रहे हैं।"

दोनों हड़बड़ा कर उठे। चालक की केबिन से देखा, पचास–एक छोटी–छोटी नौकाएं पंक्तिबद्ध दिख रही थीं।

"रोक दो ट्रॉलर!" जिम ने कहा।

"रोक देने पर आफत आ जाएगी।" ड्राइवर के माथे पर शिकन थी, "घुमा कर गहरे ले चलें?"

"नहीं, जरा देखें, वे क्या कह रहे हैं।"

"लेकिन...।"

जिम ज्यादा नहीं बोलता। ट्रॉलर रोक दिया गया। ट्रॉलर के रुकते ही लिलीपुटों ने जैसे गुलिवर को घेर लिया। उत्तेजना में हाथ हिला–हिला कर वे क्या बोल रहे थे, कुछ समझ में नहीं आ रहा था। चप्पू खेते हुए कोई आ रहा है। अरे यह तो लड़की है।

"किसका ट्रॉलर है?" बेला ने तीखी आवाज में पूछा।

"मेरा।" जिम ने कहा।

"जब समुद्र में चालीस नाटी माइल्स के बीच ट्रॉलरिंग का परमीशन नहीं है तो क्यों आये आप?"

"ऐसा क्या?"

"लो अभी–अभी जन्म लिया इन्होंने, बेचारे को कुछ नहीं पता।"

अजय ने कसी हुई साड़ी में उस सांवली लड़की का तेज देखा तो देखता ही रह गया। आंखें इत्ती बड़ी–बड़ी जैसे पूरा का पूरा समुद्र हो। नाक में सोने का नन्हा छल्ला। लहरों के ऊपर–नीचे हो रही थीं उसकी डोंगी जिसकी बिसात वैसे भी इस विशाल ट्रालर के सामने कुछ भी न थी, पर वह जिस तरह निडर भाव से तर्क पर तर्क किये जा रही थी, वह उसे हैरत में डाल रहा था। वह कभी जिम के मासूम चेहरे की दुविधा को देखता, कभी इस वीर–बाला के उत्तेजित चेहरे को। सूरज सिर पर था। बदन चिन्न–चिन्न हो रहा था मई की कड़वी नमक लसी धूप में। "आपके लिए मछली मारना व्यवसाय है, हमारे लिए जीने का आधार। ट्रॉलर से आप हमारे हक की मछली चुराते ही नहीं, उसकी आवाज से उन्हें डरा–भगा भी देते हैं, छोटी–छोटी मछलियां तो भर ही जाती हैं, भविष्य में हमें भूखों मरना होगा।" बेला ने कहा।

"तुम चाहती क्या हो?" जिम ने पूछा।

"हम चाहते हैं कि आप अपनी हद में रहें, हम अपनी हद में।"

"ठीक है, अब से ऐसा ही होगा।"

"पकड़े गये तो वादा करते हैं। कल को फिर ऐसा करेंगे।"

"रोज-रोज का धंधा है।" एक दूसरी आवाज।

"मजाक समझ रखा है, आप तो ट्रॉलर में मछली लाद कर ले जा रहे हैं और हम...?"

"इनकी मछलियां इन्हें वापस कर दो।" जिम ने कहा।

जमील और दूसरे लोग असमंजस में पड़ गये।

"मुझे तो कोई नियम-कानून मालूम न था, मैंने तो साइट सीइंग के लिए किनारे-किनारे चलने भर को कहा था।"

ट्रॉलर किनारे गया। मछलियां उठा-उठाकर फेंकी जाने लगीं। बेला की बारी आने पर उसने मछली लेने से मना कर दिया। "हम खैरात की मछलियां नहीं लेते।"

ट्रॉलर आगे बढ़ा।

"इस लड़की का नाम क्या है?" जिम की आंखों में अभी भी वह नाच रही थी—कसी हुई साड़ी में उभरी छलकती गोलाइयां, मासूम चेहरे पर उत्तेजना के तनाव, उड़ती लटें, हाथ के ओट से ताकती चुंधियाई बड़ी-बड़ी आंखें...

"बेला।" जमील ने जवाब दिया।

"तुम इसे जानते हो ?"

"इस तट पर रहने वाला और यहां से गुजरने वाला हर नाविक इसे जानता है।" और डेविड ने जब बेला की पूरी दास्तान बतायी तो दोनों अवाक् रह गये—समुद्र में खोये हुए माता-पिता को ढूंढ़ने वाली लड़की। ऐसे भी जुनूनी हैं क्या इस दुनिया में?

"बड़े साहब भी जानते हैं इसे।" जमील ने कहा उनसे भी एक बार झगड़ चुकी है।

"अच्छा...!"

"उन्होंने तो इसे ऑफर भी दिया था। 'पूछा, हमारे लिए काम करेगी?' मगर इसने सीधे-सीधे 'ना' कर दिया।"

"यह गुरूर भी गजब का सेंटीमेंट है। सारा कुछ खुद को विसर्जित करने की ओर बढ़ता है।" अजय ने कहा, "विशाल से पूछेंगे कि क्या आकांक्षा का भी कोई जीन होता है?"

# माया मरी न मन मरा, मर-मर गया शरीर

लैब से दस मिनट की ड्राइव और उड़कर आ पहुंचे अपने आशियाने में। यह जून का महीना है। तापमान 6 डिग्री सेंटीग्रेड। रात के ग्यारह बजे हैं। बीस घंटे बाद सूर्य अभी-अभी डूबा है। इंग्लैंड की गोरी हरियाली पर द्वाभा का सांवला रंग छलक रहा है-कहीं गाढ़ा, कहीं हल्का। लो, आसमान फिर चूने लगा। यहां से वहां दूर कैथेड्रल तक सेंट अलबांस में एक भी आदमी नहीं दिखता। बस जहां-तहां कारें खड़ी हैं पार्किंग जोन्स में।

विशाल ने अपनी होंडा कार को घर के सामने पार्क किया। कार से सामान निकाल कर घर को अनलॉक किया। फिर बारी-बारी से उसने कार और घर को लॉक किया। जूते-वूते उतारने के बाद सबसे पहले उसने टेलीफोन मैसेज रिकॉर्डर की जांच की-नो मेसेज! ई मेल...? नो मेल! फिर उसने टीवी ऑन किया। चैनेल बदलता रहा। बाहर पानी अभी भी बरस रहा था। ग्लास पैन पर पानी की धारियां सरक रही थीं। टीवी में मन नहीं लगा। उसने ऑफ कर दिया और खुद से पूछा, "इस भीगे-भीगे मौसम में क्या चलेगा-ठंडा या गरम...?"

"नो ठंडा, नो गरम!" खुद ही सवाल, खुद ही जवाब!

"तो फिर डिनर में क्या चलेगा आज?"

फ्रीज खोल कर देखा तो 'पास्ता' नजर आये, इसके साथ नजर आये एपल, ऑरेन्ज, ग्रेप ज्यूस, वाइन और कोक!

पास्ता पर हाथ गया ही था कि वापस खीच लिया। 'अरे-रे-रे क्या कर रहे हो? पेट से तो पूछ लिया होता जहां सिर्फ एसिडिटी और गैस है। दोपहर को क्या खाया था!-हैम्बर्गर! पम्मी का हैम्बर्गर! हैम्बर्गर और पीजा से अलविदा करना पड़ेगा, चाहे वह पम्मी का ही क्यों न हो!'

'सो, सिंपल दाल-चावल, उबली सब्जी, टिपिकल वेजीटेरियन इंडियन डिश।' गैस जलाकर प्रेशर कूकर में चावल-दाल चढ़ा दिया और सब्जी काटने लगा-कैप्सीकॉन और आलू और प्याज। स्साली प्याज है कि...इत्ती बड़ी। सात दिन हो गए, चूहे की तरह इसे रोज कुतरता हूं मगर खत्म होने को नहीं आती,

वेस्ट-इंडीज की है। उनके क्रिकेट बॉल से भी बड़ी हाइब्रिड...जैसे...अभिनेत्री डॉली पारटन के बूब्स! प्रेशर कूकर ने सीटी मारी और वह आवारों की तरह डांस करने लगा। फिर अभिनेत्री से उसका क्लोन बना और में-में करने लगा।

तन्हा रहते-रहते खुद से बात करने की आदत पड़ गयी है। खुद ही सवाल बुनता है, खुद ही जवाब। यह क्रम टूटता है—कभी पापा, कभी मम्मी, कभी सिम्मी, कभी पम्मी के वास्तविक संवादों से।

सिंक के बर्तन धोने के बाद बाथरूम। कुछ तो निजात मिले पेट में धीमे गुर्राते गुस्ताखों से। टायलेट के बाद बाथ-टब में गर्म पानी से स्नान। दिन भर की हरारत धुल रही है गर्म पानी में। तौलिये से देह रगड़ी तो नया जीवन मिल रहा है। तौलिए से पोंछा। हां, अब ठीक है। कंधे और बाजू की सुडौलता पर मुग्ध हुआ, जिम-क्लब रेगुलर जाना पड़ेगा।

प्लेट में चावल, दाल, सब्जी, चम्मच, ऑरेन्ज जूस की बॉटली खोल ली, खाना खाते-खाते चैनेल्स बदले जा रहे हैं। न्यूज के बाद मन किसी पर भी स्थिर नहीं होता। देह तो धुल गयी लेकिन दिमाग अभी भी बासी है। कोई कॉमेडी। ओह बोर! साइंस फिक्शन...? वह तो और भी बोर!

अरे जल्दी करो बेटे, बारह कब के बज चुके। कल सबेरे कितने काम हैं, कपड़े धोने हैं, सुखाने हैं, प्रेस करने हैं। वीक एंड की साफ-सफाई है। मार्केट जाना है। बर्तन सिंक में डाले, जूस लिया, विटामिन्स और दवाएं लीं। भोजन पर्व सम्पन्न।

यहां आधी रात बीत चुकी। मम्मी के यहां शाम हो रही होगी, सिम्मी के यहां सुबह हो रही होगी और पम्मी के यहां दोपहर। भारत, अमेरिका और इजरायल। सिम्मी मूलतः चीन की है पर अभी अमेरिका की, पम्मी जर्मनी की, हिटलर के बाद छुपते-छुपाते यह यहूदी परिवार वापस इजरायल। दोनों उसके लैब में साइंटिस्ट हैं उसी की तरह। इन दिनों वह दो नावों पर सवार है, पर एक को तो छोड़ना पड़ेगा। एक्सीडेंट के बाद से सिम्मी उसके लिए फ्लोरेंस नाइटिंगेल बन गयी। माना कि पम्मी उससे ज्यादा सुंदर है लेकिन सिम्मी का कोई सब्स्टीच्यूट नहीं। ली-वॉ-नियेन! लंबे जीवन वाली उसे याद आया, पहली बार मिली थी तो ली-वॉ-नियेन सुनकर उसने कहा था, बहुत लंबा है। मैं तो तुम्हें सिम्मी ही कह कर बुलाऊंगा—चलेगा?

"चलेगा?" ली-वॉ-नियेन ने खुद को सिम्मी में समेटते हुए कहा था।

आज की रात बड़ी शोख बड़ी नटखट है,<br>
आज तो तेरे बिना नींद नहीं आयेगी।

बेटे विशाल! अब सो जाओ। नींद आ सकती है, सिम्मी नहीं। तकिये को सीने से दबाओ, सोच लो कि सिम्मी को दबा रहे हो।

ठीक चार बजे नींद टूटी। सुबह का उजाला दो घंटे से कमरे के बाहर इंतजार कर रहा था। इंग्लैंड की गोरी हरियाली उसको हंस कर विश कर रही थी। तीन ग्लास गुनगुना पानी, दो कप रॉ चाय–फिर फारिग होकर वाशिंग मशीन में कपड़े डाले...। वैक्युअम क्लीनर उठाया, झाड़ू-बहारू करने के बाद घड़ी देखी, आठ बज रहे थे। होंडा निकाली। सात मील दूर जाना है अभी जिम-क्लब के लिए।

लौटते समय ब्रेड-बटर-जेली, जूस-केक-दूध, फल और दवाएं...अरे! डॉक्टर का प्रेस्कृप्शन तो घर पर ही रह गया। दवाएं तो मिलने से रहीं।

आकर नाश्ता लिया। कपड़े निकाले। अब क्या चलेगा बैक ग्राउंड म्यूजिक में–टीवी या म्यूजिक...? म्यूजिक! गजल, गीत, पुराने फिल्मी गीत...गजल-गजल-गजल चित्रा-जगजीत, मेहंदी हसन, गुलाम अली। नो, आज मैं शमशाद बेगम का वो फिल्मी गीत सुनूंगा, जो मेरे जन्म से पहले के हैं...कितना अजीब लगता है अपने जन्म से पहले की चीजों को जानना!

बूझ मेरा क्या नाम रे नदी किनारे गांव रे,
पीपल झूमे मोरे अंगना ठंडी-ठंडी छांव रे

गीत-संगीत की तरंगों पर वह जा पहुंचता है अपने देश। सोता हुआ देश, सोते हुए लोग। बहुत दिनों से न जिम का कोई ई-मेल आया न अजय का। अजय के भैया को कैंसर है। पता नहीं दर्द के चलते उन्हें रात में नींद आयी भी होगी या नहीं। और वह अजय को ई-मेल करने बैठ गया–

"अजय दा, अपने भाई साहब से कहें, कुछ एक वर्ष और खींच ले जाएं। संभव है, तब तक हम कैंसर के लिए उत्तरादायी जीन को खोज ही निकालें।...और बतायें, कैसा चल रहा है आप लोगों का सृष्टि-क्रम का संधान?"

यह क्या बचकानापन है? तब तक वे इस लायक भी रहेंगे, उनकी कितनी कोशिकाएं तो नष्ट हो ही जाएंगी।

न रिसर्च सेंटर में दिन-रात का कोई भेद है, न वैज्ञानिकों में। कोई भी जब तक चाहे काम कर सकता है। जीन्स पर निरंतर काम करते हुए वह खुद जेनोम बन गया है–जीन ही खाना, जीन ही पीना, जीन ही ओढ़ना, जीन ही बिछाना। काम करते-करते हठात् रुक गए हाथ। कैसा होगा वह दिन जब हर कोई अपना जेनेटिक कोड डिकोड करा लेगा। कितनी-कितनी बार मिश्रित हुआ होगा यह खून! खुद को जानना यानी पीछे लौटते हुए खुद के उत्स को जानना...!. कहीं बीच में पता चला वह ड्राकुला जैसों की संतान है तो...?

क्या होगा वह दिन जब हर इंसान डी.एन.ए. कार्ड लटका कर चला करेगा, परिचय पत्र की तरह, जो बतायेगा कि वह किस रोग का संभावित शिकार है,

उसका आई क्यू क्या है...वह फलां-फलां कार्य के लिए योग्य है और फलां-फलां कार्य के लिए अयोग्य...। नंगा हो जाएगा पूरी तरह से, नंगा और एक्स्पोज्ड! उसे डर लगेगा, गैरों से भी और खुद से भी...। भारी अराजकता छा जाएगी। सत्य को धुंधला ही रहने देना चाहिए। वाल्टेयर ने कहा था शायद, वह भी साला एक ही खुराफाती था। मैडम टु साउड मोम के पुतलों के म्यूजियम में सबसे पहले उसी से भेंट होती है।

लो, खट्टी डकार! फिर तेजी से एसिड बनने लगा।

पापा का फोन, "कैसे हो?"

"फाइन।"

"एसिडिटी?"

"ठीक है।"

"देखो, तुम बहुत लापरवाह हो, झूठी तसल्लियां देते हो।" माँ की आवाज।

"मॉम लगता नहीं कि तुम सात समंदर पार से डांट रही हो। आय मिस यू सो मच मॉम!"

"अब मुझसे काम नहीं होता। थक जाती हूं। मुझे बहू ला दो।"

"बहू आयी भी तो तुम्हारे साथ रहने से तो रही। फिर मेरे गले में ढोल क्यों लटकाना चाहती हो मॉम?"

"कान पकड़ूंगी।"

"तुम्हारी आवाज के कॉन्टैक्ट में ही है, पकड़ लो कान।"

"लेकिन तुम चेक-अप करवा लो।"

"करवा लूंगा।"

"करवा कर मुझे रिपोर्ट करो शाम तक।"

मम्मी-पापा को मालूम है कि लैब में सात-सात दिन तक पड़ा रहने वाला जीव है विशाल। ऊबा तो सीधे स्विट्जरलैंड भागेगा या फिर अमेरिका। पिछली बार नियमित जांच की डेट पार हो गई थी।

विशाल ने कार में फाइलें लैपटॉप, म्यूजिक सिस्टम रखा, क्रेडिट कार्ड और पर्स की जांच की। कपड़े, जूते, स्वेटर और कोट पहने। पानी की टोटियां, खिड़कियां, स्वीचेज और ताले चेक किये और चल पड़ा लैब को।

गेट के वाचमैन ने उसे विश किया। गाड़ी पार्क कर सीढ़ियां चढ़ने लगा कि ठिठक गया। एनिमल हाउस से प्रयोग वाले बंदी जानवरों की कराहें आ रही थीं। जबरन कैंसर का ग्रोथ कराया गया है कुछ पर...। अहाते में यूं ही चले आये जंगली खरगोश घास में अपना भोजन तलाश रहे थे। इन बंदी और मुक्त जानवरों के अलावा लैब में इस वक्त कोई न था। आसमान फिर चूने लगा था। लैपटॉप

और म्यूजिक सिस्टम ऑन कर उसने कल के एसेटिक एसिड में पड़े जीन्स को बाहर निकाला।

"ये दिल और उनकी निगाहों के साये...।"

'प्रेम पर्वत' से गीत उड़ रहा था। "ऐसे मनभावन गीत और बाहर झरती बूंदों के भीगे मौसम में काम करने का अपना ही मजा है, क्यों?" उसने पानी में बदन झाड़ रहे खरगोश से कहा।

दूसरा आगंतुक सिम्मी थी।

"बहुत जल्दी कर दी?" तंज से उसने सेंका।

"तुम्हारे लिए लंच बना रही थी।"

दोनों ने एक दूसरे को चूमा।

"शुरू हो गया तुम्हारा इंडियन म्यूजिक?"

"बंद कर दूं? क्या सुनना पसन्द करोगी पॉप, रॉक या...?"

"यही चलने दो लो टोन में, म्यूजिक चार्मिंग है।" वह अपना सामान सेट करने लगी।

"मुझे भूख लगी है। अभी खा लेते हैं फिर काम शुरू करेंगे।" सिम्मी ने कहा।

"ओ के।"

टिफिन खोल कर उसने रख दी,

"अरे पराठे, आलू दम...?"

"इंडियन डिशेज?"

"कोशिश कर रही हूं, पता नहीं बना पायी हूं या नहीं?"

"बहुत अच्छा। खास कर मेरे पेट के लिए।"

"इंडियन बनने के लिए और क्या करूं?"

"इसमें मिर्च-मसाले झोंक दो-बस।"

दोनों हंसते-हंसते टूंगने लगे।

"थोड़ा बीफ चलेगा?"

"क्यों धरम भ्रष्ट कर रही हो मेरा?"

"मुझ गोभक्षिणी को चूमते हो तो भ्रष्ट नहीं होता?"

"ना।"

"ना?"

सीनियर साइंटिस्ट आये, फिर फिलिप्स। दो बजते-बजते आधी लैब भर गयी।

"तुम्हें क्या लगता है, बॉस को इस बार नोबेल मिलेगा?"

"इस बार नहीं अगली बार, इस बार कैलीफोर्निया यूनिवर्सिटी के विल्सन, हेग के रिचाड्र्स, मास्को के कास्पोरोकोव और चेक के डंडर को"

विशाल ने बात करते-करते टेस्ट ट्यूब को गैस बर्नर में दिखा-दिखाकर जीवाणु मुक्त कर लिया।

अब उनमें वह बारी-बारी से घोल डाल रहा था। फिलिप कंप्यूटर पर आंकड़े फीड कर रहे थे। वे बात भी करते जा रहे थे, काम भी..."तब तक कई और लाइन में लग जाएंगे। चीजें इतनी फास्ट जा रही हैं कि...।"

"अच्छा ये कंप्यूटर के शोध बड़े हैं या सेल्यूलर बायलॉजी के?" सिम्मी ने पूछा।

"कंप्यूटर कहां टिकता है डार्लिंग सेल के सामने। यू नो सेल अपने आप में ब्रह्मांड है।" विशाल ने कहा,

"अरे नाइट्रोजन खत्म है, टाम्सन को बोलो तो।"

"अभी बोलती हूं।"

सभी वैज्ञानिक आमतौर पर युवा हैं। अलग-अलग देशों से आये हुए। संपर्क की भाषा इंग्लिश। सभी खुले दिल के।

"एनी और टॉम आज भी नहीं आये?"

"उन्हें मस्ती मार लेने दो।"

"अच्छा आदमी पशुओं से एंज्वॉय नहीं कर सकता?" फिलिप ने मजाक किया।

"करते हैं, तुम चाहो तो तुम भी...?"

"ऐ जरा एक वाश बॉटल इधर देना...? यार एक बात मेरे लिए पहेली है।"

"क्या?"

"सबकुछ जान लेने पर भी एंज्वॉयमेंट या चार्म उतना ही रहता है?"

"क्यों? डॉक्टर्स बलात्कार नहीं करते क्या?"

"और स्टीफेन हाकिंग्स के इस नये विवाह को क्या कहोगे?"

"चलो पूछते हैं।" वहां एक अच्छा-खासा नाटक शुरू हो गया, मानो वे विश्व के क्रीम साइंटिस्ट न होकर सामान्य कॉलेज स्टूडेंट्स हों। देखते-दखते ट्रॉट हॉकिंग बन कर कुर्सी पर गुड्डे-सा मुंह लटका कर बैठ गया। फिलिप्स बने 'हॉकिंग की आवाज'..."सर व्हाट कैन यू से एबाउट टाइम?" प्रश्नकर्ता विशाल था।

"ए बिग क्वेश्चन मार्क, इन्टैंजिबुल लाइक गॉड?" हॉकिंग जवाब देते हैं।

"सर आपके तो मोटरनर्व्स नष्ट होते गये हैं।"

"यस।"

"फिर वहां के नर्व्स?" (इशारा गुप्तांग की ओर था)

"वहीं से तो ऊर्जा जेनरेट करता हूं।" ठहाके!

"सर आपकी पत्नी से यौन-संबंध वाकई में होते हैं या वहां भी कोई स्वर यंत्र जैसा...?"

"होते नहीं तो दूसरा रिलेशन कैसे डेवेलॅप कर सकते थे?" एक ने कहा।

"अगर न होता हो तो शादी के क्या मायने?" दूसरे ने पुराया।

"नो कमेंट।" हॉकिंग की आवाज।

"इसका जवाब तो मैं दे सकता हूं।" जॉन ने कहा, "शादी वेश्यावृत्ति को वैधता प्रदान करने का नाम है।"

"ऑब्जेक्शन!" मारिया ने विरोध दर्ज किया, "वेश्यावृत्ति नहीं यौन संबंध!" तालियां बजीं।

"इसका मतलब यह हुआ कि आपका ब्रेन और 'वो' दोनों ठीक-ठाक हैं। यह एक नये दर्शन की ओर ले जाता है—विदेह हो जाने का।"

"नहीं-नहीं पूरी तरह विदेह नहीं। ये दो अंग तो चाहिए ही चाहिए—री प्रोडक्टरी आर्गन्स हैं न?!"

इस तरह की चुहुल के बीच काम चलता रहता है। कभी-कभी तो ये वैज्ञानिक सामान्य जन हो जाते हैं। फिल्म, स्पोर्ट्स राजनीति, क्राइम और दुनिया जहान का कुछ भी इनके विमर्श में वर्जित नहीं रहता पर चुप हो गये तो घंटों चुपचाप अपनी-अपनी धुन में लीन। चार बजे के लगभग विशाल को जैसे माँ की चाबुक लगी, "यार मुझे डॉक्टर के पास जाना है।"

सिम्मी ने आंख उठा कर देखा ।

"मम्मी पीछे पड़ी हैं, चेक अप करवा कर उन्हें रिपोर्ट करना है।"

"ये डॉक्टर्स भी अजीब हैं। लोग इन्हें नेक्स्ट टू गॉड मानते हैं।"

"मानते ही हैं।"

"बट, आविष्कार तो करें हम साइंटिस्ट और यूज करें ये। हम चले गये पर्दे के पीछे, ये आ गये मंच पर हीरो बनने। रोगी तो जान भी नहीं पाता कि किन-किन वैज्ञानिकों ने अपना कितना-कितना खून जला कर और कितने निरीह जीवों का खून करके उनके कष्ट का कारण और निवारण खोजा।"

"मेरे भाई डॉक्टर हैं, क्या कहते हैं मालूम, कहते हैं कि मान लो एक दवा से (मान लो) पैरासिटामोल खोजी गयी। एक ही दवा खोज कर आविष्कर्ता अरबों-खरबों का मालिक हो गया।"

"गलत! पैसा तो कम्पनी को मिलता है, सरकार को मिलता है, साइंटिस्ट को क्या मिलता है?" सिम्मी ने कहा

"एक-एक डॉक्टर का ऐश देखोगी तो गश खा जाओगी। डॉक्टर तो डॉक्टर, ये झूठ और फरेब पर पलने वाले वकील, ठेकेदार, भ्रष्ट अफसर, सेठ करोड़ों में खेलते हैं करोड़ों में। आये दिन गाड़ी बदलते हैं, आये दिन प्रेमिकाएं।"

"हमें न तो प्रॉपर सैलरी मिलती है, न पहचान!"

"और इनका ज्ञान...? विशाल को ही लो, हिथ्रो में एस्केलेटर से गिरा तो गलत ट्रीटमेंट करते रह गये।"

"मैंने बार-बार कहा कि गलत हो रहा है, गलत हो रहा है, पर मेरी सुने कौन! डांट देते मुझे, 'डॉक्टर मैं हूं या आप?' वो तो एक दिन मैंने कहा कि मैं खुद साइंटिस्ट हूं, मेरी प्रॉब्लम ये है, आपका ट्रीटमेंट ये। यह ट्रीटमेंट मेरी सेल को डैमेज कर रहा है। मैं हरजाना ठोंकने जा रहा हूं, तब जाकर माने।" विशाल ने कहा, "अरे स्टेरॉयड बन नहीं रहा था, उन्होंने इसकी जांच नहीं की कि क्यों नहीं बन रहा है, उल्टे स्टेरायड देना शुरू कर दिया, जिससे नर्व्स डैमेज हो गयीं। अब वो ब्लड प्लेटलेट्स बनते ही नहीं। कहीं कट जाय तो ब्लीडिंग बंद ही नहीं होती। बहुत सावधानी से रहना पड़ता है कि कहीं कट-वट न जाय। दाढ़ी भी एलेक्ट्रिक सेफ्टी रेजर से बनाता हूं।"

"तुम यार, रख क्यों नहीं लेते दाढ़ी?"

"नोबेल मिलने दो, फिर रख लेते हैं। अभी लड़कियां बिदक जाएंगी।"

# अंत में प्रार्थना

"तुमसे अब तक झूठ बोलती रही कि तुम्हारे भैया चंगे हो रहे हैं। लेकिन अब इस झूठ को और नहीं ढंका जा सकता। तुम्हारे भैया की लार नहीं बनती, मुंह का स्वाद चला गया है। खाना-पीना छूट गया है। निगल ही नहीं पाते। मुंह देखना है तो चले आओ।"

भाभी की चिट्ठी को पागलों-सा देख रहा है अजय।

"किसकी चिट्ठी है?" जिम ने पूछा।

"भाभी की।" कहकर अजय ने थमा दी।

पत्र पढ़कर वे दोनों लान में यूं ही टहलते रहे। सहसा शिशुवत बोल उठा जिम, "कुछ एक वर्ष और खींच लेते तो...।"

"तो...?"

"तब तक शायद कैंसर के लिए उत्तरदायी जीन को खोज ही लेते विशाल और उसके साथी।"

विशाल का ई-मेल याद आया। लगता है, जिम से भी विशाल ने संपर्क किया है।

चिट्ठी की अनुगूंज अंदर महल तक पहुंची। कैथरिन ने पूछा और सुबकती हुई सीने पर क्रॉस बनाते हुए गिरजाघर चली गयीं उनके लिए प्रार्थना करने। करणी देवी ने बुलवाया अपने मंदिर में। उनके कुलगुरु भी आये हुए थे। न चाहते हुए भी उन्हें प्रणाम करना पड़ा। गुरुजी ध्यानस्थ हो गये फिर उनके मुख से एक आप्त वचन निकला, "मानस पाठ!"

"तू बेटा ऐसा कर, सुबह-सुबह नहाकर सीधे यहां चला आया कर। तुम पाठ करोगे, मैं सुनूंगी। ठाकुर जी रच्छा करेंगे तुम्हारे भैया की।" करणी देवी ने कहा।

दूसरी सुबह मानस-पाठ शुरू हो गया। करणी देवी ने अपनी बहू एलिस, पोते जिम और समधिन कैथरिन को भी बुला लिया, देबू ठाकुर को भी।

एक चिट्ठी ने उसे एक झटके से अंतःपुर में दाखिला दिलवा दिया।

एक-एक कर सात दिन बीते। पाठ पूरा हुआ। कुलगुरु ने पूर्णाहुति करायी। पाठ के बाद एलिस ने उसे अकेले में बुलाया, "वेल, एक बार तुम भाई के पास

गांव हो आओ। बचने की जरा भी उम्मीद हो तो कोशिश करो, यहां कैलकटा, बॉम्बे, इवेन फारेन...!"

"जी"

"घोष बाबू से बोल दिया है तुम्हारे जोधपुर तक का एयर टिकट आज तुम्हें मिल जाएगा। जितने पैसे चाहिए, उनसे मांग लोगे।"

उसका सिर झुक आया कृतज्ञता में।

भाई के प्राण जैसे भाई के लिए अटके पड़े थे गांव जाने के दूसरे दिन ही उन्होंने अंतिम सांस ली। अंत्येष्टि के बाद से पूरा परिवेश खाली-खाली-सा लगा। भाभी ने जोर देकर उसे वापस कलकत्ता भेजा, "मैं दो टावरों और पुश्तैनी जमीन-घर को संभालती रहूंगी। जल्दी पढ़ाई पूरी कर के लौटो तो फिर आगे की सोची जाय।"

इस बार कैनिंग आने पर सभी उससे आत्मीयता से मिले, करणी देवी ने कहा, "गुरुजी का आदेश है कि मानस-पाठ चलता रहे।"

इस तरह दिन की शुरुआत मानस पाठ से होने लगी। लंदन से विशाल का ई-मेल आया है, जिया, मधु, हलदार और कई मित्र आकर सांत्वना दे गये हैं। डॉ. जैक्सन रोज ही उसके कंधे थपथपाकर चुप हो जाते हैं। एक दिन उन्होंने पूछा, "तुम्हारे भैया के कितने लड़के हैं?"

"दो-एक लड़का, एक लड़की! सात और पांच वर्ष के।"

"वहां कोई अच्छा स्कूल है पास में?"

"ना! क्यों?"

"कुछ नहीं, यूं ही। वैसे बिजारिया साहब खुद कई चैरिटेबुल स्कूल चलाते हैं। कुछ में तो सबकुछ टोटली फ्री...रेसिडेंसियल भी हैं लेकिन..." वे अटकने लगे थे।

अजय का मन एक बारगी मचल उठा, "हर्ज क्या है, लड़के तो आदमी बन जाएंगे, प्लीज मुझे एक बार दिखा दीजिए।"

अगले दिन मानस-पाठ के बाद, वह सीधे जा धमका जॉन सैनीटोरियम। एक बजे के लगभग डॉक्टर उसे साल्टलेक लिवा गये। दो एकड़ के अहाते में फैला गिरधारी करणी देवी बाल भवन। तीस-एक लड़के! प्लेग्राउंड, पार्क, बागीचा, झूले, स्वीमिंग पूल और क्या नहीं। साप्ताहिक मेडिकल चेक-अप, एटेंडेंट्स, गवर्नेस हर पल उनके पीछे। उम्दा भोजन, उम्दा वातावरण। उनके शारीरिक और मानसिक विकास का हर इंतजाम।

"ये बच्चे कहां के हैं?"

"सारे जरूरतमंद गरीब घरों के। तुम चाहो तो...।"

काश ऐसी व्यवस्था हमें मिली होती तो हम कुछ और ही होते...लेकिन ये बच्चे तो डेस्टीच्यूट्स हैं, खुद के रहते अपने भतीजे-भतीजी को कैसे अनाथ मान ले?

"सिर्फ डेस्टीच्यूट्स ही।" उसने पूछा।

"अभी तक तो यही।"

"अगर कोई उनका खर्च वहन करे तो।" लोभ ने डरते-डरते कदम बढ़ाये।

"आय हैव रेस्पेक्ट फार योर सेल्फरेस्पेक्ट!" ताड़ गये डॉक्टर।

"दरअसल इतना अच्छा इन्तजाम तो मैंने किसी भी हॉस्टल या बोर्डिंग हाउस में नहीं देखा। ये बच्चे पढ़ते कहां हैं?"

"कैलकटा के क्रीम पब्लिक स्कूल्स में।"

गिरधारी बाल भवन का जलवा ज्वाला की तरह लपलपा रहा था और वह पतंग-सा मुग्ध भाव से उसके गिर्द मंडरा रहा था, "जी मैं भाभी से पूछ कर बताऊंगा।"

कैनिंग लौटा तो शाम हो रही थी।

देबू ठाकुर के शब्दकोश में एक और शब्द जुड़ गया है–जिन्न। वे आरिफ, सिकदार और दूसरे सहकर्मियों को इसका खुलासा कर रहे थे, "कुछ सुना तुम लोगों ने, अपने प्रोफेसर साहब का लड़का विशाल बाबा क्या खोजने गया है बिलायत में?"

"क्या?"

"जिन्न!"

"जिन्न?"

"अब ऐसा है।" ठाकुर ने पालथी मार ली, "एक-एक रोग का एक-एक जिन्न होता है-सर्दी का एक जिन्न, जूड़ी का दूसरा, माता माई का तीसरा, कैंसर का चौथा। सो वोई जिन्न को जब साध लेंगे तब...।"

"तुम तो ऐसे बोल रहे हो जैसे बोतल में बंद कर ठेपी लगा लेंगे।" आरिफ ने टोका।

"ठीक समझे।" अपना जिम बाबा भी जिन्न को ही साध रहा है। आज कल कहीं आता-जाता भी नहीं। पहले मकड़ियों के पीछे दीवाना था, इन दिनों भेड़ के।"

"भेड़...?"

अजय के आ धमकने से बैठक भंग हो गयी।

बहुत दिनों से उसने अपनी पौधशाला को नहीं देखा था, आज मन कुछ ठीक था सो उसने आरिफ मियां को बुलाया, "चाचा कुछ डाभ मिलेंगे?"

"खुद पियेंगे या भेड़-वेंड़ को पिलायेंगे?"

"पिलाना तो पौधों को है, लेकिन आपने भेड़ का नाम क्यों लिया?"

"इन दिनों जिम साहब भेड़ पर मेहरबान हैं, सोचा, कहीं आप भी...!"

"जिम हैं कहां?"

"वो ऽऽऽ उधर...।" इशारा म्यूजियम की तरफ था। बागवानी वहीं छोड़कर वह चल पड़ा जिम से मिलने।

"हॅलो जिम!"

"हॅलो।" जिम ने उसे एक प्रिन्ट पकड़ा दिया। विशाल का ई-मेल था जिम के नाम—डीयर जिम, लंदन में तुम्हारा स्वागत है। वैसे अगर तुम सिर्फ डॉली के जन्म, विकास और मृत्यु के रहस्य को समझने के लिए 8 हजार किलोमीटर की दूरी तय करके आना चाहते हो तो, नया कुछ खास हाथ नहीं लगने वाला। तुम्हें याद है, पिछली बार हम, तुम साथ-साथ देखने गये थे तभी मैंने तुम्हें बताया था कि वह कुछ-कुछ कुबड़ी-सी लग रही है। बाद में मैं फिर वहां गया था। नहीं जाने दिया गया मुझे। विजिटर्स पर बैन लग गया था। उसे अर्थराइटिस हो गया था। मार दिया गया उसे। वैसे तुम आओगे तो अच्छा लगेगा। और...? अजय कैसा है अब? उसे तुम्हारे प्यार और सहानुभूति की जरूरत है।"

"विशाल तुमने बताया नहीं, तुम लंदन जाने वाले थे? नौकरों में चर्चा है कि इन दिनों तुम भेड़ में ज्यादा इंटरेस्ट ले रहे हो।"

"एक्चुअली फ्रॉम द वेरी बिगिनिंग आय हैड बीन इन्टरेस्टेड इन क्लोनिंग।" जिम स्वगत भाव से बर्ताता रहा, "बिना किसी नर भेड़ की सहायता के सिर्फ माँ ने उत्पन्न किया था डॉली को। मातृत्व ही सर्वोपरि है। पितृत्व नहीं।"

"आगे चल कर माँ और बाप, कहो, डिम्ब और शुक्राणु के स्रोत एक हो जाते हैं। अर्द्धनारीश्वर! सूर्य माँ भी है, बाप भी। डिम्ब और शुक्र करोड़ों वर्ष पहले जब काम क्रिया का विकास नहीं हुआ था, एक ही सेल थे।"

"मुझे इन दिनों सिर्फ एक चीज दिखाई पड़ रही है कुबड़ी होती हुई डॉली।"

"पर इसमें दिक्कत क्या है! क्लोनिंग का एक एक्सपेरिमेंट ही तो था, जो असफल हो गया।" अजय ने तनाव को ढील देना चाहा।

"आप नहीं समझोगे, इसमें मेरा क्या-क्या असफल हो गया।"

जिम की उलझन सिर्फ भावनात्मक थी या इसके सूत्र कहीं और गहरे जाते थे? "खैर छोड़िए, इस पर फिर सोचेंगे, आज आपका मूड देखकर काफी अच्छा लगा। कहां गये थे दोपहर को?"

"वो आपके गिरधारी बाल भवन! इट्स एक्सेलेन्ट!"

"हूं।"

"एक-एक बच्चे की इतनी अच्छी देखभाल कि सम्पन्न से सम्पन्न माता-पिता भी न कर सकें।"

"हूं।"

"वो मैं सोच रहा था, प्लीज सजेस्ट मी, क्या मैं अपने भैया के बच्चों को इसमें डाल दूं। कुछ डोनेट कर दिया करूंगा।"

"नो।" अजय ने पलट कर देखा। जिम ने मुंह फेर लिया था जैसे वह पीठ से बोल रहा हो।

"लेकिन...।"

"कहा न, नो!"

"जैसी तुम्हारी इच्छा!"

दोनों ने परस्पर एक दूसरे को देखा, फट चुके गुब्बारे की तरह दोनों के चेहरे लटक आये थे।

जिम कहीं चला जा रहा था। शायद अपनी भेड़ों के पास। अजय के मन में कोई उत्साह नहीं था पिटे हुए मुक्केबाज-सा भन्नाया बैठा रहा, यह जिम यकायक चिढ़ क्यों गया। उसने भी तो आव देखा न ताव, बात हो रही थी डॉली की और वह ले बैठा गिरधारी बालभवन का किस्सा। इन दोनों में कोई अंतर्संबंध है क्या? डॉली को मरे हुए बरसों बीत गए लेकिन जिम के दिमाग के किसी कोने में वह आज भी जिन्दा है। इन दिनों भेड़ों में कुछ ज्यादा ही रुचि ले रहा है वह।

अजय ने सिकदार से पूछा, "ये भेड़ें यहां ले कौन आया?"

"शंकर जमादार।"

"जरा उसे बुलाइए तो।"

शंकर जमादार ने भेड़ों के साथ-साथ लगे हाथों एक नई जानकारी भी दे डाली, "साब, भेड़ तो मैं ही ले आया था लेकिन यह सारा पचड़ा शुरू हुआ लारा मेम साब के आने से।"

"लारा?"

"अरे वो डीएसपी साब की बेटी।" फिर शंकर की आवाज राजदार हो गई, "उधर जो नाव है न उसमें बैठकर घंटों खुसुर-फुसर करते रहते हैं, दोनों।"

लौटा आ रहा था जिम। शंकर चुपचाप खिसक गया।

सामने से देबू ठाकुर का बेटा 'खोका' और एक अन्य बच्ची आ रहे हैं। 'खोका' के चेहरे पर वक्त से पहले मूंछ-दाढ़ी झलकने लगी है। बच्ची के सीने में वक्त से पहले उभार। दोनों हार्मोन के इंजेक्शन वाला दूध पीते हैं। खटाल के बाछा-बाछी मर जाते हैं तो थन के पेन्हाने के लिए उनकी खाल में पुआल भर कर जीवित होने का भ्रम पैदा करते हैं। उससे भी काम नहीं चलता तो चार आने

का हार्मोन इंजेक्शन! इसी हार्मोन के चलते शरीर को जबरन पेन्हाया जाता है। फूलों, फलों, सब्जियों में धड़ल्ले से चल रहा है यह सब। कुछ खटाल वाले तो बछड़े को चुपके-चुपके कसाइयों को बेच आते हैं और इंजेक्शन से काम चलाते हैं।

बेचारे प्रतिवाद भी तो नहीं कर पा रहे। बाहरी आतंकवाद पर इतनी हाय तोबा मचती है लेकिन इस भीतरी आतंकवाद पर कुछ नहीं।

एक डॉली लाखों डॉलियों में गुणित होती गई। बदन भेड़ का, सिर इंसान का। जिम का खेल। उन्हीं में से एक चेहरा 'खोका' का, एक चेहरा 'खुकी' का। ये सभी में '-में-भें-भें' मिमिया रहे हैं भेड़ों की तरह।

"क्या इन सबों को भी एक दिन डॉली की तरह समय से पहले मार देना पड़ेगा? समय के स्पेस को हम तेजी से भर रहे हैं, यूं कहें चाबुक सटकार रहे हैं, तेज और तेज...और जीवन के स्पेस को छोटा कर रहे हैं।" जिम अपने फॉर्म में लौट आया था।

अजय ने कहा, "एक यूनानी मिथक है देव मलाई का। वह अपनी महबूब हस्ती को छोटा कर अपने बटुए में रख लेती है। रात को उसे तिलस्माती पलंग पर बड़ा बना कर वह उसे लेकर सोती है। सुबह फिर से छोटा बनाया, बटुए में रख लिया। इस खींच-तान में एक दिन उसकी जान चली जाती है। यह समय देवमालाई है।"

"और इस समय को आदमखोर बनाया किसने?" जिम ने धीरे से पूछा।

# ओ रे बाबा!

गांव फिर जाना पड़ा। मरु का वही पीला विस्तार। मरी बालू के वही नीरस टीले। भाभी को लाख समझाया, चली चलो बच्चों के संग हमारे पास, यहां क्या है। पीने के पानी तक को ले आने में सुबह से दोपहर हो जाती है, उतना पानी तो वहां पेशाब करके फ्लश कर देते हैं, न स्कूल है, न पोस्ट ऑफिस, न बैंक जैसी दूसरी जरूरी चीजें। भाभी नहीं मानीं। बच्चों को एक किलोमीटर दूर के खश्ते प्राइमरी स्कूल में दाखिला दिला कर खर्चा-वर्चा देकर लौटते समय उसने फिर पूछा, "यहां रह लेंगी?"

पानी के लिए जाने को तैयार हो रही थीं भाभी गांव की औरतों के साथ। खेजड़ी की एक टहनी थमाते हुए बोलीं, "इसकी तरह रह लूंगी।" वृक्ष की ओर इशारा किया, "इस शमी के नीचे ढंक रखे हैं हमने अपने हथियार, पांडवों ने भी तो अज्ञातवास के दौरान अपने हथियार यहीं छुपा रखे थे।"

कैनिंग आते ही सबसे पहले अजय ने अतुल की खोज की। दादी के मंदिर के मानस पाठ में वह मिला नहीं, नाश्ते पर वह नहीं था, म्यूजियम बंद था, हंसा झील में पड़ी थी। आरिफ ने बताया कि इन दिनों वे अक्सर बाहर रहते हैं। शायद समंदर में चले जाते हैं ट्रॉलर के साथ या फिर उस झाड़ी के पास...। देखिए शायद झाड़ी पर ही मिल जायें।

उत्सुकता वश वह आगे बढ़ा, हां, है तो सही।

दूर से उसकी पीठ नजर आ रही है। उसने हाथ में एक छोटा-सा वी.डी. ओ. कैमरा ले रखा है। पता नहीं, अकेले-अकेले क्या शूट कर रहा है झाड़ी में।

कदमों की आहट ताड़ ली जिम ने। पलट कर अजय को देखा, फिर उंगली होठों पर रखकर उसे शोर न मचाने का इशारा कर दोबारा अपने काम में मग्न हो गया। अजय की समझ में कुछ न आया। हो सकता है कोई सांप-वांप हो या वैसा ही कुछ।

थोड़ी देर बाद जिम खुद ही उसके पास आया, "वह कांशस हो गयी।"

"कौन?"

"अरे वही मकड़ी।"

"धत्त तेरे की, हम तो समझे थे...खैर ऐसा क्या था शूट करने लायक?"

जिम ने वी.डी.ओ. की फिल्म को अपने म्यूजियम में उसे दिखाया, एक-एक रेशा फैलाती मकड़ी। क्या ही नपा-तुला अंदाज है और तेजी कितनी! जाला बन जाने के बाद मकड़ी गुम हो गयी, वापस आयी तो उसके पास लकड़ी के दो नन्हें टुकड़े थे जिन्हें उसने जाले के नीचे वजन डालने के लिए लटका दिया। जाल उनके सहारे तन गया जैसे सर्कस के ट्रैपीज का जाल हो। मकड़ी ने जल्दी जाल को समेट लिया फिर फैलाया। एक कीट को जाल में फंसते हुए उन्होंने देखा। कीट के फंस जाने के बाद मकड़ी ने अपने लंबे डंकों से बींध-बींध कर खाया फिर जाल को समेट कर रख दिया। जिम ने बताया, "यह जाल मैन मेड जाल की तरह ही काम करता है। जब चाहे फैला कर कीट पकड़ा, जब चाहे समेट कर रख दिया।"

रात भर पानी बरसता रहा। लान की हरियाली चटक हो आयी है। फूलों की पंखुरियां भीग कर भीगी भेड़ की तरह हो गयी हैं। गौरैया पंख झाड़ रही है। फूल पंख नहीं झाड़ सकते। अजय ने सिड़ाये मन से लैब खोली। वैक्युम क्लीनर उठाया, रख दिया। कपड़े के डस्टर से लगा सफाई करने। मैंग्रोब्स का ट्रे परे सरकाया। मैंग्रोब्स की अपनी समस्या है, खेजड़ी की अपनी। विपरीत पर असंभव-सी परिस्थितियों में भी दोनों ने जीवन का ध्वज थाम रखा है। कहां से ये संश्लेषित करते हैं संजीवनी...और भैया की तरह कहां चुक जाती है यह संजीवनी? इस वैराग्य विजड़ित सिड़ाये माहौल में ऊष्मा के संचार-सी बरसी जिम की आवाज, "गुड मॉर्निंग अजय दा।"

"गुड मॉर्निंग जिम! अरे भाई तुम थे कहां? यहां अकेले-अकेले बोर हो रहा हूं।"

"वो घोष को पटाया था, ट्रॉलर पर चलने के लिए, लेकिन देर हो गयी, लौट आया।"

"ट्रॉलर, यानी मकड़जाल की शूटिंग कैन्सेल्ड!"

"ओ यस, ड्यू टु हेवी रेन!"

"फिर ट्रॉलर?"

"बिजनेस!"

"बिजनेस?" "ऐसे तो बनिए होने से रहे तुम!"

कोई जवाब नहीं देता जिम, आंखें झुकी-झुकी हैं।

"मैं थोड़ी उलझन में हूं।"

"कह डालो, कहने से गांठ ढीली हो जाएगी।"

"मुझे लगता है, कुछ दिनों से मैं कुछ ज्यादा ही सेक्स ऑब्सेस्ड होता जा रहा हूं। उन दिनों भी मैं मकड़ी के जाल की शूटिंग सिर्फ इसलिए कर रहा था कि स्पाइडर के सेक्सुअल कैनीवलिज्म को देख सकूं। देख सकूं कि वह कैसी उत्कटता होती है जब सेक्स के दौरान एक मकड़ी मकड़े का सिर चबाकर खा जाती या काट कर चट से अलग कर देती है।"

"नेचुरल अर्ज है यार, इसमें उलझन क्या है।"

"वो डॉली का मरना, कहीं उस वैक्युअम में ये इंस्टिंक्ट घुसपैठ कर गया या सोचता हूं डैड का जींस है या पता नहीं क्या है कि...।" वह जगह-जगह अटक रहा था।

"फ्रायड ने कहा था कि पूरे जीवन में काम एक जीवनोत्पादक रस की तरह व्याप्त रहता है। बहता रहता है। उसे रोकने का हम हठयोग साधते हैं।"

"बट यह तो हिपोक्रिसी है, बुद्धि के साथ-साथ जो फरेब विकसित हुआ, उसी का एक पार्ट!...बुद्धि एक खतरनाक चीज है। है न?"

"यह विध्वंसक दर्शन है। हमें अपने नाखून, दांत, कांटे नियंत्रण में रखने होते हैं।"

"यह भी हिपोक्रिसी है।"

अजय ने हथियार डाल दिये, "विशाल से पूछा जाय?" जिम ने जेब से पॉकेट डायरी निकाली, "उनका इन्फरेंस भी सुन लो, स्त्री, पुरुष के बीच होने वाले आकर्षण का कारण है देखने के बाद होने वाला बायो-केमिकल चेन्ज फिनाइल इथाइल एलेनाइन नाम के केमिकल का सिक्रेशन।"

"ओ ऽऽऽ!" अजय ने गहरी सांस ली, "पर जितनी जल्दी यह बनता है, उतनी ही जल्दी यह तिरोहित भी हो जाता है।"

"मगर यहां तिरोहित कहां हो रहा है!"

"पहेलियां छोड़ो, यह बताओ, वह लड़की कौन-सी है।"

"बेला।"

"बे...वो मछेरन?" अजय की आंखें सिकुड़ गयीं।

"यस।"

"लेकिन लड़कियां तो सारी एक-सी होती हैं, तुम्हीं कहा करते थे?"

"मुझे ये धारणा बदलनी पड़ी।"

अजय को उसकी दशा देखकर हंसी आ गयी।

"कल उसे बात करने के लिए बुलाया है।"

"कल बात करेंगे। ओ.के.! रिलैक्स!"

"अजीब लड़का है!" अजय का दिमाग पथरा गया। 'कहीं इसी बात पर बेला या मछेरे बवाल कर दें तो...?"

विशाल को ई-मेल किया। सुबह उसका जवाब आ गया, "क्रोमोजोम्स की सीढ़ियां चढ़ते-उतरते एक क्षेपक के तहत पिछले दिनों हमारे वैज्ञानिकों ने ऑक्सीटोसिन हारमोन के कुछ प्रयोग किए थे। मजे की बात है, चूहे कुछ ज्यादा ही काम पीड़ित होते हैं। चुहिया को सूंघ कर चूहा पता लगा लेता है कि वह उसकी सेक्स पार्टनर बनेगी या नहीं। हमने देखा कि हर संभोग के बाद चूहा चुहिया से तटस्थ हो जाता है। ऑक्सीटोसिन इंजेक्ट किया गया। चूहा फिर से चुहिया के प्रति आसक्ति महसूस करने लगा। ऑक्सीटोसिन के प्रभाव से सामाजिक जुड़ाव की स्मृतियां लौट आती हैं।

"इंसान के साथ भी अक्सर यही सुना जाता है। जाना-पहचाना उदाहरण दुष्यंत का है। शकुंतला को भोगने के बाद दुष्यंत उसे भूल जाता है।"

अजय ने जवाबी मेल किया, "माना कि सेक्स का यह अजाना सूत्र जिम की शुष्कता को मसृण करेगा। पर जिम को हजारों लड़कियां मिल जाएंगी, बेला को कोई पति नहीं मिलेगा। अनाथ, बदहाल और गरीब ही सही, वह भारतीय मूल्यों में पली-बढ़ी लड़की है, चालाक न हुई तो बदनाम और बर्बाद हो जाएगी। सो रोक सको तो रोक लो अपने दुष्यंत को।"

पर, रोक पाना इतना आसान था क्या?

पंद्रहवें दिन अजय को खींच कर ले गया जिम समुद्र में। आकाश नरम, मेघों की छांव गुदाज, झाऊ के जंगल चंबर डुला रहे थे, हवा मलमल-सी बदन पर सरसराती हुई छेड़ रही थी। दूर-दूर तक श्याम हरीतिमा की वर्तुल कालीन बिछी थी। इसी कालीन पर झनकार जगाती कदम-कदम आयी थी वह। एक मेकनाइज्ड बोट उसे और उसके साथियों को लेकर आयी, ट्रॉलर से जुड़ी और वे ऊपर आ गये। सीधे केबिन में आकर रुकी वह।

बांगला में बोली, "ढेरों काम छोड़ कर आ रहे हैं हम। रोजी-रोजगार का समय है। जो बोलना है जल्दी-जल्दी बोलो।"

अजय ने गौर किया, आज उसका खुरदुरापन चिकना था!

"ये हमारे मित्र अजय हैं, तुम्हारा हाट, मंडी, को-आपरेटिव बनाने में मदद करेंगे।" जिम ने उसका परिचय कराया।

औपचारिकता में जल्दी-जल्दी हाथ जोड़ कर उसने सलटाया, "हां ठीक है, टाका (रुपया)...?"

"ये लेकर आयेंगे। तुम लोग एक रूपरेखा बना लो तब तक।" जिम ने कहा।

"ठीक है और क्या मांगता आप?"

"चाय पी लो, फिर बताते हैं।"

उसे इतनी जल्दी थी कि चाय को डिश में ढालकर चार ही सुडुक्के में पी कर बोली, "तो...? क्या मांगते आप?"

"तुम्हें?" जिम ने कहा।

"ए, की (यह क्या)...?" उसे लगा, उसे सुनने में कोई भूल हुई।

अजय को इस बात की कतई उम्मीद न थी कि जिस बात को कहने के लिए कितने तरह के भावनात्मक वितान ताने जाते हैं, वाग्जाल की कितनी रणनीतियां, कितने पैंतरे कसे जाते हैं और फिर भी अनकही रह जाती है वह बात, उसे इतनी सरलता से कह देगा जिम। वह कभी बेला की ओर देखता, कभी जिम की ओर। एक नम्बर का बेहया निकला जिम।

वह उससे भी बेहया निकली। उसने हाथ जिम की आंखों के सामने हिलाया जैसे उसके जाले हटा रही हो, "एइ बाबू! का बोलता? बिहा (ब्याह) करेगा मुझसे?"

"मे बी!"

"बांगला में बोलो।"

"हो सकता है।"

"यह सकता है का क्या मतलब? साफ-साफ बोलो।"

"कोई जरूरी नहीं। हम साथ-साथ रहेंगे कुछ दिन-क्या इतना काफी नहीं है?"

"हमारा दिमाग खराब हो जाएगा। क्या समझ लिया हमको? सस्ता मेये? रेंडी? की...? क्या इसीलिए इतना अनुग्रह?"

"अनुग्रह कैसा? उस बात को इस बात से मत जोड़ो। तुम मुझे सचमुच बहुत अच्छी लगती हो।"

"तो फिर सकना क्या?"

"मैं जिंदगी भर एक से बंध कर नहीं रह सकता।"

"यही छूट मुझे भी दोगे?"

"हां क्यों नहीं?"

"ओरे बाबा!" वह सर पीटने लगी, "रोको-रोको। यहां और एक मिनट भी रुकी तो पागल हो जाऊंगी मैं।"

उसने केबिन का दरवाजा खोला और धड़धड़ाती हुई नीचे उतर गयी।

अजय ने खिसियाई नजर से जिम को देखा, पर वह चेहरा इतना मासूम था कि उस पर क्रोध आने की बजाय तरस खा कर रह गया, "तुम घोर अराजक हो जिम!"

जिम ने हाथ उठा कर सरेंडर कर दिया, "एक्चुअली मैं अभी भी नहीं समझ पा रहा हूं कि मुझसे गलती कहां हुई।" कहना तो यही चाहता था अजय, "काश तुम अपनी टेस्टट्यूब से बाहर निकल आते।" लेकिन कह नहीं पाया। सिर्फ इतना कहा, "अव्वल तो कोई कहता नहीं यह, कहता भी है तो इतने ब्लंटली नहीं।"

जिम उसे मासूमियत से ताकता रहा।

"यह बॉडी लैंग्वेज होती है यार, कुत्ते, कुत्तियों, गाय-सांड़ को नहीं देखते?" अजय ने समझाना चाहा।

"पर दूसरी लड़कियों ने तो...।"

"वो दूसरी माटी की बनी हुई हैं, यह दूसरी माटी की। साइंस के साथ-साथ सोशल साइंस पर भी एक नजर डाल लेते तो यह गलती न होती।" फिशर बर्ड की तरह तुम्हारी नजर इस छोटी किल्लोल करती मछली पर गयी, "मान लो तुम्हारी चोंच में वह स्वाभिमानी लड़की आ भी गयी, पर तुम शादी तो करोगे नहीं इससे।"

वह उसे देखता रहा। न 'हां,' न 'ना'!

"यह जो अपना देश है न, यौन शुचिता के मामले में बेहद सेंसिटिव है। लोअर मिडिल क्लास में तो यह महामारी-सी व्याप्त है।"

जिम के चेहरे पर उलझन, अनुतापदग्धता और उदासी की झाइयां झहराने लगी थीं।

समुद्र पर सांझ गहरा रही थी। ज्वार का पानी किनारों को भरता जा रहा था। इंजिन के शोर में लहरों की आवाजें मिल कर अजीब सी विषण्णता पैदा कर रही थीं।

"वेल! वो नहीं चाहती तो न सही। बट यू शुड डेवेलॅप देयर को-आपरेटिव एंड मार्केटिंग!" जिम की आवाज दरक रही थी। एक पराजित योद्धा जैसे अपने बदन की धूल झाड़ रहा था और धूल थी कि झड़ नहीं रही थी, "वट, सी रेफ्यूज्ड, यू सी।"

# जन्नत और जिन्न

सुरमई भोरों को जब सांप-सी लहरदार लहरें किनारों पर अपने फन पटकती हैं, कई दिनों की गयी नावों को किनारों पर आती देख आकाश में परिन्दे और तट पर बिचौलिये महाजनों की भीड़ उमड़ने लगती है, पानी की बनती-टूटती दीवारों के बीच बेला अपनी डोंगी लेकर समुद्र की ओर चल देती है। दस बजते-बजते जब टोकरी भर-भर कर मछेरे अपनी मछलियां साहूकारों के ट्रकों, वैनों में लादते हैं, वह मछली पकड़ कर लौट आती है। दस-ग्यारह तक अगर केंदुली के मछरहट्टा में अपनी मछलियां लेकर नहीं पहुंची तो भारी मुसीबत। फिर जितना भी चिल्लाते रहो, "टाटका माछ! टाटका माछ!," शाम तक मछलियां भी टटकी नहीं रह पायेंगी और तुम भी। दो रुपए की मूढ़ी (लाई) दो रुपए का चॅप-बैंगनी और एक रुपए की चाय-पांच रुपए तो यूं-यूं में निकल जाते हैं। अब अगर सौ रुपए भी नहीं बने तो धंधा कैसे चलेगा?

पर आज हुआ क्या! दो घंटे बीत गए, जाल भी खाली, वंशी भी छूंछी? सबेरे-सबेरे नान्टू माताल (शराबी) का मुंह देखा था तभी समझ गयी थी, आज का दिन खराब जाएगा। जब से साहब लोगों ने को-आपरेटिव बनवाना शुरू किया है, नान्टू समेत कइयों की भाखा बदल गयी है। देखते ही व्यंग्य से सलाम करते हैं, "हमें भी साहब लोगों से कह कर कोई नौकरी दिलवा दो बेला रानी, तुम्हारी तो चलती है।"

इसके पहले मजाल था कोई इस तरह बोली बोलकर निकल जाता। पर उस घटना-दुर्घटना का क्या करे वह जिसने अंदर-बाहर दोनों तरफ से उसे तोड़ दिया। पहले उसकी एक पुकार पर बीसियों मछेरे डंडे, बल्लम लेकर निकल पड़ते और अब जब कि उसी की पहलकदमी पर को-ऑपरेटिव भवन बन रहा है, एहसान मानना तो दूर, लोग मुंह बिचकाते हैं। फकीर चाचा और काकी भी।

उसने एक बार पीछे मुड़कर देखा, तट से काफी दूर चली आयी थी वह। केंदुली के सागर तट से दूर समुद्र में कोई किले-सा दिखता है यह चट्टानी उभार। वहां पहुंच कर मन कैसा तो खाली-खाली हो गया। हाय राम, आठ बज गए

होंगे, अभी तक एक ही मछली! थोड़ा और आगे चल कर देखते हैं। दूर कोई नाव-सी दिखती है। नाव के होने से उसका ढांढस बंधता है।

जाल भारी लग रहा है, उसने सावधानी से खींचा, "हे माँ काली! बस दो माछ और दिला दो।"

"माछ मिली बेला रानी!" नान्टू माताल चीख रहा था। तो जिस नाव को वह सहारा समझ रही थी, वह नान्टू की थी। उसने खुद को जब्त किया। "कहां मिली नान्टू दा? और तुम्हें...?"

"मुझे तो मिल गयी।" वह भद्दे ढंग से दांत निकाल कर हंसा।

"देखो, मैं कहे देती हूं, यहां ऐसा मजाक ठीक नहीं। मैं केंदुली में सबको कह दूंगी।" आक्रोश पर लहरों की छुल्ल-छुल्ल हंसी उड़ा रही है।

"कहने लायक तुम्हें छोड़ूंगा तब तो!"

अपनी नाव से छपाक से कूद गया नान्टू और तैर कर उसने बेला की नाव पकड़ ली।

"मैं कहे देती हूं ठीक नहीं होगा। केंदुली का कोई न कोई देख रहा होगा।"

"देख रहा हो तो देखने दो। कह दूंगा सार्क से बचाने आया था। मैं कैसे देख सकता हूं कि केंदुली का फल कोई और खाये, और मैं देखता रहूं।"

सांसत में जान थी। इस निर्जन समुद्र में कौन सहारा देगा? नाव ऊपर-नीचे हो रही थी। उसकी नजर बार-बार बीच के उस द्वीप में फंस जाती। द्वीप के चलते किनारा ओझल है। ऐसा भी हो सकता है, उसके ख्यालों में भी कभी नहीं आया था। तय किया कि मछली और जाल का मोह छोड़ कर पहले इस शैतान से निबटे पर तब तक देर हो गयी थी। नान्टू नाव पर आ गया था।

"देखों मैं तुम्हारी बहन हूं। तुम्हे माँ काली की कसम!" कोई भी चिरौरी मिनती, गाली-धमकी काम न आयी। नान्टू उसे बाहों में कस कर मसलने लगा, "स्साली रोज-रोज ललचाती है। ट्रॉलर वाले बाबुओं से हम बुरे हैं क्या? एह! कोपरेटिव बनवायेगी, लीडर बनेगी।"

बेला ने बाहें फैलाकर उसे परे धकेला और समुद्र में कूद गयी। उसकी नाव कहीं दिखी नहीं, डूब गयी! थोड़ी देर तक तैरने के बाद उसे नान्टू की खाली नाव मिल गयी। चप्पू भी थे। वह जल्दी-जल्दी चप्पू खेने लगी। नान्टू चीख रहा था, "रुक जाओ बेला। आमाय खमा कर दे बोन (मुझे क्षमा कर दे बहन)...।"

लेकिन उसने किनारे पर पहुंच कर ही दम लिया।

जाहिदा बुआ ने उसे समुद्र की ओर घूरते हुए देखा तो कुछ और ही समझी, "आज माँ और बाबा की बड़ी याद आ रही है न!" उसने खाली-खाली पलकें उठायीं।

"तुम जाहिदा बुआ हो न!"

"इत्ती जल्दी भूल गयी?"

बेला ने जाहिदा को देखा, साफ-सुथरी सिंथेटिक साड़ी, नक्काशीदार चोली, करीने से बंधी हुई चोटी, उसमें गुंथा बेला का गजरा, "तुम तो विशाखापत्तनम गयी थी न?"

"हां, मगर अभी कोच्चि में हूं।"

"क्या करती हो?"

"मछली प्रोसेसिंग?" उसने ठसके से अपनी चोटी को पूंछ की तरह डुलाते हुए कहा।

"कितना कमा लेती हो?"

"डेढ़ से दो हजार मिल जाते हैं।"

"मुझे भी लिवा चलोगी?"

"तुझे क्या परेशानी है, सुना यहां को-आपरेटिव खुलवा रही है?"

चिहुंक गयी बेला, 'तो जाहिदा भी यह समझती है कि को-ऑपरेटिव मैं खुलवा रही हूं। यानी वह सड़ी मछली की तरह पूरे केंदुली में बदबू देने लगी! हाय मां!'

शाम तक नान्टू माताल सही-सलामत लौट आया समुद्र से। किसी ट्रॉलर ने देख लिया था द्वीप पर उसे चिंचियाते हुए, बचा लिया। मगर उसकी नाव...? वह यह कह भी नहीं सकता कि नाव बेला ले गयी। अब नयी नाव कहां से ले आये वह...? नाव के बिना उसका अस्तित्व ही क्या है?

शाम को वह को-ऑपरेटिव के दफ्तर में थी। अजय आज ही आया था। कल को-ऑपरेटिव का चुनाव करवा कर केंदुली वालों को सौंपकर लौट जाएगा वह।

"मुझे नाव चाहिए, मिल सकेगी को-ऑपरेटिव से?"

बेला ने जैसे अंधेरे को संबोधित किया हो, नहीं, अंधेरे में जल रही उस कंदील को।

"कौन...? बेला...!"

अजय अप्रस्तुत-सा उठ खड़ा हुआ। कंदील की रोशनी में उसने देखा, भरा-भरा चेहरा, कुछ स्याह, कुछ सिंदूरी, कजलायी-कजलायी रतनारी आंखें, नम फड़कती नाक में झूलता हुआ सोने का छल्ला, कसी साड़ी में उमड़ता जोबन...बास मारती साड़ी!

"पर तुम्हारे पास तो एक नाव थी न?"

"हां, डूब गयी।"

"कैसे?"

बेला ने कोई जवाब न दिया।

हवा के थपेड़ों से कंदील बुझ गयी। अजय ने माचिस ढूंढ़ी न मिली तो दुस्साहस कर उसका हाथ पकड़ा। गर्म हाथ। उसने कोई प्रतिरोध न किया, रस से आशक्त उसकी धमनियों में सनसनाता ज्वार। उसने आगे बढ़कर उसे बाहों में ले लिया, उसने प्रतिरोध न किया। उसका साहस बढ़ा। उसने उसके होठों को चूम लिया। कब्ल कि वह और आगे बढ़ता, बेला ने कहा, "माचिस"।

उसके बाहु पाश ढीले पड़ गए। कंदील जल उठी। उसकी जर्द रोशनी में उसका चेहरा अभी भी भावहीन-सा था।

"मुझे नाव चाहिए, एक दो दिन में।" जैसे कोई मुर्दा बोल रहा था।

"को-ऑपरेटिव की कमेटी से कह दूंगा। उम्मीद है, मिल जाएगी।" उसने फिर हाथ पकड़ना चाहा। "आमी एक-टी सस्ता मेये। ताइ ना। (मैं एक सस्ती लड़की हूं, है न?) ए रइलो आमार अप्लीकेशन (यह रही मेरी दरख्वास्त)!" कागज रख कर वह लौट गयी।

त्रयोदशी का चांद असमान में है। दूर समुद्र पर मोती का चूरा झर रहा है। केंदुली की मत्स्य कन्याएं गोलबंद हो झुक-झुक कर नाच रही हैं, कल के उद्घाटन समारोह का पूर्वाभ्यास। एक पुराना झूमर नुमा गीत-

सुन ओ ननदी, आर दू मूठो चाल फेले दे हांड़ी ते
ठाकुर जमाई एलो बाड़ी ते...

(सुन ए मेरी ननद, हांड़ी में दो मुट्ठी चावल और डाल दे, घर में दामाद आया है।)

युवक मांदल बजा रहे हैं-
धातिंग धातिंग धातिंग धिन-
धातिंग धातिंग धातिंग धिन!

हुड़दंगी लड़कियों ने अलग अनमनी बैठी बेला को खींच लिया है अपने दल में। तालियां बज उठी हैं। बाहों की जंजीर बना कर झुक-झुक कर आगे-पीछे नाचने लगती है वह। नाच जमने लगा है। लड़कियां नाचती-नाचती आगे आती हैं फिर पीछे लौटने की मुद्रा में बिखर जाती हैं जैसे किसी फूल की पंखुरी-पंखुरी बंद हो रही हो और खुल रही हो।

नाच चल ही रहा था कि अजय उठ गया। नान्टू माताल के घर पर झाड़-फूंक चल रही है। उसकी माँ और पत्नी बताती हैं कि उसे समुद्री जिन्न ने पकड़ लिया था। यह तो पता नहीं किन पुरखों के पुण्य-प्रताप से छूट गया। अब दस-पंद्रह दिन चंगे होने में लग जाएंगे। मछली के तेल से पुता, जगह-जगह फूला, गुंठिलाया नान्टू का बदन लालटेन की रोशनी में चिक-चिक

कर रहा है। लौट आया अजय को–ऑपरेटिव के कमरे में। एक पल को ठिठका। बाहों के इसी घेरे में शाम कुछ भरा हुआ था–मांसल, मदिरिल। अब वहां खालीपन है। कमरे में घुसते ही वह एहसास उस पर फिर से हावी हो गया। उसका भरा-भरा चेहरा, कजलायी-कजलायी रतनारी आंखें...कुछ स्याह, कुछ सिंदूरी, फड़कती नाक में झूलता सोने का छल्ला, कसी साड़ी में उमड़ता जोबन...बास मारती साड़ी...उसके गर्म हाथ और तप्त होंठ! उसकी देह की गंध जो उसकी शिराओं को धीरे-धीरे फिर उद्दीप्त करने लगी है।

आखिर क्या देखा उसने बेला में...? कोई पुरानी भूली हुई-सी गंध जो दिप से जल उठी होगी उसमें, पीछे, बहुत पीछे माँ, भाभी या किसी स्नेहमयी महिला की, या उससे भी पहले जीन में समायी भूली-सी चाहत! विश्लेषण और भी है पर प्रेम में सारे विश्लेषण पंगु हो जाते हैं। तो क्या यह प्रेम है?...हां यह प्रेम है। यही प्रेम है! प्रेम के जैविक रसायन अंधे-बहरे और गूंगे होते हैं।

वह डायरी में लिखता है–

"मैं मरू के रुक्ष प्रांतरों का वासी। प्यास मेरी आत्मा में है। वही भटकाती है मुझे हरियाली और जलाशयों की ओर, उस जलपरी की ओर। विज्ञान का दर्शन कहता है कि जीवन स्वयं में एक रासायनिक संघटन और समीकरण मात्र है और सभी जीवन स्थितियां रासायनिक संघटकों का विचलन मात्र हैं।...न, यह प्रेम नहीं, सेक्स है। क्या प्रेम सेक्स से अलग होता है? स्त्री-पुरुष के जैविक आकर्षण में सेक्स ही प्रेम है! प्रेम ही सेक्स!

"वैज्ञानिक कहते हैं कि करोड़ों करोड़ वर्ष पहले एक ही कोशिका में समाये थे डिम्ब और शुक्राणु। फिर वे अलग हुए। बड़ा अंश डिम्ब बना, छोटे-छोटे अंश शुक्राणु। पुरानी स्मृतियां उन्हें मिलन के लिए खींचती हैं। प्रायः दो अरब वर्ष पहले कुछ विकसित जीवों में काम-क्रिया का विकास होता है। बड़े से डिम्ब के लाखों शुक्राणुओं को अभिसेचित करने का संघर्ष। जैसे दो प्यासी आत्माएं...ये दो 'दो' नहीं 'एक' हैं। शोधित होती रही यह प्रक्रिया। हर संयोग के साथ बदलते रहे जीन। जीन्स के आदान-प्रदान से धरती भर गयी स्पीसिस से। वे ही बाधित रहे जो निषेधवादी या कुंठित थे।

"प्रकृति जीवों के बिना अमूर्त है, वह जगती है जीवों द्वारा और जीव जगते हैं चेतना से। इस विश्वव्यापी चेतना का स्रोत क्या है? काम!

"काम (सेक्स) कार्य है या कारण? कारण! तो फिर कार्य क्या है–सृष्टि। वह फिर सोच में पड़ गया, फिर लिखा, "गेयको क्लोनों तो बिना संभोग के डिंब से मादा गेयको को जन्म देती है...पर वहां भी सेक्सुअल मिलन के बाद जो गेयको पैदा होते हैं, बिना संभोग के पैदा हुए गेयको से बेहतर नस्ल के होते

हैं। लेकिन इंसान ही है जिसके लिए काम सिर्फ सृष्टि के लिए नहीं, जीवन की आनन्द भरी पूर्णता के दीगर कामों के लिए इस्तेमाल होता है।"

उसने एक पल को सोचा फिर आगे लिखा, "हां काम! यही काम बांधता है जीवों को। यह किसी महायोगी शिव का तप भंग करने के चलते भस्मसात कर दिया जाता है लेकिन फिर उन्हीं का वरदान पाकर उन्हीं की मिथुन मुद्रा के बहाने खुद की पूजा करवाता उन्हें मुंह चिढ़ाता रहता है—बोलो योगीराज, अब बोलो।"

आगे लिखा "फिनाइल इथाइल एलेनाइन—पी. ई. ए.!"

हुस्ट! लिखकर गोंजने लगा। सारा का सारा बघारा गया ज्ञान जीवन के उस नैसर्गिक आनंद का लेम एक्स्क्यूज मात्र है।

अगले दिन स्थानीय एम.एल.ए. ने को-ऑपरेटिव का विधिवत उद्घाटन किया। 'केंदुली मत्स्य जीवी संघ समवाय केन्द्र' का बड़ा-सा बांगला में लिखा हुआ साइन बोर्ड चमकने लगा। बड़ा-सा हॉल। हॉल में मछलियों के रखने के रैक्स, दफ्तर के साथ एक स्कूल और मनोरंजन केन्द्र भी। जमीन भवनाथ घोष बाबू की थी। सर्व सम्मति से वे बनाए गये चेयरमैन और संदीपन सांतरा सेक्रेटरी। सेक्रेटरी के लिए बेला का नाम भी लिया गया मगर उस पर पांच ही हाथ उठे। अजय ने बेला की दरख्वास्त सांतरा को थमायी जिस पर निर्णय यह लिया गया कि जल्द ही उसके अनुरोध पर विचार किया जाएगा।

अजय को विदा करने पूरा केंदुली ग्राम आया था पर उसकी नजरें सिर्फ एक अनुपस्थित चेहरे के लिए तरस रही थीं!

शायद यही कशिश उसे महीने भर बाद फिर खींच ले आयी केन्दुली।

तब वहां न कोई समवाय संस्था थी, न ही बेला। फकीर चाचा ने बताया कि कोई एक तूफान आया था जिससे यह पूरी मछुआरा-बस्ती उजड़ गयी। उसी रात 'समुदाय' का भवन भी...। एक बार जो टूटा कि फिर नहीं चालू हुआ। यहां पुराने बिचौलिए, पुराने महाजन, पुराना दस्तूर फिर से चल निकले।

"और बेला...?"

"भाग गयी होगी किसी यार के साथ।"

अजय बहुत देर तक आकाश की नीरवता को घूरता रहा। समुद्र की लहरें समुद्र के पेट में ही मचलती रहीं।

एक से भले दो। बेला और जाहिदा ने चार जगहें बदलीं और अब वे 'यूनिवर्सल सी फूड कं.' की प्रोसेसिंग इकाई में हैं। हड्डियों को गला देने वाली ठंडक। फर्श पर बहता ठंडा पानी। बर्फ में जमीं मछलियां बर्फ जैसी ठंडी। छूने से करंट

मारती हैं। उधर अमोनिया और ब्लीचिंग पाउडर की तीखी सड़ी बदबू। नरक का कोई और नाम होता होगा क्या! तेलम्मा महीने भर पहले फिसल कर कमर तुड़वा बैठी है। मछलियों और केमिकल्स से बीमारियां फैलती हैं। वे इस धंधे का काफी कुछ जान गयी हैं, मछली पकड़ना, प्रोसेसिंग, डीप फ्रीज से लेकर ग्रेडिंग और धंधे का नरम–गरम!

समुद्र हर जगह एक है और एक है मजूरों की हालत। सीधे–सीधे तो उन्हें भर्ती करने वाला डेविड, सैमुअल या कोई और था मगर उनका भी कोई मालिक था और उस मालिक का भी कोई मालिक...ये सब किन्हीं बहुराष्ट्रीय कंपनियों से जुड़े थे, एलिस ओसेन फूड कं., साउथ ईस्ट सी फूड, यूनिवर्सल या ऐसा ही कोई और नाम। हर जगह बिजारिया या उसका कोई भाई–बंधु। केन्दुली–कैनिंग से कोच्चि और कांडला तक फैले हुए। यही गहरे समुद्र की मछलियां पकड़ते हैं, यही तटों की मछलियां खरीदते हैं। ड्रैगन की तरह जहां चाहे वहां खलल पैदा करते रहते हैं। केंदुली की समवाय संस्था इन्होंने ध्वस्त की। तट की यूनियनों में इन्होंने फूट डलवायी। सागर युद्ध ये रचाते हैं। सुलह और राहत कार्य ये सम्पन्न कराते हैं।

"जब इन्हीं की गुलामी करनी है तो अपना केंदुली क्या बुरा है?" बेला ने कहा।

"लेकिन वहां का समवाय टूट चुका है।" जाहिदा ने शंका प्रकट की।

"लीज पर लेकर फिर शुरू करेंगे। दोनों के पास मिलाकर दस हजार तो हो ही रहे हैं?"

"पहले भी तो शुरू हुआ था।"

"हां हुआ था, पर वह हमारा नहीं था, यह हमारा होगा, तब मैं गांव का विश्वास खो चुकी थी, अब वह भूल नहीं होगी ।"

"मुझे डर लगता है।"

"यहां ही कोई स्वर्ग में तो नहीं हैं हम। तुमने देखा तेलम्मा को, कोपी को, वीना को, कोई देखने वाला नहीं, तुमने देखा कि बहुत–सी मजूरनों की छुट्टी कर दी गयी है और अब उनके हिस्से का काम भी हमी से कराया जाता है। जब यहां भी मरना है, वहां भी, तो वहीं अपनी जन्मभूमि पर क्यों न जाकर मरें।"

# बाघ

अगर किसी ने दो मुंहवाला देवता न देखा हो तो वह इस वक्त सुंदरवन चला आये। एक नहीं छह-छह। यह दूसरा मुंह दरअसल एक मुखौटा है, बाघ को चकमा देने के लिए। इनमें से पांच निवारण और पांचू के दल के लोग हैं, छठें सवार हैं अपने देबू ठाकुर।

जबसे बिजारिया साहब ने पूछा, 'ठाकुर मेरी दवा...?', पुचकारे गये पिल्ले-सा पूंछ हिलाते हुए दुहरे-तिहरे नहीं हो गए देबू ठाकुर तो महज इसलिए कि वे कुत्ते नहीं, मनुष्य थे। काश, पांचू ने इनकार न कर दिया होता तो आज और अभी रॉ मधु साहब की हथेली पर रख देते 'लो साहब'। कोई बात नहीं। वे खुद जायेंगे मधु संचयन के लिए। सिर्फ जाएंगे ही नहीं, मधु को मंत्रविद्ध भी करके लायेंगे ताकि उसकी औषधीय क्षमता में कहीं कोई कोर-कसर न रह जाय।"

साहब को उन्होंने आश्वस्त किया और दूसरे दिन निवारण और पांचू के दल के साथ निकल पड़े। जाने के पूर्व जैसा कि आम रिवाज था, उन्होंने भगवान विष्णु, सिंह वाहिनी और दूसरे देवी-देवताओं के साथ बन बीवी की अलग-अलग पूजा-अर्चना कर घट को नाव के सिरे पर स्थापित किया। फिर अड़हुल के फूलों की माला से घट का अभिषेक किया। 'दुर्गा-दुर्गा' कह कर गांव की औरतों ने उनके कुशल-क्षेम की कामना की और नाव पर सवार होकर चल पड़े। एक नौजवान ने एक गीत उठाया (बाघेर संगे लड़ाइ करे बेचे आछी आमरा) (बाघ से लड़-लड़ कर जिन्दा बचे हुए हैं हम) उठाया तो देबू ठाकुर ने रोक दिया, "बाघ शक्ति स्वरूपा माँ दुर्गा का वाहन है, उससे ठिठोली नहीं, मैं दुर्गास्तोत्र का पाठ कर रहा हूं, बाघ तुम्हें छू भी नहीं पायेगा।"

"ठाकुर, ये किसका वाहन है?" लड़के ने इस बार सचमुच ठिठोली की।

देखा तो जयंत था।

"अरे तुम...?" रोक लो नाव, "तुम कहां से सूंघते-सूंघते आ गये भैरव बाबा!"

"आपके साथ ही तो लगा था पीछे-पीछे।"

"ओ ऽऽऽ!"

खैर, जयंत को नाव पर चढ़ाया गया। देबू ठाकुर दुलार से उसके भीगे बालों को सहलाने लगे, "कोई बात नहीं, जब आ गये हैं भैरव बाबा तो हमारी रक्षा ही करेंगे।" फिर मन ही मन सोच कर गदगद हुए, "एक बार साहब की नपुंसकता खत्म हो जाय अजय बाबू की इस दवा से, फिर तो खोका-खुकी को उनके साल्टलेक वाले बोर्डिंग में डालने से उन्हें कोई रोक नहीं सकता। वैसे सच तो यह है कि यह दवा खुद उन्हें भी चाहिए।"

पांचू ने तजबीज कर एक जगह चुनी। नाव रोक दी गई। एक-एक कर सभी लोग बन बीवी को मनाते हुए उतरे, जयंत ने भी छलांग लगाई। अब उन्होंने सिर के पीछे की ओर मुखौटे पहन लिए। हरे-हरे पत्तों को तोड़ कर मुठिया बना ली। पंक में हपस-हपस करते पांवों की आवाजों के बीच वे पांडवों की तरह स्वर्गारोहण पर जा रहे थे। वे बेहद चौकन्ने थे। किसी झाड़ी-झोप से बाघ की आंखें उन्हें देख सकती थीं जबकि वे नहीं। दस्तीदार कहा करता था बाघ को देखने के लिए बाघ-जैसी आंखें चाहिए! पेड़-पेड़, डाली-डाली की टोह लेते, वे चले जा रहे थे। सूरज सुंदरी के पेड़ों के ठीक ऊपर चमक रहा था।

"एइ जे (ये रहा)।" गीत गाने वाले लड़के को मधु का छत्ता दिख गया।

"एक और भी है। ये हमारा, वो ठाकुर का।" पांचू ने एक और पेड़ की ओर इशारा किया। दो डालियों के बीच रेंगती मधुमक्खियों से आच्छादित मधु छत्र। तय हुआ कि पहले-एक पेड़ का मधु उतार लें फिर दूसरे पर चलें। हरे पत्तों की मुठिया लाइटर से जला ली गई। एक-एक पर तीन-तीन।" छत्र के नीचे धुआं फैलने लगा। मधुमक्खियां धुएं से घबरा कर छत्ता छोड़ कर उड़ने लगीं। दो एक को छोड़ कर सारी ही उड़ गयीं? नकुल दाव लेकर चढ़ गया और छत्ता काट-काट कर गिराने लगा, देबू ठाकुर और पांचू पहरे पर थे। नीचे एक धुआं दिखा रहा था तीन उसे झांझर टोकरी में लोक रहे थे। झांझर टोकरी के नीचे एक बर्तन था जिसमें मधु टपक रहा था छन-छनकर। छिले हुए छत्ते के लंबाई में छीले गये अंश अनारस जैसे थे।

तभी देबू ठाकुर के मन में एक बार अपने मधुछत्र को देख लेने का कौतुक जगा। दबे पंजों से करीब आये। मन ही मन मंत्रोच्चारण शुरू किया। नजर छत्ते पर थी, कान चौकन्ने। कैसे रेंग रही हैं मधुमक्खियां। उन्हें लगा, वे सम्मोहित हो रहे हैं। अचानक जयंत की कातर भौंक पर ध्यान टूटा। अरे बाप, बाघ! हड्डियां तक कांप गयीं। भागे पर अगले ही पल बाघ की चपेट में थे। उनकी दायीं टांग बाघ के जबड़े में, पंजा सिर के पीछे पड़ा। निवारण चीखा, पांचू चीखा, बाकी तीन चीखे, जलती मुठिया और दाव लेकर दौड़ पड़े। देबू ठाकुर पंजों के प्रहार को झेलते हुए कातर स्वर में गिड़गिड़ा रहे थे, "मां-माँ गो!"

जब तक निवारण का दल बाघ को खदेड़ पाता, अग्रिम मोर्चे पर तैनात जयंत शहीद हो चुका था और देबू ठाकुर खून से लथपथ !

अतुल मेंशन में जब उन्हें लाया गया तो कोहराम मच गया।

"बोला ना गो। तुमी की कोरते गिये छिले सुंदरबने? (बोलो ना जी, तुम क्या करने गये थे सुंदरवन में?)" ठाकुर की झगड़ालू पत्नी कातर स्वर में बिलख रही थी। आनन-फानन में गाड़ी में लाद कर उन्हें ले जाया गया जॉन नर्सिंग होम।

देबू ठाकुर बेहोश हैं। स्कैनिंग से पता चला कि उनके दिमाग की कई नसें क्षतिग्रस्त हो चुकी हैं, खूंन जम गया है जगह-जगह। पांव को भी घुटने के नीचे एम्पुट करना पड़ेगा। पत्नी, खोका, खुकी, आरिफ, सिकदार, थापा और दूसरे लोग आ-आकर देख गये हैं। किसी की समझ में यह नहीं आता कि अचानक ठाकुर सुंदरवन के जंगल में कैसे पहुंच गए। सबका एक ही निष्कर्ष था कि जॉन साहब की आत्मा ही उन्हें भटका कर ले गयी होगी। किसी संभावित अनिष्ट की आशंका से कैथरिन प्रार्थना में जुट गयी हैं और करणी देवी हवन-पूजन में। एलिस कभी क्रॉस बनाती हुई चर्च में जा बैठती हैं, कभी मंदिर में। बिजारिया आये और चले गए। अजय और जिम डॉक्टर जैक्सन से अक्सर पूछा करते, "बच तो जाएंगे न ठाकुर?" डॉक्टर हाथ की उंगली से ऊपर की ओर इशारे करते।

देबू ठाकुर का दाहिना पांव घुटने से नीचे काट कर अलग कर दिया गया। होश में आने पर बातें भी करते हैं, दर्द बढ़ जाने पर नींद की दवा उन्हें फिर से सुला देती है। दिन पर दिन बीत रहे हैं।

एक दिन तो उन्होंने आसमान सर पर उठा लिया। नर्सें दौड़ीं, डॉक्टर दौड़े। वे दर्द से छटपटा रहे थे।

"मेरे दाहिने पांव की कानी उंगली में इतना दर्द है कि कट कर गिर जाएगी। मुझे बचा लो डॉक्टर।" वे बिलख पड़े। नींद की दवा! उत्तेजित स्नायुतंत्र शिथिल पड़े। धीरे-धीरे नींद के दलदल में डूब गया दर्द।

जगे तो सामान्य थे। पुरानी स्मृतियों ने दस्तक दी। सबसे पहले अपने दाहिने पांव की कानी उंगली को टटोला। हाथ छूछा गया। इधर-उधर टटोला, जैसे कहीं और तो नहीं है। नहीं, यह तो बायां पांव है। हाथ फिर गया दाहिने पांव पर, खाली। खाली, जैसे थाह न मिल रही हो...घुटने पर आकर थाह मिली। बैन्डेज का स्पर्श। दर्द था। चेतना लौटी। पांव ही नहीं है तो कानी उंगली कहां होगी। याद आया। पांव तो घुटने तक काट कर अलग कर दिया गया था। वे जितने जोर से रो रहे थे, नर्सों, डॉक्टरों को दिखा-दिखा कर उतने ही जोर से हंसने लगे, "देखो, देखो, उंगली ही नहीं है और उंगली में दर्द हो रहा था। ये नासपीटी उंगली चली गयी और दर्द छोड़ गयी।"

फिर दवा। फिर नींद! नींद और जागरण, भ्रम और चेतन, मृत्यु और जीवन की संधि रेखा पर पड़े थे देबू ठाकुर। काठ की नाव की तरह।

खुद में ही उलझते-सुलझते आगे-पीछे होते रहते। अचानक उन्हें एक ख्याल आया, अगर इस बात को अपनी बड़ी बेटी 'कुकी' को सुनायें तो वह खिलखिलाकर हंस पड़ेगी। सदा उदास रहने वाली कुकी को हंसाने के लिए तरह-तरह के उपाय ढूंढ़ा करते ठाकुर। प्रेम से बुलाया, "कुकी! ओ कुकी!"

मटमैले फ्रॉक में अपनी सदा की उदास आंखें लिए आकर खड़ी हो गयी बिटिया, "तेरा बाबा (बाप) कितना पागल है-सुनेगी? तीन दिन पहले मैंने डॉक्टरों-नर्सों का जीना हलकान कर रखा था, क्या, तो मेरे इस पांव की कानी उंगली में भीषण दर्द है।

"अब तू तो जानती है, मधु लाने गया था, बाघ ने हमला कर दिया था जिससे टांग काट देनी पड़ी थी। मुझ बौड़म को कौन समझाता कि मेरी तो उंगली ही नहीं है। है न मजे की बात!"

लगा खिलखिला कर हंस पड़ेगी बेटी, पर नहीं, वह तो दिख ही नहीं रही। हाथ ढीले पड़े हाथ छूछे गये, अरे! मेरी तो बेटी ही नहीं है। जैसे यहां भी टटोलते-टटोलते छूछा रह गया हाथ।

दस साल पहले कुकी पोखर में डूब गयी थी। मौत पानी में है, बेटी को टटोलने के लिए उतरते हैं पानी में और गहरे ही गहरे उतरते चले जाते हैं।

देबू ठाकुर कोमा में चले गए हैं—वेजीटेटिब स्टेट!

नींद और जागरण, भ्रम और चेतन, जीवन और मृत्यु की संधि पर एक काठ के टुकड़े पर तैरता जीवन खुश्क बालू पर तैर रहा है या पानी में, क्या पता!

# बिग बैंग और ब्लैक होल

वैज्ञानिकों के बीच अक्सर टिफिन टाइम में चुहल शुरू हो जाती है।

"यार वो मुखर्जी क्या कर रहा है?"

"आदमी के पीछे की ओर एक और आइ (आंख) डेवेलॅप कर रहा है। कहता है दोनों आंखें एक ही ओर हैं, बहुत नाइंसाफी है। एक आगे होनी चाहिए, एक पीछे। ब्रेन से तार खींच कर बांध देगा, पीछे के लेंस से।"

"लेकिन दोनों आंखें एक ही तरफ होने का कुछ मतलब होता है यार।"

"क्या मतलब होता है?"

"दोनों मिल कर 270 डिग्री तक कवर कर लेती हैं।"

"और अब 360 डिग्री तक कवर करेंगी।"

"बट हमने तो सुना था लिंग।"

"क्यों पुराने का क्या हुआ?"

"एक पंचर हो जाय तो दूसरा तैयार रहे, स्टेपनी पेनिश?"

"दूसरे के दूसरे लिंग की इतनी चिन्ता...पहले अपना लिंग ज्ञान ठीक कर लेता ...कहता है लड़की आता है।"

प्लैंक को इतने जोरों से हंसी आयी कि हाथ का फ्लास्क गिरते-गिरते बचा। बोला, "सॉरी! कुछ रेप्टाइल्स ऐसे भी होते हैं जिनका एक लिंग से काम नहीं चलता। चार-चार होते हैं।"

"योनि भी?"

"हिन्दू देवी-देवताओं में एक इन्द्र थे, शाप के चलते जिनकी हजार योनियां हो गई थीं।"

"यू मीन, देह पर ही हरम सजा रखा था?"

"यस!"

किसी भी चुहल में मन नहीं लगता अजय का। परिवार, मित्र, परिवेश, समय-सब से काटकर जैसे उसे हाशिये पर डाल दिया गया है। बेमन से उसने फालतू पड़े अपने वजूद को कंप्यूटर के सामने ला खड़ा किया-सृष्टि

विकास–क्रम का खेल। बेमन से विंडो खोली माउस पर तर्जनी दबती रही, आंकड़े बिछलते रहे। जल्द ही एक नामालूम–सी हीनता ने उसे आ घेरा। न, जितना जानोगे उतना ही यह अहसास हावी होता जाएगा कि कितना कम जानते हो।...फिर जान कर होगा भी क्या? सृष्टि का रहस्य खोजने तो वह आया नहीं है यहां। इतनी बड़ी तोप अपने कंधे पर ढोकर क्या होगी! अभी हद से हद उस पर जिम को जानने की जिम्मेवारी ही सौंपी गयी है, वही जान ले, उसके लिए यही बहुत है।,

ऐसे में जिया साहब ने उसे जैसे आकर उबार लिया।

जिया! डॉ. जिया अहमद! शायर भी, वैज्ञानिक भी। हिन्दू भी, मुसलमान भी। न गोरे, न काले, न लंबे, न नाटे, न जवान, न बूढ़े। साल्टलेक के फंडामेंटल रिसर्च सेंटर में नियुक्ति के लिए आये हैं। जिम के क्लास फेलो होने के नाते वहां के रिसर्च साइंटिस्ट बनने का उनका दावा बनता है और अपने विषय के अकेले शोधकर्ता होने के नाते यह दावा और भी पुख्ता हो जाता है।

"वेलकम सर! वेलकम!" उन्हें देखते ही जिम चहका। बड़े दिनों बाद चहका था जिम। जिया ने आते ही सबसे सिर्फ हाथ ही नहीं मिलाये, बाहों में भरकर दिल से दिल भी। 'दो दिल जब तक एक दूसरे की धड़कनें न सुन लें, कैसा मिलन और कैसी बंदगी!' जिया हो और विशाल न हो तो जुगलबंदी जमती नहीं, सो अजय ने टेली कान्फरेंस आयोजित कर दिया।

"मूर्ख शायरों का प्रलाप। वो बेचारा तो सिंपली ब्लड का पंपिंग स्टेशन है।" सात समंदर पार से विशाल की आवाज।

"अमा जाओ भी। सीने से लगाया नहीं तो क्या जानो।" जिया ने ललकारा

"इट्स सिंपली सेक्स।" जिम की आवाज सुनते ही चिहुंक पड़े सभी।

"कहां?" जिया ने पूछा।

"तुम्हारी आवाज में!" जिया ने गला टटोला।

"तुम्हारे बिहैवियर में।"

जिया ने कंधे उचकाये।

"तुम्हारे बोध में, तुम्हारे जीन में?"

जिया खिसिया गये।

"तुममें ही नहीं, हम सब में,"

जिया ने पूरी तरह सरेंडर कर दिया, "लाहौल विला कूव्वत, यह तोहमत !"

टेलीपैथी के प्रति अपने समर्पण के चलते वे कभी–कभी विज्ञान और भावनाओं में भयंकर घालमेल कर डालते हैं और इसके चलते विशाल और दूसरे वैज्ञानिकों द्वारा दुरदुराये जाते रहते हैं। उन्होंने अपने कमरे में एडवर्ड पावेल का बड़ा–सा

चित्र टांग रखा है जो उनके अनुसार टेलीपैथी के जनक हैं। वे इसे भावना का विज्ञान कहते हैं।

डॉक्टर जैक्सन उनके इस विपर्यय का श्रेय एडवर्ड पावेल को ही देते हैं, पॉटरीज से फिजिसिस्ट और फिजिसिस्ट से टेलपैथी, टेलपैथी से आध्यात्म फिर आध्यात्म से भावनालोक की भूल-भुलैया।

अंतिम गिनती शेष होते ही धूल झाड़कर फिर से उठ खड़े हुए डॉ. जिया। उठते ही महफिल को अपने ग्रिप में ले लिया जिया ने, "जो बूंद में है, वो समुद्र में। मैं जब कोई एक पत्ती दांतों से दबाता हूं, किसी फल, फूल या तने की खुशबू सूंघता हूं तो बहुत पीछे तक की ध्वनियां सुनाई देती हैं। मैं इन्हें ठीक-ठीक समझ नहीं पाता पर लगता है, पृथ्वी के प्रारम्भ से अब तक के संदेश भरे पड़े हैं। जैसे कोई फुसफुसा रहा है कुछ! कह रहा है कुछ!

"हिन्दी में एक कवि हुए हैं ठाकुर प्रसाद सिंह, उनकी कविता सुनो–

"सुना है, शंख को कान से लगाओ तो
समुद्र की गर्जना सुनाई पड़ती है।"

ध्वनियों की ही नहीं अन्तर्ध्वनियों की भी बात करो।

किसी और शायर ने कहा–

कई सितारों को जानता हूं मैं बचपन से,
जहां-जहां मैं जाऊं मेरे साथ-साथ चलते हैं।

महावीर, बुद्ध, मुहम्मद साहब, ईसा-मूसा के इलहाम को इसकी रोशनी में समझने की कोशिश करो तो मान जाओगे, कुछ तो है। कहां है, क्या है–इसी को मेरे जैसा टेलिपैथिस्ट आंकने की कोशिश करता है।"

विशाल ने कहा, "जिया, साउंड वेव्स धीरे-धीरे कमजोर पड़ कर अश्रव्य हो जाती हैं वैसे आदमी के मरने के बाद उसकी संरचना विलीन हो जाती है–असंख्य टुकड़ों में बंट कर। लाख यत्न करो, उसे वापस नहीं पा सकते, उसी तरह आवाजों को भी। भावना में बहने से बेहतर है, पहले उन्हें ग्रहण करने, छांटने और क्रम देने की डिवाइस तैयार करो।"

जिया ने बुरा-सा मुंह बनाया, "तुम सूखे साइंटिस्ट लोग...!" जैसे उनके खेल में खुच्चड़ कर दिया हो किसी ने, बोले, "थोड़ा और डीप जाओ..., 'कभी-कभी तो वो इतना रसाइ देता है कि वो सोचता है और मुझको सुनाई देता है।' मैं सिर्फ प्रकट ध्वनियों की बात नहीं करता, उन इम्पल्सेज की भी बात करता हूं जो पैदा होती हैं, कभी व्यक्त होती हैं, कभी नहीं।"

"जिया तुम कभी एडवर्ड पावेल के बारे में बोला करते थे?" विशाल ने पूछा।

"पावेल का कहना था कि वे अगर इस विद्या को डेवेलॅप कर पायें तो माँ से संतानों के संदेश आते-जाते रहेंगे बिना किसी तार के...लेकिन बेचारे पावेल मर गये। काम अधूरा रह गया। अब मैं इसे अंजाम देना चाहता हूं।" जिया ने कहा।

"कैसे?" सबने चौंककर कर देखा, यह सवाल जिम का था।

"वही सेल, कोशिका...! मां-बाप से ही तो आयी है। बच्चा माँ से गर्भ में ही संवाद करने लगता है। सिर्फ बच्चा, माँ और बाप कहते, सुनते, समझते हैं वह कूट भाषा। बेटा बाप की भी सुनता है, सोचो, कितनी बड़ी बात है।...लेकिन अर्जुन को कहां पता था कि सुभद्रा के पेट में पल रहा शिशु सुन रहा है उसे, सोचो, कितनी बड़ी क्षति हो गयी। व्यूह में प्रवेश करने तक की स्ट्रेटेजी तो सुनी, उसे तोड़ कर बाहर आने की बात अर्जुन ने बतायी ही नहीं। सुभद्रा सो गयी थी। उन्हें क्या पता था कि कोई और भी सुन रहा है जो जगा हुआ है और जिसे भविष्य में इस व्यूह-भेदन-कला की सबसे ज्यादा जरूरत पड़ेगी। टेन टू द पॉवर ट्वेल्व सेल्स! एक ग्रुप ने छोड़ा, दूसरे ग्रुप ने ग्रहण किया।"

"अरे कोई रोको इसे," विशाल ने कहा, "यह तो सारी संचार कंपनियों की छुट्टी कर देगा।"

"सात समंदर पार से डंक क्यों मार रिया है। हिम्मत है तो सामने आ।"

"आ जाऊंगा सामने भी, तुम लंगोट और जंघिया बांध कर डंड-बैठक कर तैयार रहना।"

"तब तक तुम जीनों के गलत नकल को रोकने की तरकीब ढूंढ़ लो। अगर गलत नकल हुई तो संवाद भटक जाएगा।"

"ढूंढ़ रहा हूं।"

"शाबाश मेरे शेर!"

"गाली मत दो। आदमी को एक बर्बर जानवर क्यों बना रहे हो? मैं जा रहा हूं लैब, देर हो रही है। बाइ!"

इंटरव्यू में जिया को अपने एशियाई या भारतीय चिंता का खुलासा करने को कहा गया। जिया ने एडवर्ड सईद के प्राच्यवाद के नसवार को नथुनों में जोर से खींचा फिर तमाम प्रयोगों और आंकड़ों के हवाले से बताया कि मानव के मस्तिष्क में अपार और अजानी संभावनाएं हैं जिनका अभी तक भरपूर दोहन नहीं हो पाया है। ''कैथरिन जारो संगीतज्ञ थीं, संगीत सुनने के साथ-साथ उन्हें रंग भी दिखाई पड़ते थे। एक छोटी कोशिका पूरे ब्रह्मांड का पता देती है, जो बूंद में है, वो समुद्र में । तिब्बती बौद्ध साहित्य में ब्रेन की एकाग्रता साधने की कई पद्धतियां और प्रयोग हैं जिनसे शरीर की पूरी ऊर्जा को संकेन्द्रित कर लेते हैं।

ये दोनों जापानी जूडो, कराटे और अन्य विधाएं उसके प्रमाण हैं। पंजों में ऊर्जा केन्द्रित कर ईंट को तोड़ने की बात हम सभी जानते हैं। निहत्थे बौद्ध भिक्षु इसी बिनाह पर अपने से शक्तिशाली योद्धाओं के भी छक्के छुड़ा देते हैं। अपनी इच्छा शक्ति से वे चलायमान चीजों को रोक सकते हैं। एडमंड हिलारी की नाव को किसी योगी ने रोक लिया था जब वे दोबारा भारत आये थे। योग और प्राणायाम को ही लें, वे शरीर की रुद्ध धमनियों और ग्लैंड्स को भी खोल देते हैं, सुप्त स्नायुतंत्र को भी जगा देते हैं। पश्चिम ने बाहर खोजा, हमने अंदर। भारतीय और एशियाई चिंतन-पद्धति मानती है कि अन्तर्मुखी प्रवृत्तियों के सम्यक उद्दीपन से बहुत कुछ संभव है। आदमी पानी पर चल सकता है, उड़ सकता है।"

"डू यू विलीव इन आल दीज स्टोरीज?"

"आय डू विलीव इन द थ्योरी। मेरा विश्वास सिर्फ इस अन्तर्शोधन प्रक्रिया पर है जिसे हमने तकलीफदेह पाकर छोड़ दिया और सिर्फ मिथक रख लिए अपने मनोरंजन के लिए। इस पर शोध चलता रहना चाहिए। एक दिन बाहर और भीतर के इस सामूहिक सच से हम उस अंतिम सच तक पहुंच जायेंगे।"

"अब्सोल्यूट जीरो एंड सब्सोल्यूट ट्रुथ आर इम्पॉसिबुल,"

प्रश्नकर्ता ने जिया को घेरना चाहा लेकिन जिया ने सापेक्षता की ओट में खुद को बचा लिया। जिया चुन लिए गये।

जिया की बातों ने जिम के दिमाग में खासी खलल पैदा कर दी। अब जब कि सारे संवाद सेतु टूट रहे हैं, यही एक रास्ता है जिससे वह अपने माता-पिता तक पहुंच सकता है। आज उसने अपनी नानी को बाथ टब में नहाते देखा। एक श्वेत जलहस्ती-सी लग रही थीं वे। पेड़ू पर लकीरें थीं जैसे जमीन दरक गई हो। माँ को भी उसने नंगे देखा था। माँ के पेट पर ये लकीरें नहीं थीं। माँ ने गर्भ धारण नहीं किया, नानी ने किया था। नानी की देह पर कुछ लकीरें माँ ने खींची होंगी, कुछ मैंने। वहां पड़ा होगा जीवन का एक पड़ाव।

वह क्यों नहीं संवाद कर पा रहा माँ से? कहीं इसलिए तो नहीं कि माँ के गर्भाशय से ट्रांस्प्लांटेड है। न माँ से जुड़ पाया पूरी तरह, न नानी से, माँ और ग्रैंनी दोनों से संपर्क के तार टूटे हुए हैं उसके।

आज उसे जॉन नर्सिंग होम की वह बच्ची बहुत याद आ रही थी जिसे काटकर निकाला गया। एक तरफ जीवन था अंखुआता हुआ, दूसरी तरफ मौत। दोनों के बीच रस्साकशी थी। जिया जीवन को, जीवन और जीवन के पार संवाद से जोड़ना चाहते हैं। सारे अवरोधों को छिन्न-भिन्न कर पहुंचना चाहता है आहत मन। बंद दरवाजों पर दस्तकें...

"तोड़ दो यह क्षितिज मैं भी देख लूं उस ओर क्या है

जा रहे जिस पंथ से युग कल्प उसका छोर क्या है।"

क्या है जीवन का ओर-छोर...?

क्या जीवन जन्म लेने के बाद शुरू होता है...या तब जब ब्रेन बनता है या उसके पहले जिस दिन गर्भ में वह आता है या उससे भी पहले जब वह पिता के शुक्राणु और माता के डिम्ब की अलग-अलग दो धाराओं में बहता हुआ आता है और मिल कर एक धारा बन जाता है?

इन दो धाराओं के पीछे भी कितनी-कितनी धाराएं होती होंगी देशातीत, कालातीत अनंत क्रम। इस क्रम में पीछे ही पीछे लौटते चलो तो उत्स क्या ठहरता है? पदार्थ और ऊर्जा के वही संश्लेषण, संयोग, विखंडन! विखंडन और नया संश्लेषण! फिर तो अंत-अंत तक स्रोत वही ब्रह्मांड ठहरता है।

जीवन का दूसरा छोर क्या है? मृत्यु!

क्या है मृत्यु? किसी चीज का बीत जाना! पर जो बीत गया, वह मरा कहां? कहीं कुछ खत्म नहीं होता, वह फिर से उस विशाल में समा भर जाता है। उसका तो रूप भर बदला। हां अलबत्ता उस रूप को पुराने रूप में लौटाया नहीं जा सकता।

जिया ने किसी हिन्दी पोएट, क्या तो, ठाकुर प्रसाद सिंह का नाम लिया था...'सुना है, शंख को कान से लगाओ तो समुद्र की गर्जना सुनाई देती है।' यानी जीवन के किसी भी बिन्दु, किसी भी कोशिका से सुनो तो ब्रह्मांड भर की ध्वनियों को सुना जा सकता है। एक पत्ते को दांत से दबाओ, एक फूल को सूंघो, एक फल को चखो, या किसी के सीने से कान लगाकर उसकी धड़कनों को सुनो तो युग-युगांतर पार से आती हुई आवाजें सुनाई देंगी, बशर्ते तुम सुन सको उन आवाजों को।

आरिफ मियां बोलते हैं तो मध्य एशिया को निचोड़ कर टपकती है आवाज, देबू ठाकुर बोलते थे तो दक्षिण पूर्वी एशिया।

पर यह तो सवाल की मछली को उठाकर फिर समुद्र में डालने जैसा हुआ। चलो फिर सारा कुछ छोड़कर फिर से केन्द्रित होते हैं आदमी पर। हाइड्रोजन और ऑक्सीजन मिलकर बनता है पानी। नाइट्रोजन, कार्बन से मिलकर बना एमीनो एसिड। माने केमिस्ट्री की भाषा में आदम है इलेक्ट्रॉन। अमीनो एसिड का विकसिततम रूप हुआ इंसान। और इस आदमी की लिप्सा का कोई अंत नहीं। वह लड़ाइयां मोल लेता है, पैंतरे चलता है, छल करता है। उसे जीत चाहिए। पूरे ब्रह्मांड पर जीत। ब्रह्मांड का अंत है पर इस मनुष्य की लिप्सा का कोई अंत नहीं। एक जीत के बाद उसे दूसरी जीत चाहिए। वह जितना ही सहज और सुखी होना चाहता है उतना ही जटिल और दुखी होता जाता है। कुछ गांठें खुलती हैं, कुछ और गांठें बन जाती हैं।

जीत के लिए उसे जनशक्ति चाहिए, ऊर्जाओं का स्वामित्व चाहिए तकनीक चाहिए, अर्थ, मनोबल और कौशल चाहिए। राष्ट्र चाहिए ताकि, उस पर अपना वर्चस्व स्थापित कर सके, धर्म और अनुशासन का पाठ चाहिए ताकि दूसरे सिर न उठा सकें, धर्म चाहिए, इस्केप्स चाहिए, पनाहगाह चाहिए। मन फिर भी छूंछा होने लगता है, मनोरंजन चाहिए या फिर वैराग्य की शरणस्थली। ये भी कुछ देर के बाद उबाने लगते हैं। पदार्थ से ऊर्जा और ऊर्जा से पदार्थ में संक्रमण चलता रहता है, कुछ देर बाद ही राख की परत चढ़ने लगती है–सुख यहां नहीं, दूर चिलक रहा है कहीं। कहां...? पता नहीं।

सारा राज पाट छोड़ कर आयी थीं सीता जी। फिर भी मारीच को देखते ही अवचेतन की लिप्सा भड़क उठी। सोने की चाहत ने उन्हें इस कदर अंधा बना दिया कि भूल ही गयीं कि किसी मृग की छाल सोने की नहीं हो सकती और पति से कह कर उसकी जान ले लेती हैं। शायद इसी शाप वश वह सोने की लंका में बंदिनी बनती हैं। लो, कितना सोना चाहिए तुम्हें! चारों ओर सोना ही सोना है। मन फिर बिदक कर माटी की ओर भागता है–अशोक वृक्ष के नीचे... सोने से वैराग्य!

न! सृष्टि से ही शुरू हुई आदमी के बनने की कहानी अभी चल ही रही है। आदमी अभी मुकम्मिल आदमी बना कहां? फिर जीनियस का जिन तो बाद में पैदा होता है। कुछ जुड़ता रहता है, कुछ घटता रहता है। नया कुछ जन्म लेता रहता है, पुराना कुछ मरता रहता है। जिसे हम स्वाभाविक मौत कहते हैं, वह भी अक्सरहां कोई एक दिन की परिघटना नहीं, क्रम-क्रम से हुई अनन्त मृत्युओं का समुच्चय है। जीवन वहां भी खत्म नहीं होता। वह फिर से विखंडन, संश्लेषण के क्रम में चल निकलता है। हां, उसकी वह संरचना खत्म हो जाती है।

यह बिग बैंग (महा विस्फोट) और वह ब्लैक होल (श्यामविवर), वह अदन का उद्यान और वह आंसुओं की घाटी, यह जीवन, वह मृत्यु, यह सृष्टि, वह संहार–सब में कोई न कोई एकसूत्रता है। कहीं न कहीं ये सारे कार्य-व्यापार एक ही नियम द्वारा परिचालित होते हैं। क्या है वह...?

# चिर जीवन, चिर यौवन!

दिन का अपराह्न है और उम्र का भी। बंगले के बाहर फैले स्पेस में हरी घास की लॉन है। लॉन के एक कोने में झूला। झूला झूल रहे हैं प्रोफेसर सत्यप्रकाश। परिदृश्य हिलोरें ले रहा है, एक बार उधर से। एक बार इधर से–कोलकाता से लंदन, लंदन से कोलकाता। शाम उतर रही है। पेड़ों के साये लंबे हो रहे हैं। अंधेरे को दुरदुराते हैं पर अंधेरा है कि खजहे कुत्ते-सा एक जगह से हट कर दूसरी जगह आ बैठता है। एक ही बेटा है और वह बीमार रहता है। बीमार रहता है और सात समंदर पार रहता है।

लोग उनके भाग्य से रश्क करते हैं, "तकदीर हो तो सत्यप्रकाश जी जैसी, बेटा इतना बड़ा साइंटिस्ट," लेकिन उनके अंदर का दुख उनका अपना एकांतिक दुख है। शीला जी पूजा-पाठ, टीवी, रसोई, शॅपिंग में खुद को भुलाये रखती हैं। उनके पास भुलाने का क्या है? पति-पत्नी आपस में बातें भी करते हैं, तो उसके केन्द्र में बेटा ही होता है, 'अब जग गया होगा।' दोनों में से कोई एक पहल करता है।

"अभी नहीं।"

"कितना सोयेगा?"

"उसके समय को साढ़े पांच घंटे पीछे जाकर पकड़ना होगा और काम को उतना ही आगे बढ़कर।"

"काम में ही दिन-रात भूला रहता है।"

"तो क्या तुम्हारी तरह दिन-रात सोता रहे।"

शीला जी चाहती है बेटे का प्रसंग थोड़ा और खिंचे। सत्यप्रकाश का चुप्पी साध लेना उन्हें अच्छा नहीं लगता। स्वगत भाव से बुदबुदाती हैं, "तुम्हारा ही बेटा है न! तुम भी जिद्दी, वह भी जिद्दी? बचपन से ही मैं देखती आयी हूं, हार तो कभी मानने वाला जीव न था। जीत उसे चाहिए ही चाहिए। जीतता तब तो जीतता ही, हार जाने पर भी अपनी हार को पचा नहीं पाता था। फूट-फूटकर रोते हुए बिस्तर पर औंधे पड़ा रहता।"

"कौन-सी विशेषता कहां ले जाएगी, कौन जानता है।"

बेटे की संभावनाओं पर गर्व है पर कोई भी गर्व भरपाई नहीं कर पाता उस खालीपन को। फोन आते हैं, ई-मेल आते हैं पर कुछ बातें हैं कि रह ही जाती हैं कहने से।

अगर जिया साहब की टेलीपैथी सच हो तो विशाल स्वयं उसी वेव लेंग्थ पर सोच रहा है पर मुद्दा बिल्कुल दूसरा।

इधर एजिंग और ह्यूमन क्लोनिंग पर एक-एक कर उसके दो परचे छपे थे और यही उसकी परेशानी का सबब बन रहे थे। कितने ई-मेल और कितने फोन!

अभी परसों आ धमका था 'रेन बो' कम्पनी का एजेन्ट गिलबर्ट–मध्यम कद, बिल्लौरी आंखें, शक्ल-सूरत से यूरोपियन। कम्पनी के अधुनातन प्रयोगों का हवाला देते हुए गिलबर्ट ने कहा, "हम चाहते हैं कि आप जैसे प्रतिभाशाली युवा वैज्ञानिकों को काम करने का बेहतर स्कोप मिले।"

"लेकिन मैं तो 'गैलेक्सी' से बंधा हुआ हूं।"

"क्या फर्क पड़ता है!" उसने कंधे उचकाये, "चाहो तो यहीं से हमारा काम करो, चाहो तो मुक्त हो जाओ, हम कॉन्ट्रैक्ट के पैसे भर देंगे।"

वह अपने पूरे वजूद से बोल रहा था। उसकी बिल्लौरी आंखें बाज-सी बार-बार उस पर झपट्टा मार रही थीं। बड़ा शातिर था गिलबर्ट।

"यह कैसे संभव है?"

"हम आपको दस हजार डॉलर दें तो?"

"ना।"

"बीस...?"

"उहूं।"

"तीस?"

"आप सुनिए तो।"

"पचास हजार डॉलर ले लो और हां कर दो।"

"लेकिन...।"

"कोई बात नहीं, वैसे एक बार हमारी लैब को देख तो लो।" और दूसरे दिन फ्लाइट से ले गया वह रेन बो लैब में। वहां चूहों, खरगोशों, चिपांजियों की क्लोनिंग पर काम हो रहा था–पूरा का पूरा भी और स्टेम सेल्स के माध्यम से अंग विशेष पर भी।

"आप अगर अपने पर्चे के अनुसार सफल हो जाते हैं तो हम इतने डॉलर देंगे कि आप भूल जाएंगे नोबेल प्राइज!" गिलबर्ट की आंखें उछलीं।

"ठीक है, मुझे सोचने का मौका दें।" टालने की गरज से बोला।

"और अगर नोबेल ही चाहते हैं तो हम कोशिश करेंगे दिलाने की, वैसे कहें तो एक पैरलल नोबेल प्राइज भी शुरू करवा सकते हैं।"

"इस प्रयोग के संभावित खतरों की ओर भी मैंने ध्यान दिलाया था।"

"दैट्स ए नॉबुल वार्निंग। हमारा मिशन मनुष्य नामक बुद्धिमान जीव की बेहतरी से जुड़ा है। हम उन्हें उनके रोगों और खामियों से सदा-सदा के लिए मुक्ति दिलाना चाहते हैं। एक बार इन जीवों पर प्रयोग सफल हो जाय तो हम इंसानों पर भी...।"

"इंसानों पर भी...?" चौंक गया विकास, क्या कह रहा था गिलबर्ट? वह लड़खड़ाया फिर संभल गया, "मगर इंसान मिलेंगे कहां प्रयोग के लिए?"

"कितने चाहिए?"

डर गया विशाल, 'ये पैसे वाले ज्ञान-विज्ञान की सारी बौद्धिक संपदा को हथिया लेना चाहते हैं-अब तक सुनता ही आया था, आज प्रत्यक्ष हो गया।...'

कभी-कभी मन ललचाता है, बहुत बड़ी रकम है, फिर पीछे हट जाता है। इत्ते पैसे लेकर करेगा क्या? यह जो शरीर है, साथ नहीं दे रहा है। कैसा विद्रूप है कि उसने दुनिया को निरोग करने और उसकी नस्ल सुधारने का बीड़ा उठाया था और खुद के शरीर का ठिकाना नहीं।...

किससे अपने दुखड़े और दुविधा शेयर करें, सिम्मी...? न, वह और घबरा जाएगी। यही हाल मम्मी और पापा का भी होगा। सहसा एक खिलवाड़-सा सूझा, क्यों न स्टीफेन हाकिंग्स से कन्सल्ट किया जाय। एप्वाइंटमेंट मिलना आसान नहीं पर एक बार आजमा लेने में क्या हर्ज है। हद से हद इनकार ही तो कर देंगे।

विशाल ने अपनी बीमारी और जिज्ञासा का मिला-जुला मजमून बनाया और पेश कर दिया और आश्चर्य! उसे एप्वाइंटमेंट मिल भी गया।

वे अपनी ह्वील चेयर पर गर्दन लटकाये अपनी परिचित मुद्रा में बैठे थे। उसने झुक कर अभिवादन किया, "सर आप ही की तरह मैं भी एक बीमारी से लड़ रहा हूं और आप की ही जिजीविषा ने मुझे लड़ने की प्रेरणा भी दी।"

"गैलेक्सी की रिसर्च कहां तक पहुंची?" वोकल कार्ड से सवाल आया। उसने बताया।

"वेस्टिबल मोटर नर्व्स से तो उसका कोई संबंध नहीं बनता?" उन्होंने पूछा।

"सीधे-सीधे तो नहीं सर!"

"समय के बारे में क्या पूछना चाहते थे?"

"सर जिज्ञासा के लिए क्षमा...डॉली क्लोन को मार देना पड़ा था। वह तेजी से बूढ़ी हो रही थी। समय के संक्षिप्त इतिहास के व्याख्याकार से मैं जानना चाहता हूं कि क्या हमने अपने प्रयोगों से क्लोनों की उम्र को समय की तेजी से नहीं भर दिया?"

"इन्टरेस्टिंग!"

"एजिंग को कैसे रोका जाय? सर समय के इतिहास में हम जैसों के सवालों को कहां डालेंगे आप? डॉली ने इतनी जल्दी समय को पार कर लिया बल्कि सच तो यह है कि चाबुक सटकार कर उससे जल्दी-जल्दी पार कराया गया। कब जन्मी, कब जवान हुई, जवानी जाना भी नहीं कि हमने समय को इतना ताना कि वह बूढ़ी हो गयी। इस दर्शन को विस्तार दें। समय के डाइमेंशन में तो सेंकेंड के फ्रैक्शन और युग-युगांतर के फासले भरे जा सकते हैं। उस विराट काल के सापेक्ष हमारी उम्र यानी हमारा जैविक समय बेचारा कितना कम है। दूसरे ग्रह पर जायें तो उम्र धीमे बीतेगी पर वह अभी दूर की चीज है। हम जितना तेज चलेंगे समय उतना ही मुट्ठी में होगा। काल को पकड़ने की होड़ में हम अपना काल, अपनी उम्र छोटी कर देते हैं, कम से कम सृजनात्मक काल यानी जवानी को। हम अगर इसे रोक न पाये तो प्रयोगों की क्या सार्थकता रही? डॉली को मरना ही पड़ा अंततः।"

"... ... ..." फिर वही चुप्पी।

"देखिए आप ही की तरह मेरे मोटर नर्व्स भी नष्ट हो रहे हैं। समय आपके पास भी कम है मेरे पास भी...।"

'हां-हूं' कुछ भी नहीं की। चुप रहे। लौट आया वह। उसे लगा, मुर्दे से बात करता रहा था वह या आकाशवाणी होती रही थी।

मम्मी-डैड अलग परेशान, प्रेमिकाएं अलग। मगर मैं...? कहीं ऐसा न हो, वह भी एक दिन स्टीफेन हाकिंग्स में रेड्यूस हो जाय। जीवित मृत!..."क्या यही है नियति मेरी?"

गैलेक्सी के बाहर नीम उजाला है। बर्फ पड़ रही है। बाहर खरगोश बदन झाड़ रहा है। नीचे एनिमल फार्म में दर्द से धीमे-धीमे कराह रहे हैं चूहे और चिंपैंजी!

कभी-कभी मन करता है जीन्स के बदले डेस्टिनी पर ही सोचूं...। सारी संभावनाओं और कोशिशों के बावजूद सारी कहानियां ग्रीक ट्रैजेडीज में ही क्यों फना हो जाती हैं...! आइ हैव बीन सैंडविच्ड बिटविन डिजीज एंड डेस्टिनी!

न, उस रैकेट से टकराना ठीक नहीं होगा, पर उससे इस्केप कहां है?

पापा का एक गुरु मंत्र टेबुल पर कांच के नीचे चमक रहा है, 'तुम्हारा शत्रु बाहर नहीं, अंदर है। ढूंढ़ो उसे।' कल से जिम-क्लब के साथ-साथ मेडिटेशन भी...शरीर की उर्जा को बटोर कर फूंक मार कर धधका देना। एप्रॉन उतारते समय लगा, जिया हंस रहा है। शैतान!

कल की बातें कल थीं। आज और अभी क्या है। मन नहीं लग रहा है आज। साइंटिस्ट्स भी कम ही आये थे। रुक-रुककर बर्फ गिरती रही थी। उसने होंडा निकाली और घर की ओर चल पड़ा।

एन्स्वरिंग फोन पर विस्नु बिजारिया की आवाज थी, "मुझे तुमसे कुछ जरूरी बात करनी है। कल सुबह। फोन से कनफर्म करो, तुम मिल पाओगे या नहीं।" आगे फोन का नम्बर था...।

बिजारिया अंकल! जूते उतारते हुए वह सोचने लगा। इन्हें मुझसे क्या जरूरत पड़ गयी? जिम की बावत कोई बात होगी। खैर, फोन उठाया, "कैन आइ टाक टू मिस्टर वी. बिजारिया?"

"हां, मैं बिजारिया बोल रहा हूं।"

"लंडन कब आये अंकल?"

"आज ही।"

"सब खैरियत तो है?"

"सब खैरियत है, कल सुबह सात तक आ जाऊं?"

"आइए। स्वागत है।"

सुबह वे आये। हमेशा की तरह गोरे, सुंदर, स्मार्ट और चिर युवा! क्रम-क्रम से ऑपरेशनों ने सचमुच लगाम कस दी थी समय पर। उसने ठेठ भारतीय अंदाज में पांव छूने चाहे, उन्होंने रोक लिया, "खुश रहो।"

"क्या लेंगे अंकल?"

"सिर्फ एक ग्लास प्लेन वाटर?"

"ऐसा भी क्या...?" कहते-कहते वह रुक गया। अब तक उन्होंने दोनों हथेलियों में डुबकी लगा ली थी।

पल भारी हुए।

थोड़ी देर बाद वे उतराये, बिना किसी संदर्भ के बोल पड़े, "विशाल, मुझे बुढ़ापे से डर लगता है, मौत से भी ज्यादा!" शब्द धीमे थे, मगर घहराते हुए से, जैसे महाकाल खुद बोल रहा हो।

"पर अंकल...।"

हाथ उठा कर रोक दिया उन्होंने, "तुम्हारे परचे पढ़कर आस जगी है, देखो मुझे निराश न करना।"

"मुझसे जो भी सहायता बन पड़ेगी, मैं तैयार हूं।"

"तुमने लिखा है कि..." जेब से निकाले गये कागजात के पन्ने पलटते हुए उन्होंने एक जगह उंगली रख दी, "यह ऑक्सीजन ही है जो प्राण वायु के रूप में संजीवनी बांटता चलता है और यह ऑक्सीजन ही है जो अपने साथ कुछ

जहरीले फ्री पार्टिकल्स लाता है जो मेटाबॉलिज्म की क्रिया को मंद कर डी. एन. ए. को नुकसान पहुंचाते हैं, आदमी बूढ़ा होता जाता है। किसी हारमोन्स का जिक्र है जो इसे रोक सकता है।"

"जी, थाइराक्सिन?"

"ऑक्सीजन के बिना हम जिन्दा कैसे रह सकते है?"

"ऑक्सीजन लेने की क्रिया को धीमा करके जैसे कछुआ बहुत धीमे सांस लेता है, लंबी उम्र पाता है, सिंह ज्यादा एनर्जी खर्च करने के चलते जल्द बूढ़ा हो जाता है, कभी-कभी दमा के मरीज तकलीफ के बावजूद ज्यादा दिन तक जी लेते हैं।"

"पर मेरी प्राब्लम अमर होने की नहीं, अजर होने की है।"

विशाल ने अब उस चेहरे को गौर से देखा, झुर्रियां मिटाने के तमाम प्रयोगों के बाद भी अंदर से उम्र के अपराह्न की धूप की नरमई चुगली खा रही थी।

"आपने अब तक इसके लिए कुछ किया तो होगा ही...?"

बिजारिया असमंजस में पड़ गए।

"देखिए अंकल जब तक आप सबकुछ खोल कर नहीं बताएंगे, मैं आपकी क्या सहायता कर पाऊंगा?"

वे फिर चुप हो गए, फिर बोले, "पर मेरी एक शर्त है।"

"कहिए।"

"हमारी बात तीसरे के कान में न पड़े।"

"मंजूर है।"

बिजारिया ने भेद भरे अंदाज में बताया, "बहोत पैसे फूंक चुके हम, बहोत! पहले मेरे डॉक्टरों ने कहा कि जो अंग ठीक से ऐक्टिव नहीं हैं, उन्हें ट्रांस्प्लांट कर दिया जाये। काफी पहले की बात है। मैंने कुछ बच्चों में ऐसे अंग डेवेलॅप करना शुरू भी कर दिया, क्या यह ठीक था?"

"कोई जरूरी नहीं है अंकल कि उन अंगों को आपकी बॉडी एक्सेप्ट ही करे।"

"ठीक कह रहे हो?"

"जी, 99 परसेंट चांसेज होंगे रिजेक्शन के।"

"ओह!" सिर पकड़ लिया उन्होंने। जैसे बिजनेस में उनका कोई बहुत बड़ा नुकसान हो गया हो, "उन हरामियों पर मैं नाहक ही इत्ते पैसे फूंकता रहा। खैर, तो और क्या उपाय है?"

"एक उपाय यह हो सकता है कि आपका क्लोन बनाया जाय और उनसे लिंब्स ट्रांस्प्लांट किये जायं...।"

"सोच लो।"

"इनमें एक्सेप्टीबिलिटी उसकी अपेक्षा ज्यादा होगी।"

"तुम यह दायित्व ले सकते हो?"

"भला मैं...?"

"मुझे मालूम है, तुम कर सकते हो। 'रेन बो' के दलाल ने कितने तक का ऑफर दिया है?"

विकास चौंक गया, इसका मतलब है, उन्हें सबकुछ मालूम है।

"पचास हजार डॉलर!"

उन्होंने कोट की जेब से चेक बुक निकाली, "यह रहा ब्लैंक चेक, जितनी रकम चाहो भर लो, पर काम करो हमारे लिए। सिर्फ और सिर्फ हमारे लिए।"

"मगर अंकल मैं तो यहां 'गैलेक्सी' से जुड़ा हुआ हूं।"

"तुम चाहो तो फुल फ्लेज्ड वहां बने रहो डायरेक्टर बन कर या फिर यहां-वहां दोनों जगह आते-जाते रहो। मगर वो रिसर्च होगा तुम्हारे गाइडेंस में।"

"सोचूंगा।"

"सोचूंगा नहीं, सोच चुके। बिजारिया 'ना' नहीं सुनता। मैं जल्द ही तुम्हारे कोलकाता जाने की व्यवस्था कर रहा हूं। वहां साइट भी देख लोगे, काम भी शुरू करवा दोगे। ओ.के.!" वे चाभी को चक्र सुदर्शन की तरह नचाते हुए उठ पड़े।

"अंकल आपने कुछ लिया नहीं?"

"मेरी निजी व्यवस्था है, ले लूंगा।"

सहसा चक्र सुदर्शन उलटा घूमने लगा, "ये प्रोजेरिया क्या बला है?"

"वही एजिंग! बच्चे बूढ़े हो जाते हैं।"

"कहीं इसको किसी जीन से...?"

"इसके जीन का पता चल गया है। जो भी हो, आपकी चिन्ता वह नहीं है। मरने के लिए तो प्रोग्रामिंग की नहीं गयी देह की। बट ये जो जीवनी शक्ति है, क्षय होती रहती है। नष्ट होते रहते हैं पार्ट-पुरजे। तब इन अंगों की मरम्मत करके, रिप्लेस करके, नयी परिस्थितियों के अनुसार ढाल कर संभाल कर चलाना पड़ता है। अभी तक जिन्दा रहने का रेकॉर्ड 122 वर्ष 5 महीने का है। हम इसे डेढ़ या दो सौ तक खींच सकते हैं।"

"इज इट?"

"यस! मनुष्य के विकास-क्रम को समझते हुए उसकी हड्डियों को मजबूत करके, मेरुदंड को ठीक करके, उसके ब्लड वेसेल्स को चौड़ा करते हुए उसे और ऑक्सीजन लेने लायक बनाकर और दूसरे तरीकों से दीर्घजीवी बना सकते हैं।"

"लेकिन मुझे अमर नहीं अजर होना है।" वे चाभी का छल्ला घुमाते हुए उठ खड़े हुए। "एक कोई गोली ईजाद हुई है एवरग्रीन यूनिवर्सिटी के प्रो. जान स्पीकमैन के द्वारा–थाइरॉक्सिन हार्मोन...की।" विशाल याद करने लगा, "इसके अलावा मेटाबॉलिज्म में बदलाव अगर लाया जाय तो...।"

"यह मेटाबॉलिज्म वाली बात कोई और भी बता रहा था, जरा मुझे समझाओ तो।" छल्ला रुक गया था।

"वो ऐसा देखा गया कि अगर किसी चूहे की मेटाबॉलिज्म की दर बढ़ा दी जाय तो उसकी प्रतिरोधी क्षमता में भारी बढ़ोत्तरी हो जाती है। यही बात इंसान के साथ भी है। जब हम सांस लेते हैं तो मेटाबॉलिज्म की प्रक्रिया में बदलाव आता है लेकिन ये यूनीफार्म है। सांस लेते समय ऑक्सीजन में मिले जहरीले तत्व फ्री रेडिकल्स के रूप में बाहर निकलते हैं जिनसे डी.एन.ए. डैमेज होता है। इसके कारण कोशिकाएं बूढ़ी होने लगती हैं और आदमी बूढ़ा हो जाता है। जिन जानवरों की मेटाबॉलिज्म की रेट तेज होती है वह ऐसे फ्री रेडिकल्स कम छोड़ता है।"

"और वो देर तक जवान बना रहता है, यही न! अब यार विशाल, इस उम्र में इतनी बड़ी इंडस्ट्री को संभालने में मेटाबॉलिज्म को कैसे नियंत्रित करें। और कुछ उपाय है?"

"है, पुरुष हारमोन टेस्टीस्टोरन इंजेक्ट करके।"

"और...?"

"क्लोयो इन्सुलियन प्रोटीन से चूहों पर प्रयोग किया जा चुका है?"

"और...?"

"स्टेम सेल्स के जरिये क्लोन अंग बना कर ट्रांस्प्लांट करना।"

"ओ.के. कैरी ऑन!" तैयार रहो और मेरी शर्त याद है न?

"जी, लेकिन अपने पैरेन्ट्स से कैसे छुपाऊंगा?"

चक्र–सुदर्शन रुक गया। "हैं ऽऽऽ! खैर, इस बार किसी तरह मैनेज कर लो आगे कोई न कोई रास्ता निकल आयेगा।" अब चाभी के घूमते छल्ले पर विशाल के घूमने की बारी थी, सहसा क्या हो गया, दुनिया भर के बूढ़ों को। जिसे देखो, वही ययाति–ग्रंथि से पीड़ित। कोई भी बूढ़ा नहीं होना चाहता। गिलबर्ट को तो टरका दिया, बिजारिया से कैसे निबटोगे बेटे विशाल?

वह जितना ही उसके क्रिया–कलापों के बारे में सोचता, उतना ही उलझता जाता। पापा बेसाख्ता घृणा करते हैं विस्नू अंकल से। लेकिन पापा के उलट उसे जाने क्यों लग रहा था कि बिजारिया को सिरे से खारिज नहीं किया जा सकता। घोर ब्राह्मणवादी परिवार में उसने ब्राह्मणवाद का विरोध करते हुए मांस, मछली का उद्योग शुरू किया, अपने स्तर पर वैज्ञानिक शोधों का प्रोमोटर है, भले ही

उसका हर शोध खुद से जुड़ा हुआ है। एक जीन के गलत पड़ जाने से क्रांतिकारी व्यक्ति डकैत बन जाता है, सो बिजारिया डकैत बने पर वो...? वह तो क्रांतिकारी है! अलबत्ता बिजारिया ढाई हजार वर्ष पहले की लड़ाई, जिसमें ब्राह्मणवाद ने शेष जन को हाशिए पर डाल दिया था, का शिकार है।

उसके सामने खड़ा था झाड़ियों से निकलता हुआ धुआंता जिन्न। इस जिन्न को अगर साधा जा सके तो कई मनोरथ पूरे हो सकते हैं। अब एक ही द्वंद्व है, वह इसका इस्तेमाल कर पाएगा या यह जिन्न उसका इस्तेमाल कर ले जाएगा।

"मैं करूंगा, मैं।" उसने खुद से कहा।

उसकी दुविधा छंट गयी और उत्साह में वह सीटियां बजाने लगा।

सिम्मी अच्छे मूड में थी। आज वह हलवा बना कर लाई थी विशाल के लिए। चाइनीज मुंह से थोड़ी-थोड़ी हिन्दी चहचहाई, "मुंह मीता करो।" फिर अंग्रेजी पर उतर आयी, "चारों तरफ चर्चे हैं प्यारे तुम्हारे।"

"थैंक यू।" कह कर उसने उसे चूम लिया। थोड़ी देर तक वे एनिमल फार्म, माइक्रोस्कोप और अन्य संयंत्रों में व्यस्त रहे फिर टिफिन...।

"सिम्मी, मैं सात दिनों के लिए इंडिया जा रहा हूं।"

"अच्छा-खासा मूड खराब हो गया सिम्मी का। सिम्मी ने खाली-खाली आंखें उस पर टेक दीं, अकेले?"

"हां, इस बार तो अकेले। यहां हम जो प्रोटीन डेवलॅप कर रहे हैं, उसके लिए, साथ ही नॉक आउट एनिमल्स के लिए तुम्हारा यहां रहना बेहद जरूरी है।"

"पापा को खबर...?"

"कर दी।"

"कब जा रहे हो?"

"जैसे ही वीसा और टिकट आ जाते हैं।"

# अस्तित्व

साल्ट लेक!

गिरधारी लाल अनाथालय के बीच उग आया है अनुसंधान केन्द्र 'अस्तित्व', जैसे किसी पेड़ पर चिड़िया की विष्ठा से उग आता है कोई पाकड़-पीपल। कालांतर में यह पाकड़-पीपल मूल वृक्ष को सोख लेता है। 'अस्तित्व' कब अनाथालय के अस्तित्व को सोख लेगा, कोई नहीं जानता।

स्टेम कोशिका के विकास के ब्लूप्रिंट के हिसाब से शुरू हुआ यह प्रोजेक्ट धीरे-धीरे एक मुकम्मिल सेल्यूलर मोलेक्यूलर बायालोजी रिसर्च सेन्टर में विकसित हो गया। पचासों वैज्ञानिक, तकनीशियन और दूसरे कर्मचारी अपने-अपने काम में लगे हैं। अजय और डॉ. जिया भी इन्हीं में शामिल हैं। प्रोजेक्ट डायरेक्टर के रूप में विशाल का पहला आगमन है। डी. एन. ए. माइक्रो एरे, ऑटोमेटिक सेक्वेंसिंग और प्रोटियोमैक्स सेल कल्चर, न्यूक्लियिक एसिड सिंथेसिस, कॉनफोकल स्कैनिंग फ्लुओरेसेंस माइक्रोस्कोपी, एक्स-रे क्रिस्टलोग्रॉफी, आदि करोड़ों के उपकरण इंस्टाल किये जा रहे हैं। बेहतरीन किस्म के कंप्यूटर हैं जिनको इंटरनेट कनेक्शन से जोड़ा जाएगा, इंटरनेट बैंड विड्थ को बढ़ाया जा रहा है। लॉग स्ट्रिंग शोध के लिए चार नोड्स वाला हाई थ्रो पुट लिंक्स क्लस्टर लगाया जा रहा है। कंप्यूटरों को ऐंटी वाइरस उपकरण से युक्त किया जा रहा है। चूहों के एम्ब्रियो को सुरक्षित रखने के लिए क्रायो प्रिजर्वेशन का परीक्षण चल रहा है। एक वेट लैब अलग से है।

एनिमल फेसिलिटी में चूहे, मूस, खरगोश और गिनीपिग के साथ-साथ एक चिंपांजी जुगल भी लाया गया है। इनके खान-पान, रख-रखाव के लिए प्रशिक्षित दल अपना काम करने लगा है। आधार कक्ष अलग है, उत्पादन कक्ष अलग। ट्रांस्जेनिक और नॉक आउट चूहों के कक्ष अलग। लाखों की लायब्रेरी, करोड़ों की दवाएं और साजो सामान। ऊपर का तल और नीचे का तल सभी पूरी तरह एयर कंडीशंड। सारे उपकरण और विभाग अलग-अलग कक्षों में। सब के सब डायरेक्टर के सेंट्रल कमांड्स और सुरक्षा के मॉनीटर्स से जुड़े हुए। इतनी सुविधा

तो उसके लंदन के गैलेक्सी में भी नहीं है जहां दो-दो नोबेल पुरस्कार विजेता वैज्ञानिक काम कर चुके हैं। विशाल की समझ में नहीं आ रहा था कि ये अरबों के उपकरण आये कैसे। यह ग्रोथ तो कैंसर के ग्रोथ जैसा भयावह है। डर ने पहली बार उसे सांप की फटी जीभ-सा सहलाया। यह अपराधियों का कोई अंतर्राष्ट्रीय गिरोह तो नहीं है? उसे वह दिन आज भी याद है जब बिजारिया ने याचक बन कर उसके दरवाजे पर दस्तक दी थी।

यह अब क्या एक बूढ़े हो रहे कुबेर को चिर यौवन प्रदान करने का साधन मात्र है या कुछ और? कल को कोई सत्ताधारी, संभव है, स्वयं राष्ट्रपति या प्रधानमंत्री इसका उद्घाटन करें और इसे राष्ट्र के गौरव की संज्ञा भी दे डालें पर अन्ततः यह है क्या?

खैर! जो भी हो अब तो इसे छोड़ा नहीं जा सकता। फिसल गये तो हर गंगा बोलो बेटा विशाल! हर गंगा!

मन के इस चोर का मन के थानेदार से जब-तब सामना हो जाता है। मंच पर पिता-पुत्र संवाद कुछ इस तरह होता है :

पिता : तो बर्खुरदार यहां बिराज रहे हो?

पुत्र : जी-जी, यह तो 'अस्तित्व' है।

पिता : किसका अस्तित्व?

पुत्र : जी, पूरी मानवजाति का।

पिता : झूठ!

नर्वस हो जाता है विशाल। थानेदार आंखें बिलबिला रहा है। वह मौका देखकर चुपके से खिसक लेता है।

दोस्तों की महफिल में क्लोनिंग पर बहस छिड़ी हुई है। अब अचानक क्लोनिंग पर क्यों पिल पड़े बन्दे!

"एटा हॅते पारे ना। होते देबे ना केऊ।"

(यह नहीं हो सकता। होने देगा नहीं कोई।) दस्तीदार व्याघ्र-गर्जना करते हैं।

"मगर लारा के दिमाग में यह ऊटपटांग आया क्यों कर?"

रेड्डी ने पूछा। जवाब में दस्तीदार ने जो कथा बतायी, उसका लुब्बो-लुबाब कुछ इस तरह बनता है–

लारा के परिवार में उसके पिता विनायक बाबू, माँ करुणामयी देवी और उससे बड़े उसके दो भाई हैं मलय और चन्दन। विनायक बाबू डी वाई.एस.पी., मलय सप्लाई का काम करता है, चंदन की अभी-अभी पर्यावरण संरक्षण में नौकरी लगी है, पिता ड्राई ऑनेस्ट। इस नौकरी के लिए बेटे के लिए कहीं

सिफारिश करने तक नहीं गये। वह तो मैंने (दस्तीदार ने) दौड़-धूप कर किसी तरह...। खैर! पिता की इस सूखी ईमानदारी के चलते परिवार में कोई उनसे प्रेम नहीं करता–न माँ, न भाई। लारा एक मात्र अपवाद है। पिता अगर अपनी ड्यूटी के प्रति निष्ठावान हैं तो चंदन भी अपने दायित्व के प्रति पूरी तरह समर्पित। हमेशा लुप्त होती हुई प्रजातियों पर बात करता मिलेगा, 'बाघों की संख्या कम होती जा रही है, चीते लुप्त ही हो गये। गिद्ध विलुप्तप्राय। पहले झुंड की झुंड गौरैया दिखाई पड़ती थीं, अब वह भी नहीं...' वगैरह, वगैरह!

मामूली-सा सरकारी क्वार्टर अगर न मिला होता तो कायदे का घर भी मयस्सर न होता। बाकी सुविधाएं भी बस ऐसी ही हैं। इस बात के लिए करुणामयी देवी और उनके दोनों बेटे मलय और चंदन उन्हें हमेशा कोसते रहते।

इस बीच विनायक बाबू एक गुण्डे पिंटा मुखर्जी के केस में उलझ गए। उसका लकड़ी की अवैध कटाई का कारोबार था। कुछ गांव वाले विरोध कर रहे थे। उसने पांच को फायरिंग में मार डाला। विनायक बाबू केस के तहकीकात के लिए गए। रफा-दफा करने के लिए दस लाख तक का ऑफर दिया पिंटा ने–पर हेड दो लाख। दस लाख बड़ी रकम थी। पत्नी और पुत्रों ने ले लेने के लिए दबाव बनाना शुरू किया लेकिन विनायक बाबू ने पिंटा को नहीं छोड़ा तो नहीं ही छोड़ा। गुंडा होने के बावजूद पिंटा पार्टी वर्कर था। दस लाख का नुकसान हुआ सो तो हुआ ही, नौकरी से सस्पेंड हुए विनायक बाबू और पिंटा जैसे खतरनाक क्रिमिनल से दुश्मनी जो मोल ली, सो अलग। मल्टिपुल फाल्ट्स। करुणामयी, मलय और चंदन की नजर में पिता 'अपदार्थ' थे तो लारा के लिए गर्व और आदर्श। आज भी वह अपना परिचय उसी से देती, "एक बहादुर पुलिस अफसर की बेटी हूं मैं।"

विनायक बाबू के कृत्य को परिवार से लेकर नाते-रिश्तेदारों और पारिवारिक मित्रों ने एक सिरे से बेवकूफी का नाम दिया। यहीं से शुरू हुआ पारिवारिक कलह। एक तरफ दोनों भाई और माँ तो दूसरी ओर विनायक बाबू और बेटी लारा।

विनायक बाबू बाहर भी प्रायः अकेले थे, घर में भी अकेले। अब उन्होंने प्रायः बाहर मिलना-जुलना बिल्कुल ही बंद कर दिया, निकलना तक बंद कर दिया। घर और भी आक्रामक होता गया। बात-बात पर निर्दोष पिता को जलील किया जाता, उपेक्षा होती। सबसे ज्यादा आक्रामक हो उठी थीं माँ करुणामयी। मौका मिलते ही पिता को 'गू' से नहलाने लगतीं, "तुमी एकबारेइ अपदार्थ!" विनायक बाबू अपने गहरे एकांत में और भी धंसते जाते। दिनोंदिन अपमान, निर्वासन और गृह कैद। सिकुड़ते जा रहे थे पिता। लारा इसे और बर्दाश्त न कर पायी। उसने एक दिन घोषणा की कि वह पिता को लेकर उसी घर में अलग रहेगी।

हो गया घर का पार्टीशन। लारा उन्हें खुश रखने के सौ जतन करती मगर अपनी तनहाई में सीझते हुए पिता बुत बने रहते। मित्र होने के नाते अपनी यह समस्या वह जिम से अक्सर डिस्कस करती, "मेरी समझ में नहीं आता कि मैं इस पिता के साथ हो रही नाइंसाफियों से कैसे निपटूं। जबसे होश संभाला है, पिता को जलील होते ही देखा है। माँ जलील करती, फिर दादा (भैया)। क्यों नहीं वे घूस लेकर घर को सुविधाओं से भर देते!"

उस दिन भी लांच पर मधु यही डिस्कस करने आई थी। तनिक रुककर उसने जो कहा, वह किसी को भी चौंकाने के लिए काफी था, "मुझे वही पिता समय के पिछले पड़ावों से मिल जाते तो मैं उन्हें उन सारी खुशियों से नवाज देती जिसके वे हकदार थे।" यह कहते हुए एक अजीब से वात्सल्य भाव से भर उठती वह।

"है कोई तरकीब?" एक भावुकता भरा मासूम सवाल।

"है।" जिम के लिए यह एक कौतुक भरा था।

"कहां-कैसे?" चौकन्नी हो गयी लारा।

"क्लोनिंग के जरिए। वह भी अंशतः...लेकिन न कानून इजाजत देगा, न परिवार।"

"अंशतः ही सही, मैं करूंगी।"

"सोच लो।"

"सोच लिया। तुम मेरा साथ दोगे न? वह उत्तेजित हो उठी।"

"क्यों नहीं।" जिम को एडवेंचर जैसी उत्तेजना महसूस हो रही थी।

"तो मैं तैयार हूं।"

लारा की कोख में पिता का क्लोन ही वह चिरचिराता पलीता था जिसके विस्फोट की आशंका मात्र से थर्रा गया शेष परिवार-यह कैसे होगा? बाप रे! रिश्तों का क्या होगा? प्रलय आ जाएगा प्रलय।

जिम के दोस्तों की महफिल में भी वही तर्क घेर रहे थे, "माने, पहले बाप ने पैदा किया बेटी को अब बेटी पैदा करेगी बाप को?" दस्तीदार ने कहा, फिर जिम से पूछा, "भारी मुसीबत में ठेल रहे हो जिम।"

चारों तरफ से सवालों की बौछार के बीच जिम का मासूम सवाल था-"लेकिन मैं गलत कहां हूं?" अजय को सहसा याद आयी संकट की बात, जब लारा और जिम घंटों बतियाते रहते थे डोगी में।

दस्तीदार को कोई जवाब न सूझा तो उन्होंने अपनी पराजय को बहलाने का दूसरा तरीका अपना लिया,...

पूछा, "तुम लोग इस क्लोनिंग के पीछे हाथ धोकर क्यों पड़ गए? मैं जरा बोका मानुष हूं मुझे खोलकर समझाओ।"

"अरे वो कुछ नहीं, विनायक बाबू की देह–कोशिका लो।" रेड्डी ने समझाया।

"लिया।" दस्तीदार ने हामी भरी।

"अब उसका न्यूक्लियस निकाल लो।"

"निकाल लिया।"

"अब लारा की डिंब कोशिका लो।"

"लिया।"

"उसका न्यूक्लियस निकाल लो।"

"लिया।"

"अब देह कोशिका के न्यूक्लियस को डिंब कोशिका के साइटोप्लाज्म में प्रतिरोपित कर दो।"

"किया।"

"डिंब कोशिका को लारा के गर्भ में रख दो। हो गया क्लोनिंग। किसी की भी बना लो।"

"माने प्रॉब्लम उधर नहीं, प्रॉब्लम है सिर्फ गर्भधारिणियों की।"

"पैसे फेंको, लाइन लग जाएगी गर्भधारिणियों की।"

"ओऽऽऽ!" एटा तो खूबी सोझा (अरे यह तो बहुत ही सीधा है।) दस्तीदार का व्याघ्रमुख हंसा, "अच्छा तो यह प्रतिरूप हुआ?"

"सिर्फ प्रतिरूप ही नहीं, एक क्लोन दूसरे क्लोन के मन की बात समझ सकता है। इनसे मनचाहे काम कराये जा सकते हैं, ह्यूमन रोबोट की तरह–यहां तक कि हत्या भी...?"

व्याघ्र का मुंह लटक गया, "जा स्साला!"

"क्या हुआ?"

"मेरा सवाल ओभी भी अपनी जगह पर है, जो काम ऐसे–ई हो सकता है, उसे...इनफैक्ट क्लोनिंग कर क्या रहा है अलैंगिक प्रजनन...। मेरे जैसे बोका (बोदा) मानुष के बचे–खुचे आनन्द को काहे के लिए छीन रहे हो?"

"साइंटिफिक एक्सपेरीमेंट्स सिर्फ एक कॉज के लिए तो होते नहीं।" विशाल ने कहा। "क्या बना लोगे तुम क्लोनिंग से...दुर्बल मस्तिष्क के आज्ञाकारी गुलाम!" व्याघ्र ने भन्ना कर पूछा।

"क्या आपका मन नहीं होता कि आपको रूप कुमारी मिले?"

"होता है। सबका होता है।"

"और यह रूप कुमारी आज्ञाकारी गुलाम की तरह तुमसे पेश आये? ईमानदारी से बोलिएगा।"

कुछ देर सोच कर व्याघ्र ने स्वीकार में मूंड़ी हिलायी, 'हां।"

"पुरुष हो या स्त्री, उसे ऐसे मानसिक गुलाम क्लोनिंग से ही मिलेंगे।"

अजय से रहा न गया, "क्या यही अल्टीमेट लक्ष्य हुआ क्लोनिंग का?"

विशाल ने मजे लेते हुए प्रतिप्रश्न किया, "आप ही बताओ क्या है लक्ष्य?"

"अवचेतन में मृत्यु के पार जाने की आदिम आकांक्षा जो ग्रीस से लेकर चीन, भारत, ईरान, मिस्र आदि सभी प्राचीन सभ्यताओं की भूख है जो आज तक बरकरार है। कभी यह अमृत की परिकल्पना में प्रकट होती है तो कभी ओसिरस जैसे देवताओं के मिथ में, आज यह आदिम आकांक्षा क्लोनिंग या जींस टेक्नॉलॉजी आदि में...।"

"तुम्हें क्या चाहिए अजय दा?" जिम ने पूछा।

"मुझे नायक चाहिए।"

"नायक...? बड़ा प्रश्न है। मैं जादूगर पी.सी. सरकार होता तो कहता, ये लो नायक मगर वह तो देशकाल सापेक्ष होता है। जब चाहे जिस-तिस को नायक नहीं बना सकते आप...।" विशाल ने कहा।

"जींस की भाषा में बताओ।"

"कुछ जींस प्रच्छन्न रहते हैं, जो कुछ काफी समय बाद प्रकट होते हैं। जींस से जीनियस का रहस्य रहस्य ही रहे–इसी में हम सबका भला है। फिर अकेले जींस पर ही निर्भर नहीं है सारा कुछ। वह देशकाल, पात्र परिवेश भी..., नेचर के साथ नरचर भी।"

"एई बात ठो हाम भी बोलते, फिर नेचर को जास्ती इन्टरफेयर करना ठीक नहीं।" दस्तीदार को मौका मिल गया।"

"आप ही नहीं, मुल्ला-मौलवी, पादरी-पंडित सभी यही बोलते हैं।"

"जिम कुछ नहीं बोल रहा। आग तो उसी की लगाई हुई है।"

"इतने वक्ताओं के बीच कोई श्रोता भी तो चाहिए।" जिम ने कहा तो लोग हंस पड़े।

"वक्ता तो बस एक है, अजय, जो चुप हो गया है।" विशाल ने अजय को फिर कुरेदा, "क्या बात है यार, आप फिर सीरियस हो गए?"

"मैं इसकी अनंतता पर सोचने लगा।"

"अरे बाप!"

"सभ्यता की ज्ञात सीमा कितनी होगी? हद से हद दस हजार वर्ष! यानी अंतिम हिम युग के बाद कुल 500 से 600 पीढ़ियां बनती हैं हमारी, भले ही अज्ञात रूप से यह सिलसिला काफी पीछे तक खिंचता हो।"

"वो तो सृष्टि तक जाता है, जब पृथ्वी ठंडी हुई, सागर बने, इलेक्ट्रिक डिस्चार्ज या जैसे भी हो, कार्बन, नाइट्रोजन, हाइड्रोजन, ऑक्सीजन युक्त हुए एमीनो एसिड

बना, कोश बने, एक कोशीय जीव बने फिर बहुकोशीय, फिर पानी से निकले, धरती पर आये, आकाश में उड़ान भरी।"

"ब्रह्मांड की सीमा!"

"ओह बन्द करो प्लीज यह सब वरना हमारा 'ब्रेन" एक्सप्लोड कर जाएगा।" चीख पड़े दस्तीदार।

"आपका ब्रेन भी तो ब्रह्मांड का ही एक रूप है।" अजय ने हंस कर कहा।

"लेकिन ज्यादा हवा भरोगे तो फट तो जाएगा ही।" विशाल ने कहा, "इनफैक्ट एब्सोल्यूट एंड इनफिनिटी आर वैग टर्म्स। इसे बोध-सापेक्ष तक ही रहने दिया जाए।"

"अतुल, तुम कब से चुप हो?" जिया ने पूछा।

"सुन रहा हूं और सोच रहा हूं।" जिम ने कहा।

"अनन्त के बारे में?"

"नहीं, घर के बारे में।"

"घर...?"

"हां इस विराट ब्रह्मांड में सिर्फ अपना घर।"

"मिला?"

"हां।"

"बताओ।"

"माँ।"

"मां!" जिया ने "मां" शब्द को चुभलाया फिर कहीं दूर ताकते हुए कहा,

"हिन्दी में माँ शब्द को देखते ही मुझे लगता है माँ ने सृष्टि का टोकरा, अपने सर पर उठा रखा है, वो जो चन्द्र बिन्दु है 'माँ' पर, उसमें चन्द्र हुआ टोकरा, जिसमें बिन्दु हुआ जीवन।" जिया बहुत दूर तक चले गए।

"वाह जिया।" रीझ गया विशाल, "हां, तुम बोलो जिम...।"

"मैं ये कह रहा था कि माँ का गर्भ ही सबसे सुरक्षित घर है। कहीं पढ़ा था कि वहां से धकेल कर जो बाहर कर दिया जाता है फिर सारी जिन्दगी वह एक सुरक्षित घर की तलाश में भटकता रहता है और वह उसे मिलता नहीं।"

"बहोत बड़ी बात!"

"पर आपने कभी सोचा है कि गर्भ में वह उलटा क्यों रहता है...?"

"हर गति को एक बार विलोम करके देखो।"

"तुम न यार।" अजय बर्राया, "जब भी आते हो, भारी अराजकता पैदा कर देते हो। "अराजकता?"

"दूर क्यों जाते हो, यही बताओ न लारा अपने बाप को क्या कहेगी। क्या रिश्ते बने दोनों के बीच?"

जिम ने अपनी नीली, आंखें उठाकर देखा, "एक तरह का जीवन जीते-जीते तुम बंदी हो चुके हो, सोचना भी नहीं चाहते कि जीवन वैसा भी हो सकता है।"

"कहीं ऐसा तो नहीं कि कोई अतृप्ति है, जो तुम्हें भटका रही है पागल भालू की तरह, जिसे यह भी पता नहीं कि वह क्या ढूंढ़ रहा है।"

"भालू बनकर देखो, पता चल जाएगा।"

विचारों के वजन से महफिल का माहौल भारी हो जाय तो जरूरी होता है, उसे हल्का करना और इस महफिल में जब जिया साहब खुद मौजूद हों तो हल्का करने को उनसे उपयुक्त साधन और क्या होता। अजय ने चुटकी ली, "तुम लोग जानते हो, अपने जिया साहब का क्या कहना है क्लोनिंग के बारे में?"

"क्या?" "वे कहते हैं, यह सब तो हम पहले से करते आये हैं।" जिया ने आंख सिकोड़ कर अजय को देखा।

"कह रहे थे सीताहरण के पहले रामचन्द्र जी ने सीता जी से कहा कि तुम कुछ दिन तक अग्नि में बास करो, हम लीला करेंगे। सीता जी अग्नि में गईं और अपना एक क्लोन सौंप दिया उन्हें, माने डुप्लिकेट सीता।...वही क्लोन अग्नि परीक्षा में जल गया और ओरीजिनल सीता जी लौट आयीं।" महफिल हंसी से तरंगायित हो उठी।"

"ऐ क्या...! मैंने कब कहा?" जिया चिढ़ गये।

"भीम ने भी धृतराष्ट्र को अपना क्लोन दिया था, जिसे ओरीजिनल समझ कर धृतराष्ट्र ने जोर से भीचा और वो चकनाचूर हो गया, ओरीजिनल भीम जस का तस सुरक्षित रह गया। जिया को एक और सबूत दे रहा हूं।" अजय ने जोड़ा।

"वाकई, अब तो इस पर सोचना ही पड़ेगा।" जिया ने बुद्धू बनना स्वीकार लिया जैसे।

"सो तो नहीं, मगर आजकल के फैशन शो और मॉडलिंग करने वाली ललनाओं को देखकर लगता है कि ये सब क्लोन ही तो हैं। क्लोन का दिमाग नहीं होता अपना, इनका भी नहीं है।"

"ऐसी भूल हर्गिज न करना, मानहानि का मुकदमा ठोंक देंगी, बड़ी-बड़ी कंपनियां हैं ही इनके पीछे, जजों तक को पटा लेंगी...। स्लोवेनिया की एक टीवी कंपनी ने साबित करना चाहा कि ये ब्रेनलेस होती हैं, जबकि एक दूसरे वैज्ञानिक ने सिद्ध कर दिया कि प्रोग्राम में अंश ग्रहण करने वाली पूर्व मिस यूनिवर्स आयरिश मूलेज का आई. क्यू. 156 था। टीवी कम्पनी का दिमाग ही

उलट गया। अब गिनीज बुक के वर्ल्ड रिकॉर्ड में इसे दर्ज कराने और उलटा प्रोग्राम देने की वह कम्पनी सोच रही है।"

सारे लोग मूंड़ी हिलाने लगे। "अब बोलो साइंटिस्ट लोग?" जिया को जैसे वार करने का मौका मिल गया।

"फूको ने ठीक ही कहा है–सेक्स भी एक सत्ता है।" विशाल ने कहा।

दोस्तों की महफिलें शायद उस व्याख्यान की पूर्व पीठिका थीं जो विशाल ने साइंस कॉलेज में दिया, जहां शायद वह खुद से भी लड़ रहा था–

"मेरे नौजवान दोस्तो!

"अपरिमित संभावनाओं से भरा है यह हमारा जीवन। हममें से कुछ लोग नहीं चाहते कि हम इन संभावनाओं की बात करें। उन्होंने देश बनाए, धर्म बनाए जाति बनाई और मनुष्य को बांटा। वे नहीं चाहते कि हमारा दिमाग मनुष्य की बेहतरी के लिए कार्य करे, वे ललकार रहे हैं कभी जाति के नाम पर, कभी देशभक्ति के नाम पर, कभी मनुष्यता के नाम पर कि वह खतरे में है और हम आपस में ही लड़ मरें।

"पृथ्वी के किसी कोने में भी युद्ध हो, चाहिए हजारों, लाखों ताजे नौजवान। रक्त-नदी की कुलांच! हमें फिर से उन्हीं आदिम बर्बरता की ओर लौटाया जा रहा है जहां से चलकर हम मनुष्य को इस मुकाम तक ले आये थे ताकि उन राजनेताओं का 'ईगो' और 'इंटरेस्ट' सैटिस्फाएड हो, स्वाद बदले...वही, कसाईखाने की बधशाला!

"जब कभी मैं गंगा तट पर जाता हूं। कुल-कुल करती झाग-फेन भरी गंगा से पूछता हूं, 'गंगे, तुम क्या लायी हो?' गंगा जवाब देती है, 'मौत! तुम्हारे सैकड़ों पुरखों की मौत की फुसफुसाहटें!' फुसफुसाहटों में छुपी होती है करुण याचना–हम बच सकते थे, बच सकते थे हम।''

विशाल ने मनुष्य के जीवन से जुड़ी अनेक शोधपरक बातों का जिक्र किया फिर कहा,

"पृथ्वी की बात हम इसलिए करते हैं कि एक अकेला आश्रय है यह पृथ्वी हमारे पास। इंसान की बात हम इसलिए करते हैं कि यह अकेला जीव है आला दिमाग वाला। इस पृथ्वी और इसके जीव-जंतुओं को हम बूचड़खाने में क्यों ठेल रहे हैं?"

"ब्रह्मांड में अरबों आकाशगंगाएं हैं, एक-एक आकाशगंगा में अरबों तारे, सैकड़ों सूर्य। कई-कई सूर्यों में से एक हमारा सूरज, जिसके कई-कई ग्रह-उपग्रह! इन अरबों-खरबों नक्षत्रों की संख्या में सिर्फ एक अदद पृथ्वी है हमारे पास–सिर्फ एक! इस इकलौती पृथ्वी के लाखों स्पेसिस में एक अदद स्पेसिस है इंसान–सिर्फ

एक! सूर्य जो जीवन देता है, ओजोन की परत हट जाने पर हमें मौत भी दे सकता है। ऑक्सीजन जो प्राण वायु है, अपने साथ लाये जहरीले कणों या अन्य तरीकों से प्राण ले भी सकती है। सभी शक्तियां अंधी शक्तियां होती हैं, जीव में भी एक अकेला मनुष्य ही है जो ज्ञान के नए दिगंतों को खोल सकता है, कमीना भी, पाजी भी, मगर वह मनुष्य ही है जो इसे नियंत्रित कर विध्वंस को सृजन में बदल सकता है। आला दिमाग है इसके पास, साथ ही है गहन विकसिततम संवेदन तंत्र। फिर...आप इसे बूचड़खाने में क्यों ठेल रहे हैं...?"

व्याख्यान के बाद श्रोताओं और शोधार्थियों ने प्रश्न पूछे।

(एक युवा वैज्ञानिक) प्रश्न : बीज में संपूर्ण वृक्ष है या नहीं?

विशाल : बीज में एक वृक्ष को उत्पन्न करने की क्षमता होती है पर वृक्ष उसमें निहित नहीं है।

प्रश्न : क्षमताओं में सुधार तो संभव है?

विशाल : क्षमताओं में सुधार मात्र संभव है पर नई क्षमताएं विकसित नहीं की जा सकतीं।

एक कोने से एक लड़के ने सवाल किया :

सर आप स्टीफेन हाकिंग से मिल चुके हैं, समय, काल यानी टाइम को आप कैसे पारिभाषित करते हैं? क्या उसे आगे-पीछे कर सकते हैं?

विशाल : समय के फिजिकल, केमिकल और बायोलॉजिकल संदर्भ होते हैं, एक कोशिका की काल-गणना को उसके जीवन से मृत्यु तक के स्पान या अवधि को लेते हैं। कोशिका की इस गणना-प्रक्रिया की घड़ी को आप जीरो पर वापस नहीं ला सकते। स्टीफेन हाकिंग ने कहा कि भौतिक स्तर पर समय को आगे-पीछे कर पाना संभव है। आइंस्टाइन के सापेक्षता के सिद्धांतों की व्याख्या भी कुछ लोग इसी तरह करते हैं पर यह भी मात्र सिद्धांत रूप में ही संभव है। जैविक स्तर पर यह असंभव है।

प्रश्न : पश्चिम और पूर्व के दर्शन में समय की अवधारणाएं एक हैं या अलग-अलग?

विशाल : जहां तक मुझे पता है, पश्चिमी दर्शन में टाइम लीनियर है, पूर्व में, खास कर भारतीय दर्शन में चक्राकार। मुझे भारतीय दर्शन ज्यादा सही लगता है, आपने देखा होगा सांप गोल होकर अपनी ही पूंछ को निगल रहा है...तो यह है हमारे समय का रूपक। चूंकि यह सिमेट्रिकल है, साइक्लिक है, स्वहंता प्रवृत्ति का द्योतक है, अतः मुझे कई स्तरों पर ज्यादा अपील करता है। पश्चिमी वैज्ञानिक हमारी भारतीय अवधारणा पर सोच रहे हैं।

प्रश्न : मौत क्या शै है?

विशाल ने प्रश्नकर्ता के शब्दों पर गौर किया, मुस्करा पड़ा : एक विचार तो यह है कि चेतना की समाप्ति ही मौत है। स्तनधारियों में ब्रेन के फंक्शन का रुक जाना ही डेथ है। सेल या कोशिका के स्तर पर उसकी जैविक-रासायनिक प्रक्रियाओं का रुक जाना ही डेथ है।

प्रश्न : आपने 'चेतना' का नाम लिया था। यह चेतना क्या चीज है? मैटर, एनर्जी या कुछ और...?

विशाल : चेतना! बुद्ध की एक वाणी है नालंदा के म्यूजियम में लिखी हुई–अज्ञान तत्वों को जन्म देता है, तत्व चेतना को...चेतना व्यक्ति को। हम उसे नये ज्ञान से जोड़ते हुए कह सकते हैं कि चेतना न तो मैटर है, न एनर्जी। यह सिर्फ सूचना है जो ज्ञान में ट्रांस्फॉर्म होती है या कहें, सूचना के ज्ञान की परिणति ही चेतना या कॉन्ससनेस है।

एक प्रौढ़ महिला उठ कर खड़ी हुई: सर, ज्ञान और चेतना से क्या परे होता है मन...? यह मन क्या है? जैसा मेरा मन यह करने को होता है या नहीं होता। वहां चेतना या ज्ञान डिस्टर्ब करते हैं, ऐसा करने से यह होगा, वैसा करने से वह...। फिर भी मन की सत्ता बनी रहती है।

विशाल : रीयलाइजेशन ही मन है। यह हमारे अस्तित्व का सिग्नल है। दार्शनिक रेनेडा डिस्कार्टे ने कहा है–आय थिंक, हेन्स आय एम? मैं सोचता हूं, इसलिए मैं हूं। एक प्रोफेसर साहब ने कहा: मृत्यु से हम जीवन की ओर लौट आये, धन्यवाद। इस परिप्रेक्ष्य में मेरा सवाल है, जीवन क्या है? कहां से शुरू होता है?

विशाल : बहुत गूढ़ प्रश्न है जीवन और मृत्यु का। हमारे मित्र और सहयोगी भी इस पर बहस करते रहते हैं कि जीवन क्या उस क्षण से शुरू होता है जब एक स्पर्म एग (अंडे) से मिल कर भ्रूण बनता है या यह पुरुष और स्त्री में जीवन धारा के रूप में शुरू से प्रवाहित हो रहे क्रम का एक प्रस्थान बिन्दु भर है? उसी तरह मौत भी चेतना या मस्तिष्क के रुक जाने को कहें या हर पल होने वाली लघु मृत्युओं का समुच्चय? मृत्यु और जीवन के दोनों ओर दूर-दूर तक फैली है जीवन रेखा। ज्यादातर वैज्ञानिक भ्रूण में मस्तिष्क के उद्‌भव से जीवन को हुआ मानते हैं जो गर्भ के 12 से 16 सप्ताह तक भी कभी-कभी नहीं हुआ रहता।

गाड़ी में लौट रहे हैं लोग। सियालदह के पास इतनी भीड़ है कि ड्राइव करना मुश्किल। भीड़ तो अक्सर ही रहती है पर आज यहां कोई जुलूस है–श्यामदेव महाराज का। अरे! सामने से चले आ रहे हैं विस्नू बिजारिया!

सत्यप्रकाश जी महीन चुटकियां लेते हैं, "धर्म, अर्थ, काम गोक्ष! पुरुषार्थ चतुष्टय! तुम्हारी महिमा अपरंपार है विस्नू!"

"मेरा व्याख्यान कैसा रहा?"

"तैयारी अच्छी थी, मगर उससे अहंकार की बू आ रही थी। जैसे कोई महंत या बाबा हो।"

"अरे!"

"हां। तुम वैज्ञानिक लोग दावा करते हो कि सत्य का अकेले तुम्हीं शोध कर रहे हो। सच तो यह है कि हर आदमी बल्कि कहो कि हर जीव अपने-अपने ढंग से सच को पाना चाहता है। यह बात दीगर है कि किसका सच क्या है, कैसा है। मान लिया कि तुम्हारा सच बहुत बड़ा है, सर्वजन हिताय है पर इस बात की क्या गारंटी है कि जिस सच को पाने में तुमने जीवन का इतना कीमती समय जाया किया, उसे विस्नू जैसा कोई उठाईगीर बीच में ही ले उड़े और तुम हाथ मलते रह जाओ?"

विशाल के मन का चोर कनमना कर खड़ा हो गया, कहीं भेद न खुल जाय सो पापा से उसने मम्मी की ओर रुख किया, "और तुम्हारी राय मम्मी?"

"जिन्दगी के मसले सिर्फ फलसफों से हल होने को होते तो कबके हल हो चुके होते। उन्हें जमीनी सच्चाइयों से दो-चार होना पड़ता है।" शीलाजी ने कहा।

"लेकिन मॉम, मैंने तो रेशनल यानी विवेकसम्मत यूटिलाइजेशन की भी बात कही।"

"कौन करने देगा?" प्रोफेसर साहब ने फिर से बहस की बागडोर अपने हाथों में ले ली, "यह जो विस्नू नाम के जीव हमारे सामने चुनौती की तरह बढ़े आ रहे हैं, जिन्होंने ज्ञान-विज्ञान, दर्शन, समाज विज्ञान किसी भी क्षेत्र में खुद कोई काम नहीं किया, जो भोग के सिवा कुछ जानते भी नहीं, वे इस सारी बौद्धिक संपदा पर पांव रख कर खड़े हो जाएंगे या डंक लगा कर सोख लेंगे।" "एक फल गिरा, गिद्ध उसे देख लेता है, कुत्ता उसे अनक लेता है, भालू उसे सूंघ लेता है और विस्नू उसे हबक लेता है।"

"और जिम...?"

"किसी क्रांतिक कोण पर रिबाउंस कर गया है जैसे?"

"पर इनके पैसों के बल पर जो आविष्कार होते हैं, उसका लाभ तो सबको होता है।"

मन ही मन बेटे की उपलब्धियों पर पुलकित होते हुए माँ ने विनोद के लिए हस्तक्षेप किया, "सबसे बड़ा आविष्कार तो जाहिलों और अनपढ़ों ने अपने सहज बोध से किया जो पढ़े-लिखों पर भारी पड़ रहा है।"

"क्या मॉम?"

"ईश्वर!"

"लीजिए वैज्ञानिक चेतना की जननी के उद्‌गार!" प्रोफेसर साहब ने पत्नी को चिढ़ाया।

"जनक से तो साफ है जननी। ईश्वर है, नहीं है; नहीं है, है–इस दुविधा में तो नहीं हैं हम।"

"अच्छा, तो बता ही दीजिए, है या नहीं।" सत्यप्रकाश ने पूछा।

"है, हम उसे जानते हैं, क्योंकि उसे हमने ढूंढ़ा है, गढ़ा है अपने सारे सपनों से, उसे अपना सबकुछ सौंप कर निश्चिन्त हो जाओ। पानी में दिये की लौ–सा जलता है कुछ?" शीला जी ने कहा।

"सौंप देने मात्र से क्या होता है, वह तो इस्केप है।"

"एक रास्ता तो आपके मार्क्सवाद ने सुझाया है जो ईश्वर को नहीं मानता।" विशाल ने मम्मी–डैडी की तकरार में हस्तक्षेप किया लेकिन मम्मी हार मानने को राजी न थीं, "मार्क्सवाद पहले खुद अपने बंदों को तो ठीक कर ले फिर खुदा के बंदों की बात सोचे।"

"आकांक्षा, अहं, प्यास!" प्रोफेसर ने कहा।

"इसे कर्ब करने का रास्ता मार्क्सवाद के पास नहीं, आध्यात्म के पास है।"

"नहीं, वहां तो त्याग भी भोग के निमित्त है। रास्ता तो मार्क्सवाद के पास ही है। सबको काम, सबको सुविधा, सबको रोटी, सबको न्याय?"

"दे पाया?" पत्नी ने पलटवार किया।

"मान जाइये न पापा अपनी हार!" जिद्दी बेटे ने जिद्दी बाप को समझाया,

"व्यवहार में कुछ स्ट्रगलर्स को छोड़ दें तो औरों की तरह मार्क्सवादी भी हिपोक्रेट हैं। यूरोप और अमेरिका में लोग खुद अपना काम करते हैं, यहां के कई मार्क्सवादी तो नहाने के बाद चड्ढी भी छोड़ जाते हैं कि पत्नी या नौकर साफ करे। एक दिन 'झी' या नौकरानी न आयें तो मार्क्सवादियों के हाथ–पांव फूल जायें। घूम–फिर कर वहीं शासन की आकांक्षा, ईगो और प्यास?"

"इसका उपाय सिर्फ साइंस और सोशल साइंस के पास है, जिसने कहारों को पानी और पालकी ढोने से, भंगियों को मैला साफ करने से, मुक्त किया। सब तो विज्ञान ही कर रहा है।" सत्यप्रकाश ने कहा।

विज्ञान और भी बहुत कुछ कर रहा था।

कल ही लारा ने पिता को नर्सिंग होम में एडमिट कराने का निर्णय लिया था। सारी व्यवस्था जिम के जिम्मे थी। हालांकि बात बिल्कुल गोपनीय रखी गई थी फिर भी सूंघने वालों ने सूंघ लिया।

समझाने की आखिरी कोशिश की गई।

"तुम समझती क्यों नहीं कि तुम्हारा यह कदम घोर अनैतिक और अधार्मिक है।" चंदन ने कहा।

"तुम्हारा यह पागलपन हमें कहीं मुंह दिखलाने लायक भी नहीं छोड़ेगा। मतलब समझ रही हो? माने कि बाप संभोग कर रहा है बेटी का।..."

"ना, ना, ना! दोनों दो चीजें हैं। गंवारों की तरह बात मत करो। आय से स्टॉप द स्टूपिड टाक्स!"

उत्तेजना में वह हांफने लगी।

"एक बात पूछूं दादा, आप तो दुर्लभ नस्ल की प्रजातियों को बचाने के लिए खासा परेशान रहते हैं, अगर मैं अपने इस ईमानदार पिता की नस्ल को बचाना चाहती हूं तो कौन-सा गुनाह कर रही हूं। मुझे न धर्म की परवाह है, न नैतिकता की। मुझे इस बात का गर्व है कि मैं ऐसे पिता की संतान हूं और इस बात का भी कि मैं पिता जैसी दुर्लभ होती जा रही प्रजाति को बचाने का माध्यम बन रही हूं।"

"करो, देखती हूं, कैसे करते हो तुम लोग यह घृणित काम मेरे जीते जी। तुमसे तो मैं बाद में निबटूंगी, पहले तो मैं इस बुढ़ऊ का मुंह झौंस दूंगी। हिम्मत कैसे हुई उसकी यह सब करने की!" यह माँ थी जो अब उत्तेजना में क्रुद्ध शेरनी-सी झपट रही थी।

सब बेकार गया। लारा तो जैसे बहरी और गूंगी हो चली थी। न कुछ सुन रही थी, न बोल रही थी। बैग को कंधे पर डाला और निकल पड़ी। चोटी पकड़ कर पीछे से खींच लिया माँ ने। मलय और चन्दन ने हाथ पकड़े। माँ ने पांव की ओर से आगे बढ़कर गला दबा दिया बेटी का। आवाज रुंध रही थी। हाथ-पांव छूटने को कसमसा रहे थे, आंखें फटकर छिटक पड़ने को बेताब। जिंदगी तड़प रही थी जिंदगी के लिए।

हलाल कर दी गई लारा।

दूसरे दिन। हर तरफ से धिक्कार बरस रहे थे जिम पर

"मरवा दिया न बेचारी को।"

जिम ने हैरानी और असहायता में दोनों हाथ फैला दिये...।

# बाइरे बहुत लोक!

नौकरानी सोनामुखी ऐसे बदहवास दौड़ती हुई आई कि शीला जी को पूजा छोड़कर पूछना पड़ा, "क्या बात है?"

"बाइरे बहुत लोक!" (बाहर काफी लोग हैं।), माने लोक ना (माने आदमी नहीं)

"फिर?"

"हिजड़े।"

"एं!" दिमाग ठनका। दरवाजा खोल कर देखा तो वाकई हिजड़े थे, यह और बात थी कि उनके साथ कुछ शरीफ-से लग रहे लड़के--लड़कियां भी थे। लॉन पार कर भीतर तक आ गए, दुस्साहस तो कम नहीं है। अब जबकि प्रोफेसर साहब यूनिवर्सिटी गए हुए हैं और विशाल 'अस्तित्व' लैब में, उन्हें अकेले ही झेलना था इन्हें। कहीं ये थेथर लोग घर के अंदर न दाखिल हो जायं, सो दरवाजा छेंक कर खड़ी हो गईं, "क्या बात है?"

"लड़का...?" एक भोंडी मर्दानी आवाज।

शीला जी हैरान, साहस संजोकर मुस्कराईं, "अब इस उमर में मेरे को तो बच्चा होने से रहा, बेटे-बेटी की तो अभी शादी भी नहीं हुई, फिर किस बच्चे की बधाई गाने आ गए आप लोग?"

"एक शरीफ से दिखने वाले क्लीन शेव्ड लड़के ने आगे बढ़ कर अंग्रेजी में कहा।" दरअसल आपने हमें गलत समझा। हम किसी नवजात बच्चे के लिए नहीं, आपके बेटे विशाल सर से मिलने आये हैं।"

"ओऽऽऽ! लेकिन आप लोग हैं कौन?"

"गाइको और लेस्बियन्स के प्रतिनिधि!"

चिहुंक गई शीला जी जैसे मोरी का कोई बिलबिलाता कीड़ा उनके हाथ पर चढ़ आया हो। उन्होंने हाथ झटके, "वो रहा विशाल।"

विशाल ने फाटक खोल कर कार को गैरेज में डाला, भीड़ के प्रति अनुमान लगाते हुए सशंकित मन से कदम आगे बढ़ाया, "कहिए, क्या बात है!"

“सर, हम गाइको और लेस्बियन्स के प्रतिनिधि आपसे मिलने आये हैं? प्रॉपर एप्वाइंटमेंट न ले सके, क्षमा करेंगे।”

“कोई बात नहीं, मगर आप...?” विशाल की दुविधा थी कि वह 15–20 लोगों को बैठाये कहां, ड्राइंग-रूम, स्टडी-कहीं भी बैठाना मम्मी का कोपभाजन बनना था।

“कोई बात नहीं सर, हम यहीं बैठ जाएंगे बाहर, सिर्फ एक प्लग प्वाइंट...।”

“वो किसलिए?”

“लैपटॉप!” बैठ गए बिना किसी मानाभिमान के बरामदे की फर्श पर। विशाल ने भी संकोच में बैठना चाहा पर उनके इसरार पर चेयर पर बैठना पड़ा।

नारी-मुक्ति की सदस्या मालती घोष ने कहा, “सर आप जैसे देश के बड़े वैज्ञानिक से हम जानना चाहते हैं कि...।” वे एक क्षण को रुकीं फिर संभलते हुए बोलीं, “पुरुष का रोल क्या है प्रजनन में?”

“विज्ञान की भाषा में?”

“जी।”

“आधे जीन देता है, आधे क्रोमोजोम्स?”

“बस?”

“प्रजनन में तो बस, बाकी परवरिश।”

“सर, गर्भ में तो हम औरतों को ही रखना पड़ता है।” एक दूसरी महिला ने कहा।

“जाहिर है।”

“हम चाहें तो खुद ही संतान पैदा कर सकती हैं, पुरुष चाहे तो भी अकेले नहीं।”

“जी।” “फिर वो इतना इतराता क्यों है?”

“मुझे पता नहीं कि वह इतराता है या नहीं, लेकिन अगर ऐसा है तो इसके कारण वही हैं–आधे जीन और आधे क्रोमोजोम्स जिनमें एक वाई-क्रोमोजोम भी है।”

“नहीं, हम चाहें तो अकेले-अकेले ही संतान पैदा कर सकती हैं न...?”

“हां, मगर वे लड़कियां ही होंगी, लड़के नहीं।”

मालती का मुंह सूख गया, जैसे उसकी कोई बहुत बड़ी चीज गुम हो गई हो,

“यह तो प्रकृति का अन्याय है।”

इन लोगों (गाइको और लेस्बियन) ने लैपटॉप पर अपनी-अपनी संस्थाओं की उपयोगिता और नैतिकता पर ढेरों जानकारियां देकर यह सिद्ध करने की कोशिश

कीं कि दुनिया के काफी नामी-गिरामी लोग समलैंगिक थे और हैं, कि वे अब सीना तानकर कह सकते हैं कि हां, वे समलैंगिक है, उन्हें विवाह करने की आजादी मिलनी चाहिए और हर तरह की कानूनी मान्यता और यथोचित छूट भी...। आंकड़े विस्मित करने वाले थे।

मालती ने कहा, "हमारा दो दिन बाद फोरम होने वाला है, हम चाहते हैं कि आप हमारे चीफ गेस्ट के रूप में शामिल होकर हमारे नोबुल कॉज को मोरल सपोर्ट दें।"

"मैं भी कितना जानता हूं आप लोगों के बारे में!"

"हम आपके लिए कुछ लिटरेचर ले आये हैं।" एक महिला ने कहा और प्लास्टिक का सुसज्जित पैकेट खोल कर उसे उत्साह से दिखाने लगी, 'यह देखें दोहरी जिंदगी' विजयदान देथा की कहानी, यह। 'लिहाफ', इस्मत चुगताई जी की, एंड दिस वन-'पुरुष जखन यौन कर्मी' अजय मजुमदार की, 'भारॅतेर हिजड़े सॅमाज' निलय बसु। ये एक डी.वी.डी. है-एक आस्ट्रेलियन फिल्म 'डांस टू माय सांग्स' की, गाइकोज इन मायथॉलोजी, इल-इला, अर्द्धनारीश्वर वृहन्नला-अर्जुन, राधा-कृष्ण, महाकाल-महाकाली, माधवी, अय्यप्पा और भगीरथ...।" वह ऊबते हुए सुन रहा था।

"आप अय्यप्पा को तो जानते होंगे सर, जब भगवान विष्णु ने सेक्स चेंज किया था तो  शिवजी ने उनसे संभोग किया, पुत्र पैदा हुआ, नाम अय्यप्पा, केरला में बहुत जाग्रत टेंपुल है।"

"मुझे यह सब बताकर व्यर्थ ही आप लोग वक्त जाया कर रहे हैं, मैं तो गाइको यानी हिजड़ों के बारे में कुछ भी नहीं जानता।" वह एक व्यस्त डॉक्टर की तरह टाल रहा था, वे एक मेडिकल रिप्रेजेंटेटिव की तरह पीछे पड़े हुए थे, "सर जेन्डर इंडेक्स के बारे में तो जानते ही होंगे। पी.एच. मीटर जैसा होता है एक से नौ तक वर्गीकृत, मेनली ये मेल होते हैं उनके स्त्रीजनित हाव-भाव आरोपित होते हैं, जेनेटिक आरगन्स फुली डेवेलॉप्ड नहीं होते। कुछ एम्पुट करा लेते हैं, उन्हें सिन्नी कहते हैं, जिनका रह जाता है, उन्हें 'अंखुआ' कहते हैं। दे हैव देयर ओन कोड लैंग्वेजेज, लाइक 'परसा' और 'उलटी', ओन रीचुअल्स, ओन गैंग एंड ग्रुप! उनकी अपनी कूट भाषा, कर्मकांड, गिरोह होते हैं। किताबों में विस्तार से है।"

"कानों में बाली पहन रखी है आपमें से कइयों ने?"

"यह तो पहचान के लिए यहां फैशन बन गया है।"

एक लड़का उस लड़की के कान में कुछ फुसफुसाया। लड़की की शह पर लड़के ने कहा, "सर इधर एक नया फैशन चला है कि शरीर के यौनांग में जहां-जहां छेदने योग्य है, छेद कर नथ पहना दो।"

विशाल ने उसे हाथ बढ़ाकर रोका, सोनामुखी चाय और समोसे की ट्रे ले आई थी। उसके जाने के बाद उस लड़के के उत्साह का बांध फिर से खुल गया, "इसे वेश्याओं के यहां नथ उतारने की परंपरा से जोड़ा जा सकता है। एक विदेशी अभिनेत्री केनी परेरा ने तो योनि की अर्गलाओं को ही छेद कर उसमें हीरे की नथ पहन रखी थी।"

"प्लीज इस डिस्कशन को अब बंद ही कर दें।" पानी में ठेली जा रही बछिया की तरह वह डर कर पीछे हटने लगा।

"ओ.के. सर! आप जैसे साइंटिस्ट हमारे कॉज के लिए आगे आयेंगे, हम इस उम्मीद के साथ जा रहे हैं।"

किसी ने पुकारा, "ए भागीरथिया, तनी ई सब सरिया दो।"

"भागीरथी से याद आये भगीरथ..." मालती के चेहरे पर उल्लास तिर आया।

"वो क्या है?" विशाल ने पूछा।

"उसका भी लिटरेचर आपको दे दिया है हमने...वो एक युद्ध हुआ था। पुरुष सारे वीर गति को प्राप्त हो गए थे। तब स्त्रियों ने ही स्त्रियों से संभोग किया और भगीरथ पैदा हुए–भग का रथ!"

"अच्छा! फिर...?"

"फिर उन्होंने युद्ध किया, जीते, गंगा को स्वर्ग से धरती पर ले आये सारे पापों को धोने के लिए...।"

क्या आप इस पर यकीन करती हैं?

"ओ यस!"

"लेकिन ऐसा कैसे हो सकता है?"

"क्यों?"

"वही पुरानी दिक्कत...वाई क्रोमोजोम कहां से लायेंगी औरतें। अगर कोई शिशु जन्मा भी तो वह कन्या होगी, भागीरथी होगी, भगीरथ नहीं।"

अचानक जैसे उनका हिसाब-किताब गड़बड़ा गया।

"क्या बिल्कुल नहीं हो सकता?" मालती ने हताश स्वर में पूछा।

"बिल्कुल नहीं।"

भीड़ में सब एक-दूसरे का मुंह देखने लगे।

"आप लोग यहां आये, बहुत-बहुत धन्यवाद! मगर आपको हमारे घर का पता कैसे मालूम हुआ?"

"वो अतुल बिजारिया साहब हैं न, आपके फ्रेंड, वे हमारे संरक्षक हैं, उन्हीं से।" "मुझे बख्श ही दें तो अच्छा।"

"सर!" सबकी आंखें उस पर जा टिकीं, "सर, आप लोग काले लोगों के लिए, दलितों, स्त्रियों, हैंडीकैप्ट्स, पशुओं, पेड़--पौधों के कॉज के लिए फाइट करते हैं, हमी ने कौन-सा गुनाह किया है कि अछूत हो गए? आप आइए, न आइए, हमारा होना एक बड़े सवाल की तरह जलता रहेगा।" स्वर इतना भीगा हुआ था कि अंदर तक भिगो गया विशाल को।

"इस बार तो नहीं लेकिन अगली बार जरूर शामिल होऊंगा। प्लीज माइंड मत कीजिए, कल ही मुझे लंदन वापस लौट जाना है।"

वे वापस जा रहे थे। उनके साथ--साथ जिम की छाया-भी जा रही थी।

तो यह तुम थे जिम! प्रत्यक्ष आओ या परोक्ष, जब भी आते हो! हिलकोरते हुए आते हो—सारा अवसाद ऊपर आने लगता है। सारा कुछ गड़बड़ा जाता है। मछलियों और अन्य कीड़ों, जीवों के विकास में इधर तुम क्या ढूंढ़ने लगे हो—जेन्डर फैक्टर, यह कि नर और मादा की चेतना का नियामक है—जेन्डर। वह मछलियों-सा देह के अंदर भी है, बाहर भी, घड़ियालों की तरह तापमान जैसे भौतिकी पर भी निर्भर है और नहीं भी है, दोनों एक ही जीव में हो सकते हैं, अलग-अलग में भी। जितनी दूर जाओ, उतना ही खींचता है।

# ना कछु मेरा, ना कछु तेरा

किस्नू बिजारिया अब पूरी तरह से गो-रक्षा के प्रति समर्पित हो गये हैं। अकेले राजस्थान में ही चार-चार गो-रक्षा केन्द्र खुल गये हैं। उन्होंने व्रत लिया है कि अपने जानते वे किसी भी गो-माता को न तो मरने देंगे, न कसाइयों को मारने देंगे। ट्रकों पर स्लाटर हाउस ले जायी जा रही गायों को उनके आदमियों ने कसाइयों से कई बार छुड़ाया है। उनकी तमाम कोशिशों के बावजूद उनके उद्देश्य और लक्ष्य में कुछ न कुछ फांक रह जाती है। वजह? इस काभ के लिए चाहिए था इफरात पैसा और वह पैसा उनके पास न था।

लेकिन पैसा था। उन्हीं का पैसा। यह पैसा था उनके भाई विस्नू बिजारिया के पास। कुलगुरु अभेदानन्द जी को लेकर जा पहुंचे लाल कुठी।

आते ही करणी देवी के कदमों पर धर दिया मस्तक। अप्रस्तुत-सी चिहुंक गईं माता, "उठो, उठो बेटा। क्यों पाप लगाते हो मुझे!"

अभेदानन्द की आंखें इन सबसे निर्लिप्त हैं। दाहिने हाथ में लाल थैले में सुमिरनी घूम रही है निरंतर। करणी देवी प्रणाम कर रही हैं पर कुछ बोल नहीं रहे।

"बेटा...?"

किस्नू ने करणी देवी द्वारा उच्चरित संबोधन को पकड़ा, "देखो माँ, यहां न कोई किसी की माँ है, न कोई किसी का बेटा। सब माया का बाजार है। मैंने संन्यास व्रत धारण करते समय ही अपना श्राद्ध कर डाला है। समझ रही हो माता। तुम्हारा बेटा किस्नू मर चुका। यह जो संन्यासी तुम्हारे कुलगुरु स्वामी जी के साथ तुम्हारे पास आया है, वह किस्नू नहीं एक मामूली अवधूत है। वह भिक्षा मांगने आया है तुम्हारे दर पे। अपने लिए नहीं, हजारों मरती गायों के लिए।"

"भिक्षा कैसी बेटा, पैतृक संपत्ति में तुम्हारा आधा-आधा का हिस्सा बनता है। तुमने तो आना ही छोड़ दिया बेटा, तुम्हें गायों पर दया आती है और अपनी इस बूढ़ी माँ पर नहीं?"

"कहा न, यहां न कोई किसी की माँ है, न कोई किसी का बेटा। सब माया का बाजार है। अब कहोगी, तुम अगर संन्यासी हो गए तो तुम्हारी सम्पत्ति कैसी,

तो सुनो माते, वो क्या है न, मुझे अपने लिए कुछ नहीं चाहिए, जो चाहिए वो गो माता के लिए। मने कि समझ रही हो न!"

टप-टप आंसू टपक रहे हैं करणी देवी की आंखों से, "विस्नू को आने दे जितना चाहिए ले लेना-लाख, दस लाख, करोड़?"

"मुझे मेरा हिस्सा चाहिए आधा-आधा। सो आधे पर नक्की करो माता।"

"ठीक है, बड़े भाई को आने दो, जो चाहोगे वही होगा।" करणी देवी ने आश्वस्त किया।

बड़े भाई ने आते ही छोटे भाई को अंक में भर लेना चाहा, "तुम तो संन्यासी ठहरे। संन्यासी कब से मोह-माया के बंधनों में पड़ने लगे। ले जाओ, सबकुछ तुम्हारा ही तो है।"

"ना कुछ मेरा, ना कुछ तेरा।" बाहुपाश में कसमसाते हुए किस्नू ने जवाब दिया, "सबकुछ उसी का है।" उंगली ऊपर उठ रही थी, "उसका उसी को समर्पित कर मेरे पास आ जा भाई!"

थोड़ी देर तक बातें ऊपर ही ऊपर पैंतरों में मंडराती रहीं फिर वे अपने मकसद पर उतरे।

"क्या चाहते हो?" विस्नू ने पूछा।

"आधा।" किस्नू ने जवाब दिया।

"सिर्फ पैतृक सम्पत्ति पर ही तो दावा कर सकते हो भाई। बप्पा ने गंगा में डूबने के पहले कितना छोड़ा था? तिनका-तिनका जोड़कर जो महल मैंने खड़ा किया, उसमें सोचकर देखो, कितना अवदान तुम्हारा है और कितना मेरा।"

"बंटवारा न होने तक जो भी सम्पत्ति हो, चाहे मैंने जोड़ी हो, चाहे तुमने, एक मानी जाएगी। मने कि आधा...!"

मामला हल नहीं हुआ। कोर्ट में घिसटने लगा। अखबारों में आए दिन मुकदमे की दास्तान छपने लगीं जिसे लोग चटखारे ले-लेकर पढ़ते। अंततः माता करणी देवी कुलगुरु के शरणागत हुईं।

"मेरे सामने ही मेरे बेटों में बंटवारा हो रहा है, और अभी जिंदा ही हूं मैं?" फफक पड़ीं करणी देवी।

अभेदानन्द ने दोनों बेटों से बात-चीत की, "यह कोर्ट से हल होने वाली चीज नहीं है। फैसला हमें आपस में बैठकर करना होगा।"

भाइयों के आपसी बंटवारे का मामला है—बेहद गंभीर और नाजुक! सारे अप्वाइंटमेंट्स कैंसेल्ड हैं। लाल कुठी के ऊपर के बंद कमरे में सिर्फ चार जन हैं—विस्नू बिजारिया, किस्नू बिजारिया, अभेदानन्द जी और माता करणी देवी। किसी

को भी अंदर आने की इजाजत नहीं है। बात सहज भाव से शुरू हुई लेकिन झगड़े की शक्ल लेने लगी।

"विस्नू बेटा!" अभेदानन्द ने कातर स्वर में उच्चारा,

"कुछ मेरी भी सुनोगे, मैं तुम्हारा कुलगुरु हूं।...तुम्हारा छोटा भाई अपने लिए नहीं, धर्मार्थ मांग रहा है। बाकी पैसा उसके लिए धूल है। संन्यासी क्या करेगा पैसा?...कितना देते हो?"

"यह निर्णय मैं आप पर छोड़ता हूं।" विस्नू ने कहा।

"मैं भी।" किस्नू ने कहा।

"ये एक कायदे की बात हुई।" करणी देवी ने आश्वस्ति की सांस ली, "मैं भी फैसला आप पर ही छोड़ती हूं।"

इस जलेबी पेंच के किस सिरे पर कहां डूबकर कहां उतराया जा सकता है—सब यही तजबीज रहे थे। सोच में पड़ गये कुलगुरु। बहुत बड़े घराने की सम्पत्ति का बंटवारा था। वे दोनों हाथ में लड्डू रखना चाहते थे। उनकी सुमिरनी जोर-जोर से चलने लगी। तत्काल कुछ निर्णय न कर पाये तो दोबारा मुकाम पर लौट आये—"देखो, गो-रक्षा समिति का सवाल है और किस्नू तुम्हारा छोटा भाई है, जो भी श्रद्धा और स्नेह से देना चाहो, अभी दे डालो, बंटवारा बाद में करते रहना।"

इस बार सोचने की बारी विस्नू की थी। भाई ने भाई की ओर देखा और ब्लैंक चेक साइन कर उनके आगे बढ़ा दिया। भाई ने भाई को चेक वापस किया "अब बाकी भी तुम्हीं भर दो।"

भाई ने लिखा पचास लाख। और कहा "यह रकम हर साल मिला करेगी।"

पचास लाख करणी देवी ने अपनी तरफ से दिये।

फौरी तौर पर बादल छंट गए। मगर सबको मालूम था, यह कोई हल नहीं है, महज सामयिक रूप से झगड़े को टालना भर है।

किस्नू बिजारिया ने प्रतिक्रिया में एक शब्द तक न कहा—न अच्छा, न बुरा। गाड़ी मंगवाई, स्वामी जी ने पूछा, "कहां जा रहे हो?"

"कालीघाट!" शब्द के साथ फाटक बंद हुआ कार का और कार चली गई।

उनके जाने के बाद माता करणी देवी, अभेदानन्द, घोष और डॉ. जैक्सन इसी मुद्दे पर विमर्श करने लगे।

"उसके हाव-भाव ठीक नहीं हैं।"

"उन्हें लगता है एक बच्चे की तरह उन्हें सस्ते में बहला दिया गया है। पर उन्हें संतुष्ट कैसे किया जाय?"

"अगर यह बंटवारा टाला न गया तो अनर्थ हो जायेगा।" अभेदानन्द के मस्तक का चर्चित चंदन झरने लगा।

"एक ब्रह्मास्त्र अभी है आपके पास जिससे यह बंटवारा टल जाएगा।" घोष ने कहा।

"क्या?"

"जिम।" डॉ. जैक्सन चौंके, "जिम! आप कहना क्या चाहते हैं?"

"किस्नू बिजारिया के रुक्ष जीवन में अगर कोई सरसता का उद्रेक कर सकता है तो वह है जिम। किस्नू बार-बार जिम के पास जाते रहे लेकिन हर बार ठेस खाकर लौटते रहे। संन्यास के कठोर पत्थर के नीचे आज भी जिम के लिए अपार स्नेह है।"

"अगर ऐसा है, तो अभी सलट जाएगा।"

जिम को बुलाया गया। अभेदानन्द ने बहुत स्नेह से पूछा, "बेटा अतुल अपने चाचा से नहीं मिले आप?" जिम ने इनकार में सिर, हिला दिया।

"क्यों? बहोत गलत बात है। जाओ मिल लो।" डॉ. जैक्सन ने कहा।

"नो आय कान्ट टालरेट हिम...मुझे लगता है वे एक विशेष प्रकार की 'काऊमैड' बीमारी से ग्रस्त हैं-अध्यात्म के नाम पर मूर्खता भरे गप, हिन्दू धर्म...चमत्कार...।"

वह बर्राता हुआ जैसे आया था, वैसे ही चला भी गया।

लौटते समय तक किस्नू ने कोई बखेड़ा नहीं खड़ा किया सिवाय एक छोटे से सवाल के-

"पचास लाख या एक करोड़ क्या समझ के दिया, भिखारी?"

मैं कोशिश कर रहा हूं कि गायों का खर्च गायों से ही निकल आये-गोबर है, गोमूत्र है, मर जाने पर चमड़ा है, हड्डियां हैं...।" अभेदानन्द जी ने तसल्ली देनी चाही। मगर किस्नू के अपमान की आग को कोई भी युक्ति शांत न कर सकी।

उधर गायों से ही गायों का खर्च निकालने की योजना बुरी तरह फ्लॉप रही।

"इन मरी गायों से क्या मिलना है।" अभेदानन्द की आवाज हताशा में डूबी हुई थी।

"मने कि भाई से फिर पीसा...भीख...?

अभेदानन्द जी से कुछ बोलते न बना। सुमिरनी डोलती रही। पल-पल पहाड़ हुए जा रहे थे। किसे मालूम था कि अगले ही कुछ पलों में एक ऐसा चमत्कार घटित होने वाला है कि दिग्पाल चकित रह जाएंगे, सूर्य के सातों घोड़े बिदककर भाग खड़े होंगे, समय थम जाएगा।

वही हुआ।

सहसा सुमिरनी का डोलना बंद हुआ और कंठ खुल गए, "कृष्णानन्द!"

किस्नू समझ नहीं पाये, "किसे पुकारा स्वामी जी ने?"

"तुम्हें। तुम्हें ही।"

"मने कि म-म...मुझे।" हकला उठे किस्नू।

"हां, तुम्हें। आज से तुम किस्नू बिजारिया नहीं, कृष्णानन्द हुए।" "किस्नू बिजारिया भगवान कृष्ण के अवतार कृष्णानन्द हैं।" अभेदानन्द जी ने जयपुर के एक पत्रकार सम्मेलन में घोषणा की तो खलबली मच गई। पत्रकारों द्वारा तरह-तरह के सवाल दागे जाने लगे-

"यह अभिज्ञान आपको कब हुआ?" एक पत्रकार ने पूछा।

"कई बार फ्लैश किया। उसकी असाधारण गो-भक्ति पर मुझे बराबर जिज्ञासा और विस्मय होता रहा। अकाट्य थे तर्क कृष्णानंद के निरुत्तर कर देने वाले-

"माँ तो साल-दो साल ही दूध पिलाती है, गाय जीवन भर! गाय एक संपूर्ण मातृत्व है।"

"गाय यानी गो से ही गोत्र बनता है, गो से ही गोष्ठी या संप्रदाय।"

"जीवन के उस पार भी धेनु है, इस पार भी और इस पार, उस पार के बीच में भी।"

फिर अभेदानन्द ने पूछा, "आप ही बताइये कृष्णानन्द का जन्म जन्माष्टमी के दिन ही क्यों हुआ। कृष्णानन्द के सिवा इस जमाने में दूसरा कौन है जिसने गायों के चलते अपने भाई से लड़ाई मोल ली? सोचिए कि हम और आप न गायों की बोली समझते हैं, न गायें हमारी, जबकि कृष्णानन्द उनकी बोली समझता है और वे कृष्णानन्द की। गौवों के प्रति इतना समर्पित व्यक्ति मैंने दूसरा नहीं देखा। लाखों गायों को उन्होंने कसाइयों से मुक्त कराया, लाखों बीमार गायों का इलाज कराया। लाखों को पाल-पोस रहे हैं। प्रदेश और देश में दो सौ सात गो रक्षा चलंत दल, पचास गोशालाएं चला रहे हैं। सारे तथ्य इस बात की ओर संकेत करते हैं कि कृष्णानन्द में कुछ ऐसा है, जो दूसरे में नहीं है।"

आये दिन मीडिया में कृष्णानन्द के चमत्कारों की खबरें छाने लगीं और हर खबर किस्नू को कृष्णानन्द बनाने की ओर एक कदम और बढ़ा जाती। खबर यह भी उड़ रही थी, इस बार जन्माष्टमी को बाकायदा कृष्णानन्द का जन्म दिन मनेगा और अगले साल एक कामधेनु यज्ञ भी।

"बनिये ने क्या दांव मारा है।" आध्यात्मिक गुरुओं और भगवानों के बीच बेचैनी व्याप गई?

"साधु संसद बुलाई जाय।" एक प्रस्ताव आया तो सबने मान लिया।

एक फार्म हाउस में साधु-संसद बुलाई गई। सबने इस बात पर क्षोभ व्यक्त किया और कहा कि कम से कम एक न्यूनतम आचार-संहिता तो होनी ही चाहिए आध्यात्मिक गुरुओं के बीच। अब ये क्या कि जो चाहे खुद को बाबा घोषित कर दे, जो चाहे खुद को भगवान। एक स्वामी जी ने कहा, "आप अभेदानन्द या किस्नू को कैसे रोक पायेंगे जबकि खुद आंख की दवा के नाम पर डिस्टिल्ड वाटर देते हैं!"

"देखिए आपस में लड़ने से हमारे दुश्मनों का ही फायदा होगा।" नई-नई भगवती बनी तरुणी साध्वी कात्यायनी जी ने कहा तो सब चुप हो गए।

तय पाया गया कि अगला साधु-संसद जल्दी कराया जाय और उसमें अभेदानन्द जी के साथ-साथ इस कपटी कृष्णानन्द को भी बुलाकर जवाब-तलब किया जाय!

साधुओं और दूसरे जमातों के विरोध की बात व्यवसायियों के बीच पहुंची। वणिक महासभा में इस पर गंभीरता से विचार किया गया। बिरादरी में स्टील माफिया समझे जाने वाले शंकर सूद्रानियां ने बिगुल फूंक दिया-

"हम यूं तो किसी भी भगवान का अपमान नहीं करते, लेकिन उसके साथ यह भी जोर देकर कहते हैं कि अभी तक जितने भी भगवान हैं, सबका राशन-पानी, हमारी बिरादरी से ही चलता रहा है। हमने किसी भी भगवान से उसकी जात नहीं पूछा-कि भगवान, आप बराहमन हो, राजपूत हो, ग्वाला हो या और कोई। आंख मूंदकर अपनी कमाई उठाकर दे दी, पूछने भी नहीं गये कहीं कि तुम उसका क्या करते हो। और अब ये क्या हुआ कि हमारी बिरादरी का एक भगवान हुआ तो सबकी फटने लगी। अगर यह टीका-टिप्पणी बंद नहीं हुई तो हमें मजबूरन दूसरी जात के भगवानों का राशन-पानी बंद कर देना पड़ेगा।"

शंकर की बातों को प्रायः हल्के से लिया जाता था पर इस बार जाने क्या हुआ कि उनका रंग चित्त पर चढ़ने लगा।

घमासान बाहर ही नहीं मचा था, अंदर भी...किस्नू बिजारिया समझ नहीं पा रहे थे कि किस्नू से कृष्णानन्द बनाने के पीछे अभेदानन्द की कोई सोची-समझी रणनीति है या यूं ही कोई स्टंट। कभी-कभी उनके संस्कार बिलबिला उठते-यह तो पाप है! घोर पाप! हे मेरे श्यामदेव महाराज! हे मेरी गो माता! क्षमा करना मुझे। जब आत्मा को किसी भी तरह शांति न मिली तो अभेदानन्द से पूछ बैठे, "यह कुछ ज्यादा नहीं हो गया स्वामीजी?"

अभेदानन्द जी कुछ देर तक मौन रहे फिर बोले, "सब प्रभु की इच्छा! मैं कौन हूं और तुम कौन हो! करने कराने वाले सब सिर्फ वही हैं।" उस रात पहली बार किस्नू बिजारिया को सपना आया। सपने में कोई बोल रहा था, "स्वयं को

पहचानो कृष्णानन्द। तुम किस्नू बिजारिया नहीं कृष्णानन्द हो, कृष्णानन्द–कृष्ण के अवतार!"

कौन बोल रहा था और कहां से? कुछ समझ न पाये। नींद टूट गई। सोचने लगे, बड़ा विचित्र सपना था।

अजीब–सा द्वंद्व चलने लगा मन में। आईने के सामने खड़े होकर हर कोण से निहारते हैं किस्नू, यह संयोग अकारण नहीं हो सकता कि मेरा जन्म जन्माष्टमी के दिन हुआ। अकारण नहीं कि नाम किस्नू पड़ा। अकारण यह भी नहीं कि व्यापारी परिवार में पैदा होकर भी मेरा मन गो–रक्षा समितियों में ही तोष पाता है। कुलगुरु ने यूं ही तो उन्हें कृष्णानन्द कह कर नहीं पुकारा उस दिन। उनका कोई स्वार्थ होता तो खुद को ही कृष्ण बना लेते। कोई भला दूसरे को भगवान क्यों बनाने लगा! एक पल को उन्हें यह प्रतीति पल्लवित होती–सी लगती लेकिन अपना नीरस अधेड़ चेहरा देखते तो दूसरे ही पल मुरझा जाती।

अंतत: 'हां', 'ना', करते–करते 'हां' हो गया। हां, वे कृष्ण ही हैं। उनके आचरण खुद–ब–खुद कृष्णवत हैं। फिर मुंह में लगे माखन के अंश को देखा और कृष्ण भगवान के बचपन की तस्वीर से अपनी तुलना करने लगे। कुछ दिनों बाद उनकी इच्छा हुई कि मटके ले जाती हुई गोपियों को छेड़ें लेकिन अभेदानन्द ने ऐन समय पर अंकुश लगा दिया और वह लीला होते–होते रह गई।

कृष्ण के नाम से धनी–मानी भक्तों की भीड़ जुटने लगी। वे जहां जाते, बाकायदा चादर फैलाकर आश्रम के सेवक चलते और लोग उसमें सोने की अंगूठियां, चेन, हार और नकदी डालते जाते। शेखावटी के मुख्य आश्रम की देश भर में शाखाएं खुलती गईं। मारवाड़ी सेठों के परिवार वालों का तांता लगा रहता। विदेश में पहली शाखा खुली लंदन में, फिर तो बाहर भी कृष्णधाम की शाखाएं खुलने का सिलसिला चल निकला। इस बार मुख्य आश्रम पर जन्माष्टमी के दिन कृष्णानन्द जन्मोत्सव और कामधेनु यज्ञ मनाये जाने की योजना थी। अजय ने सत्यप्रकाश जी को फोन किया, "आप जा रहे हैं?"

"हां, एक बार कृष्ण की महिमा तो देखनी है। मैं ही क्यों, हम सब जाएंगे, तुम्हारी लाल कुठी में भगवान के भाई का परिवार भी।" प्रोफेसर साहब ने कहा।

और इस बार की जन्माष्टमी किस्नू बिजारिया को 'कृष्णानन्द' में बाकायदा स्थापित कर गई।

उत्सव में शामिल विशिष्ट व्यक्तियों में राजस्थान और गुजरात के कुछ मंत्री, सांसद, विधायक और व्यापारी समुदाय के लोग तो थे ही, कलकत्ते से लाल कुठी का उनका परिवार भी उमड़ पड़ा था, मगर यहां भी थे वे सब मेहमान ही। माता करणी देवी की छलकी हुई आंखें इस उम्मीद पर टिकी थीं कि कम से कम

एक बार तो उनका किस्नू उनके पास आएगा। मगर यहां किस्नू होते तब न! यहां तो भगवान थे। उन्हें इतनी फुरसत कहां!

पीला अंगरखा, पीली धोती, पीली पगड़ी, पगड़ी में मोरपंख। लेकिन मुरली के बिना तो बांके बिहारी की बांकी छवि पूरी नहीं होती, सो हाथ में एक मुरली भी। आकाश मार्ग से उनका अवतरण हो रहा है। जिस मंच पर वे आसीन हैं उसे एक क्रेन उठाकर धीरे-धीरे नीचे भक्तों की उमड़ती भीड़ के ऊपर से ले जा रहा है। नीचे भक्तों का पारावार चैतन्य महाप्रभु की तरह हाथ उठा-उठाकर नाच-गा रहा है। ऊपर से गुलाब की सुवासित पंखुरियों के साथ प्रसाद स्वरूप माखन-मिश्री की वर्षा हो रही है। जिनके हाथ लग गया, वे धन्य हो गए। भक्तों में लच्छू और विरजू के आगमन की घोषणा से उत्साह की एक नई लहर आ गई है–

"भक्तजनों, लच्छू जी और बिरजू जी का हम इस कृष्ण जन्म महोत्सव में स्वागत करते हैं। जैसा कि आपको मालूम है, कभी गिरमिटिया बनकर इनके पूर्वज सूरीनाम गए थे, आज की तारीख में ये सबसे बड़े एन.आर.आई. हैं: आपको बताते हुए हमें प्रसन्नता हो रही है कि ये वही लच्छू जी, विरजू जी हैं जिन्होंने राम मंदिर के निर्माणार्थ सोने की दो ईंटें भिजवाई थीं। गुजरात में सन् 2002 में धर्म पर आपत्ति आने पर करोड़ों रुपए दिए थे। भारतीय धर्म और संस्कृति के ऐसे संरक्षकों पर हमें गर्व है। उसी क्रम में गोरक्षा समितियों की अभूतपूर्व सफलता से संचालन के निमित्त इन्होंने हमारे आश्रम को सोने की दो-दो गायें दान में दी हैं। बोलिये, बोलिये भक्त शिरोमणि लच्छू जी–बिरजू जी की...।"

"जै!" भक्तों ने जैकारा किया।

घोषणा के साथ उत्सव में एक नया उबाल आ गया।

घोषणा के साथ माता करणी देवी की आंखें भी प्रसन्नता से भीग गईं।

घोषणा के साथ एलिस कुछ और कन्फ्यूज्ड हो गईं।

घोषणा के साथ विस्नू बिजारिया की आंखें ईर्ष्या से कुछ और चढ़ गईं।

घोषणा के साथ अतुल उठकर बाहर चला गया। पीछे-पीछे सत्यव्रत जी और अजय भी।

"पांवों में कुछ चिपचिपा और गिजगिजा-सा कुछ चिपका रह गया है।" अजय ने कहा।

"मेरे भी।" सत्यव्रत जी ने कहा

"मेरे भी।" जिम ने कहा

"पता नहीं, वह माखन मिसिरी है या कुछ और।"

# दलाल की दलील

'अस्तित्व' अनुसंधान केन्द्र के नेटवर्क के अलावा दो और प्रोजेक्ट पर काम चल रहा है। इनके पूरे हो जाने पर विस्नू बिजारिया की कंपनी मांसाहार उत्पादन सप्लाई करने वाली दुनिया की सबसे बड़ी कंपनी हो जायेगी। इनमें से पहला प्रोजेक्ट है प्राय: सात हजार किलोमीटर फैले भारतीय समुद्री तट पर मछली पकड़ने का एकाधिकार और दूसरा है विश्व की सबसे बड़ी पिगरी (सूअर बाड़ा) का अधिग्रहण!

जहां तक समुद्री मछलियों का सवाल है, कंपनी ने जाल तो फैला दिया है लेकिन चूंकि कई-कई पार्टियों, प्रान्तीय और केन्द्रीय सरकारों से जुड़ा सवाल है, सो जाल को बहुत सावधानी से धीरे-धीरे खींचना होगा। मामला समय का भी है और धैर्य का भी। लेकिन 'शाइनिंग पिगरी' के अधिग्रहण में ऐसी कोई बाधा नहीं है, जो है वह महज मानसिक है।

हालांकि यह बिजनेस करते हुए विस्नू को इतने बरस बीत गये मगर वे आज भी निर्द्वंद्व नहीं हो पाये हैं। आज भी उन्हें खुद से लड़ना पड़ता है।

"कहां शुद्ध-सात्विक वैष्णवी परिवार, कहां यह गूखौना गलीज जीव!" दलाल केन्ट के सामने वह शब्दों को थूक रहे थे जैसे।

सालों बाद मिल रहा था केन्ट: "भड़को नहीं, भड़को नहीं, मुझे सब मालूम है। तुम्हारी एक पिगरी पहले से है कहीं इन्टीरियर में, वो क्या? वो नाम है।" केन्ट कुछ याद करने लगा, तुम्हारा खुद का एक फेवरिट सूअर हुआ करता था, "फैंटम कहा करते थे तुम, चारों तरफ से काला, बट ह्वाइट ऑन हेड।..."

"यस!"

"और तुम्हारी पिगरी का क्या तो नाम...वारा? क्या चूतियापे का नाम है! देखो, मैंने ये दो वर्ड्स सीखे हैं-वारा और चूतियापा/ अच्छे हैं ना?"

"अरे वाराह हमारे सबसे बड़े गॉड के एक अवतार हैं यार।"

"क्या एक्सेलेंट आइडिया है। तुम्हारे देश में कुछ भी किया जा सकता है, कुछ भी, बस ईश्वर और धर्म का नाम दे दो।"

"लेकिन सूअर एक्सेप्शन हैं, हिन्दुओं के लिए घृणा और मुसलमानों के लिए कुफ्र।"

"हां यह भी ठीक है। देखो, मैं जब भी तुमसे मिलता हूं तुम्हारे मुनाफे की बात करता हूं, तुम इंडिया के बाहर कदम निकालो। शाइनिंग पिगरी को लो और उसके दस लाख सूअरों के साथ दुनिया के सबसे बड़े मीट सप्लायर बन जाओ। नाम चाहे शाइनिंग को हटा कर 'वारा' ही रख दो।"

दूसरी मुलाकात शाइनिंग पिगरी के गेस्ट हाउस में हुई। प्रत्यक्ष देख सुन कर विस्नू ने जो महसूस किया वह कतई उत्साहवर्धक नहीं था–"फोर बाई सिक्स के दड़बे में एक मादा सूअर और उसके दर्जन-दर्जन भर छौने जहां वे कायदे से घूम भी नहीं सकते। अपने ही गू-मूत और गंदगी में लिथड़े। उस दड़बे में जो कर्मचारी या मजदूर हैं, उनकी भी हालत प्रायः वैसी ही। साढ़े चार मिलियन गैलन मल-मूत्र, गंदगी का डिस्पोजल सीधे नदी में।"

"ओह तुम तो!" केन्ट ने कुछ कहना चाहा।

"अभी सुनो...हजारों तो मुकदमे हैं, सैकड़ों बार तो पेनाल्टीज लग चुकीं। नौ लाख डॉलर का जुर्माना तो अभी-अभी भरने का निर्देश हुआ है, संगठन के मानकों के अनुसार काम करते, सो नहीं अपनी दुम चमकाने के लिए विश्वविद्यालयों, अस्पतालों आदि में करोड़ों का अनुदान दिया जाता है।"

"इसके बाद भी करोड़ों का मुनाफा। हू-ब-हू तुम्हारी कंपनी जैसा।" आंख दबा कर दुष्टता की कुटिल हंसी हंसता है केन्ट, "मैं तो कहता हूं, यही मौका है टेक ओवर करने का जबकि कंपनी खुद मुश्किल में हो।" बिजारिया अभी भी दुविधा में है। अगर यह अर्जुन का वैराग्य है तो उधर दलाल की दलील भी कृष्ण की गीता से कम नहीं। इन सूअरों और मजदूरों का क्या है, ऐसे न मरते तो वैसे मरते। तुम नहीं मारोगे तो कोई और मारेगा।

बोर्ड ऑफ डायरेक्टर्स की कई मीटिंग्स हो चुकीं। अधिग्रहण की प्रक्रिया अभी पूरी भी न हो पाई थी कि शाइनिंग के कर्मचारियों ने अजीब किस्म के जुकाम की शिकायत की। प्रबंधन ने पहले इसे उतनी गंभीरता से नहीं लिया था लेकिन जब लोग पटापट मरने लगे तो दिमाग ठनका। तब तक लैब के जांच की रिपोर्ट भी आ गई थी–एच-1 व्ही आई...।

स्वाइन फ्लू!

जिस गंदे माहौल में सूअरों को रखा जा रहा था और जिन अस्वास्थ्यकर हालात में मजदूर काम कर रहे थे, इसके अलावा और हो भी क्या सकता था।

देबू ठाकुर सच ही कहा करते थे, "आदमी पंछी है।"

ये पंछी जहां-तहां गिर कर मरने लगे। अमेरिका, कनाडा, ब्रिटेन, जर्मनी...अपने देश में पुणे, दिल्ली और पता नहीं कहां-कहां। अस्पताल भरने लगे। स्कूल कॉलेज बन्द होने लगे।

वणिक बुद्धि ने पिगरी से छलांग लगाई और जा पहुंची सूअरों के पार–स्वाइन फ्लू की दवा, स्वाइन फ्लू के टीके, स्वाइन फ्लू के उपचार और इन सबसे पहले पब्लिक अवेयरनेस के नाम पर स्वाइन फ्लू की भयावहता का प्रचार।

अच्छे भले आदमी के मुंह पर सूअरनुमा मुखौटा, जिसका थूथन निकला हुआ था। थूथन को देख कर दूसरा थूथन डरने लगा।

दीवारों, अखबारों पर किसी भी किस्म का जुकाम, बुखार, सरदर्द या तकलीफ हो, फौरन जांच कराइये कि कहीं ये स्वाइन फ्लू तो नहीं है, सच के अंदर कितना झूठ है, झूठ के अंदर कितना सच, राम जाने।

'द अर्थ' नामक संस्था ने दस बड़े-बड़े वैज्ञानिकों का नाम जारी किया। जिन्होंने स्वाइन फ्लू की दहशत फैलाने में अपनी भूमिका निबाही। विशाल ने, द 'अर्थ' की लिस्ट देखी तो आंखें सिकुड़ गईं, " 'फिलिप' यू टू?"

सिर्फ फिलिप ही नहीं, शाइनिंग पिगरी की मृत आत्माओं के कितने-कितने ओझा-गुनी...और उनमें से एक ओझा 'अस्तित्व' भी।...

पर वह तो बाद में...।

# चूहा

देबू ठाकुर को जान नर्सिंग होम से अस्तित्व रिसर्च सेंटर में ले आया गया है जहां उन पर नये सिरे से शोध चल रहा है। ठाकुर जीवन-मृत्यु की संधि पर पड़ाव डाले पड़े हैं। बेड पर ही नली के जरिये खाते-पीते और पाखाना-पेशाब करते हैं। उम्र बाकायदा बढ़ रही है। मूंछ, दाढ़ी बढ़ाकर चेहरा जंगल कर लिया है मगर न जीवन की ओर लौटते हैं, न मौत की ओर। यह कैसी विडंबना है कि जीवन का कुछ स्थगित है, कुछ चलायमान! जीवन और मृत्यु के बीच तनी डोर पर कुशल बाजीगर की तरह चले जा रहे हैं ठाकुर। इधर जिंदगी है, उधर मौत। कमाल का संतुलन है। लेकिन नहीं, इधर एक नई दिक्कत पैदा हो चली है—स्मृति ध्वंस! अब उन्हें भूख-प्यास लगती है या नहीं, इसका कोई संकेत संबद्ध तंत्रिका तंत्र नहीं दे पाता। दिया जाने वाला दाना-पानी पचा या नहीं, पचा तो कितना पचा, यह जानने का कोई उपाय नहीं है। कभी ज्यादा हो जाता, कभी कम। वैज्ञानिक बिजली के झटके दे-देकर याददाश्त को वापस लाने की कोशिश कर रहे हैं। आश्चर्य, देबू ठाकुर को बहुत पहले की चीजें कुछ-कुछ याद आने लगी हैं जैसे बड़ी लड़की, शादी, प्रेमिका, बाघ। पत्नी उनकी बड़बड़ाहट को सत्यापित करती रहती हैं।

विद्युत झटके बंद कर दिए गए। दो दिन बाद भी परिणाम जस का तस। यूरेका! कहकर उछल पड़े वैज्ञानिक, "मतलब, संभव है, किसी अधिक स्वस्थ आदमी पर प्रयोग कर हम अल्जाइमर्स के किसी निदान तक पहुंच सकें!"

छोटा बेटा शिवेन्द्र नाथ मिश्र पहले ही अनाथालय में था, अब बड़ा बेटा द्विजेन्द्र (खोका) भी हायर सेकेण्डरी की पढ़ाई छोड़कर अस्तित्व के एनिमल फेसिलिटी विभाग में आ गया है।

लोग उसकी माँ से पूछते हैं, "कौन-सी नौकरी?"

माँ शान से जवाब देती है, "स्टाफ!"

"माने बाबा (बाप) कॉमा, बेटा फुल स्टॉप!" कोई चिढ़ाता है। मगर आज चिढ़ाने से काम बिगड़ जाएगा, आज वह द्विजू नहीं, खोका नहीं 'खोका दा'

तोप बनकर अनाथालय के बच्चों को चूहों का चिड़ियाखाना दिखाने ले आया है।

"ऐ! जूते-वूते निकाल दो यहां, ये चप्पल पहन लो। मुंह पर ये स्वाइन फ्लू का मास्क हटा कर ये मास्क बांध लो।...साला दम घुटता है। स्वाइन फ्लू ने हम सबको सूअर बना दिया और हम तुम्हें बनायेंगे चूहा।" खोका दा ने हुक्म दिया और हुक्म तामील हुआ।

लोहे के जालीदार पिंजरों और खांचों में चूहे ही चूहे, मुखौटा लगाये हुए चूहे नहीं, असली चूहे।

"अरे ई तो सादा चूहा है-इस्स!" एक लड़के छोटू ने कहा!

"काले भी हैं।" खोका ने दिखाया।

"अरे देख-देख काला चूहा!"

"खोका दा, हम चूहा फंसा के दें तो...?"

"देसी चूहा नहीं, यहां विदेशी चलता है।" खोका ने बताया।

"जा स्साला। हमारी तरह हमारे चूहों की भी कोई प्रेस्टिज नहीं।"

"इन्हें लड्डू खिला सकते हैं?"

"क्यों?"

"गणेश भगवान के वाहन हैं।"

"ना, एकदम नहीं, कुछ भी नहीं।" खोका ने डांटा।

"ये खाते क्या हैं?"

"ये देखो गिरी-मक्का, गेहूं का आटा और दूध से बनी गिरी।"

"देख-देख, पानी कैसे चूस के पीता है।"

"खाना भी स्पेशल, पानी भी, बेड भी, वातावरण भी, एकदम जर्म फ्री।" खोका ने बताया।

"ई ठो कैसा चल रहा है?"

"अंधे हैं, इनका नाम हमने क्या दिया है मालूम? धृतराष्ट्र, गांधारी!"

"किसने नाम दिया, तुमने?"

"मुझको कहां इतनी अकल। नाम दिया है डॉ. जिया ने। बहुत बड़े साइंटिस्ट और मैं उनका शिष्य।"

"उन्होंने सारे चूहों, खरगोशों, गिनीपिगों और चिम्पैंजियों का नामकरण किया है।"

"लेकिन पहचानोगे कैसे कि ये धृतराष्ट्र हैं, ये दुर्योधन?"

"देखो।" खोका ने एक चूहे का कान पकड़कर उठा कर दिखाया, "ये देखो कान पर नंबर डले हुए हैं। सबके नाम का रजिस्टर है। कम्प्यूटर में फाइल है।"

छोटू का दिमाग अभी भी वहीं उलझ रहा था, "खोका दा, इस अंधे धृतराष्ट्र और गांधारी पर क्या खोज चल रही है?"

"ये देखो, पहली बार अकल की बात करी है किसी ने।" खोका दा वैसे ही खुश हुए जैसे हेडमास्टर अपने छात्रों की मेधा देखकर खुश होता है।

"वही निष्पत्ति जो द्रौपदी ने दुर्योधन को दी थी कि अंधों की संतान अंधी ही होती है।"

"तो क्या...?"

"हां वो देखो दुर्योधन, दुशासन भी अंधे हैं। माने अंधापन दूसरी पीढ़ी में भी आ गया।"

"महाभारत में भी दोनों अंधे ही थे।" एक सयाने लड़के ने कहा।

"ई ठो दूसरा अकल की बात।" खोका दा अपने छात्रों की कुशाग्रता के कायल हुए, खैर अब ये जानने की कोशिश करेंगे कि अंधेपन के लिए कौन से जीन या जीन में आयी गड़बड़ी जिम्मेवार है।

छोटू ने अब 'अश्वत्थामा को ढूंढ़ निकाला,' ये कंधे पर स्वेलिंग?

"ये नॉक आउट चूहा है छोटू, इस पर कैंसर ग्रोथ कराया हुआ है।"

"अरे बाप...? और वो काला वाला...?"

"ये कृष्ण और शकुनी–महाभारत कराने वाले ट्रांस्जेनिक चूहे हैं। ये माने इनमें जीन के दूसरे एक्सपेरिमेंट्स चल रहे हैं...।" इसके बाद खोका दा ने आंखें मूंद कर जो शब्द उच्चारा, वह खासा भारी भरकम था–"जीन परिवर्तन उत्क्रमण नस्ल परिवर्तन!" कई बच्चों ने उच्चारण करने की कोशिश की मगर वे असफल रहे। गुरु की सामर्थ्य का सिक्का जम गया।

"क्यों करते हो यह सब?" एक ने पूछा।

"इसलिए कि आदमी को जो–जो बीमारियां होती हैं वो–वो पहले चूहे में पैदा करते हैं, फिर दवाओं का असर पहले चूहे पर देखते हैं फिर आगे बढ़ते–बढ़ते आदमी पर।"

"अगर ये मर जायें तो?"

"इसीलिए तो इनको इतनी सावधानी और हिफाजत से रखा जाता है, फुल्ली ए.सी., हवा सूखी? एकदम जर्म फ्री वातावरण, आराम ही आराम!"

"फिर भी अगर मर जायें?"

"तो लाखों का नुकसान।"

"लैब बंद...?"

"ना।" खोका ने उंगली हिलायी, "इनके एम्ब्रियो रखे हुए हैं। हम फिर से चूहे बना लेंगे।"

"ये एम्ब्रियो क्या होता है,"

"बड़े होने पर जान लोगे।"

“आदमी भी बना सकते हो?”

“हां, आदमी भी लेकिन नया आदमी।”

खोका ने घड़ी देखी, चार्ट देखा, रजिस्टर देखा और दो पिंजरों में शेष हो गई गिरियों और दो के रीत आये पानी के बोतलों को भरा।

अनाथालय के बच्चे जाली के पिंजरों के चूहों को देख रहे थे। चूहे उन्हें। चूहा उकड़ूं बैठ गया। छोटू उकड़ूं बैठ गया। चूहे ने आंख पिटपिटाई, छोटू ने आंख पिटपिटाई। चूहों ने ‘चीं-चीं’ किया, लड़कों ने ‘चीं-चीं’ किया। चूहे ने मानो पूछा, “हम तो यहां फंसे हैं और तुम...?” लड़कों ने मानो अनजाने ही मान लिया, “हम भी फंसे हैं बिरादर...।”

# इट इज सिम्पली इम्पॉसिबुल

जिम के कंप्यूटर की एक विन्डो शाहनवाज अख्तर की ओर खुलती थी।

मटिया बुर्ज की उस हकसती-पचकती एक दूसरे से रगड़ाती गली और कटहल के कोये-से ठुंसे बदबू और सीलन भरे मकानों के बीच फंसा एक अदद मकान। हजारों परिवारों के दलदल से उभरता छह जवान होती बेटियों और एक जवान बेटे शाहनवाज वाले जाकिर का एक अदद परिवार। पार्टी का कार्यकर्ता बनकर शाहनवाज को एक नौकरी हासिल हुई-एम्प्लायमेंट एक्सचेंज की क्लर्की। जाकिर-परिवार के दिन अब दलदल से निकलने वाले थे कि वह दूसरे दलदल में जा फंसे। शाहनवाज औरतों-सी हरकतें करने लगा।

अतुल मेंशन के आरिफ मियां अपने साले जाकिर मियां से मिलने आए थे कि जाकिर ने अपना दुखड़ा रोया, "छह बेटियों के बीच एक यही तो बेटा था, और इसका यह हाल है। हम कहां जाएंगे!" आरिफ ने यह समस्या जिम को बतायी और जिम ने शाहनवाज को अपने कंप्यूटर में डाल दिया।

शाहनवाज को इस जिन्न से कौन छुड़ाएगा? बहुत पीर-दरगाह की।

बेटियों से यह खबर अम्मी तक फिर अम्मी से अब्बा तक पहुंची।

सबसे पहले सझली बेटी कुलसूम ने देखा, फिर उसने अपनी बाकी बहनों को दिखाया, बहनों ने अपनी अम्मी को, किवाड़ की झिर्री पर चस्पा हो गईं सात जोड़ी आंखें! अंदर शाहनवाज सलवार जंफर-चूड़ी, बिन्दी में औरत बना आलमारी के शीशे में अपने को निहार रहा था। अपने सीने को मसल रहा था, मुस्करा रहा था।

"तुममें से किसी ने अपने अब्बा को तो नहीं बताया?" अम्मी ने बेटियों से पूछा।

"नहीं, लेकिन इसे उनसे हम कब तक छुपा कर रख सकते हैं? और छुपाना वाजिब भी होगा?" कुलसूम ने कहा।

बेगम क्या करें, क्या न करें, परेशान हो गईं। "यह कब से ऐसा कर रहा है?"

"मैंने तो पिछले हफ्ते ही पहली बार देखा, लेकिन लगता है, काफी पहले से यह सब चल रहा है।"

"क्या उससे कभी कुछ पूछा?"

"ना...!"

चुपके-चुपके पीर-फकीर-दरगाह का सहारा लिया जाता रहा, मगर हालात जस के तस बने रहे। हार कर खबर अब्बू को दी गई, तो उनके हाथ-पांव ही फूल गये। वे सीधे अपने बहनोई आरिफ साहब को बुला लाए। आरिफ ने जिम से अरज किया तो उसके कान खड़े हो गये। पहले कुछ दिन एक मनोचिकित्सक डॉ. बैनर्जी से इलाज चला। बैनर्जी ने भी जब सरेंडर कर दिया तो जिम ने उसे डॉक्टर जैक्सन के हवाले कर दिया। कहानी का लब्बोलुवाब यह निकला कि शाहनवाज होमो है, उसका कोई दोस्त है अख्तर, वही इसे उस राह पर ले गया। मगर वहां भी शाहनवाज सुप्त पार्टनर है। अगर कहानी महज इतने तक सीमित रही होती तो भी गनीमत थी, शाहनवाज की असली समस्या तो दूसरी ही थी। उसकी दुनिया अंदर ही अंदर बदल रही थी जैसे सागर से कोई द्वीप निकलता हो। किसी को कानों-कान खबर न हुई।

डॉ. जैक्सन के मेडिकल बोर्ड ने शाहनवाज के शरीर और मन की गहन जांच की, हर पहलू पर गौर किया गया और वे इस निष्कर्ष पर पहुंचे कि शाहनवाज के जननांग पूरी तरह विकसित नहीं हैं। शरीर के कुछ अंगों से तो वह लगभग पुरुष है मगर मानसिक रूप से नहीं। पिंजरे में बंद परिंदे या अंडे से बाहर निकल रहे चूजे की तरह उसका पुरुष शरीर स्त्री मन में कैद है। द्वैध की इस अटपटी स्थिति को वह ज्यादा दिन बर्दास्त नहीं कर पायेगा। इसके सामान्य होने का एक ही उपाय है, या तो इसे पूरी तरह से पुरुष बना दिया जाय या पूरी तरह औरत।

"यानी या तो तन बदलो या मन।" डॉ. जैक्सन ने कहा।

"ना दोनों को ही बदलना होगा, सवाल सिर्फ इतना है कि यह बदलाव नर की ओर हो या मादा की ओर।" डॉ. सुल्तान अहमद ने हस्तक्षेप किया, "क्या इजाजत देता है उसका बदन?"

बहुत मगजमारी हुई। तन पर आधारित मन तन से भी बड़ी पहेली। अभी दोनों विकल्प खुले हुए थे मगर दोनों में रिस्क था। वैसे बोर्ड के ज्यादातर सदस्यों की राय थी कि ऐसी स्थिति में रोगी और उसका परिवार ही अंतिम निर्णायक हैं।

रोगी से पूछा गया तो वह कुछ देर तक भकुआया-सा देखता रहा, फिर बोला, "मैं तो औरत हूं ही फिर आप मुझे जबरन मर्द बनाने पर क्यों जोर दे रहे हैं?"

"पर तुम्हारी भांय-भांय करती मर्दानी आवाज, ये मूंछें, दाढ़ी और...,"

"इसी का तो रोना है, ये साला मर्दपना क्यों जकड़े हुए है, मुझे?" शाहनवाज ने कहा।

"मर्दपना भी है तो उसी का, औरतपना भी है तो उसी का।" जिम के साथियों ने कहा।

दफ्तर से मेडिकल अवकाश ले लिया शाहनवाज ने, फिर शुरू हुआ हारमोन्स ट्रीटमेंट और ओस्त्रोपचार का दौर और शाहनवाज मर्द से औरत बनता गया।

यहीं शुरू हुई असली परेशानी जिसका जिम के खिलंदड़े मन को भी अंदेशा न था, तन-मन-जीवन से भी अलग दुनिया जिसमें उसका एक वजूद हुआ करता था, अब वह वहां उसके लिए कोई स्पेस नहीं बनने दे रही थी। दफ्तर और परिवार दोनों में जैसे भूचाल आ गया। खुदा की खुदाई में खलल पड़ गया जैसे।

आरिफ मियां मुंह दिखाने के काबिल न रहे। जाकिर साहब का परिवार रो-रोकर बेहाल..."छह बेटियों के बीच एक ही तो बेटा था, न जाने वह कौन-सी मनहूस घड़ी थी जब हमने अपना दर्द तुमसे कहा!"

एक दिन जाकिर मियां का परिवार रातों-रात कहां कूच कर गया, कुछ पता नहीं।

उस दिन दफ्तर में पहली बार एक अजनबी लड़की ने एटेंडेंस रजिस्टर अपनी ओर खींच कर शाहनवाज की जगह हस्ताक्षर किया तो लोग हैरान हो उसकी ओर ताकने लगे। बॉब कट बाल, आंखों पर काला चश्मा, माथे पर गुलाबी बिंदी, होठों पर गुलाबी लिपिस्टिक, कॉफी के रंग के चुस्त टॉप, जींस का पैंट और जूते...?

"आ-आप कौन हैं?" हेड क्लर्क हकलाया।

दफ्तर के दूसरे स्टाफ भी आ गये। किचरकांय होने लगी। डायरेक्टर अपना बैग लेकर अपने चैम्बर में जा रहे थे। वे भी आ गए। माजरा समझने के लिए उन्होंने पूछा, "हू आर यू?"

उस बाला ने बड़ी नफासत से अपना काला चश्मा उतारा। बालों को झटका दिया, "गुड मॉर्निंग सर, आय एम योर शाहनवाज।"

"यू ऽऽऽ!"

"यस सर!"

"नो, इम्पॉसिबुल! इट्स सिंपली इम्पॉसिबुल!"

"लेकिन सर, चेहरा तो शाहनवाज जैसा ही है।" ऑफिस एसिस्टेंट गोगोई ने कहा।

"जी मैं शाहनवाज ही हूं।"

"बट हाउ?"

"सर, मैंने सेक्स चेंज करा लिया है।"

अब तक कुछ महिला कर्मचारियों समेत खासी भीड़ जुट चुकी थी। चारों तरफ विस्मय, खुसुर-फुसुर और खिलखिलाहटें। दफ्तर का काम-काज तक बाधित रहा। एक दिन, दो दिन, तीन दिन...मगर और कितने दिन ऐसे चलता। दफ्तर का काम बंद था, स्पोर्ट्स, क्रिकेट, पॉलिटिक्स, कॅरप्सन, सेक्स स्कैंडल्स के चर्चे बंद थे। बस एक ही टॉपिक के गिर्द सब घूम रहे थे–सेक्स चेंज।

"उसे नंगा करके देखना चाहिए।" एक जिज्ञासा।

"छातियां तक फुला ली हैं, बाकी क्या रहा देखने को?" फौरी शंका समाधान!

"वही टैब्लेट्स तुम भी खा लो, तुम्हारी भी फूल जाएंगी, कष्ट जरूर होगा, लेकिन असल चीज तो...?"

"हारमोन्स ट्रीटमेंट से उसका भी इलाज चल रहा है। दबे-पिचके सारे फिमेल आरगन्स देह के अंदर से खोद-खोद के निकाले और सजाये जायेंगे।"

"आय कान्ट बिलीव!"

बड़े-बड़े सवाल थे, जिनका हल किया जाना जरूरी था।

"नाम बदल गया तो नये-पुराने सब जगहों पर बदल पाना संभव होगा क्या?"

"जेन्डर बदलने पर उसे फीमेल के कालम में रखना होगा।"

"वो तो बाद में, पहले तय करो कि वह किस टायलेट में जाएगा, लेडीज या जेन्ट्स?" श्रीमती बोस ने क्षोभ से कहा। एक अच्छा-खासा नोट तैयार कर डायरेक्टर ने फाइल ऊपर बढ़ा दी। फाइल जहां-जहां गई, खुजली पैदा करती गयी। शाहनवाज को न उगला जा सकता था, न निगला...ऐसे में हड़बड़ी और हताशा में एक और कदम उठा लिया साहब ने...चार्जशीट!

"तुमने सेक्स चेंज के लिए प्रायर परमीशन नहीं ली थी, अत: अनुशासनहीनता के आरोप में क्यों न तुम्हें निलंबित कर अनुशासनात्मक कार्रवाई की जाय? सात दिन के अंदर जवाब दो।"

यह मधुक्खियों के छत्ते को छेड़ने जैसा था। यूनियन ने बवेला मचा दिया। गे, लेस्बियन्स और कुछ नारी संगठनों के बड़े-बड़े पोस्टर्स रातोंरात दीवारों पर चिपक गए। जगह-जगह धरना, प्रदर्शन!

आखिर डायरेक्टर को इनके सामने झुकना पड़ा। उन्होंने उनसे मिलने का अनुरोध किया, ताकि इस अभूतपूर्व समस्या का कोई सम्मानप्रद रास्ता निकाला जा सके। पोस्टरों के ये प्रश्न टेबिल पर आ गिरे और फन काढ़ कर झूमने लगे।

"आप शाहनवाज पर किस नियम के तहत अनुशासनात्मक कार्रवाई करने की धमकी दे रहे हैं?"

"कोई व्यक्ति अपने शरीर के साथ कैसा सुलूक करे, यह उसका निजी मामला है।"

"क्या जेन्डर बदलने मात्र से क्वालीफिकेशन, डिग्रियां, सर्टीफिकेट्स सब गलत हो गये? उसके काम करने की क्षमता घट गई या वह काम नहीं करता?"

"देखिए!" साहब ने कुछ कहना चाहा, मगर सवालों की बौछार में उनकी आवाज दब कर रह गई। उन्हें चीख कर कहना पड़ा "प्लीऽऽऽज!"

आवाजें शांत हुईं।

"देखिए जेन्डर का अपना इम्पॉर्टेंस है, संवैधानिक ढेर सारी चीजें जेन्डर के साथ-साथ बदल जाती हैं। शाहनवाज पुरुष बन कर आया था, अब अगर आपकी और उसकी मर्जी है कि वह स्त्री बन कर रहे तो मैं कौन होता हूं रोकने वाला! तब हां, मुझे भी ऑफिस चलाना है। जबसे वह सेक्स चेंज करवा कर आया है, कामकाज ठप्प है। मैंने दूसरे लोगों से इसके ट्रांस्फर की बात की जहां उसके अतीत को कोई न जानता हो, लेकिन कोई इस बला को रखने को तैयार नहीं।"

एक हंगामा जान नर्सिंग होम में भी वरप रहा था। सबको हँसाने वाले अस्पताल के गर्भपात विशेषज्ञ डॉ. बैनर्जी जो बताया करते कि भविष्य के हिटलर हों या इंदिरा गांधी, उनको गर्भ से हम यूं निकाल-निकाल कर प्लेट में रखते हैं जैसे पके कटहल से कोयों को...न सिर्फ बताते बल्कि डिमॉन्स्ट्रेट भी करते, आज वही डॉ. बैनर्जी खुद ही उपचार के लिए नर्सिंग होम लाये जा रहे थे।

"आखिर हुआ क्या डॉक्टर को।" पूछते हैं डॉक्टर जैक्सन।

"एक फिल्म देख रहे थे कि...बुत हो गये!" मिसेज बैनर्जी ने बताया।

जिम ने डॉ. जैक्सन और पिता दोनों से ही फिल्म के बाबत जानना चाहा और दोनों का एक-सा उत्तर-"इट्स नन ऑफ योर बिजनेस!" वह ठेसुआया-ठेसुआया-सा घूम रहा था। इस बेहूदा स्थिति से उबरने के लिए वह क्या करें। अटपटे में एक और अटपटी हरकत!

अगले दिन जिम ने पीटर को गिरधारी अनाथालय से बुला भेजा, "तुम किस पिता के संधान में जिंदगी जाया कर रहे हो? इस सभ्यता का कोई माई-बाप है कहीं?"

"उसी हत्यारे पिता को।" पीटर की घूरती आंखें अब शून्य में सुराख कर रही थीं।

"मिल भी गया तो करोगे क्या?"

"सिर्फ एक सवाल, उसने मुझे जन्म क्यों दिया। माना कि स्पर्म बैंक में स्पर्म देकर वह निवृत्त हो गया, जैसे पेशाब-पाखाना किया, फ्लश किया निवृत्त हो गये। माना कि यह एक गैर इरादतन हत्या है...पर है तो हत्या ही।"

जिम कुछ और कन्फ्यूज्ड हो गया।

बेशक ये सब खुराफातें थीं।

इन सारी खुराफातों का सूत्रधार जिम अपने म्यूजियम में अजय के साथ जीव

विकास के क्रम को तरतीब देने में लगा था कि धड़धड़ाते हुए कोई अंदर घुस आया। पलट कर देखा तो बाप था, "अरे बाप!"

"तुम मुझे चैन से जीने नहीं दोगे जिम?" विस्नू बिजारिया ने कहा।

जिम ने अपनी मासूम नजरें पिता पर टेक दीं। अजय भी हड़बड़ा कर खड़ा हो गया।

"एनीथिंग रौंग पापा?" जिम ने पूछा।

"एवरीथिंग रौंग!" विस्नू बिजारिया क्षुब्ध हो गए। ''तो तुमने वह सब करवाया?''

पिता का सवाल पुत्र से।

पुत्र ने सिर हिलाकर हामी भरी!

पिता बोले, ''बट हाउ!''

देर तक उनके 'हाउ' की किरचें कमरे में कांपती रह गईं।

यह एक और ही 'हाउ' था।

बात सिर्फ इतनी-सी थी कि मिनी ट्रालर 'झिनुक' पर गये पांच लोगों में से किसी ने पीने के पानी में मछली डाल दी थी और उसके मल से जल दूषित हो गया था। पी लो तो उल्टी-दस्त, न पियो तो तड़प-तड़पकर मरो, बचा समुद्र का जल तो वहां भी वही...हर तरफ डी-हाइड्रेशन! चालक ने 'एस.ओ.एस.' मेसेज भेजा, 'क्या करें?'

सवाल जाने कैसे जिम तक पहुंचा और जिम का जवाब ही बन बैठा विस्नू साहब के क्रोध का कारण। जिम ने उन्हें बताया कि जब तक हमारी सहायता उन तक नहीं पहुंच पाती, मछली के मल वाले उस दूषित पानी को फेंके नहीं बल्कि किसी ट्यूब के जरिये एनिमा बनाकर थोड़ा-थोड़ा रेक्टम में लेते रहें।

'हाउ' के जवाब में जिम ने धीरे से कहा, ''इसके सिवा उनके पास बचने का कोई उपाय न था पापा।''

''तुम हर चीज को मजाक समझते हो? मुंह मुंह है और रेक्टम, रेक्टम!

''होगा, बट मर जाने पर दोनों धरे के धरे रह जाएंगे। हमने तो सिंपली एक बाई पास किया, मुंह के जरिए नहीं जा सकता, सो रेक्टम के जरिए।

''यह संस्कारों का भी बाई पास था।'' अजय धीमे से बर्राया।

''तो क्या इससे वे बच गए?''

''यस, आप मिलना चाहें तो उनसे मिल सकते हैं।''

विस्नू बिल्कुल ही कन्फ्यूज्ड हो गये। कुछ देर सन्न रहे। फिर झेंप झाड़ते-से बोले, "पहले तुमने उस मछेरन लड़की के साथ बवाल मचाया, मेरा सिर शर्म से झुक गया। फिर देबू ठाकुर को कोमा की हालत में जान नर्सिंग होम में परमानेन्ट बेड दिलवा दिया। न वह मरेगा, न बेड खाली होगा। उसके साथ उसकी पूरी फेमिली का खर्च मुझे उठाना पड़ रहा है। फिर वो लारा, वो पीटर और अब यह

नया हंगामा, उधर फुटपाथ से उठवा कर एक लड़के को जबरन लड़की बनवा कर पूरे शहर में तूफान खड़ा कर दिया। और भी पता नहीं कितनी-कितनी खुराफातें जन्म ले रही होंगी तुम्हारे दिमाग में। मैं कहां-कहां तुम्हें संभालता फिरूं?"

उनकी उत्तेजित आवाज की तुलना में जिम का स्वर एकदम शांत था,

"पापा देबू ठाकुर आपका सरवेंट था। उसको उस इंजर्ड हालत में हम कैसे छोड़ देते? इट वाज ऑवर ड्यूटी! रिगार्डिंग लारा एंड द सेक्स चेंज आफ शाहनवाज, आने वाले समय में ऐसे प्रॉब्लम्स तो फेस करने ही होंगे।"

"लेकिन खर्च हमने किए?"

"यस! पैसे होते ही हैं नॉबुल कॉज में खर्च करने के लिए। आप भी तो करते हैं, हमारी पूरी फेमिली करती है।"

"अपना माली वो क्या...हां आरिफ के साथ शाहनवाज के मां-बाप आये थे। रो रहे थे। छह बेटियों के बीच एक ही तो बेटा था, उसे भी बेटी बना दी तुमने।"

"पापा, यह शाहनवाज की इच्छा और फिजिकल डिमांड थी। मैं, आप या उसका परिवार क्या कर सकता है इसमें! फिर बायोलॉजी और मेडिकल साइंसेज में जो पॉसिबुल होगा, वही तो होगा, उसे हम अपनी इच्छाओं से तो संचालित नहीं कर सकते न! दो धड़ एक जिस्म, एक धड़ दो जिस्म, स्त्री के अंदर पुरुष, पुरुष के अंदर स्त्री, यह एनोमली प्रकृति का मजाक है, हमारा नहीं।"

"बट, हमने इस एनोमली को सुधारने का ठेका नहीं ले रखा है। इट इन्वाल्व्स ए लॉट आफ मनी!"

"यस इट डज और हम ईजिली एफोर्ड कर सकते हैं। करते रहे हैं।"

"कहां?"

"अस्तित्व में, जॉन नर्सिंग होम में, यहां म्यूजियम में, दूसरे साइंटिफिक रिसर्चेज में।"

"वो दूसरी चीज है।"

"एक ही चीज है पापा, एक ही चीज—देबू ठाकुर के बहाने एक कॉज की स्टडी, लारा के बहाने दूसरे कॉज और पीटर के बहाने तीसरे कॉज की। उसी तरह शाहनवाज के बहाने जेन्डर चेंज की...।"

"एंड ह्वाट एबाउट डॉ. बैनर्जी, तुमने पता नहीं कौन-सी फिल्म दिखा दी कि वे पागल हो गये?"

"मैंने नहीं, आपने। वह वही एँबार्शन वाली फिल्म थी जिसे आपने हमें देखने नहीं दिया। उसे ही देखा डॉ. बैनर्जी ने।"

निरुत्तर हो गये प्रभु।

"पापा एक बार मैं भी देखना चाहता हूं–आखिर उस फिल्म में ऐसा क्या है?"

"नो" एक सपाट नकार पिता की।

परेशान हो उठे थे विस्नू, अजय की ओर मुखातिब हुए, "इसे समझाओ अजय, माई सन, माइ वोनली सन इज गोइंग क्रेजी!"

"दैट्स ए यूनिक कॉम्प्लीमेंट! रुकिए पापा, एक ईशू छोड़े जा रहे हैं अभी।"

"अभी कुछ बाकी रह गया है क्या?" जाते-जाते ठमक गए विस्नू।

जिम ने कहा, "पापा, दादी ने बताया था कि हमारा महाभारत शुरू होता है एक मछेरन से, क्या नाम है?"

"योजन गंधा।" अजय ने याद दिलाया।

"यस योजनगंधा या मत्स्यगंधा, जिससे व्यास पैदा हुए थे।"

"माइथॉलोजी हिस्टोरी नहीं होती?" विस्नू ने झिड़का।

"आपके कुलगुरु तो मानते हैं, पूरा परिवार मानता है? खैर छोड़िए मेरी माम भी तो एक मछेरन हैं...। हमारे एक राष्ट्रपति वही थे। साइंस कहता है कि मछली से ही मनुष्य का विकास हुआ है। अब बेचारी बेला मछेरन हो गई तो कौन-सा महाभारत अशुद्ध हो गया?"

विस्नू बिजारिया एक क्षण को उत्तेजना में उझके, फिर खुद को संभाल लिया उन्होंने। जैसे दनदनाते हुए आये थे, वैसे दनदनाते हुए चले भी गए।

मैनेजर घोष ने कहा, "एनॉफ इज एनॉफ। अब अतुल को कहीं शिफ्ट करना ही पड़ेगा।"

इन सबसे दूर लंदन की प्रयोगशाला में विशाल सिम्मी के सामने प्रायः हांफ रहा था।

"क्या बात है, तुम...?"

"भाग आया हूं, फिर भी पीछा नहीं छूट रहा है।" विशाल ने गे, लेस्बियंस और शाहनवाज का पूरा प्रकरण कह सुनाया। सिम्मी मुंह पर हाथ रख कर हंस रही थी, "सो...?"

"इतनी सारी समस्याएं हैं, लेकिन घूम-फिर कर वही यौनता की समस्या।"

"समस्या, अगर है तो उसका प्रॉपर समाधान होना चाहिए न?"

"इक्जैक्टली यही कह रहे थे वे।" वह अपना लैपटॉप ऑन करते हुए बोला। "मुझे रह-रह कर वापसी में एक दूसरा ही प्रसंग याद आ रहा था, हरम का प्रसंग। यू नो, बादशाह जहां भी ब्यूटीफुल ओमेन देखते, उठा लाते। हरम सजता जाता। अब औरतें कहीं चोरी-छुपे दूसरे से संभोग में न लिप्त हो जायं, इसलिए उनकी

रखवाली के लिए हट्टे-कट्टे हिजड़े एप्वाइंट करते। हिजड़े इसलिए कि खुद संभोग न कर बैठें। अब ट्रैजेडी यह कि हिजड़े खुद सेक्स से डिप्राइव्ड। सो, औरतों को देखते ही उनकी आंखों में प्रतिहिंसा की चिनगारियां भड़क उठतीं। उनके अंदर का घायल पुरुष उग्र हो उठता। वह उन औरतों को नोचता, खसोटता, मसलता, भद्दी-भद्दी गालियां देता...। औरतें जान बचाने के लिए भागती-फिरतीं, एक कमरे से दूसरे कमरे में...।"

"यह सब तुम्हारा सिरदर्द क्यों है?"

"इसलिए कि शाहनवाज के केस में ये तीनों ही स्थितियां एक साथ थीं?"

"बट मेरी बॉडी में सिर्फ औरत है, तुम्हारी बॉडी में सिर्फ पुरुष।"

"कौन जानता है!"

सिम्मी ने उसे प्यार से देखा, "खाली दिमाग शैतान का घर। तुम्हारे दूसरे दोस्त अजय और जिम और जिया तो ऐसा नहीं सोचते।"

"यह जिम ही तो सारी खुराफात की जड़ है, उसी ने ठेल कर मुझे इस समस्या के रू-ब-रू किया था।"

लंदन की जाड़े की बीस घंटे की लंबी रात। जब साथ में सिम्मी जैसी हसीना, इतनी लंबी रात भी छोटी लगती है। दो बज रहे होंगे। सिम्मी ने अचानक झकझोरना शुरू किया। विशाल घोड़े बेचकर सो रहा था। उसने उसे सीने में समेट लिया।

"सुनो।"

"सोने दो।"

"अभी सुन लो, मैं भूल जाऊंगी।" उसने उसे चूम लिया, इस पर भी वह न उठा तो रजाई उठा कर फेंक दी।

"अरे-अरे पागल हो गई हो।"

"हां पागल हो गई हूं।"

"ठीक है, बोलो, क्या है।"

"ट्रांस्प्लांटेड आर्गन्स देह नहीं स्वीकारती।"

"हां।"

"क्यों?"

"उसका इम्यून सिस्टम (रोग प्रतिरोधक प्रणाली)!"

"लेकिन एक तरीका है कि वह इनकार नहीं करेगी।"

"क्या?"

"उस लिंब के साथ-साथ उसके इम्यून सिस्टम को भी ट्रांस्प्लांट कर लो।" विशाल ने एक पल को सोचा फिर सहसा उसकी सारी तन्द्रा गायब हो गई, "हुर्राह! तुमने तो कमाल का सोचा।"

उसने प्यार से उसे उठा लिया और पलंग पर डाल कर पुरस्कार स्वरूप उसके पूरे जिस्म को चुंबनों से भर दिया।

"अब बताओ ऐसा सोचा कैसे?"

"वो मैं तुम्हारे जिम के डैडी के ट्रांस्प्लांटेशन के बारे में सोच रही थी।"

"मैं सोच रहा हूं अपना लिंग और टेस्टीज काट के उन्हें लगा दूं।" और तुम अपने काट कर शाहनवाज को दे दो। हमारे काम के तो रहे नहीं ये।

"हुष्ट (धत्)" कह कर सिम्मी कूद पड़ी उस पर।

सुबह सिम्मी ने कहा,

"चलो चलते हैं इंडिया।"

"हां चलना तो है। तो बस आज ही टिकट बुक कर आओ। मैं लैब के कुछ जरूरी एक्सपेरीमेंट्स तब तक एक मुकाम पर ले आता हूं।"

"यह जाम सिम्मी–विशाल के नाम!" आगाज जिया ने किया। जाम से जाम टकराये 'चीयर्स।'

बिलायत से शराब आई है। शराब ही नहीं शबाब भी–सिम्मी भी आई है विशाल के साथ। गोरा चेहरा वह भी विदेशी। जिया साहब पार्टी शुरू होने तक बतियाते रहे उससे।

"तो डार्लिंग, जिया साहब और तुम्हारे बीच क्या गुफ्तगू थी कि, खत्म ही नहीं होने को आ रही थी?" विशाल ने हंसते हुए पूछा।

"पता नहीं, योगा, मेडिटेशन, कंसेन्ट्रेशन, री बर्थ, टेलीपैथी, एटसेट्रा, एटसेट्रा। फिर ऐट द लास्ट यह भी समझाया कि इतनी ही कोशिश ईश्वर के लिए करती तो शायद कुछ पा लेती कि आइंसटाइन को यह बात देर से समझ में आयी थी।"

"और जिया साहब को पहले ही समझ में आ गई।" अजय ने चुटकी ली।

"बहोत बुरी बात है जिया साहब, बहोत बुरी बात! कितनी मुश्किल से तो एक चिड़िया फांसी थी और आप उसे उड़ा देना चाहते हैं।" विशाल ने कहा।

"इन्होंने यह भी समझाया कि अगर इनके टेलीपैथी के प्रोजेक्ट को मेरे ब्रेन के प्रोजेक्ट से जोड़ दिया जाय तो दोनों को सहूलियत होगी और रिजल्ट फैंटास्टिक होंगे।" सिम्मी ने कहा।

"कह ही दिया।" विशाल ने मरी आवाज में पूछा, "यही बात उन्होंने हैप्टिक्स (मशीनी स्पर्शानुभूति मुक्ति विज्ञान) की उस लड़की से भी कहा था। लड़कियों के साथ ही क्यों जुड़ना चाहते हैं डॉ. जिया? खैर तुमने क्या कहा उनके प्रस्ताव पर?"

"वो तो तुम लोगों ने बुला लिया, कह नहीं पायी। अब सुनो मिस्टर जिया... सिम्मी ने जिया को संबोधित किया," एक बार रूप गर्विता, नर्तकी ईजा डोराडंकन

जार्ज बर्नाड शा के पास गई, बोली, अगर हम विवाह कर लें तो जो संतान होगी फैंटास्टिक होगी, माने मेरी तरह सुंदर, तुम्हारी तरह बुद्धिमान। इस पर बर्नाड शा ने कहा, "और अगर इसके उलटा हो गया तो...?"

जोरों के ठहाके दगे। कट कर रह गये जिया। शराब का दूसरा दौर चला तो सिम्मी ने मना कर दिया।

"मेरा अभी खत्म नहीं हुआ।"

"क्यों आप तो चीनी मूल की हैं, क्या तो लीजियो जैसा कुछ?" जिया को वार करने का जैसे मौका हाथ लग गया।

"आपको कोई एतराज है?" सिम्मी लड़ने के मूड में आ गई।

"नहीं, पर चीनी लोग तो कुछ भी खा सकते हैं, यहां हमारे सुंदरवन के बाघों तक पर हमला बोल दिया उन्होंने, क्यों दस्तीदार साहब?"

"बाघों से चीनियों के क्या संबंध?" सिम्मी ने पूछा।

"वो मैं नहीं बता पाऊंगा, बाघों से पूछिये।" जिया ललकार रहे थे, "एक बाघ तो यहीं है, वो अपना दस्तीदार।"

"क्या बात है दस्तीदार?"

"वो उनके पेनिश का मद (शराब) बनाके पीने से काम शक्ति बढ़ती है–ऐसा सोचते हैं।"

सिम्मी ने कंधे उचकाये। मधु ने कहा, "शिट?"

"जिया साहब सही कहते हैं, बाघ का 'वो' ही नहीं, कुछ भी?" विशाल ने कहा, "जिस किसी के भी चार हाथ-पांव हों, चीनी उसे खा सकते हैं, सिर्फ टेबुल और खाट छोड़कर; जिस किसी के पंख हों, चीनी उस चीज को खा सकते हैं, एरोप्लेन को छोड़कर; जो भी चीज पानी में तैरती हो चीनी उसे खा सकते हैं, सिर्फ पानी वाले जहाज और नावें छोड़कर।"

सिम्मी ने विशाल को बनावटी गुस्से में मुकियाया, "आय विल किल यू!"

दूसरे दौर के बाद मधु ने भी हाथ खींच लिए, "बस!" विशाल और अजय का ग्लास भी आधा ही खाली हुआ था, सिर्फ दस्तीदार और जिया साहब ने ही थोड़ी-थोड़ी ली।

"अजय ने एक पोयेम लिखी है।"

"सुनाइये सुनाइये।"

"पृथ्वी की खिसकती पट्टियों पर/इस पट्टी से उस पट्टी/इस खोल से उस खोल में फलांगते/सहस्राब्दियां पार करते हुए कहां-कहां हो आये/सफर अब भी जारी है।

"अब इस इंसानी खोल से किस महामानवी खोल में/किस महाकाश में छलांग लगाने और किस चांद सितारे को छूने का इरादा है मेरे दोस्त?"

"ये जाम इस कविता के नाम।"

"कैसी लगी?"

"एक साइंटिस्ट कविता लिखेगा तो ऐसी ही लिखेगा।" विशाल ने मुंह बनाया।

"आपके यहां जो भी सम्राट या प्रधानमंत्री होता है। कविता करता है?" सिम्मी ने मधु से पूछा।

"ओ यस, पुराने जमाने में हर्ष, अकबर आदि अभी वी.पी.सिंह, वाजपेयी!"

"इवेन साइंटिस्ट भी!"

"यस, हमारे प्रेसिडेंट अब्दुल कलाम साहब?"

"अमा कविता कैसी है, कलाम साहब को छोड़ो?" अजय ने पूछा।

"पावरफुल!"

"और अगर मैं यह कहूं कि यह कविता जिया साहब की है तो?"

"क्या?"

"सच यही है। अब बोलो।"

जिया ने कालर हिलाये।

"ऊंऽऽऽ! अच्छी है, नहीं, सो-सो है...वो क्या बंदर की तरह छलांग लगाने की बात थी?" सिम्मी ने कहा।

"हां।"

"कभी-कभी जब बंदरों को लगता है कि वे निर्धारित लक्ष्य तक नहीं पहुंच पायेंगे तो बीच से ही लौट आते हैं।"

"वो बंदर होंगे, आदमी नहीं।"

"मैडम, आप इस तरह अपने जिया साहब की प्रतिभा को अंडरएस्टिमेट मत कीजिए। अभी तो आपने उनकी कविता ही सुनी है, उनकी प्रतिपत्तियां सुनेंगी तो न जाने क्या होगा?"

"सुनाओ, सुनाओ यार।"

"सुनिये, जिया प्रतिपत्ति नंबर एक: किसी तत्व के एटॉम के न्यूक्लियस के अलग-अलग कक्षों में एलेक्ट्रॉनों को बदल-बदल कर हम एक तत्व को दूसरे तत्व में बदल सकते हैं।"

"वाऊ!" मधु ने कहा।

"प्रतिपत्ति नंबर दो: इसी तरह डी.एन.ए. के जीन, हारमोंस आदि बदल कर एक जीव को दूसरे जीव में बदल सकते हैं।"

"फैन्टास्टिक!"

"प्रतिपत्ति नंबर तीन: प्रकाश की गति से तेज चल कर अतीत में लौट सकते हैं और अपने अतीत की भूलों को सुधार सकते हैं।"

"यूनिक!"

"रुकिए, रुकिए...अगर जिया साहब के सिद्धांत व्यवहार में सही हों तो मैं सबसे पहले अपना अतीत संवारना चाहूंगा।" दस्तीदार चीखे।

"तुम्हीं नहीं, हम सभी!"

"मेरा केस स्पेशल है।"

"क्या?"

"मैं इतना बोदा हूं कि जिया साहब की बात समझ में ही नहीं आती। सबसे पहले अपने मां-बाप, पत्नी और देश को बदलना चाहूंगा।"

"अब मैं!" मधु और सिम्मी ने एक साथ कहा।

"रुकिए, रुकिए यहां लाइन लग गई है, सभी इसका लाभ उठाना चाहते हैं। जिन लोगों ने चांद और मंगल ग्रह पर जमीन एलॉट करने की लाइन दे रखी थी, वे भी उसे छोड़कर जिया साहब की ओर लपके आ रहे हैं।" अजय दलाल बन गया।

"उन्हें बाद में, पहले सिम्मी को मौका देना होगा, आज की विशिष्ट मेहमान।"

"हम आपकी मेहमाननवाजी के कायल हैं, हां तो आइये सिम्मी जी क्या चाहिए आपको?" विशाल ने कहा।

"अगर ऐसा संभव हो तो मैं पीछे जंप कर क्लियोपैट्रा बनना पसन्द करूंगी। इफरात प्लैटिनम और सोना बनाऊंगी और जिया को बकरा बना कर अपने साथ रखूंगी।"

"इस महान आत्मा को आप बकरा बना देंगी?" मधु ने पलकें झपकायीं।

"इन्होंने मेरा भेजा ही खराब कर दिया है।"

"चलिए अच्छा हुआ।" जिया ने कहा, "पहले अपने ही भेजे पर रिसर्च कर डालें।"

"जिया, माई डियर!" विशाल ने जिया के कंधे से खींचकर गले लगाया, "यू आर जीनियस! वैसे आपका शोध कहां तक पहुंचा?"

"चल रहा है।"

"कुछ हम भी तो सुनें।"

"मैं ब्रेन की उस क्षमता पर काम कर रहा हूं जिसे एकाग्र कर एक आदमी असीम शक्तियों का स्वामी बन जाता है जैसे फिंगर टिप्स पर एकाग्र किया और एक ही वार में ईंट के टुकड़े कर दिये, जैसे जिन्न की सवारी आने पर कोई आदमी बेकाबू हो जाता है। पहलवान का जिन्न आया तो अपने से कई गुना ज्यादा मजबूत आदमी को उठाकर पटक देता है। अपनी इच्छाशक्ति से एक योगी ने एडमंड हिलारी की नाव को रोक लिया था। पानी पर चलने की कितनी कहानियां हमने सुनी हैं। पुनर्जन्म की हकीकत का भी ब्रेन से तआल्लुक है। आपको पता

है, कैथरिन जारी संगीतज्ञ थीं। संगीत के साथ उन्हें संगीत के रंग भी नजर आते थे। स्वामी रामकृष्ण परमहंस माँ की भक्ति में इस कदर एकमएक हो गए थे कि उन्हें मासिक होने लगता था। हिप्टोनिज्म क्या है। मतिच्छन्नता कहें या एक पावरफुल ब्रेन द्वारा दूसरे कमजोर ब्रेन पर अधिकार कर लेना क्या है? शाहनवाज के सेक्स चेंज का मामला क्या था? एक बार ब्रेन एक खास तरह का सेट हो जाता है तो उसी ढंग से पूरी बॉडी क्यों सजने लगती है? अभी ह्यूमन ब्रेन का सिर्फ थर्टी परसेन्ट ही इस्तेमाल होता है, वह जेलीनुमा है, सुनने, सूंघने, देखने, सोचने सबके अलग-अलग मुकाम हैं पर बाकी सेवेंटी परसेंट ब्रेन का इस्तेमाल करते हुए तार-तार जोड़कर व्यक्ति-व्यक्ति के मन तक हम पहुंच सकते हैं और अगर व्यक्ति ईश्वर का अंश है तो ईश्वर तक भी।"

मधु और सिम्मी ने टायलेट की ओर रुख किया। दरवाजा बंद होते ही शोर थम गया।

"पागल है।" सिम्मी ने कहा।

"मुझे तो कुछ और ही लगता है।"

"क्या?"

"मनुष्य विश्वविजयी बनना चाहता है। व्यक्तिगत स्तर पर नॉक आउट या छोटी-बड़ी प्रतियोगिताएं, छोटी-बड़ी लड़ाइयां, सामंतवाद अश्वमेध यज्ञ..."

"यह अश्वमेध यज्ञ तुम समझती हो?"

"यस, विशाल ने बताया था।"

"तो उसी तरह यह बहस भी उसी भावना का एक रिफ्लेक्शन है।"

"तुम क्या सोचती हो?"

"प्योरली सेक्स! बैद्धिकता या प्रदर्शन यौनाकर्षण का गहना ही तो है।" सिम्मी ने कहा।

दरवाजा खुलते ही शोर उन पर टूट पड़ा, विशाल कह रहा था, "यस, ओसो (रजनीश) ने कहा है कि धर्म अगर सफल हो जाय तो सारा कुछ अज्ञात हो जाय और विज्ञान सफल हो जाय तो सारा कुछ ज्ञात। दोनों का घालमेल न कीजिए प्लीज।"

"ईश्वर का अस्तित्व तो क्वांटम थ्योरी की अनिश्चितता के अंधेरे में छुपा है प्यारे। कितने एलेक्ट्रॉन कब जम्प करेंगे यह रहस्य आज भी अज्ञात है। उसी रहस्य में ईश्वर है, भावनाएं हैं, साहित्य है, कला है।" यह जिया थे।

जो हार मान ले वो जिया नहीं कोई और होगा।

# बंदिनी

तैरते-तैरते कहां आ लगी? केंदुली से कोच्चि! बंगाल से केरल! वही सागर, वही मछली, मगर जमीन बदल गई। बोली बदल गई।

मिनी ट्रक रेलवे स्टेशन से चल कर सीधे प्रोसेसिंग सेन्टर के अंदर आकर रुकता है। सामने स्कूलों जैसा दो मंजिला मकान है, बीच में थोड़ी जगह छोड़ कर लंबा-सा हॉल। ट्रक हॉल के अंदर तक आते हैं-एक दो नहीं पूरे चार के चार ट्रक। एक पर लड़कियां हैं, बाकी तीन पर मछलियां। दलाल के फ्रीजर से निकाली गई लड़कियां, ट्रालर के फ्रीजर से निकाली गईं मछलियां। उधर मछलियां उलीची जा रही हैं, इधर लड़कियां। एक ओर देवप्पन खड़ा है दूसरी ओर शुभा। कहीं कोई छिटक न जाय। अपना गट्ठर-मुट्ठर संभाले चौदह से पच्चीस तक की लड़कियां दोनों दलालों की निगरानी में हाजिरी बाबू की ओर सरक रही हैं...।

अंदर बैठा एक काला-सा प्रौढ़ आदमी अपने चश्मे के ऊपर से एक-एक लड़की को देखता है, "नेम, एड्रेस, एज, जॉब, स्किल, कन्ट्रैक्टर...? मलयालम, तमिल, तेलुगु, कन्नड़, इंगलिश, हिन्दी क्या समझता?"

आगे बंद हाल है-मुख्य कार्यशाला।

अंदर का फाटक खुलते ही एकमुश्त ठंडी हवा और चीख-पुकार झाड़ की तरह चेहरे पर बजती हैं।

पक्के फर्श पर चारों ओर पसरा हुआ है पानी, खून, मांस, चोईंये का ठंडा पानी। बीच बीच में अल्यूमिनियम शीट से मढ़े चार लंबे-लंबे टेबुल हैं, जिन पर मछलियां रखी हैं।

"अरे इधर आओ, इधर! जल्दी से काम पर लग जाओ।" देवप्पन हाथ पकड़ कर खींचता है। हाथ झटक देती है बेला।

"अरे बाप!"

"हाथ मत लगाना, मू से बोलो।"

"मू से ई तो बोलता, पीलिंग में लग जाओ।"

"लेकिन हमसे तो ग्रेडिंग के लिए बोला था?" सुपरवाइजर आगे आता है, तीस-पैंतीस का सांवला-सा युवक, "अभी पीलिंग का काम करो, बाद में देखेंगे।" वह बिदकी हुई-सी आंख सिकोड़ कर पसरे पानी में उकड़ूँ बैठी औरतों को देखती है।

"क्या हुआ...?"

"आज भर करती हूं।"

"करो अम्मा, जल्दी से लग जाओ, दूसरी लड़की के आते ही तुम्हारा ट्रांस्फर कर देंगे।" देवप्पन ने हाथ फिर बढ़ाया डर कर वापस खींच लिया।

सुपरवाइजर पानी में छप-छप करता चल रहा है। उसके पैरों में वाटरप्रूफ है, मोजे हैं, मगर पीलिंग पर बैठी लड़कियों के पास तो कुछ भी नहीं। बर्फ-सी ठंडी कठुआयी मछलियां, छीलो तो लगता है बर्फ छील रहे हैं। ठंडक काट रही है पांवों को, हाथों को, उंगलियों को। अकड़े जा रहे हैं अंग-अंग। लेकिन रुकना संभव नहीं। सिर के नीचे हाथ देकर अंगूठे से मुंडी पकड़ कर खीचते ही आंतों को लिए-दिए मुंडी बाहर आ जाती है। बेला के हाथ जल्दी-जल्दी नहीं चल पा रहे।

"अभी नई हो धीरे-धीरे आदत पड़ जाएगी।" बगल की कृष्णा हौसला बढ़ाती है, "कहां से आया?"

"तूतीकोरन से।"

"तमिलियन?"

"नहीं, बेंगाली।"

"ओऽऽऽ!" फिर उसने व्यस्त भाव से सुपरवाइजर को आवाज दी, "रमैया साब, इसको कमला को बोलो ले जाय।"

हंसमुख प्रौढ़ा कमला। टोकरी भर मछलियां पैकिंग के लिए ले जा रही है वजन करने वाली मशीन पर। वजन नोट करवा कर वह उन्हें डीप फ्रीजर में डाल आती है जहां से निकाल कर उन्हें डब्बों में पैक किया जाएगा।

एक खेप के खत्म होते न होते दूसरा खेप उलीच जाती है कमला।

"और कितनी है मेरी ताई?"

"तीन बज जायेंगे, अगर और मछलियां न आईं तो...।"

"अब चलो लड़कियों अपना-अपना सामान उठाओ, तुम्हें तुम्हारा कमरा दिखा दें।" शुभा ने कहा।

अकड़ी उंगलियों से सामान उठाये नहीं उठ रहे थे। कहां केन्दुली के गर्म पानी का स्वच्छंद जीवन, कहां यह कलेजे को कंपा देने वाली ठंडक? कमरा मिले चाहे न मिले, पहली राहत इस काल कोठरी से बाहर निकलने की थी।

बाहर आते ही उमस भरी आत्मीय गर्म हवा ने बेला का स्वागत किया। कैंटीन के चूल्हे के पास उसने बैठकर अपने चुचकी, सुन्न हुई उंगलियों को सेंका। बाहर बादलों भरे गर्दीले आसमान पर नारियल के पेड़ों की हरियाली के बेल-बूटे थे। पानी कभी भी बरस सकता था।

"तुमने खाना खाया?" शुभा पूछ रही थी।

"ना।"

"तो जाओ पहले खा लो।"

मोटा उसिना चावल, मछली, दाल ! स्वाद कैसा तो खट्टा-खट्टा-सा फिर भी भूख की आग में सब जल जाता है।

खाना खाकर अपने लिए आशियाना ढूंढ़ने निकली तो हैरान रह गई। वही दो मंजिले के ऊपर वाले कमरे। 10 बाई 10 के एक-एक कमरे में छह-छह, कहीं कहीं आठ-आठ लड़कियां। जिस कमरे के सामने भी जाकर खड़ी होती, अदर की लड़कियां चीखने लगतीं, "यहां नहीं, यहां कहां जगह है?" अंत-अंत तक कृष्णा ने दूसरे कमरे के अंदर से पुकारा, "आ जाओ बेला! आ जाओ। सामान सिरहाने रख लो।"

एक बगल गोवानी लड़की जूली थी तो दूसरी ओर कृष्णा।

"खाना खाया?" जूली ने पूछा।

"खाया!" उसने तनिक अनिच्छा से कहा तो कृष्णा ताड़ गई, "तुम तो ऐसे कह रही हो जैसे खाने के बदले कड़वी दवा खा कर आई हो।"

"यहां कैंटीन का खाना ऐसा ही है। जो जहां है, वहीं लूट रहा है। हमारे गोवा में...।" जूली ने कहा!

"क्या हम अपना खाना खुद नहीं बना सकते?" बेला ने पूछा।

"इस कमरे में भला कायदे से सो ही लें, यही बहुत है। देख, मैं सोने चली, उधर पानी का घड़ा है, नीचे दायें बाजू पर लैट्रिन। लाइट ऑफ मत करना। जूली से बचके रहने का। बौत हाथ-पांव मारती।"

थोड़ी ही देर में किलबिलाती आवाजें शांत हो गईं। रात में एक बार पेशाब के लिए उठी तो देखा वे हाथ-पांव झटकती लड़कियां मरी मछलियों-सी पड़ी हैं।

दूसरे दिन सुबह से ही कोहराम। बाथरूम, ब्रश, नहा-धो कर नाश्ते के लिए कैंटीन पहुंची। इडली, उपमा, चाय। आज उसे फिर पीलिंग में लगाया गया तो उसने एतराज किया, "मैंने क्या बोला था?"

"बोला तो था पर जैसे ही कोई और लड़की मिली तुम्हें यहां से हटा कर ग्रेडिंग या पैकिंग में लगा देंगे।" सुपरवाइजर रमैया ने नजरें नीची करते हुए कहा।

हाय! फिर वही ठिठुरन, फिर वही गंदा पानी!

धीरे-धीरे लत पड़ गई इन सबकी। उंगलियां सधने लगीं। दूरियां पटने लगीं। चेहरे आत्मीय लगने लगे। गांठें खुलीं तो बेला ने जाना कि सभी की सभी गरीब तबकों और निचली जातियों की लड़कियां थीं जो पति, पिता, चाचा, या अन्य रिश्तेदारों की प्रताड़ना के चलते काम पर आयी थीं। प्रायः सभी अनपढ़। पैसे का हिसाब-किताब कंट्रैक्टर रखता है जो कुछ न कुछ पैसे मार लेता है। इसके बावजूद वे खुश थीं, कम से कम परिवार के दमघोटू वातावरण से उन्हें निजात मिली थी। तो क्या जिस परिवार के लिए वह तरसती रही वह इतनी बड़ी जेल है? और खुली हवा...? आत्मनिर्भरता ही शायद वह खुली हवा है।

अगर उस कबूतरखाने को जेल मान लिया जाय तो शुभा को वार्डेन मानना पड़ेगा और तेलम्मा को असिस्टेंट वार्डेन। जब भी उन्हें कोई निर्देश देना होता, वे पुकारतीं, "लड़कियों...।" जैसे जेल की पगली घंटी घनघनायी हो। वे हमेशा बहुवचन में संबोधित करतीं। बेला ने उन दोनों के नाम ही रख दिए थे 'बड़ी लड़कियों', 'छोटी लड़कियों'। जहां एक-एक कमरे में आठ-आठ लड़कियां ठुंसी पड़ी थीं, शुभा और तेलम्मा का अलग कमरा था-सिर्फ दो का! और उस दिन जब सुबह-सुबह पुकार लगी "लड़कियोंऽऽऽ!" तो सारी लड़कियां बिदक पड़ीं, "लो अभी मुर्गे ने बांग भी न दी होगी कि मुर्गियां लगीं चीखने।"

"लड़कियोंऽऽऽ!" आकर अपने जूत-बूते ले जाओ।

"अरे बाप, जूते!" परिन्दों-सी उड़कर आयीं सब की सब! जूते ही नहीं, साड़ी, एप्रॉन, दस्ताने और मुखोस भी थे। शुभा एक लड़की का नाम पुकारती, तेलम्मा उन्हें ये चीजें निकाल कर देती। साइज को लेकर बेशक अदला-बदली की चख-चख शुरू हो गई थी।

उस नीली पाड़ वाली नई-नकोर सफेद साड़ी को सबसे पहले जूली ने जोरों से सूंघा, "वाह क्या सेंट है! एकदम फ्रेश!" पर बेला ने कुछ और ही सूंघा, "लगता है, कोई बाहर की पारटी आने वाली है।"

"तुमसे पहनने से मतलब कि...। रोज-ई तो रोती थी, जूता दो, दस्ताना दो, ये दो, वो दो और आज मिल रहा है तो..." शुभा ने कहा, फिर वह बाकी लड़कियों की ओर मुखातिब हुई, "इन्हें गंदा नहीं करने का। क्या समझी?"

"गंदा नहीं करने का।" लड़कियों ने पाठ को दुहराया।

"हां। ये फुल्ली स्टरलाइज्ड है। माने जर्म फ्री। नहा-धो कर पहन के आने का। ठीक आठ बजे तक। क्या समझा?"

"ठीक आठ बजे तक नहा-धो के पहन के आने का। गंदा नहीं करने का।" लड़कियों ने पाठ दुहराया।

"उंगली में कोई अंगूठी, पांव में कोई भी पायल, नेल में कोई भी नेल पालिश नहीं लगाने का।"

"उंगली में कोई अंगूठी, पांव में कोई भी पायल, नेल में कोई भी नेल पालिश नहीं लगाने का।" लड़कियां तोता बन गईं।

"मगर मैं तो नहीं आ सकती।" बेला ने कहा।

"क्यों? कुछ और चाहिए क्या? आज जब बाहर के फॉरेन एक्सपोर्ट की पारटी आने वाली है तो नहीं क्यूं...?"

"मेरा पीरियड शुरू हो गया है।"

खून का घूंट पीकर रह गई शुभा, "बीस-पच्चीस का नैपकीन...।"

"वो भी आपको लाकर देना होगा, फुली स्टरलाइज्ड! लड़कियों से काम ले रही हो तो।"

"तेलम्मा समझाओ इसे।"

"अगर नहीं मिला और लाल साइन बोर्ड दिखने लगे तो मुझे मत टोकना।"

शुभा को यह गुस्ताखी पसंद नहीं। यह लड़की शुरू से ही नकचढ़ी है। पर उसने भी एक से बढ़कर एक बिगड़ैल सांड़िनियों को सीधा कर दिया है, ये किस खेत की मूली है। हत्थे से उखड़ गई, "बंबू डाल कर बंद कर लो।"

"तुम्हारी उमर की हो जाऊंगी तो खुद ब खुद बंबू पड़ जायेगा।"

यह और भी महीन गाली थी, माने क्या? माने कि बूढ़ी हो गई शुभा...माने कि उसने बांस ठूंस रखा है। आग लगा कर चली गई बेला और वह देर तक तपती रही।

शुकर था, आठ बजे जब वे सेन्टर में दाखिल हुईं तो सब सामान्य हो चला था। सब अपने-अपने काम में लग गई थीं। आज पीलिंग वाली लड़कियों को छोटा स्टूल मिला था बैठने को। दस्ताने लगाने से हाथों को कुछ राहत तो थी, मगर अभ्यस्त न होने के कारण काम धीमा चल रहा था। कमला के साथ उलटा हो रहा था, उसे दौड़ते रहने की आदत पड़ गई थी, मगर आज उसे डांट मिली थी, "धीमे नहीं चल सकती?" मच्छी बाजार वाली चीख-पुकार भी आज नहीं थी। सबके मुंह पर नर्सों की तरह श्वेत नकाब थे। पता नहीं चल रहा था कि कौन-कौन है। रोज का हिलकोरें लेता गंदा पानी भी आज नहीं था। फर्श की टाइल्स सूखी थीं और पीलिंग की कृष्णा और ग्रेडिंग की मणिअम्मा की ड्यूटी सिर्फ पानी काछने के लिए लगाई गई थी। जगह-जगह चूते खुनाये पानी के लिए बाल्टियां रखी हुई थीं। कर्मियों का शोर बंद था और मशीनों का शोर तुंग पर। महीनों के बंद पड़े एग्जास्ट फैन हरहराते हुए चल निकले थे।

दस बजते-बजते विदेशी मेहमान आ धमके-दो श्वेत, एक पीला, एक अश्वेत! साथ में मालिक और भारतीय सदस्यों का दल। ग्रेडिंग, पीलिंग, वेइंग, फ्रीजिंग, पैकिंग, टेस्टिंग, कम्प्यूटर, वे सबको परख रहे थे, कर्मियों के काम करने के तरीकों को भी। जापानी सदस्य ने पूछा, "क्या ये कपड़े-वपड़े स्टरलाइज्ड हैं?"

"हंड्रेड परसेन्ट स्टरलाइज्ड सर! एक बार के इस्तेमाल के बाद दोबारा स्टरलाइज किये बिना इन्हें नहीं इस्तेमाल करते हम।" रमैया से यह संवाद सुनकर वे नकाब के अंदर हंसीं।

आज नालियों की भी सफाई हुई थी और परिसर समेत वे ब्लीचिंग पाउडर का भभूत रमाये लड़कियों की तरह ही विचित्र लग रही थीं। कैंटीन का भोजन भी बेहतर था-भात, सांभर के साथ आलू और बीन की सब्जी, नारियल की चटनी, साथ में मछली और मांस भी। मेहमानों का दल संतुष्ट होकर लौटा।

दूसरे दिन सुबह-सुबह फिर शुभा की टेर, "लड़कियोंऽऽऽ! अपने-अपने कपड़े, जूते, दस्ताने जमा कर जाओ।"

फिर वही बसाती साड़ी, वही नंगे पांव, नंगे हाथ और फर्श पर पसरा खुनाया ठंडा पानी।

रात बगल लेटी जूली ने एक मासूम-सा सवाल किया, "ये फॉरेन पार्टी रोज-रोज काहे नहीं आता?"

फॉरेन पार्टी का असली उपसंहार तो अभी बाकी था। दस दिन बीते थे कि हठात् एक दिन नीचे से अमोनिया की तीखी बदबू फैलने लगी। गंध इतनी उत्कट थी कि दुर्गंध में ही सदा नहायी रहने वाली लड़कियों का भी दम घुटने लगा। चीख-पुकार पर शुभा ने कहा, अमोनिया प्लांट लीक कर गया है रिपेयर के लिए बोला है। अभी हवा चलेगा, सब ठीक हो जाएगा।

हवा चली तो जैसे-तैसे नींद आयी। रात के दो बजे हठात् फिर वही टेर, "लड़कियोंऽऽऽ!" दिन भर की थकी लड़कियां बज्र के मारे भी नहीं जगतीं। तेलम्मा दरवाजा पीटने लगी, "माल आया है माल, खल्लास करने का।"

कच्ची नींद में पांव इधर डालो तो उधर पड़ते। अंग-अंग टूट रहे थे, पर गुलामी का सट्टा लिखाया है तो काम तो करना ही पड़ेगा।

रात ढाई बजे ही काम शुरू हो गया। बीस टन मछलियां थीं। दोपहर तक प्रोसेसिंग होकर इन्हें जहाज पर लद जाना था।

आज बेला ने कोई प्रतिवाद नहीं किया। पीलिंग ही उसकी नियति है तो वही सही। पगार मिलने तक उसे चुप रहना है।

शोर धीरे-धीरे जगा।

"ऐ कमला, जल्दी-जल्दी पैर नहीं उठता तेरा क्या?"

"जूली, तू काम कर रही है कि ऊंघ रही है?"

"जल्दी-जल्दी हाथ चलाओ, तुम लोगों को क्या हो गया है? ग्यारह बजे तक फिनिश करना है।"

"अरे ये पीलिंग हुई है, छुआ तक नहीं गया, वापस ले जाओ इसे कमला।"

"कमला! कमला!! कहां मर गई, ये टेबुल क्यों जाम है?"

दोपहर तक सारी मछलियां जहाज के लिए खाली कर दी गईं अलबत्ता एक दुर्घटना जरूर हुई, कमला गिर गई दौड़ते समय। कूल्हे और रीढ़ की हड्डी चटख गई थी। उसे जैसे-तैसे मछलियों वाले ट्रक पर लाद कर पास के अस्पताल पहुंचाया गया। कम्पाउंड फैक्चर, कम्प्लीट रेस्ट!

देखते-देखते आ गया पेमेन्ट का दिन। मगर किसी भी मजूरन को काउंटर के पास जाने की जरूरत न हुई। उनका पेमेन्ट उनके ठेकेदारों के पास जमा हो गया था।

बेला ने आगे बढ़कर कहा, "मेरा पेमेंट मुझे चाहिए।"

"ट्रेडीशन तो यही है कि...,"

"कैसा ट्रेडीशन? काम हम करें, पेमेन्ट ले कोई दूसरा।"

"तुम शुभा से बात करो।"

"तुम शुभा से बात करो, मैं क्यों करूं?"

"बट दैट इज आवर ट्रेडीशन?"

"हेल टू योर ट्रेडीशन?"

उसके अंग्रेजी के तिरस्कार और उसकी भंगिमा देख कर डर गया हेड क्लर्क।

शुभा को बुलाया गया, "लो निबटो।" शुभा ने समझाया, "तुम कहां रखोगी? तुम्हारी सुविधा के लिए ही तो हम रखते हैं अपने पास।"

"मुझे मेरा पेमेन्ट मेरे हाथ में चाहिए बस!" शुभा ने उसे खिसियाई नजर से देखा फिर कहा, "ठीक है, ये रखो पांच सौ।"

"लेकिन बात तो हुई थी अठारह सौ की।"

"आठ सौ तुम्हें यहां लाने में खर्च हुए, पांच सौ मेस चार्ज।"

"क्या...? मुझे तूतीकोरन से कोच्चि लाने के आठ सौ।"

"हां, सबसे उतना लिया।"

"तो ये पांच सौ भी रख लो, मैं चली पोलिस स्टेशन!" दनदनाती हुई चल पड़ी बेला।

"रुको, रुको!" आगे बढ़कर रोक लिया शुभा ने, "अगर हम जानते कि तुम एक सड़ी मछली हो तो वहीं छोड़ देते।"

"बड़ा स्वर्ग में ले आयी न! बोल कर लायी थी फ्री रहने का, फ्री खाने का, फ्री रेल भाड़ा, फ्री मेडिकल और अठारह सौ तनख्वाह और यहां आठ-आठ

लड़कियों का कबूतरखाना, कैंटीन का सड़ा खाना, बाकी सब हमारे ऊपर और काम...महीने भर से दूसरी जगह काम करा रही है—न रात को रात, न दिन को दिन...।"

कैंटीन के कुट्टी के इन्ट्रोडक्शन पर बैंक में सेविंग एकाउन्ट खोला और सात सौ जमा कर आये। पूरे सेन्टर में चर्चे रहे।

रात को छत पर हवा खाने के बहाने वे इकट्ठी हुईं तो चांद नारियल के पेड़ों की झुरमुट से निकल रहा था।

"बेलम्मा, हम तो सोच भी नहीं सकते थे। हमारा कितना पैसा तो यूं-यूं में गया।" जूली ने कहा।

"तुम लोगों की यह स्थिति इसलिए है कि तुम लोग पढ़ी-लिखी नहीं हो, हिम्मत नहीं कर सकती।"

"कौन पढ़ायेगा हमें?"

"पढ़ोगी?"

"हां, पढ़ेंगे।"

"तो आज ही से शुरू कर दो।"

"हां, सिर्फ थोड़ी इंगलिश और गिनती।"

शुभा ने आंखें सिकोड़ कर देखा, उसकी लड़कियां उसके हाथ से निकलती जा रही हैं।

कमला को अस्पताल से निकाल दिया गया। उसके तीन हजार नौ सौ रुपये का चिकित्सा-व्यय बकाया था, सो अलग। प्लास्टर भी नहीं कटे थे। बेला ने सुपरवाइजर से पूछा तो रमैया ने कहा, उसके मेडिकल एक्सपेंसेज के लिए शुभा जिम्मेवार है।

"मगर काम तो यहां करती थी।"

"सो तो है।"

"काम तो तुम्हीं कराते थे—कमला यहां आओ, जल्दी करो और जल्दी।" उसने रमैया की नकल उतारी।

"काम कराने का जिम्मा मेरा था, पर मालिक तो मैं नहीं हूं।"

"काम तुम कराओगे तो मालिक से कहेगा कौन?" कई लड़कियों ने प्रतिवाद किया। काम बंद हो गया। शुभा आई, तेलम्मा आई पर लड़कियों ने किसी की भी न सुनी।

उधर सिर पर एक्सपोर्ट का आर्डर सवार था। कंपनी को फौरी तौर पर मानना पड़ा कि कमला का सारा खर्च वह वहन करेगी और पगार भी शुभा को न देकर सीधे-सीधे कर्मियों को दी जाएगी।

पर यह समाधान फौरी ही बना रहा। जैसे ही एक्सपोर्ट आर्डर पूरा हुआ, फिर से आनाकानी होने लगी। शुभा मजूरनों की नई खेप लाने को बाहर गई थी, काम कराना रमैया और तेलम्मा के जिम्मे था जिनसे आये दिन तकरार होती रहती।

अब तक बीस औरतों ने अंग्रेजी और गणित का प्रारंभिक ज्ञान प्राप्त कर लिया था। इसके अतिरिक्त कइयों ने मलयालम, तमिल, कन्नड़, तेलुगु, मराठी और हिन्दी भी काम चलाऊ सीख ली थीं।

इस बार बाहर की पार्टी को विजिट के अवसर पर उन्हें फिर से वही साड़ियां, जूते, दस्ताने, नकाब दिये गये। पर पार्टी के चले जाने के बाद जब उनसे उन्हें वापस लौटा देने को कहा गया तो बेला अड़ गई, "साड़ी-चोली से हमें मोह नहीं, लेकिन जूते और दस्ताने हमें भी चाहिए।...और सुनो, आठ घंटे के बाद या रात को एक्स्ट्रा काम करने के लिए डबल ओवरटाइम भी देना होगा।"

मैनेजर डेविड ने उन्हें शांत कराना चाहा, "कंपनी के पास पैसा नहीं है अभी।"

"हमें मालूम है कंपनी को हेवी प्रॉफिट होने जा रहा है। यह प्रॉफिट हम सभी के बदौलत ही तो है, उसमें से बस थोड़ा-सा निकाल दें हमारे लिए तो...।"

कंपनी ने दस्ताने की बात तो मान ली, मगर बाकी मांगें पेंडिंग रहीं। मजूरनों का दल भी टूट रहा था। सो काम फिर से चालू हो गया।

उधर एक समस्या जूली को लेकर पैदा हो रही थी। रात को सपने का बहाना कर वह उसे आलिंगन में कस लेती।

"सीधे-से नहीं सो सकती!" बेला झिड़कती, क्या गधी की तरह रात भर हाथ-पांव फेंकती रहती है।

"रहा नहीं जाता, क्या करें बेला रानी !" वह कामाशक्त-सी अंगड़ाइयां तोड़ने लगती।

"कुछ ले आयें?"

"क्या ले आयेगा?"

"यहां झाड़ू है, चलेगा? शादी क्यों नहीं बना लेती?"

"कर लेगा।"

"लड़का देखा है?"

"देखा है, पर वो स्साला बोलता, मुसलमान बन जाओ।"

"वो मुसलमान होगा?"

"हां।"

"पसन्द है?"

"हां।"

"तो बन जा। क्या परेशानी है?"

"एक दिन दारू न मिले तो मेरा बाप पीटने लगता माँ को, भाई बहनों को। शादी की बात सुनेगा तो मार ही डालेगा।"

"तुम्हारा तो बाप पीटता," दूसरे कोने से जमीला ने करवट ली, "मेरी तो माँ ही पीटती। सुबू से आधी रात तक—ये करो, वो करो, जब मां-बाप दारू पीकर टुर्र हो जाते तभी जान बचती।"

"तीन-तीन भाई, तीन-तीन भाभी, उनके दस बच्चे। मुझसे नहीं संभलता था घर का काम। तभी मेरी शादी की बात पक्की हो गयी। शादी में खर्चे थे फिर मेरा ब्याह हो जाने पर घर के काम कौन करता! सो, मेरी एक तरह से नीलामी कर दी उन लोगों ने—हजार-एक, हजार-दो, हजार-तीन! फिनिश! सो रातोंरात भाग आई।"

"इसीलिए तुम सब घर लौटना नहीं चाहतीं?"

"ऐसाइच समझ लो।" एक-एक कर सबकी गांठें खुल रही थीं।

"और तुम्हारा बेलम्मा?"

"हमारा कोई न था।" बेला का स्वर उचाट था।

लड़कियां उसे जगाकर सो गई थीं। आज तक केंदुली की जिन यादों को वह टालती आयी थी, सहसा ही उन्हें कुरेद दिया था इस बातचीत ने। सामने जल रहा था केंदुली, उसकी ऐन आंखों के सामने। इस करवट होती तो इस करवट, उस करवट होती तो उस करवट!

सुपरवाइजर रमैया चला गया। चला नहीं गया, उसे निकाल दिया गया। कमला ने बताया कि उसका मन नहीं लग रहा था। वह ऊपर से जितना कठोर दिखता था, अंदर से उतना ही कोमल था। शनिवार को उसका नागमणि से झगड़ा हुआ था।

"किस बात का?" कमला चुप हो गई।

"बताती क्यों नहीं?"

"तुमको लेकर।"

"मुझको...?"

हां बोला, बेला को पीलिंग से हटा कर ग्रेडिंग या पैकिंग में करने का। इस पर नागमणि गुस्सा हो गया, बोला, "तुमको वर्कर से काम कराने का, उसका तरफदारी करने का नहीं। तुम्हारी क्या लगती वो?"

"शुभा उसे यही बोल कर लिवा आई थी।"

"तुम अपने काम से वास्ता रखो। बस्स!"

"आप लोग तो ऑफिस के अंदर बैठे रहते। काम हमको कराना पड़ता है। बात बढ़ती गई। ऑफिस में और लोग भी जुट गए और उसकी छुट्टी कर दी गई। तुम्हारे चलते...।"

"सिर्फ मेरे चलते?"

"स्पेशली तुम्हारे चलते।"

काम करते हाथ रुक गए। अन्दर ही अंदर बर्फ की डली-सी गलने लगी वह। ओह कितना मान, क्रोध, अहंकार, आरोप लगाती रही उस पर। चुपचाप खड़ा रहता, प्रतिवाद में एक शब्द भी नहीं। पलकें तक झुकी रहतीं।

वह मछलियों को नहीं, खुद की आंतें निकाल रही थी।

"जाने से पहले यह सीडी दे गया प्रेजेन्ट!" कमला ने काम खत्म होने पर उसे दिया।

"क्या है?"

"कोई हिन्दी फिलिम।"

पलट कर देखा, पुरानी हिन्दी फिल्म–'बंदिनी'। तो वह मुझे हिन्दी भाषी समझता रहा आखिर-आखिर तक।

"कहां गया?"

"नहीं मालूम।"

नाम तक नहीं पूछ पायी कभी कायदे से। पता-ठिकाना तक नहीं मालूम। लहरों में शंख की तरह उतरा-उतरा कर डूब गया वह।

और रविवार को किराये के वी सी डी पर सबने 'बंदिनी' देखी। ब्लैक एंड ह्वाइट में थी, दूसरे भाषा अबूझ। हिन्दी। लेकिन फिल्म खत्म होते न होते ज्यादातर लड़कियां उदास हो गईं। यह उनकी नियति थी, जिसका साक्षात्कार रंग और भाषा का मुहताज न था।

# मुझे जाना ही होगा

शुभा और सुपरवाइजर की अनुपस्थिति में तेलम्मा पर ही काम कराने का सारा बोझ आ पड़ा। गंदे पानी में छप-छप करती, चीखती हुई दौड़ती रहती वह और सबसे तीती बनी रहती। एक दिन, दो दिन, तीन दिन...मगर कितने दिन? बीमार पड़ना ही था। पड़ी! बाहर पानी बरस रहा था। तेलम्मा के कोने वाले कमरे की छत टपक रही थी और वह उस टपकती छत के नीचे भीगी चादर में बुखार से तप रही थी अकेली, असहाय! सबको हड़का कर काम कराने वाली तेलंगी सरदारनी में इतनी भी ताकत नहीं रह गई थी कि उठ कर पानी ही पी ले।

शाम को कम्प्यूटर विभाग के जयकांतन उसे उसकी चिट्ठी देने गए तो उसे सहारा देकर दरवाजे पर ले आये। चारों दड़बों में से हर एक ने उसका विरोध किया, "यहां नहीं, कोई और जगह देखो।", जैसे वह कोई भिखारन हो।

बेला के कमरे के सामने आयी तो वहां भी वही झिड़की, "यहां कोई जगह नहीं।"

"मगर इसे अगर इसके टपकते कमरे से कहीं और शिफ्ट नहीं किया गया तो मर जाएगी। बुखार से तप रहा है बदन। बाहर लगातार बारिश।"

"तुम्हीं देख लो, कहां रखेंगे उसे?" जूली ने कहा।

बेला ने उसकी अवस्था देखी तो मन पसीज गया।

"आने दो न बेचारी को, जैसे आठ वैसे नौ।"

"हुंह बेचारी।" विफर पड़ी जूली, "तब तो जीना हराम कर रखा था, आज बेचारी बनी हुई है।"

"मर जाएगी।"

"मर जाने दो।" सन्न रह गई बेला।

"कुछ भी हो, मैं इसे मरने नहीं दूंगी।" बेला ने दृढ़ स्वर में कहा और आगे बढ़कर उसे थाम लिया।

"कहां सुलाओगी?"

"अपने बिस्तर पर। मैं बैठे-बैठे सो लूंगी।"

तेलम्मा को अपने बिस्तर पर सुला कर, रात आठ बजे वह पड़ोस के एक डॉक्टर को बुला लायी, दवा ले आई, गरम दूध और गरम पानी भी। छाता लेकर पानी में भागते-दौड़ते वह खुद भीग कर लथपथ हो गई। पहले के कपड़े ही सूखे न थे, जूली ने एक फटा-सा फ्रॉक दिया तो उसे ही पहनकर रात भर तीमारदारी करती रही।

सुबह अस्पताल के ब्लड टेस्ट में टायफायेड पॉजिटिव मिला। ऊपर से हल्का निमोनिया भी।

चार दिन वह काम पर नहीं गई। पांचवें दिन गई तो बाहर ही सभी लड़कियों ने घेर लिया, "अगर किसी और को वह रोग लगा, तो इसकी जिम्मेवार तुम होगी।"

शुभा अभी आई न थी, सो नागमणि को ही सुपरवाइज करना पड़ रहा था। उन्होंने बेला को बुलाया। जब तक कोई नहीं आता, तुम काम देखो।

जैसे-तैसे काम खत्म कर दड़बे में आयी तो देखा तेलम्मा के चेहरे पर आंसुओं की लकीरें थीं। लगता था काफी देर तक रोती रही थी।

"क्या बात है, बहुत तकलीफ है? सच-सच बताओ अम्मा?"

तेलम्मा ने फटी-फटी आंखों से उसे देखा और एक अन्तर्देशीय पत्र उसके हवाले कर दिया। तेलुगु भाषा में पति का पत्र "तुम्हें न पति चाहिए, न बच्चे, चार महीने कहकर गई, छह महीने बीत गए। मैंने कहा था न, तुम उधर कोच्चि जाओ मैं इधर ट्रालर पर चला जाऊंगा—समुद्र में कभी न लौटने के लिए। महीना शेष होते ही मैं चल दूंगा...।" पत्र उलट-पुलट कर देखा, पन्द्रह दिन पहले की चिट्ठी। बेला ने तेलम्मा का हाथ दबाते हुए कहा, "घबराओ मत अम्माँ तुम लिख दो साफ-साफ कि मैं बहोत बीमार हूं, मूं देखना है तो चले आओ। देखो वो दौड़ता हुआ आयेगा।"

"तुम नहीं जानती उसे, वो बहुत जिद्दी है। ट्रालर पर चला जायेगा।"

"तुम लिख कर तो देखो।"

लड़कियों में कानाफूसी होने लगी। तेलम्मा के पति के समुद्र में चले जाने की खबर से थोड़ी-सी सहानुभूति पसीजी।

"नहीं मुझे जाना होगा, कल ही।" तेलम्मा ने कहा।

विशाखापत्तनम जाते हुए एक-एक से गले मिली, "भूल-चूक माफ करना।" बेला उसे स्टेशन तक पहुंचाने आई तो उसने आगे बढ़कर मुंह चूम लिया, "तुम बोला न, तुमारा कोई माँ नहीं, अमारा कोई बेटी नहीं। तुम अमारा बेटी हुआ।

आम तुमारा माँ। कोई भी परेशानी हो, तुमारा ई माँ का दरवाजा तुमारा लिए हमेशा खुला रहेगा।"

"आओगी नहीं?"

"नागप्पा ने तो आने को बोला, वो मान गया तो जरूर आयेगा।"

"दवा लेती रहना।"

"लेता रहेगा।"

"ट्रेन में भी, घर पर भी...।" बेला की आवाज ट्रेन की सीटी में घुल-मिल गई।

# समुद्र में खोया हुआ आदमी

मनुष्य की हो या महाभारत की, सारी कथाएं पानी से शुरू होती हैं। पानी से मत्स्य, मत्स्य से मनुष्य और मत्स्यगंधा से महाभारत। महाभारत की एक कथा सागर से शुरू होकर हिमालय की ओर चली जाती है, दूसरी सागर में समायी रहती है। मछुआरे वहीं से उठाते हैं अपनी कथा...।

मत्स्यगंधा का पिता दासू सिंध का एक जलपोत निर्माता था। सिंध से विशाखापत्तनम और आगे तक उसकी वंश बेलि कैसे फैली, इस कथा में अनेक क्षेपक हैं। पर वह पुराना इतिहास है, नया इतिहास साढ़े तीन सौ वर्ष पहले तब शुरू होता है जब हालैण्ड से डच लोगों का आगमन होता है। पक्के मछुआरे थे डच। उन्होंने सूती जाल की जगह लोहे के जाल का उपयोग करना और तटों पर ही मछली मारने वाले मछुआरों को गहरे समुद्र में मछली मारना सिखाया। कालांतर में हालैण्ड घिसकर अलंद बना, फिर विशाखा देवी से जोड़कर विशाखापत्तनम। इस हिन्दू नामकरण के बावजूद न पुराना नाम अलंद मिट पाया, न ही मिट पायी मत्स्यगंधा और उसके पिता दासू की कथा।

पर वह तो हुई उस मत्स्यगंधा की कथा और इस मत्स्यगंधा की कथा...? नागप्पा की अनुपस्थिति में वह अपनी कथा उधेड़ रही थी...

"बहुत अच्छा जाल बुनती थी दासू की बेटी।" नागप्पा जाल टांग कर पत्नी तेलम्मा के पास आकर उकड़ूं बैठ गया।

"हां बहुत अच्छा, मगर वह पराशर के जाल के सामने कुछ भी नहीं। कुहरे से बुना था पराशर ने और मछेरन जा फंसी उस झील में।"

फिस्स-फिस्स हंसता है नागप्पा, "पराशर के जाल में मछेरन जा फंसी या मछेरन के जाल में पराशर? कुहरे का जाल तो फिर भी दिख जाये, मगर औरत के रूप का जाल...?"

नागप्पा को प्यार से धकेलते हुए बोली तेलम्मा, "तुम यहां से जाते हो कि नहीं। मच्छी नहीं बिकी तो तुमसे पूछूंगी।"

दूसरी मछुआरनें हंसती हैं उनकी चुहल पर।

आधी रात को सीने पर से पति का हाथ हटते ही जग जाती है। पति अपना जाल और चप्पू उठाता है। पानी और भात का टिफिन वह लाकर देती है। पलट कर एक बार बच्चों को देखता है, मन वात्सल्य से भर जाता है, चूमने का मन करता है, मगर डर है, जग जायेंगे। पत्नी को चूमा जा सकता है।

अपने-अपने झोपड़े के दरवाजे पर खड़ी पत्नियां, माताएं, बहनें उनकी सकुशल वापसी की प्रार्थनाएं करती हैं और मछुआरे बाहर ग्राम देवता के छोटे से मंदिर को बारी-बारी से मत्था टेक नाव को खोलकर समुद्र में लाते हैं, फिर ठेल कर झपाझप चढ़ जाते हैं। एक-एक नाव पर चार-चार। उनकी आवाजें लहरों के शोर में गुम होती जाती हैं।

दिन चढ़े या दोपहर तक लौटते हैं मछुआरे। जाल से निकाली जाती हैं मछलियां। बांटी जाती हैं मछलियां। अब आती है औरतों की बारी और अपने-अपने हिस्से की मछली लेकर वे आ बैठती हैं पहाड़ों की तलहटी में। भीमली जाने वाली सड़क के नीचे तालवन में।

नागप्पा जाल टांगने आया तो माधवी ने टहोंका मारा, "तू यहां जाल मत फैलाया कर।"

"क्यों?" नागप्पा ने पीछे मुड़कर देखा।

"देख-देख अपनी पत्नी को, जाल की छाया में कैसी लगती है?"

"कैसी?"

"जैसे जाल के अंदर कोई मच्छी छटपटा रही है।"

"अरे वोऽऽऽ? जाल तो है, लेकिन दूसरा जाल। वो ठहरी दासू की बेटी, मामूली मछेरन नहीं बनी रह सकती। दासू की तरह बड़ी-बड़ी नौकाएं और जलपोत बनाएगी, अमीर बनेगी।"

"हां, मैं अमीर बनना चाहती हूं, पर इसमें तेरी क्यों फटती है? तू क्या चाहता है हम जिन्दगी भर दूसरों की गुलामी करें। जब तक तू लौट कर नहीं आता, सांस अटकी रहती है। जान जोखिम में डाल कर मच्छी पकड़ें हम और उसका मुनाफा लूटे कोई और। तू गया, सो गया, मैं अपने दोनों बेटों को कभी भी सागर में नहीं भेजने वाली।"

"पर नाव बनाने के लिए तो चाहिए ढेर सारे पैसे।"

"बस एक बार कोई गर्भवती प्रान मिल जाये, फिर देखना।"

"तब तक तू यूं ही छटपटाती रहेगी-हाय पैसा, हाय पैसा!"

"नहीं, मैं इसी सीज़न में फिर प्रोसेसिंग सेंटर कमाने जाऊंगी, देख लेना। मैनेजर बोला, जल्दी आना।"

"बोल दिया जो बोलना था?"

"कई बार बोल चुकी।"

"आज के बाद फिर न बोलना।"

"क्या करेगा तू?"

"इधिर तू कोच्चि गई, उधिर अपुन ट्रालर पर चला जाएगा, सागर में और कब्भी नहीं लौटेगा, सच्ची, कब्भी नहीं।"

यूं तो सामान्य तौर पर दोनों एक दूजे पर जान छिड़कते थे मगर अपनी-अपनी जिद के आगे दोनों पराभूत...और जब यह जिद कच्ची दारू पर सवार हो, तब क्या पूछना!

वही हुआ। इधर वह चार महीने का वायदा कर कोचीन गई, इधर नागप्पा की धमकियां मिलने लगीं। अपनी नेतृत्व क्षमता के बूते तेलम्मा ने प्रोसेसिंग सेंटर में अपनी जगह तो बनायी, पैसे भी कमाये, मगर नागप्पा की धमकियां आती रहीं। धमकियों के जवाब में स्नेह भरे आश्वासन थे-बस एक-दो महीने की ही तो बात है, मिलते ही सारा मलाल दूर कर देगी। पर ऐसा न हो सका। इस बार ठंड के चलते बीमार क्या पड़ी, होश हवास गुम। जिन मजूरनों को डांटकर वह काम कराती थी, उन्हीं के सामने आश्रय के लिए गिड़गिड़ाना और दुरदुराया जाना। बेला की सहायता से किसी तरह जान बची तो गांव लौटी, मगर तब तक नागप्पा सचमुच ट्रालर कुली बन कर बहुत दूर जा चुका था।

अतीत से वर्तमान में लौटती है तेलम्मा

दूसरे मछुआरों से पूछा, हारबर पर खोजबीन की मगर कहीं कोई सुराग न मिला। हारबर पर लगने वाले सैकड़ों ट्रालर, मिनी ट्रालर, सोनाबोट तथा जहाज थे और उन पर काम करने वाले हजारों मजदूर, कौन कहां गया, कब लौटेगा...कोई नहीं बताता। आंखें समुद्र में जाकर भटक जातीं। वह अपने को बिल्कुल असहाय महसूस करती। तट पर बैठ कर अकेले-अकेले रोती है, "जलदेवी, लौटा लाओ, उसे एक बार लौटा दो, फिर उसे आंचल से बांध कर रखूंगी।"

पर नागप्पा न लौटा तो नहीं ही लौटा। समुद्र ही समुद्र। एक ट्रालर से दूसरे ट्रालर। दूसरे से तीसरे...गहरे ही गहरे उतरता गया समुद्र में।

पति न था सो मछलियां कौन लाता! रोजी-रोजगार का क्या होगा? आखिर तेलम्मा की सरदारी का अनुभव ही काम आया। वह दूसरों की मछलियां बिकवाने और सूद पर मछुआरों को पैसे देने लगी।

पिछले कुछ दिनों से परेशान है तेलम्मा आधी-आधी रात को गए मछुआरे दिन चढ़े लौटते तो प्रायः छूछे। भाग में कभी दस किलो मच्छी तो कभी उससे

भी कम! ट्रालर वाले चुरा ले जाते हैं मछलियां। इतना ही क्या कम था कि कोढ़ में खाज की तरह यह नई आफत!

उस दिन सरस्वती ने तट पर से आवाज लगाई तो सब की सब वहां जा पहुंचीं। पच्चीसों मछलियां मरी पड़ी थीं। परिन्दे मड़रा रहे थे।

"यह ट्रालर वालों की बदमाशी है।"

"नहीं, वो जो कारखाना है न उधिर, उसकी।"

"लेकिन वो तो यहां से दूर है।"

"मच्छी क्या वहीं मरती, इधिर नहीं आ सकती।"

सारी मछुआरिनें खड़ी-खड़ी कोस रही थीं ट्रालर वालों को, कारखानेदारों को, सरकार को।

"कोसते-कोसते थक जाओगी अम्मा, तब भी ऐसे कुछ नहीं होने वाला। गालियों की आवाज से ऊंची है सागर की गर्जना।"

परिचित आत्मीय स्वर! पलटकर देखा तो चौंक गई तेलम्मा, "अरे बेला! मेरी बेलम्मा, मेरी बेटी, तू कब आई?" दौड़ कर भर लिया उसे अपने अंकवार में।

"गुजरात से बंगाल तक के मछुआरे ट्रालर वालों, कारखानेदारों और दूसरों की ज्यादतियों के विरुद्ध आंदोलन पर उतर आये हैं अम्मा, इसी सिलसिले में मैं कल हारबर आई तो सोचा आपसे भेंट कर लूं।"

"कौन है?" कई आंखों में जिज्ञासा थी।

"मेरी बेटी बेलम्मा"

"तुने तो बेटे जने थे–दो दो, सो हम जानते हैं, बेटी कब ब्याई?" सरस्वती हंसी।

"इसे मैंने कोच्चि में जना था। देखते-देखते कित्ती जल्दी कित्ती बड़ी हो गई मेरी बेटी। है न?" कहकर हंसने लगी तेलम्मा, फिर उसने बेला से पूछा,

"कोच्चि में क्या हुआ?"

"वह कंपनी तोड़ दी उन लोगों ने।"

"अरे!"

"वे ऐसा–ई तो करते हैं।"

"फिर क्या हुआ लड़कियों का?"

"रेत पर मछलियों-सी तड़पने लगीं। हमने डी.एम. के आगे प्रदर्शन करने की बात की तो सब डर गईं। मैंने कहा दो ही रास्ते हैं या तो लड़ो या समर्पण कर दो, नयी कम्पनी को लिखकर देना होगा कि आंदोलन नहीं करेंगे।"

"और उन्होंने समर्पण कर दिया होगा?"

"हां।"

"तुम्हें किसी कंपनी ने नहीं लिया होगा?"

"ना।"

"तो तुम करती क्या रही इतने दिन वहां?"

"वही तो। गुजरात से लेकर बंगाल तक के मछुआरे जो आंदोलन कर रहे हैं ट्रालर वालों, प्रोसेसिंग सेन्टर वालों और दूसरी ज्यादतियों के खिलाफ, उसे ही संयोजित करती रही। सागर तट का सारा अधिकार ही छिनने वाला है। यहां भी आयी तो इसी सिलसिले में...।"

"माने कि आम (हम) से मिलने नहीं।"

"ऐसा क्यों बोलती अम्मा...मेरा तुम्हें छोड़ कर इस दुनिया में है कौन?" बेला की आंखें भर आईं।

"वो तेरा प्रेमी सुपरवाइजर फिर नहीं मिला?"

"ना।"

"ये मर्द नाम के जीव होते ही ऐसे हैं, तुझे मालूम, मेरा हस्बैंड भी एक दिन कोच्चि जाने को क्या बोला कि सचमुच सागर में चला गया। आज तक नहीं आया।" कहते-कहते रो पड़ी तेलम्मा सोचने लगी बेला, क्या नसीब पाया है उसने भी, प्रेमी भी मिले तो कैसे-कैसे, मां-बाप मिले तो कैसे और तेलम्मा, जिसे माँ बनाया उसके भी भाग्य कैसे?

घर में घुसते ही तेलम्मा ने वचन लिया, "तूने मुझे माँ कहा है, तो माँ को वचन दे।"

"दिया।"

"कि अब से यहीं मेरे पास रहेगी।"

"तुम्हारे पास ही रहूंगी।"

"जो भी आन्दोलन करना है, यहीं से करेगी।"

"यहीं से करूंगी।"

# एक और सूनामी!

तेलम्मा की लाडली बिटिया बेला। बेला नहीं, बेलम्मा!

"अरे तूने नहाया कि नहीं? नाश्ता नहीं किया? ये क्या ताड़ के पत्ते-सा घोंसला बना रखा है सिर को? ऐसे मत बैठो। भाइयों को इतना सिर न चढ़ाओ...,"

फिस्स से हंस देती बेला। नई-नई माँ थी। नई-नई बिटिया। नई नई दुनिया। सबकुछ नया-नया। समुद्र जो भी लेता है, वापस कर देता है। माँ को लिया था, लौटा दिया। अब बाप को भी लौटा दे तो मजा आ जाये। और 'वो'...? उस सवाल से अभी आंखें चुराती है।

दिन भर संगठन का काम। शाम होते ही साइकिल से चल देती गांव। गांव आकर भाइयों का टास्क देखती, मछुआरिनों को पढ़ाती। पढ़ाते-पढ़ाते कभी-कभी पाठ बहक जाता, "अगर हम सागर में चल कर घेर लें ट्रॉलर वाले को तो?"

"पागल तो नहीं हुई यह लड़की? भला औरतें भी समुद्र में जाती हैं?"

"जाती हैं जाती हैं, मत्स्यगंधा गई थी कि नहीं?"

"जब गई होगी, गई होगी, अब कोई नहीं जाता।"

"अब भी जाती हैं?"

"कहां?"

"ये रही मैं बेलम्मा तुम्हारे सामने।"

"अरी माँ तू...? डर नहीं लगता?"

"डर तो बस किनारे पर है, बीच समुद्र में कैसा डर?"

समय मिलता तो नागप्पा की परित्यक्त नाव की यूं ही ठोंक-पीट करती रहती कुछ बोलती नहीं। डर है, बोली तो माँ को रुलाई आ जायेगी, नागप्पा की कितनी यादें जुड़ी हैं इस नाव से?

लेकिन एक दिन नाव और जाल लेकर चार लड़कियों के साथ समुद्र में उतर गई तो पीछे-पीछे दौड़ पड़ी तेलम्मा, "लौट आ। मैं कहती लौट आ...।"

नाव ऊपर-नीचे हिचकोले खाते दूर होती गई तो अनुरोध धमकी बन गया, "ठहर! लौट कर आ तो तेरी वो मरम्मत करूंगी कि सारी शरारत भूल जाएगी।"

क्रमशः छोटी होते-होते नाव धब्बा बन गई और धब्बा भी दिन के चमकीले प्रकाश में ओझल हो गया तो धमकी फरियाद बन गई, "हे सागर देवता, हे जल देवी, हे विशाखा देवी, इस पागल बेटी को सकुशल लौटा दो।"

दोपहर तक लौट आईं लड़कियां, सौ-एक किलो मछलियां लेकर।

मारा नहीं तेलम्मा ने, मान करके बैठ गई सागर तट पर।

"तूने तो बेटों को समुद्र में जाने से मना किया था न माँ, मैं तो तुम्हारी बेटी हूं।" बेला मना रही थी।

रोते हुए गले से चिपटा लिया तेलम्मा ने, "अब से नहीं जाएगी?"

"नहीं।"

"कान पकड़।"

"ये लो।"

"मेरी कसम।"

"तेरी कसम।"

कहां तो माँ बेटी को सिखाती है, कहां यहां बेटी ही माँ को सिखा रही थी। रात को लालटेन की रोशनी में जब पुरखिन की तरह गर्दन ऊंची कर मछेरनों को दुनिया जहान भर की बातें बताने लगती तो तेलम्मा उसे देख कर निहाल हो जाती। अनुभवी मछेरे पानी का रंग देखकर ही समझ लेते हैं कि मछलियां हैं या नहीं, हैं तो कितनी। टिड्डियों की तरह एक बाढ़ की तरह चलती हैं मछलियां। ट्रालर में 'ईको-सिस्टम' होता है, उससे भी वे जान लेते हैं। यानी पहले अनुभव का राज था, अब ज्ञान का राज है। मिल गईं तो जैक पॉट, माने कुबेर का खजाना कई-कई लाख पीट लो। हम गरीब मछुआरों के पास न ट्रालर है, न ज्ञान, न संसाधन, मछलियां पाना हमारे लिए जुआ है। मिल भी गईं तो प्रिजर्व नहीं कर सकते हम। सो मजबूरन जल्दी-जल्दी औन-पौने दाम में ट्रालर वाले बड़े व्यवसाइयों को बेच लेने में ही बहादुरी है। ट्रालर या मिनी ट्रालर तो दूर, हमारे लिए तो सोना बोट भी सपना है।

"तब तो हम गरीब मछुआरे कभी भी उनका मुकाबला नहीं कर सकते?" एक बूढ़ी ने पूछा।

"कर सकते हैं, अगर संगठित हो जायें।" बेला ने कहा।

तेलम्मा उस पर खुश होती तो उसकी थाली में एक मुट्ठी पौष्टिक भूसी और डाल देती।

"मैं कोई गाय हूं कि भूसी डाले जा रही हो मां?"

"ये भूसी नहीं प्रॉन के चारे हैं सुखाये हुए। पॉल्ट्री वाले ले जाते हैं मुर्गों को तगड़ा बनाने के लिए। हम भी खाते हैं और तुम्हें भी खिलाते हैं। आखिर लड़ना है कि नहीं?"

"ओ प्रॉन...? प्रॉन में तो मेरे प्राण बसते हैं। बंगाल में भी खाती थी हिरण प्रॉन, केरल में भी, लावस्टर, यहां तो धारीदार टाइगर, ह्वाइट और ब्राउन कलन्द..."

"चोप। खाते समय बोलते नहीं।" डांट देती तेलम्मा...कभी-कभी खाते-खाते सुबकने लगती, "पता नहीं कहां भटक रहा होगा तेरा बाप...?"

थोड़ी देर तक सन्नाटा उड़ता रहता फिर धीरे से बोलती बेला, "इन सब के लिए जो दोषी हैं, उन्हें कभी क्षमा नहीं करना अम्मां" यह चुपके-चुपके शोला भड़काने की मुहिम थी। बेला जहां भी जाती, शोलों के ऐसे ही बीज बोती चलती, "एक बार साहस करो, बस एक बार..."

अकेली बेला ही नहीं, सैकड़ों, हजारों लड़के-लड़कियां गुजरात से बंगाल तक आर-पार की लड़ाई के लिए तटीय गांवों, बस्तियों में लोगों को तैयार कर रहे थे।

मई का महीना। भीषण उमस का महीना। मच्छियों का प्रजनन काल होने के नाते कानूनन समुद्र में जाकर मछली पकड़ना निषिद्ध है इस समय। इस खाली समय को संग्राम समिति ने देश भर से तटीय मछुआरों, एन.जी.ओ. आदि को संगठित करने में इस्तेमाल किया। केन्द्र बना विशाखापत्तनम।

ट्रालर बनाम छोटी नौका। मत्स्य उद्योगपति बनाम छोटे मछुआरे। लड़ाई बड़ी मछली बनाम छोटी मछली की...!

सागर मत्स्यजीवी संघ के महासचिव अपन्ना ने कहा, "एक बड़ी मछली छोटी मछली को निगलने आयी। छोटी मछली डर गई, बोली, मैंने तुम्हारा क्या बिगाड़ा है? बड़ी ने कहा, मैं तो नियम के अनुसार ही काम कर रही हूं। या तो तुम मुझे खा जाओ, या मैं तुम्हें। चलो, पहले तुम्हीं कोशिश करके देख लो। छोटी ने अपने छोटे थूथन से बड़ी को जहां-तहां से काटने की कोशिश की, न काट सकी तो हार कर सरेंडर कर दिया, "लो मुझे खा जाओ।" सो भाइयो, बहनो, यही हो रहा है...आप को फैसला करना है कि क्या आप इन बड़ी मछलियों से लड़ेंगे या चुपचाप उन्हें खाने देंगे।"

"सेव द फिश, सेव द फिशरमेन।," एन. जी. ओ. के नीलाचलम् ने कहा, "समुद्र एक डस्टबिन हो गया है। कोस्टल रेगुलेटरी जोन पांच सौ किलोमीटर का। सागर तट से पांच सौ मीटर के अंदर आप कोई निर्माण कार्य नहीं कर सकते लेकिन इसका उल्लंघन सर्वत्र है, खुद सरकार के हाथों ही...। आप यहां ही देख लें, हारबर से भीमली तक विकास, आधुनिकीकरण और सुंदरीकरण के नाम पर सरकार ने जगह-जगह वायोलेट किया है। दूसरे, स्टील प्लांट, विद्युत उत्पादन और दूसरी इंडस्ट्रीज का कचरा कहां गिरेगा तो समुद्र में! पूरे शहर का कचरा कहां गिरेगा तो समुद्र में! मोटर निर्माण उद्योग, पर्यटन उद्योग, फिल्म उद्योग आ रहे

हैं। इनका कचरा भी समुद्र में ही आयेगा। मछलियां जिंदा रहें तो कैसे...? मछलियां मरेंगी तो मछुआरे मरेंगे। वे भाग रहे हैं अंडमान, भाग रहे हैं पुरी, भाग रहे हैं दूसरी जगह...सो समुद्र बचाओ। समुद्र बचा तो मछलियां बचेंगी, मछलियां बचेंगी तो मछुआरे बचेंगे।"

गोवा से आये हुए एक प्रतिनिधि ने कहा, "मैं मूरख आदमी आपको क्या समझा सकता हूं, तब हां, अपने गोवा का उदाहरण आपको दे सकता हूं। आपको मालूम, गोवा भी पहले मछुआरों का अंचल था। फिर धीरे-धीरे पर्यटन, आयरन ओर्स और दूसरे उद्योगों का विकास हुआ। विकास तो हुआ पर मछुआरे उजड़ गये, निश्चिह्न हो गये। डर है, जो गोवा की नियति हुई, वह भारत के शेष समुद्री तटों की न हो जाय। अभी भी जग जाइये।"

सबसे अंत में बोलने के लिए खड़ी हुई बेला तो चारों ओर से 'बेलम्मा! बेलम्मा!' की अभिनंदन करती आवाजें आने लगीं।

बेला ने हाथ उठाकर सबका अभिवादन किया,

"माताओं, बहनो, भाइयो..." एक बड़ा दायरा लेते हुए बेला ने कहा," आठ हजार इकतालीस कि.मी. समुद्री तट है हमारा, सिर्फ आंध्र में ही 941 किलोमीटर। सारी लड़ाई इस तट पर कब्जे को लेकर है। उनके पास ट्रालर्स, मेकनाइज्ड बोट्स और आधुनिक उपकरण हैं, लैंडिंग और हार्बर केन्द्रों पर उन्हीं के बिचौलिये हैं। वे संगठित भी हैं, सामर्थ्यवान भी। हमारे पास कुछ नहीं। सरकार और इसके अफसर भी उन्हीं का पक्ष लेते हैं। सागर-संपदा का एक-एक उद्योगपति अरबपति है फिर भी उनका पेट नहीं भरता? वे 12 समुद्री मील का कानून तोड़कर दो-दो मील से भी ज्यादा अंदर घुस कर मछलियां हड़प ले जाते हैं जो देशी और अंतरराष्ट्रीय श्रमिक कल्याण नियमों का घोर उल्लंघन है। मछलियां तो मछलियां, उनके ट्रालरों और प्रोसेसिंग सेन्टरों पर भी हम मछुआरों का तरह-तरह से शोषण होता है। ये देखिए मेरी उगलियां, आज भी सीधी नहीं हुईं, छह महीने का समुद्र में गया मेरा बाप नागप्पा मर गया, या जिन्दा है, कोई नहीं जानता...।"

भीड़ उत्तेजित हो गई।

तेलम्मा ने गर्व से बेटी को देखा, बेला के होंठ हिल रहे थे, "शांत! शांत हो जाइए ! सिर्फ गुस्से के दम पर इस अन्याय का खात्मा नहीं किया जा सकता। हमें मुक्ति चाहिए। मुक्ति चाहिए इस दरिद्रता से, बेबसी से, हर घड़ी मुंह बाये चली आ रही असुरक्षा से, मुक्ति चाहिए इन महाजनों की कृपा से, इन बिचौलियों से, दलालों से। यह मुक्ति कौन देगा...? कोई नहीं। हमें खुद आगे बढ़कर इसे हासिल करना है...वह कभी तमिल, कभी मलयालम, कभी तेलुगु, कभी कन्नड़ में बोल रही थी। दरिद्र्यम देब्बलाटकुमूलम्! नाव जाल, सुरक्षा-मुक्त हो भी गये

तो मछलियां रखेंगे कहां? प्रोसेसिंग का क्या होगा? कोल्ड स्टोरेज या डीप-फ्रीजर या बर्फ कहां से लायेंगे? फिर ट्रांस्पोर्टेशन, मारकेटिंग और एक्सपोर्ट की बातें हैं, प्रमाणित करने का सवाल है। समुद्र में क्या प्रमाण है कि कौन कहां तक आया...इसलिए प्रतिरोध, पूंजी और विकल्प तीनों चाहिए, इसलिए एकता चाहिए, सहकारिता चाहिए। जिस तरह पूरे देश के जंगल, पहाड़ नदी और जमीन और संपदा को छीनकर बेचा जा रहा है, उसी तरह हमारे आठ हजार किलोमीटर सागर तट के अधिकारों को हमसे छीनकर बड़ी कंपनियों को बेच दिया जाएगा। अब भी वक्त है आप चेत जाइए।"

कार्रवाई पर अभी विचार चल ही रहा था कि एक नाव के जाल को किसी ट्रालर ने फाड़ दिया। मछेरे रोते हुए आये थे संग्राम समिति के दफ्तर में।

"कौन सा ट्रालर था?"

"वो तो पता नहीं।"

"उस पर कुछ लिखा हुआ था?"

"था तो लेकिन हम पढ़े-लिखे नहीं हैं।" तैश में हारबर पहुंचे सब। कोई ठीक-ठीक बताता नहीं। बेला ने कहा, "रजिस्टर के हिसाब से एक ही ट्रालर गया था-एलिस ओसेन फूड्स का...।"

"कौन है उसका मालिक...?"

"विस्नू बिजारिया।"

विस्नू बिजारिया नाम को चुभलाती रही देर तक।

यह पहली वारदात न थी। ऐसा अक्सर होता था। हारबर पर एलिस ओसेन फूड्स के दफ्तर को घेर कर नारे लगाये जाने लगे। पुलिस आयी। कर्मचारियों को छुड़ा कर ले गई। अलबत्ता एक एफ.आई.आर. जरूर दर्ज किया पुलिस ने एलिस ओसेन फूड्स के विरुद्ध और यह आश्वासन भी दिया कि तीन दिनों के भीतर मालिकों के विरुद्ध कार्रवाई अवश्य होगी।

जब तीसरा दिन भी बीत गया तो पुलिस की नीयत पर शक होने लगा।

"पुलिस उनकी, कानून उनका, सरकार उनकी...!" अपन्ना ने क्षोभ से कहा।

"होने दो। हम हारबर जाम करेंगे।" बेला ने कहा।

"वे दूसरे हारबर से काम करेंगे।"

"हम एक साथ सभी हारबर्स जाम करेंगे।"

पांचवें दिन हारबर छोटी नौकाओं से पट गया और तट मछेरों से। किसी भी ट्रालर को तट पर नहीं आने दिया लोगों ने। ट्रालर दूर समुद्र में खड़े रहे। शहर की दुकानें पटापट बंद होने लगीं। दोपहर को मैजिस्ट्रेट ने उन्हें माइक से हट जाने की चेतावनी दी और धारा 144 लगा दी। मगर वे धूप में तपते खड़े रहे।

पांच ट्रालरों में कुल मिलाकर पचास लाख की मछलियां थीं। उनका डीजल खत्म हो चुका था। पीने का पानी खत्म होने वाला था। नाकेबंदी ऐसी टाइट थी कि उन तक कोई भी सहायता पहुंचा पाना संभव न था। सभी हारबरों पर कमोबेश एक-सा हाल था।

घोष ने मंत्री महोदय से सीधे संपर्क किया, "देश की करोड़ों की संपत्ति का नुकसान हो रहा है।"

मंत्री महोदय ने अपनी असमर्थता जताई, "हम क्या करें, सभी हारबर तो जाम हैं।"

"तो फिर हमें ही कुछ करने दें।" अनुमति में लिपटी हुई धमकी।

युद्ध शुरू हो गया। दोनों ओर से फायरिंग–ठांय-ठांय! ठहाक-ठहाक...! हारबर पर चीख-पुकार मच गई। मारे गये अग्रिम दस्ते के वे मछेरे जो अपनी नौकाओं पर नाकेबंदी करने खड़े थे, जिन्हें कोई आड़ न था।

लाशों को मछलियों की तरह टांग कर लाया जा रहा था। हैदराबाद, चेन्नई, कोच्चि, कोलकाता, दिल्ली। संसद की गोल बटलोई में उबाल आया। फायरिंग की आवाजें उड़ते-उड़ते जा टपकीं अतुल मेंशन में।

# मझधार में

"कहां चल रहे हो?" अजय ने जिम से पूछा।

"शाहनवाज के पास।" जिम ने धीरे से कहा।

"शाहनवाज या शाहनाज?"

"एक ही बात है।"

यह एक उमस भरी शाम थी। जिम ने कार का ए.सी. ऑफ कर रखा था, म्यूजिक सिस्टम भी। उमस में सीझते हुए वे एक्सचेंज पहुंचे तो दफ्तर बंद हो रहा था। एक-एक कर बाहर आ रहे थे लोग। शाहनवाज सबसे पीछे उदास-सा चला आ रहा था कि कार के हार्न पर चौंक कर पलटा।

"लो मर्द से औरत हुआ नहीं कि कार वाले आ गये।" किसी ने फिकरा कसा। शाहनवाज ने उसे खिसियायी नजर से देखा। पर जब्त कर गया। जिम ने पिछला डोर खोल दिया।

"कैसे...न कैसी हो?" जिम ने उसे उसी हसरत से देखा, जिस नजर से लंदन में डॉली को देखा था।

"मझधार में कैसा रहता है आदमी?"

"तैरती रहो, किनारे भी लग जाओगी एक दिन।"

शाहनवाज ने जोरों से उसांस छोड़ी, जैसे दौड़ते-दौड़ते हांफने लगा हो।

"इतने ऑफ क्यों हो? सेक्स ने घाव दिये हैं तो सेक्स ही मरहम भी देगा। चलो तुम्हें अख्तर के पास छोड़ देते हैं। दो चार दिन में चित्त शान्त हो जाएगा, फिर अगले स्टेप के बारे में सोचना।" जिम ने कहा।

"अब्बा-अम्मी की कोई खबर मिली?"

"लगता है बिजारिया साहब ने उन्हें विशाखापत्तनम भेज दिया है, हारबर पर काम करने के लिए। धीरे-धीरे सब ठीक हो जाएगा।" अजय ने कहा।

"मुझे भी कहीं दूसरी जगह सर्विस ज्वाइन कर लेनी चाहिए, जहां मुझे कोई न जानता हो।" शाहनवाज ने कहा।

जिम ने गहरी नजरों से घूरा उसे, "बस?"

"लेकिन अभी तो लंबा ट्रीटमेंट है, खर्च कौन देगा?"

"तुम खुद अर्न करोगी, इतना कि पैसों की बाढ़ में सब डूब जाएगा–सब!" जिम ने उसे आश्वस्त किया।

"एक बात पूछूं?"

"पूछो।"

"आप मेरा इतना लंबा खर्च क्यों उठा रहे हो? क्या इंटरेस्ट है आपका?" जिम थोड़ी देर तक चुपचाप ड्राइव करता रहा, फिर बोला, "मैं खुद नहीं जानता, इनफैक्ट यह तुम्हारी मरजी से तुम पर चल रहा एक एक्सपेरिमेंट है।"

अख्तर की गली में कार नहीं जा सकती थी। शाहनवाज को सड़क पर उतारकर वे लौट आये।

एक मॉड युवती को देख कर अचकचा गया अख्तर।

"आप...? किनसे मिलना है?"

"आपसे।"

"म–म–मुझसे...?"

"पहले अंदर तो आने दो।" शाहनवाज ने अंदर आकर चौकी के गद्दे पर बैठते हुए पूछा,

"क्या वाकई तुम मुझे नहीं पहचानते?"

"अल्लाह कसम!"

"मेरी आंखों में झांक कर बोलो तो जरा।"

अख्तर ने शरमाते हुए उसे देखा, चेहरा कुछ–कुछ पहचाना हुआ–सा लगा पर भांप नहीं पाया, परिचय–अपरिचय की दहलीज पर ठिठक कर रह गया हो जैसे।

"मैं तेरा शाहनवाज हूं।"

दो कदम पीछे हट गया अख्तर, "अल्ला कसम?"

"अल्लाह कसम!" कहते हुए शाहनवाज उठ कर लिपट गया अख्तर से। अख्तर के सीने में गुदाज–सी कोई मादक छुअन।

"तो क्या...?"

"हां...आजमा कर देख!" कपड़ों की केंचुल झड़ गई। मस्त नाग–नागिन से एक दूसरे को उन्होंने लपेट लिया।

ये तेरे हिप (पुट्ठे) कुछ चौड़े हो गये लगते हैं, मूंछें गायब और ये औरतों जैसा फूला हुआ सीना...?

"ये सब हारमोन थिरैपी से पूछो।"

"इस सीने को छू लूं?"

"और किसलिए इतनी रकम गलाई है।"

"यार ये बायां दाहिने से छोटा है न!"

"कभी औरत देखी भी है, यह तो मामूली-सी चीज है, बहुतों के साथ ऐसा होता है।"

"लेकिन तेरा पेट और तेरे कंधे अभी भी मर्दों जैसे हैं, इन पर रोयें भी हैं।"

"सब ठीक हो जाएगा।"

संभोग! उल्टे नहीं सीधे! अख्तर का चेहरा देखकर लगा, मजा नहीं आया अख्तर को।

"तू मेरे औरत बन जाने के बाद मेरी जिन्दगी में आने वाला पहला मर्द है, कैसा लगा तुझे...?"

अख्तर ने कुछ कहा नहीं।

"अभी तू कहां जायेगा?"

"जायेगा नहीं जाएगी।"

"अरे वही हुआ।"

"क्यों यहां रह जाऊं तो कोई परेशानी है?"

"नहीं, माने, पचास तरह की बातें करेंगे लोग।"

"चलो शादी कर लेते हैं।"

"मैं-मैं-ऊंऽऽऽ!"

"तब तो चूमते रहे, मर्द-औरत का खेल खेलते रहे, अब कौन-सी नई दिक्कत उठ खड़ी हुई?"

इतनी बड़ी दुनिया में किसको पता होता है कि कहां क्या हो रहा है। मस्जिद में शादी भी हो गई, अतृप्त यौनसंसर्ग भी चलते रहे। शाहनवाज का नया नाम शाहनाज भी एप्रूव हो गया। कोर्ट में एफिडेविट भी हो गया कि शाहनवाज और शाहनाज एक ही व्यक्ति के नाम हैं। बीच-बीच में अख्तर पहले की तरह गुदा-मैथुन के लिए जिद करने लगता। शाहनवाज मना लेता। लेकिन एक दिन अख्तर अड़ गया। शाहनवाज की आंखें छलछला आईं, "ले कर ले अपने अरमान पूरे।"

जिम को उसने फोन पर बताया, "मेरे अकेले बदल जाने से पूरी दुनिया नहीं बदल जाने वाली।"

गे क्लब वालों के साथ जिम ने अख्तर को देर तक समझाया, वह सिर झुका कर सुनता रहा, मगर मियां-बीवी में उस दिन जो दरार पड़ी, वह चोड़ी ही होती गई।

शाहनवाज ज्यादा डिस्टर्ब होता तो टुकड़ों में बिखरने लगता। अख्तर अपनी पुरानी स्मृतियों से मुक्त नहीं हो पा रहा था। वह अब भी शाहनवाज को अपने

शौक के अनुरूप ढालना चाहता। दूसरी तरफ शाहनवाज अजीब-से अन्तर्द्वंद्व में घिरा रहता। यद्यपि उसने अपने अंदर के मर्द को कब्र में दफन कर दिया था और रोज-ब-रोज उस पर मिट्टी डालता जा रहा था फिर भी किन्हीं कमजोर क्षणों में वह कब्र से सिर निकाल लेता, धूल भुरभुरा कर झरती, भौहों से, पलकों से, दाढ़ी से, मूंछ के रोयों से...।

खटपट बढ़ती गई। मजहब जो अब तक घायल कुत्ते-सा कोने में पड़ा निःशक्त भाव से गुर्रा रहा था, अचानक भौंक उठा–"तलाक! तलाक!! तलाक!!!"

औरत बन कर शाहनवाज रोया, "हाय तूने ये क्या किया? अब मैं क्या करूं?"

"चकला खोल ले। तेरा तो आगे-पीछे दोनों चलेगा–डबल कमाई!"

"साले कीड़े! खुदा तुझ पर कहर बरपाये?" शाहनवाज ने कहा और त्रिशंकु-सा झूल गया।

जिम के आगे आ खड़ा हुआ शापित अहिल्या-सा शाहनवाज "मेरे विश्वामित्र! मुझे जन्नतनशीं करना चाहते थे न तुम! मैं तो बीच में ही झूल गया त्रिशंकु बनकर। त्रिशंकु के लिए तो तुमने नारियल-फल रचा-था आसमान में, मगर मेरे लिए...।"

जिम कन्फ्यूज्ड! कहां चूक हो गई प्रयोग में?

# द ग्रेट कोलीजन!

'अस्तित्व' का मतलब सबके लिए एक नहीं हुआ करता। जहां शाहनवाज या शाहनाज के लिए उसका मतलब जेन्डर युद्ध में उसकी फेमिनिज्म की जीत था, वहीं अतुल के लिए उसके कौतुक भरे बेतुके प्रयोगों की सफलता। सागर तटीय लाखों मछुआरों के लिए, 'अस्तित्व' का मतलब रोजी-रोटी के उनके पारंपरिक अधिकार को बनाये रखने का था तो एलिस ओसेन फूड्स जैसी राष्ट्रीय और बहुराष्ट्रीय कंपनियों के लिए इसका मतलब था उन अधिकारों को छीनकर उस पर अपना एकाधिकार जमाना। यह एक तरह का 'टग ऑफ वार' था जिसमें एक की जीत का मतलब था, दूसरे की हार, एक के अस्तित्व के उभरने का मतलब था दूसरे के अस्तित्व का लोप। अस्तित्व का मतलब ही होता है टक्कर। एक बड़ी टकराहट के बाद चीजें अस्तित्व में आती हैं। एक का अस्तित्व ही दूसरे के अस्तित्व के लिए बाधक होता है। बड़े-बड़े अबूझ दर्शन हैं अस्तित्व के। लेकिन विस्नू बिजारिया के अस्तित्व का मसला इन सबसे जुदा था, वहां न दीन था, न दुनिया, न राष्ट्र था, न परिवार, न समाज था, न व्यवसाय; जो कुछ था वह निजी था, नितांत वैयक्तिक। आईना देख कर इन दिनों डर लगता था। वे अपनी तेजी से भागती उम्र को पकड़ने की प्राणप्रण कोशिश में और भी अटपटे होते जा रहे थे।

इन दिनों वे 'अस्तित्व' के निदेशक पर अक्सर ही झुंझला पड़ते, "मुझे रिजल्ट के लिए और कितना इंतजार करना पड़ेगा?"

"कोशिश तो कर ही रहे हैं अंकल।" विशाल सफाई देता।

"डैम टु योर कोशिश। मुझे गीता नहीं बांचनी, रिजल्ट चाहिए रिजल्ट।" असंतुष्ट भाव से फोन डिसकनेक्ट कर देते बिजारिया।

समय वर्ष, महीने और दिन पर नहीं, सेकेण्ड, सेकेण्ड पर उछल रहा था-प्रतिपल! प्रतिमुहूर्त!

ऐसे में एक दिन एक नये जीवविज्ञानी डॉ. बलविन्दर सिंह की नियुक्ति की खबर मिली तो विशाल को आश्चर्य नहीं हुआ।

"डॉ. सिंह के एप्वाइंटमेंट में तुमसे पूछा गया था?" जिम ने पूछा।

"नहीं।"

"क्या करोगे अब?"

"मुझे खुद पता नहीं, उस टक्कर में भी एक ब्लैक होल बनने का खतरा है, यहां भी।"

"डायरेक्टर के बिना पूछे ही एप्वाइंटमेंट?"

"डूबते को तिनके का सहारा। डॉ. सिंह ऐसे ही तिनके हैं। मुझसे बिजारिया साहब की उम्मीदें पूरी नहीं हो पायीं तो बलविंदर को पकड़ा, बलविंदर से पूरी नहीं होगी तो किसी और को पकड़ेंगे।"

"ठीक कहते हो। डॉ. सिंह हारमोन्स के स्पेशलिस्ट हैं। बड़े-बड़े दावे हैं उनके।"

"जैसे?"

"जैसे यह कि हारमोन्स ट्रीटमेंट के जरिए वे दुनिया को बदल कर रख देंगे, शायद तेजी से बूढ़े होते जा रहे मेरे बाप को भी। और सुनो, उन्हें नियुक्ति ही नहीं मिली है, पावर भी...। शाहनाज को उन्होंने आश्वस्त किया है कि वे उसे हंड्रेड वन परसेन्ट मादा बनाकर छोड़ेंगे। शाहनाज के चेहरे पर इन दिनों कुछ ज्यादा ही लाली आ गई है।"

"जरा फोन मुझे देना।" अजय ने जिम से फोन ले लिया।

"सुनो विशाल, डॉ. सिंह ने आते ही हम सारे चैम्पियनों की छुट्टी कर दी है। अपने दावों से वे एक ऐसा रहस्यलोक बुनते हैं कि उनके दावे सच लगने लगते हैं। सबसे ज्यादा परेशान हैं अपने जिया।"

"क्या हुआ जिया को?"

"होना क्या था! अब तक दुनिया को बदल डालने का एक ही दावेदार था—डॉ. जिया, अब एक दूसरा दावेदार भी खड़ा हो गया—डॉ. सिंह। जिया का साधन है टेलीपैथी, और डॉ. सिंह का हारमोन्स थिरैपी! खैर छोड़ो, तुम बताओ, इस नए डेवलॅपमेंट पर तुम्हारा रिएक्शन क्या है?"

"मेरा...? मैं तो जा रहा हूं जेनेवा।"

"लार्ज हैड्रान कोलाइडर के प्रोटोनों के टक्कर वाले एक्सपेरिमेंट के लिए...।"

"हां।"

"लेकिन तुम्हारा तो वो फील्ड नहीं।"

"मुझे अपने इंटरेस्ट के लिए उसे समझना है, बिगबैंग तो खैर बहुत बड़ी चीज है, उसका आभास भी मिल जाये तो बड़ी उपलब्धि है। फिर डार्क पार्टिकल्स हैं, गॉड पार्टिकल्स हैं, ब्लैक होल्स हैं, आकाश गंगाओं का फैलाव है, वह बिन्दु

जहां से समय शुरू होता है, स्पेस शुरू होता है, दिशाएं शुरू होती हैं...माने कि हम शुरू होते हैं।"

जिम के कान खड़े हो गये जैसे उसके सीने में दफ्न सवाल यकायक बाहर आ गये हों।

"तो अस्तित्व से रिजाइन कर दोगे?"

"एक व्यक्ति की जवानी के सवाल से कहीं बड़े हैं मानव सभ्यता के अस्तित्व के सवाल...।"

जिम ने फोन अपने हाथ में ले लिया, "एक बात जान लो विशाल, अगर जेनेवा के द ग्रेट कोलिजन में अकेले-अकेले गये तो हमारी दोस्ती कोलाइड और कोलैप्स कर जाएगी।"

"अव्वल तो वो कोई मेला नहीं है कि मेरी उंगली थाम कर चल पड़ोगे, दूजे अभी उसमें काफी वक्त है, मैं खुद ही अभी नो ह्वेयर हूं, कोई भी गुंजाइश बनी तो...खैर अभी तो मात्र इतना कि जब तक कुछ नया नहीं होता तुम लोग डॉ. जिया और डॉ. बलविन्दर जैसे दो प्रोटोन कणों का द ग्रेट कोलिजन देखो।"

वाकई एक महाटक्कर से कम न था यह टक्कर। फ्रांस और स्विट्जरलैंड की सीमा पर नहीं, कलकत्ते के साल्टलेक में; जमीन से 100 मीटर नीचे नहीं, बिल्कुल सतह पर और 27 किमी लंबी सुरंग में नहीं, एकबारगी आमने-सामने...। डॉ. बलविन्दर सिंह सपने में भी डॉ. जिया का समर्थन नहीं कर सकते चाहे इसके लिए उन्हें भाषा से परिभाषा तक क्यों न बदलनी पड़े। अगर जिया टेलीपैथी के प्रवक्ता थे तो डॉ. सिंह की नजर में टेलीपैथी दुनिया का सबसे बड़ा फ्रॉड था।

अस्तित्व अनुसंधान केन्द्र पर एक तरह से डॉ. सिंह का एकछत्र राज्य कायम हो चुका होता, अगर उनके रथ का चक्का उनके अपने ही कीचड़ में न जा धंसा होता और डॉ. जिया ने इस मौके का फायदा उठाकर उन्हें उनके ही दांव से न दे मारा होता।

हुआ यूं कि डॉ. जिया ने समलैंगिकता पर एक दिन नाक-भौं क्या सिकोड़ी कि डॉ. सिंह को समलैंगिकता का समर्थन करने का मौका मिल गया। यहीं आ गये वे जिया की पकड़ में।

"शुद्धता के प्रबल समर्थक डॉ. बलविन्दर समलैंगिकता के समर्थक क्यों कर बने, जानते हो?" डॉ. जिया ने 'किसी को बताना मत' के भेद भरे अंदाज में बताया, "हुआ यह कि एक बाहुबली को एक बालिका भा गई, नख-शिख अपूर्व सुंदरी! अब बालिका जो थी सो, क्या नाम कि 'फातिमा' एकादशी थी, सिर्फ ग्यारह साल की। समस्या थी, एकादशी को षोड़सी कैसे बनाया जाय। ऐसा असंभव कार्य सिर्फ अपने डॉ. बलविन्दर सिंह ही कर सकते थे, सो वे डॉ. सिंह के

शरणापन्न हुए। बलविन्दर ने कहा, 'डॉन्ट वरी, मैं हूं न!' और हारमोंन्स ट्रीटमेंट शुरू कर दिया। एंड इट वाज ए मिरेकल, फातिमा चन्द्रकला की तरह बढ़ने लगी–एकादशी से द्वादशी, द्वादशी से त्रयोदशी, त्रयोदशी से चतुर्दशी, चतुर्दशी से पूर्णिमा। अब बस नहा-धोकर फातिमा का भोग लगाना भर रह गया था। बाहुबली को लेकर पहुंचे बलविन्दर सिंह बालिका के पास। फातिमा को देखा, चेहरे पर चांदनी, सारी गोलाइयां खिली हुईं, तभी सहसा चिहुंक गए। वक्ष ही नहीं, उसकी मूंछें भी खिल आई थीं और दाढ़ी भी...और भी बहुत कुछ।

"चीख पड़े बलविन्दर और बाहुबली, 'फातिमा'! मूछें ऐंठती हुई उठकर खड़ी हो गई फातिमा, 'फातिमा नहीं, फत्ते खां। तुम साले मेरा क्या करोगे, मैं करूंगा तुम्हें।'

"बाहुबली तो सिर पर पैर रखकर भाग खड़ा हुआ। पकड़े गए अपने डॉ. सिंह। सिंह पहले गुर्राया, गुर्रऽऽऽ, फिर शांत...।

"तब से डॉ. सिंह समलैंगिकता के घोर समर्थक बन गये। इस बार सारे ही नोबेल प्राइजेज अपने बलविन्दर को मिलने वाले हैं। अपने व्यापक डायमेंशन में एक साथ सभी स्ट्रीम्स को कॅवर करती है उनकी यह खोज।"

"तुमने डॉ. सिंह जैसे महाबली को धूल चटा दिया। बधाई!" अजय ने जिया को बधाई दी।

"मैंने कुछ नहीं किया, बलविन्दर के एक वैज्ञानिक मिथ को मैंने अपने मिथ से ध्वस्त कर दिया। बस।"

"इनफैक्ट, इट वाज ए ग्रेट कॉलीजन"

"यस, इट वाज!"

डॉ. सिंह ने डॉ. जिया पर कोई पलटवार क्यों नहीं किया इस राज के पीछे एक और अंतर्कथा थी। इस अंतर्कथा ने न सिर्फ बहुत से आश्चर्य लोकों के कपाट खोल दिए बल्कि नैतिकता की कई धारणाओं को भी ध्वस्त कर दिया।

कथा शुरू होती है बलविन्दर सिंह के नौकर से। तब वे कोच्चि में एक बायो साइंटिस्ट थे। कॉटेज थी समुद्र के किनारे। नौकर का नाम कुछ और था मगर उसे वे 'घरघुसरा' कहकर पुकारते थे। नौकर एक नम्बर का डरपोक था। समुद्र की लहरों से उसे खासा डर लगता। ज्वार के समय तो उसकी आफत ही आ जाती। बच्चे उसे बन्दर घुड़की देते तो भागकर सीधे घर में जा छुपता। डॉ. सिंह परेशान रहते। आखिर उन्होंने तय किया कि और शोध वे बाद में करेंगे, पहले इस घरपुसरे का इलाज करेंगे...और डॉक्टर साहब ने डर का वह जीन्स खोज ही लिया। घरघुसरा उनकी प्रयोगभूमि बन गया। उन्होंने भय के उस जीन्स को पैसिव किया। और साहब, घरघुसरा बाहर निकला। लड़कों ने चिढ़ाया, बड़कों

ने चिढ़ाया, घरघुसरा भागा नहीं, डरा नहीं। चमत्कार हो गया। लेकिन इस चमत्कार की इन्तहा क्या हुई मालूम? घरघुसरा घर से निकलकर आगे बढ़ता रहा, आगे बढ़ता रहा। सामने समुद्र था, समुद्र में डूब मरा।

"कभी सुना नहीं!"

'सुनते कैसे,' डॉ. सिंह खुद घरघुसरा जो बन गए उस दिन से। इस शोध के बारे में कुछ ही लोग जान पाए उन्हीं कुछ लोगों में से एक थे अपने बिजारिया साहब, चमत्कारों के रसिया? उन्हें लगा, उनकी मनोकामना विशाल से नहीं बलविंदर से ही पूरी होगी। ले आये डॉ. सिंह को।

कोच्चि से कोलकाता और विशाल की जगह बना दिया उन्हें अस्तित्व का डायरेक्टर।

"हम तो खुश हैं, विशाल के बिजारिया से पिंड छूटा," शीलाजी ने हाथ जोड़े, "जान बची तो लाखों पाये।"

"लेकिन एक बात समझ में नहीं आई," सत्यप्रकाश ने कहा, "इतनी बड़ी खोज के बाद डॉ. सिंह चुप क्यों बैठ गये!"

"इसलिए कि इतनी बड़ी खोज का एवार्ड तो उन्हें बाद में मिलता," डॉ. जिया ने कहा, "इस खोज का श्रेय लेते ही पहले उनको फांसी होती–घरघुसरे की हत्या के लिए...।"

सत्यप्रकाश की आंखें चमकने लगीं, "मैं नहीं जानता कि डॉ. बलविन्दर की खोज सफल रही या असफल, लेकिन एक नया बोधिसत्व तो उसने दिया ही...।"

'अब जरा अपने गौतम बुद्ध की वाणी सुन लें।' शीलाजी ने तंज कसा।

"डर का होना भी जरूरी है।" सत्यप्रकाश ने कहा।

"अच्छा...!"

"हां, डर न होने पर हमारी वही दशा होगी जो घरघुसरे की हुई। एक संपूर्ण इनसान होने के लिए आदमी में डर, शर्म, चोरी, झूठ, ईर्ष्या, लोभ, द्वेष जैसे विकारों और कुंठाओं का होना भी जरूरी है। माने सम्यक भय, सम्यक शर्म, सम्यक मिथ्या, वगैरह-वगैरह...!"

"डॉ. जिया की जै जै और नैतिकता को देश निकाला!" शीलाजी ने हंसते-हंसते निष्पत्ति-वाचन किया।

# वहां कौन है तेरा?

"ये बेला है न?" जिम ने टीवी की ओर इशारा किया। समाचार चैनेल पर विशाखापत्तनम फायरिंग के न्यूज और विजुअल्स आ रहे थे। अजय का ध्यान उधर न था, जब तक देखकर तसदीक करता, दृश्य बदल गया था। बेला स्क्रीन से उतर कर उनके बीच आ खडी़ हुई थी। वह अभी धुंध में थी।

"तुम्हें वहम हुआ होगा।"

"आयम हन्ड्रेड परसेन्ट श्योर!" उसने जोर देकर कहा, फिर जैसे खुद से बातें करने लगा, "इसका मतलब यह हुआ कि मछुआरों के मूवमेंट से वह भी जुड़ गई है। मेरे ही चलते उसे केंदुली छोड़कर दर-दर भटकना पड़ा। है न?"

"नहीं, मेरे चलते भी।" अजय ने मन ही मन कहा।

"बहुत ही मासूम, बहुत ही प्यारी, बहुत ही जीवंत! मुझ पर कभी उसे पाने का भूत सवार था।"

"वह तो तुम्हें विवाह करने का ऑफर दे चुकी थी।"

"विवाह! यही तो असली मुसीबत है।" वह उठ कर चहलकदमी करने लगा फिर अजय की ओर पीठ करके कांच के पार देखने लगा, "क्या बेला, क्या मधु, क्या जूली, क्या कोई दूसरी औरत–मैं किसी से भी विवाह नहीं कर सकता। मैं उसके लिए बना ही नहीं हूं। हद से हद कॉन्ट्रैक्चुअल मैरेज! जब तक मन किया साथ रहा, फिर अलविदा कह कर मुक्त कर दिया, मुक्त हो गया खुद भी। जीवन भर के लिए किसी बाड़े में गाय और सांड़ की तरह बंद रहना मुझे गवारा नहीं। आय हेट दिस सिस्टम। ये पातिव्रत्य, ये जनम-जनम की दासी, सती और यौन शुचिता के बॉटल नेक से निकलना ही पड़ेगा हमें।" अचानक वह नाटकीय ढंग से पलट कर खड़ा हो गया उसके सामने, "तुम क्यों नहीं कर लेते विवाह बेला से?"

"म-म-मैं...?"

"हां, तुम"

"मगर मामला तुम्हारे और बेला के बीच था।"

"तुम्हारे और बेला के बीच में नहीं?"

"नहीं।"

"ना?"

"ना।"

"तुम्हारे सामने एक स्टेटमेंट पढ़ रहा हूं, बताओ कि किसने कहा और किसके लिए...ध्यान से सुनो।" जिम ने बड़े नाटकीय ढंग से अजय के आवाज की नकल की, "मैं मरु के रूक्ष और खुश्क प्रांतरों का वासी। प्यास मेरी आत्मा में है। वही भटकाती रहती है मुझे हरियाली और जलाशयों की ओर और उस जलपरी की ओर भी। मैं एक जलते जलयान की तरह तुम्हारी इन आलोड़ित होती पानी की प्राचीरों पर ऊपर-नीचे हो रहा था। समंदरों में एक तूफान था, जिससे टकरा कर मेरा जलयान डूब गया, छन्न! छन्न! छन्न! छन्न! छन्न! छन्न! यह तुम्हारे नुपुर के स्वर थे या मेरे बुझने के शब्द! उन सुहानी भोरों और गहराती शामों में जब दिशाएं जम्हाइयां ले रही होंगी, मेरे जलयान का हर टुकड़ा तुम्हें ही पुकार रहा होगा।

'मैं एक तूफान हूं
जो समंदरों से पलायन करके
तुम्हारी वक्षस्थली के नारिकेल वन में
शरण लेता हूं

आगे कोट है, किसकी कविता है," जिम ने पूछा।

"एक तेलुगु कवि शेषेन्द्र शर्मा की।" अजय ने डायरी छीन लेनी चाही, मगर जिम ने न दी।

"अरे इतनी कविताएं...
जो नगर मुझे पचा नहीं सके,
उनसे परे जहां मेरी आत्मा
गुनगुनी कामनाओं को सेती है...
उन जंगलों से परे, जो सृष्टि की
समस्त रचनाओं को अपने बाहुमंडल
में समेटे हुए है
उस बिन्दु से परे जिसकी एक अखंड
रेखामात्र मानव-दृष्टि की पकड़ में आती है
और जिससे परे मेरा तीसरा नेत्र
छलांग लगाकर पहुंचना चाहता है...'
ऊं-ऊं,"

अजय ने डायरी फिर छीननी चाही, जिम ने अनुरोध किया, "सिर्फ एक पोयेम...

'मचलती तूफानी लहरों के बीच
एक जहाज डूब गया है, जिस पर
अनगिनत ब्रह्मांडों को लादे
वह चला आ रहा था...।"

"मेरी डायरी तुम्हारे हाथ कैसे लगी?" अजय ने पूछा।

"जैसे मेरी डायरी तुम्हारे हाथ लग गई थी। छोड़ो यह सब, पता लग गया कि वह कहां है, अब उसे लेने कब जा रहे हो?"

झेंप गया अजय। शाम को जिम ने अजय की हथेली पर प्लेन के दो टिकट रख दिए, "कल की फ्लाइट है। वहां फिशिंग हारबर पर अपना एक ऑफिस भी है, वहां भूल कर भी न जाना, भूल कर भी अपनी यह आइडेंटिटी डिस्क्लोज न करना कि तुम मेरे पापा के आदमी हो।"

"क्यों?"

"बाद में खुद ही समझ में आ जाएगा...और हां अपना क्रेडिट कार्ड, ए.टी. एम. कार्ड, सेल फोन और ड्राइविंग लाइसेंस ले जाना न भूलना।"

"पर टिकट तो दो हैं, तुम भी तो...।"

"मुझे यहां और भी इम्पॉर्टेन्ट काम हैं, वो दूसरा टिकट हमारे विश्वसनीय रामलू के लिए, तुम्हारा दुभाषिया, वहां मछुआरे हिन्दी-अंग्रेजी नहीं समझते पूरी तरह, न तुम तेलुगु समझते हो। बेला भी आज बांग्ला-तेलुगु-तमिल और मलयालम मिला कर बोल रही थी।"

अजय के लिए यह दोहरी खुशी का मौका था। अव्वल तो जिम ने खुद ही बेला तक निर्द्वंद्व पहुंचने का रास्ता खोल दिया था, यह कम राहत की बात न थी, दोयम इससे भी बड़ी बात वह यह कि जिम ने पहली बार अपने रहस्य-लोक की यवनिका को खोलकर झांका था। वयस्कता में एक साथ कई पड़ाव पार कर लिए थे उसने और इन सब के केन्द्र में थी बेला।

उसके चारों ओर बेला ही बेला महक रही थी। उसे भर आंख देख पाने की उत्कंठा, उसे छू पाने की लालसा उसे दीवाना बना रही थी। केंदुली में अंतिम बार का देखा हुआ अक्स...कंदील की रोशनी में पिघलता उसका भरा-भरा चेहरा, कुछ स्याह, कुछ सिंदूरी! कजलायी-कजलायी रतनारी आंखें, फड़कती नाक में झूलता सोने का नन्हा छल्ला, कसी साड़ी गें लहरों-सा उमड़ता जोबन...उसकी बास मारती साड़ी में रची-बसी उसकी देह-गंध, उसके गरम-गरम हाथ, धमनियों में सनसनाता ज्वार, आगे बढ़ कर उसका उसे बाहों में भर कर चूम लेना...कोई

प्रतिरोध नहीं। अगर कुछ था तो सिर्फ एक अपमान का हाहाकार, 'आमी एकटी सॅस्ता मेये। ताई ना? मैं एक सस्ती लड़की हूं। इसीलिए न?'

मन के तहखाने से उसने उस औरत को निकाल कर उससे निवेदन किया, "न! कौन कहता है कि तुम एक सस्ती लड़की हो, मुझमें झांक कर देखो, तुम मेरे लिए कितनी मूल्यवान हो। तुम वीनस हो, क्लियोपैट्रा हो, तिलोत्तमा हो, वक्त के सहराओं में भटकते-भटकते तुम्हारा दूधिया रंग ताम्रवर्णी हो गया है आज। वरना तुम वही हो–चिरजीवन, चिरयौवना!"

विशाखापत्तनम के फिशिंग हारबर पर पुलिस का घेरा था। सारे अखबार फायरिंग की खबरों से अंटे पड़े थे। दोनों पक्षों के मरने वालों की संख्या पैंतीस तक जा पहुंची थी, अस्पताल में तीस लोग भर्ती थे और पुलिस की हिरासत में पचास लोग। सभी मछुआरे! थाने के बाहर सूची टंगी थी, पैंतीस मृतकों के नाम। धड़कते दिल से सूची पढ़ी। शुकर था, बेला का नाम उसमें नहीं था। साहस कर वह अंदर गया, अंग्रेजी में उसने पूछा, "सर, बेला नाम की किसी युवती की कोई सूचना मिल सकती है?"

पुलिस सब इंस्पेक्टर ने उसे घूरा, "आप उसके रिलेटिव हैं? क्या लगती थी वह आपकी?"

क्या लगती थी वह उसकी, क्या बताता, "ना! माने...।"

"माने क्या...?"

"परिचित हूं। हम एक दूसरे को जानते थे। वह बंगाल के मेदिनीपुर के केंदुली ग्राम की अनाथ लड़की थी। मां-बाप पहले ही मर चुके थे।"

"आप कैसे मिले उससे?"

"मैं एक बोटैनिस्ट हूं। मैंग्रोव्स वगैरह की स्टडी के सिलसिले में भटक रहा था कि सागर तट पर मिली थी वह। कल टीवी पर समाचार सुनकर कलकत्ते से आ रहा हूं।"

"ओ! लव अफेयर...!" इंस्पेक्टर समेत सभी 'हो-हो' कर के हंस पड़े उस पर, फिर उन्होंने कृत्रिम गंभीरता ओढ़कर रोबदार शब्दों में एक नन्हा-सा बुसा हुआ शब्द उगला, "सॉरी।"

खामखा वक्त जाया किया मरदूदों ने। रामलू ने बाहर निकल कर अपने प्रियजनों के लिए थाने में चक्कर काटती मछुआरिनों से पूछा और मछुआरिनों ने एक नाम उसके आगे रख दिया–'तेलम्मा'

फिशिंग हारबर से भीमली की ओर जाने वाली कोलतार की बलखाती काली, चमकीली सड़क पर निकल पड़े वे। दाहिनी ओर समुद्र था, बायीं ओर किसी शो-पीस की तरह साफ-सुथरे बहुमंजिले भवन। बीच-बीच में कई विशिष्ट लोगों

की बड़ी-बड़ी मूर्तियां, ऐतिहासिक तोपें और पोतों, पनडुब्बियों के अवशेष। बीच-बीच में सांप-सी निकलती सड़कें। तट पर बेंच थे। रामलू ने बताया कि यहां हवाखोरी करने वालों की सुबह-शाम भीड़ रहा करती है, लहरों के पास तक लोग भरे पड़े रहते हैं, मगर फायरिंग के बाद से इक्के दुक्के लोग ही नजर आ रहे हैं। बलखाती सड़क आगे सरक रही थी। पार्क के बगल मछुआरों के गांव जाकर रामलू ने बड़ी मुश्किल से तेलम्मा के गांव का पता किया। दायीं ओर फिर वही बंगाल की खाड़ी का गरजता सागर, बायीं ओर शाखा-प्रशाखा फैली पूर्वी घाट की पहाड़ियां। मकान परिन्दों की तरह अभी भी जहां-तहां उड़-उड़कर आ बैठते-कभी पहाड़ के कंधे पर, तो कभी घाटियों की गोद में। सरकारी और प्राइवेट गेस्ट हाउस, लॉज, होटल। इनके फैलाव ने मछुआरों के ताड़-नारियल के पत्तों के छप्परों और नन्हे घरों को खदेड़ कर बाहर कर दिया था। किनारे छिटकी-छितरायी बहुत थोड़ी-सी आबादी।

पता नहीं, तेलम्मा मिलेगी या नहीं। तेलम्मा मिल भी गई तो बेला वहां मिलेगी या नहीं? सिर्फ इतने से सुकून है कि वह कुछ दिन पहले तक यहां रहा करती थी। केंदुली से कोच्चि और कोच्चि से तमिलनाडु के तटों से होती हुई कब, क्यों और कैसे यहां आयी, पता नहीं।

पूर्वी घाट के समाधिस्थ योगी-से ये पहाड़। महाकाल! रोक लिया होगा महाकाली को महाकाल ने। वृहद् जलपोत-से संचरण करते हुए ये पहाड़! यहां की सुंदरता ने इन पहाड़ों को यहां लंगर डालने पर मजबूर कर दिया होगा। फिर इस पहाड़ पर कभी आये होंगे बुद्ध के अनुयायी। हो, न हो, लंका जाते समय महेन्द्र और संघमित्रा ही रहे हों! अब खंडहर मात्र रह गए हैं। अपार शांति में समाधिस्थ हैं ये पहाड़। यहां कोई काल गणना नहीं। कितने तूफान आये, गये पर समाधि टूटी नहीं। अब टूट रही है। विकास के नाम पर सड़कें बिछ रही हैं। टॉवर लग रहे हैं, सिनेमा उद्योग आ रहे हैं तप भंग करने।

तेलम्मा का घर आ गया है। रामलू के साथ वह जो सांवली औरत दरवाजे पर खड़ी उसे ताक रही है, वही होगी। एक-एक कदम आगे बढ़ता है, एक-एक अक्स आकार लेने लगता है। प्रौढ़ता के बावजूद मजबूत कद काठी आकर्षक देह-यष्टि। नाक में दोनों ओर सोने के छल्ले। गले में सोने की मोटी सिकड़ी, कान में सोना, बांह में सोना, सोने की मोटी-मोटी अंगूठियां!

रामलू के जरिये भाषा के सेतु जुड़ते हैं।

"तुम बेलम्मा को ढूंढ़ने को आया?" तेलम्मा ने पूछा।

"जी।"

"कहां से आया?"

"कोलकाता से।"

"लेकिन बेलम्मा तो कलकत्ता का नहीं है।"

"हां, उसका घर केंदुली ग्राम है, कोलकाता से बहुत दूर दक्षिण।"

"तुम्हारा क्या लगती वो?"

हाय! फिर वही सवाल। कोई जवाब नहीं बनता। आस-पास औरतें जुट रही हैं।

"पूछा न, क्या लगता वो तुम्हारा।"

"दोस्त!"

"दोस्त...-" सबको सुनाकर वह जोरों से हंसी।

"दखने में तो छैला लगता।"

"... ... ... ... ... ... ..."

"क्या करेगा? शादी बनाएगा उससे?"

"हां, अगर वह चाहे।"

"वह तो आग है आग, जल जायेगा।" वह किसी भैरवी की तरह बोले जा रही थी।

"इतने मछुआरों की जिंदगी को नरक में जलता छोड़ वह तुम्हारे महल में रानी बनकर राज करेगा? अरे अगर उसे रानी बनाना है तो उतारो कोट-पैंट, पहनो कच्छा, आधी रात को मछुआरों के साथ उतरो समुद्र में, मछली पकड़ो। वो तुमको हंस के विदा करेगा, लौट के आते ही गले से लिपट जाएगा। बोलो, है मंजूर!"

कब्ल इसके कि वह जवाब दे पाता, सेल-फोन का म्यूजिक बजा, "हां मैं उसके आवास तक पहुंच गया हूं? वह ठीक है...मैं ठीक हूं। क्या...? मैं फौरन लौट आऊं कोलकाता?...अभी इसी वक्त? आने पर बताओगे?"

चेहरे पर चिंता की लकीरें खिंच गईं।

"क्या बात है सर?" रामलू ने पूछा।

"कुछ नहीं, मैं आज ही कोलकाता लौट जाऊंगा।"

"आज ही?" "अभी। और हां तुम ट्रेन से चले आना।" फिर वह उनकी ओर मुखतिब हुआ, "अम्मा, तुम जो चाहती हो, वही होगा। अभी मुझे बस उसकी एक झलक भर दिखा दो, मैं लौट जाऊंगा।"

"लेकिन उसे ले नहीं जायेगा?"

"जिस दिन कोट-पैंट उतार कर विशुद्ध मछेरा बन गया, खुद ही आ जाऊंगा। उसे ले जाने के लिए नहीं, सदा-सदा को उसका हर कदम पर साथ देने के लिए।" तेलम्मा ने पास की औरतों से देर तक विचार-विमर्श किया, फिर कुछ औरतें घर के अंदर चली गईं। थोड़ी देर बाद अंदर गई औरतें अस्त-व्यस्त भाव से हंसते हुए लौट आईं।

"क्या बात है?"

"वह कह रही है कि वह कोई देवी या अप्सरा नहीं कि दर्शन कराये।"

"आंदोलन में रणचंडी बनी घूमती थी, अब खसम के आगे आने में लाज लगती है?" तेलम्मा ने हंसते हुए कहा।

"औरत तो औरत होती ना। देखा नहीं, माँ काली को, लाखों को मारा, लाखों को काटा लेकिन शिवजी के सामने आते ही लाज से जीभ निकाल कर खड़ी हो गईं?"

तेलम्मा ने कुछ देर सोचा, फिर बोली, "एक झलक तुम्हें दिखा तो दूंगी, मगर इससे आगे कुछ नहीं। औरत की आजादी का पाठ बेलम्मा ने ही पढ़ाया है हमें, उसे नहीं टूटने दूंगी।"

इस बार वह उन्हीं औरतों के साथ अंदर गई। घर के अंदर खुसुर-फुसुर और हलचल-सी मच गई। थोड़ी देर में वह उसे लगभग गोद में उठाकर दरवाजे तक आई, "लो राजकुमार, देख लो अपनी राजकुमारी को।" कह कर उसने उसके मुख पर पड़ी साड़ी को उलट दिया।

जैसे आसमान में बिजली--सी कौंध गई। वह थी। हां, वही थी।

उस कौंध को सीने में छुपा कर वह बोला, "मैं वायदा करता हूं, मैं आऊंगा, जरूर आऊंगा, मेरा इंतजार करना...?"

लौट गया वह।

# बोलो क्या कीमत चाहिए?

दमदम एयरपोर्ट पर उतरकर अजय ने जिम को फोन किया–

"टैक्सी लेकर सीधे घर चले आओ। मैं म्यूजियम में तुम्हारा इंतजार कर रहा हूं।" जिम ने कह कर फोन बंद कर दिया।

अजय जब अतुल मेंशन पहुंचा तो रात के आठ बज रहे थे। बैग लिए दिये सीधे म्यूजियम जा पहुंचा। "आ गए?" जैसे किसी गुफा से आवाज आई।

"आ तो गया पर हठात् इस तरह तुमने मुझे वापस क्यों बुला लिया? सब खैरियत तो है?"

जिम ने उसकी बातों को हमेशा की तरह जैसे सुना ही नहीं।

"मैं तो बोदका ले रहा हूं, आप क्या लोगे?"

"कोई माइल्ड–सी चीज जो किक न करे।

"जिम ने जिन और कागजी नीबू का एक पैग तैयार किया, लो रिलैक्स हो जाओ?" बोदका के ग्लास से जिन का ग्लास टकराया। दोनों चुप–चुप घूंट भरते रहे। अजय की जिज्ञासा सप्तम पर थी। छोड़े गये सवाल को वह फिर उठाना चाहता था कि जिम ने उटपटांग–सी पहल कर दी, "जानते हो, अभी आप आये तो मुझे क्या लगा? लगा कि देबू ठाकुर कोमा से उठ कर चले आ रहे हैं।"

कट कर रह गया, अजय, 'यह जिम सचमुच ही ऐबनॉर्मल है क्या? न फायरिंग की कोई बात, न बेला की, न विशाखापत्तनम की, न ही और कुछ। हठात् देबू ठाकुर का कंकाल इसके दिमाग में कैसे उभर आया।'

"इतना पैसा फूंक कर, इतनी दूर से मुझे यही खबर देने के लिए तुमने बुलाया है?"

"अभी तो सिर्फ देबू ठाकुर को ही निकाला है, जिया साहब का प्रयोग सफल हो जाता तो मैं एक–एक मृतात्मा को ऊपर चल रही मीटिंग में लाकर बुलवाता 'बोलो, तुम्हारी हत्या किसने करायी, तुम्हारी? और तुम्हारी...?'

"तो ऊपर मीटिंग चल रही है? किस चीज की मीटिंग? कैसी मीटिंग?"

"विस्नू बिजारिया की गैलेक्सी में विस्फोट हो गया है, सारा प्रभा मंडल छितरा गया है–मीट–मछली, फिल्म, फैशन सारे उद्योग। इस फायरिंग में उनकी कंपनी का हाथ है, पुलिस आई थी। मॉम मुश्किल में हैं। नानी और दादी जार–जार रोये जा रही हैं, गिरजाघर और मंदिर में शुद्धि का अनुष्ठान रचा जा रहा है, बट, असली प्रॉब्लम यह है कि पापा का कोई ट्रेस नहीं मिल रहा है।"

ये सारे विस्फोट लगभग साथ ही हुए-यहां भारत में भी, विदेशों में भी। अंदर की मीटिंग खत्म हुई। थापा ने जिम और अजय को अंदर बुलाया।

संगमेश्वरम् ने कहा, "अच्छा हुआ तुम दोनों एक साथ मिल गए।" तनिक रुक कर उन्होंने चश्मे और बातों को एक साथ सहेजा और फोकस पर लाकर बोले, "तुम्हें न्यू फाउंडलैंड और शिकागो जाना पड़ेगा–साहब के संधान के लिए। दोनों जगह अपने ऑफिसेज हैं, फिशरीज पर भी, स्लाटर हाउस पर भी। हो सके तो लंदन से विशाल को भी ले लो। वे एसिस्ट करेंगे तुम्हारे सर्च में।"

"बट हुआ क्या है?" जिम ने पूछा।

"किसी ने खबर कर दी पुलिस को। अभी हम देख रहे हैं कि खबर और प्रमाण देने वाला कौन था, बट उसे तो हम छोड़ेंगे नहीं। सारा कारोबार कोलैप्स के कगार पर है उधर बिजारिया साहब का हफ्ते भर से अता–पता नहीं।"

"डैड को हुआ क्या है?"

"गॉड नोज। अगर हम जानते तो तुम्हें पता करने को क्यों भेजते।"...

"वैसे जहां तक न्यू फाउंडलैंड की बात है, बेटर होता अगर जिम की मॉम या ग्रैनी जातीं। उन्हें वहां की काफी जानकारी है, लेकिन वे जाने की स्थिति में नहीं हैं सो तुम्हें ही जाना पड़ेगा।"

दूसरे दिन विदा होते समय कैथरिन ने पहली बार जिम को लेकर बेटी से झगड़ा किया, "वहां सैकड़ों द्वीप हैं। कोई चाहे तो इस द्वीप से उस द्वीप पर ताजिंदगी घूमता रहे और पता भी न चले, कहां ढूंढ़ता फिरेगा मेरा जिम?"

"ढूंढ़ना तो पड़ेगा ही उसे मॉम।" एलिस ने कहा।

अचानक जाने क्या हुआ जैसे कोई पुराना फोड़ा पिलपिलाकर बह निकले, कैथरिन मुंह ढंक कर रोते हुए अपने कमरे की ओर चल दीं। उन्हें उनके गिरजाघर के बाहर शायद ही कभी किसी ने बोलते हुए सुना था। बेटी एलिस की संरक्षा ही उनकी हर इच्छा के लिए निर्वासन सिद्ध हुई थी जहां उनका कोई भी प्रतिवाद प्रतिबंधित था। यदा–कदा आंसू ही बहकर उनके घुटन का इजहार कर सकते थे।

"नाउ व्हाट्स द ट्रबुल व्हिथ यू मॉम? (अब तुम्हें क्या परेशानी हो गई मॉम?)" एलिस ने चिढ़कर पूछा और डॉक्टर जैक्सन की ओर कातर भाव से

ताकने लगीं। फिर वे और डॉक्टर तेज कदमों से कैथरिन के कमरे में दाखिल हो गए।

करणी देवी ने खुद को उपेक्षित-सा महसूस किया और अपने कमरे में लौट गईं।

कैथरिन अपने कमरे में फूट-फूटकर रो रही थीं। वार्तालाप में अब धारा प्रवाह अंग्रेजी थी। अलबत्ता इसके पहले कि डॉक्टर उस बातचीत में शामिल होता, उनका सेलफोन बज उठा।

"बताओ तो सही मॉम, क्या बात है?" एलिस ने कैथरिन से पूछा।

"जिम वहां नहीं जाएगा।" प्रतिबंध के रुद्ध कपाटों को ठेल कर प्रतिवाद बाहर आया।

"लेकिन क्यों मॉम?" एलिस सहम गईं।

"मेरा इतना भी अधिकार नहीं बनता कि उसके योग-क्षेम के बारे में सोचूं? आखिर मेरा इतना भी अंश नहीं है उसमें?"

"जिम से पहले मैं तुम्हारी अंश हूं।" उन्होंने 'मैं' पर जोर दिया।

"होगी, मगर यहां बात जिम की हो रही है।"

"लेकिन क्यों? क्यों नहीं जाएगा जिम?"

"वर्षों पहले वहीं, उसी जगह मैंने अपना पति खोया है, फिर इस बुढ़ापे में आकर दूसरा पति खोया, अब अपना बेटा खोने नहीं दूंगी।"

"दूसरा पति और बेटा...? मॉम तुम क्या बोल रही हो?"

अब कैथरिन बेटी की ओर सीधे मुखातिब हुईं, "पुछवाऊं डॉक्टर जैक्सन से...?"

"पुछवाने की क्या जरूरत है, मैं सब समझती हूं।" तिक्त होती गईं एलिस, "कहीं तुम अपने सरोगेट मदर होने की कीमत तो नहीं मांग रही, बोलो क्या कीमत चाहिए।"

"जेसस, जेसस!" क्रॉस बनाने लगी कैथरिन, "यह सुनना भी पाप है मेरे लिए।"

डॉक्टर ने दोनों के बीच हस्तक्षेप किया, "प्लीज, आप दोनों शांत हो जाइए।"

"तो आप ही मॉम को समझाइये न कि विस्नू बिजारिया इनका पति नहीं है।"

"है।" कैथरिन ने छूटते हुए कहा।

"कैसे?" एलिस ने टोका।

"मैंने उसके बेटे को जन्म दिया है।"

"हां यह सच है मॉम, पर आधा सच। जिम मेरा भी बेटा है। सिर्फ विस्नू का ही नहीं और तुम मेरी माँ हो, सौतन नहीं।" नियति ने उन्हें मां-बेटी के साथ-साथ किसी और ही रूप में आमने-सामने ला खड़ा किया था जहां रिश्ते टकरा रहे थे, स्वामित्व बंट रहा था–कोशिका विभाजन की तरह, क्लोन की तरह।

कैथरिन ने कहा, "पहले माँ थी मैं पर जिम के जन्म के साथ सौतन भी हूं और तुमने मेरे इस अधिकार से मुझे हमेशा वंचित किया हमेशा...।"

"सौत कैसी मां? क्या तुम पत्नी की तरह मिली कभी विस्नू से?"

"तुम तो हिन्दू हो चुकी एक तरह से, उनके धर्म को जानती होगी, कोई हिन्दू औरत एक बार पति की हुई फिर सारी जिन्दगी न मिली तो भी तो उसका पत्नीत्व बना रहता है। आदमी तो आदमी किसी पेड़-पर्वत से भी विवाह हो जाय तो भी निभाती हैं हिन्दू औरतें।"

"पर उसने तो कभी नहीं माना तुम्हें पत्नी?"

"नहीं माना?"

"नहीं।"

"फिर मेरे नाम प्रापर्टी कैसे एलॉट कर दी?"

"कौन सी...?"

"वो बुचरीज वाली।"

"ओ माय गॉड!" सिर पकड़ कर बैठ गईं एलिस।

"मॉम तुम पागल तो नहीं हो गई, विस्नू से तुम्हारी शादी कब हुई? कोर्ट पूछेगा तो क्या प्रमाण दोगी?"

"प्रमाण है, जिम! मुझे और किसी प्रमाण की क्या जरूरत?"

"तो तुम पत्नी हो विस्नू की?"

"हां।"

"हिन्दुओं में, स्पेशली राजस्थान, यू.पी. में पति की लाश के साथ पत्नी जल कर सती हो जाती है। जलोगी?"

"जलना हुआ तो जल भी जाऊंगी पहले लाश तो आये।"

"ओह माम, मुझे मालूम न था, इतना गुबार भरा हुआ है तुम्हारे दिमाग में। जल तो हम दोनों ही रही हैं इस विस्नू के साथ...। इस लाश को लाने को ही तो भेज रही हूं जिम को, वह आये तो पूछें कि तुम्हें क्या अधिकार था एक साथ इतनी जिन्दगियों से खिलवाड़ करने का।"

अब रोने की बारी एलिस की थी।

डॉक्टर कब से सेलफोन बंद करना चाह रहे थे, मगर जान नर्सिंग होम में कोई इमर्जेंसी थी, बंद करना मुनासिब न था। उनका एक कान फोन पर था दूसरा

मां-बेटी के वार्तालाप पर। अंततः उन्होंने फोन को बंद कर दिया और दोनों हाथ फैला कर मां-बेटी के सामने खड़े हो गए, "ईश्वर के लिए यह झगड़ा रोक लो, जिम ने कहीं सुन लिया तो दोनों ही हाथ धो बैठोगी उससे।"

किसी अनहोनी की आशंकावश दरवाजे के बाहर चिपके हुए थे जिम और अजय।

यह एक हौलनाक अनुभव था अजय के लिए। वह कनखियों से बीच-बीच में जिम को देख लिया करता पर जिम का चेहरा पहले जैसा ही भाव शून्य था। अंततः जिम ने ही उसे इशारा किया और दोनों चुपचाप नीचे उतर आये।

# तूफान और किनारा

"चलो अजय दा फिर से दारू पीयी जाय।" जिम ने दो पैग बनाए, जाम से जाम टकराये, 'स्टैच्यू ऑफ लिबर्टी' और 'सत्यमेव जयते,' के नाम जो अपनी तमाम हरमजदगियों में भी लाइट हाउस-सा जल रहे हैं।

उसके ठीक पीछे नियाग्रा प्रपात का खूबसूरत बड़ा-सा चित्र था और दूसरी ओर बॉनगॉग की किरचों में चिनकती हुई सेल्फ पोर्ट्रेट की अनुकृति।

"कैसा रहा आज का एक्सपीरियेंस?" सवाल जिम ने किया था अजय के मुंह से छीन कर, अजय से।

अजय चुपचाप उसकी चिलका-सी फैली नीली आंखों में झांकने की कोशिश करता रहा कि वहां किसी जलते जलयान का कोई अक्स उभरता है या नहीं, "क्या तुम्हें मालूम था?"

बाहर तूफानी हवाओं के साथ तेज बौछारें पड़नी शुरू हो गई थीं। वह ग्लास लेकर खिड़की पर आ गया। कांच के पैन पर नन्हीं-नन्हीं लहरों में बौछारों का पानी उतर रहा था, जैसे वह किन्ही समुद्री लहरों की अनुकृति हो। उस पार के दरख्तों की मचलती अपुष्ट आकृतियों की पृष्ठभूमि में अजय की ओर पीठ करके वह खड़ा था जैसे किसी तुमुल झंझा की निर्वाक पृष्ठभूमि से उसका निगेटिव बोल रहा हो।

"हां।" उसने इतने सहज ढंग से स्वीकार किया कि उसकी सारी जिज्ञासाएं मुंह के बल आ गिरीं, "आय नो दैट, आय एम ए टेस्ट ट्यूब बेबी, गुण और मात्रा में जो भी फर्क आये।"

अजय धीरे-धीरे उठकर उसके पास तक गया और दूसरी खिड़की के पैन से काल के हिलते पारद के पार देखने की कोशिश करने लगा। जिम ने ह्विस्की की फिर एक घूंट भरी और उसी जगह खड़े-खड़े पैन की झलमलाहट पर निगाह टिकाये बुदबुदाने लगा जैसे वह किसी अमूर्त को संबोधित कर रहा हो, "आप सब के लिए जिया साहब एक विनोद के पात्र होंगे, मगर मेरे लिए बहुत मायने रखते हैं। आइये, उन्हीं के अंदाज में आपको आज से बीस साल पहले ले चलते

हैं, तार-तार जोड़ते हैं...।" जिम पलट कर कम्प्यूटर की कुर्सी पर जा बैठा। थोड़ी देर में मॉनीटर पर एक चित्र उभरा, "बीस नहीं इक्कीस साल पहले का चित्र है। ये डैड, ये श्रीमती एलिस, ये कैथरिन...और ये मैं..." 'मैं' के साथ उसका प्वाइंटर कैथरिन के फूले पेट को छू रहा था, "बट इसके पहले, मैं यहां था।" अब प्वाइंटर एलिस के गर्भ को छूने लगा।

"कैसा लगा?"

"स्ट्रेंज!"

"ह्वाट स्ट्रेंज!"

अजय से तत्काल कोई जवाब देते न बना। उसे उसके ही जाल में उलझा कर वह लौट आया और अपनी रॉकिंग चेयर पर मजे ले-ले कर झूमने लगा। बाहर बादल कड़के थे और उस कड़क में घुल कर उसकी हंसी तल्ख हो उठी थी, "क्या मैं कहीं से आपको एबनॉर्मल लगता हूं?"

"नहीं, दरअसल मेरा मतलब था...मैं कहना चाहता था कि...।" अजय हकलाने लगा। उसकी ढीली-ढाली अनूदित अंग्रेजी के मुकाबले जिम की अमेरिकन अंग्रेजी मकई के भुने जा रहे लावे की तरह तड़क रही थी।

"आपका...आपका ही नहीं, किसी का भी जन्म मेरे जन्म से अलग कहां है-वही शुक्राणु, वही डिंब, वही क्रोमोजोम्स, वही डी.एन.ए. का चक्कर, वही भ्रूण, वही विकास, वही प्रसव...दिस एंड दैट!" जिम के दोनों हाथ फैले हुए थे, "मैं हैरान हूं, इस मोटी-सी सच्चाई से आप नजरें क्यों चुराते हैं?"

"वह सापेक्ष मुद्दा है।" अजय को जाने कैसे एक युक्ति मिल गई, "जैसे हम नंगे भी रह सकते हैं मगर सभ्यता के वर्तमान तकाजों के चलते आवरण डाल लेते हैं गुप्तांगों पर, हालांकि इसके बावजूद सब जानते हैं कि यहां यह है और वहां वह।"

उसका झूमना सहसा रुक गया, "मुझे लगता है, छुपाने का ही दूसरा नाम सभ्यता है। जो अपने को जितना अधिक छुपाता है, वह उतना ही सभ्य! पर मुझे आपने बताया स्ट्रेंज।"

"वो तो टेस्ट ट्यूब बेबी होने के नाते।"

अजय की बात लपक ली जिम ने, "कौन नहीं है टेस्ट ट्यूब बेबी? सबसे अकड़ू खां अमेरिका को लीजिए, स्पेन का शुक्र, इंग्लैंड का डिंब, इंग्लैंड का शुक्र, फ्रांस का डिंब, फ्रांस का शुक्र, इटली या जर्मनी या कहीं और का डिंब या इनके परमुटेशन, कंबिनेशन्स, इनका मिलन कहां हुआ और प्रत्यारोपित कहां हुए-अमेरिका के गर्भाशय में। कोलकाता को ही लीजिए कहां से चले ये मारवाड़ीज, ये पंजाबीज, ये बिहार-यूपी वाले, ये ओड़िया, ये मराठी, ये द्रविड़

आदि? सब पोर डाउन हुए ले-देकर कोलकाता के गर्भाशय में। और ये पारसीज, ये मैक्लुस्कीगंज से लेकर कोलकाता वगैरह में फैले ऐंग्लो इंडियन्स...इसे और फैला दीजिए तो आप पाएंगे कि सभी वही हैं...। अपने जन्म को लेकर कोई कॉम्प्लेक्स क्यों?"

अजय को उसने पूरी तरह निरुत्तर और परास्त कर दिया था और गिनती गिन रहा था कि अभी भी कोई दम बाकी है या नहीं, "आप मेरी स्थापनाओं को शायद पूरी तरह पचा नहीं पा रहे हैं...क्यों?"

"नहीं। ऐसी बात नहीं है जिम। तुम्हारे तर्क अकाट्य हैं मुझे सिर्फ थोड़ी-सी दुविधा है।"

"मसलन?"

"प्रथमत: मातृत्व का प्रश्न...फिर सबसे बढ़कर मानवीय रिश्तों का।"

"आपने अपने विशाल का नया लेख शायद नहीं पढ़ा कि रिश्तों को नये आलोक में देखने की जरूरत है। सूर्य पृथ्वी का पिता है और वह पृथ्वी को गर्भधारण भी कराता है। माँ मान लें तो भी वही...। ये ब्रह्मा-सरस्वती, यम-यमी, इडीपस, उसकी मदर एक तरह से देखिये तो एन्क्रोचमेंट्स हैं, दूसरी तरह से देखिये तो साधारण मामला। बस ऊपरी अर्थ-क्रस्ट की तरह थोड़ी-सी संवेदनाओं की परत बिछा दी गई है, वही रिश्ते हैं, भावनाएं हैं, बाकी नीचे तो वही आदिम अनुर्वर पत्थर है और उसके नीचे पिघला हुआ लोहा। पर जो भी आबादी है, उसी ऊपरी परत के कारण है।" "हम एक दूसरे से रिश्तों और संवेदनाओं से, स्मृतियों और कल्पनाओं से जुड़े हैं और एक लंबा सफर तय किया है हमने। इन्हें छीन कर नि:सहाय न करो प्लीज!"

जिम हंस पड़ा था, "पारंपरिक ढांचे जब सत्य की आंच पर चटखते हैं और नए ढांचे बने नहीं होते तो ऐसा ही होता है। दूर जाने की जरूरत नहीं, अपने आरिफ के यहां चचेरे भाई-बहनों में शादी होती है, मुरलीधरन के यहां मामा-भगिनी में रिश्ता होता है, हमारे यहां नहीं होता, हमें अटपटा या अनैतिक लगता है, उन्हें नहीं। क्या यह मान लेने में कोई हर्ज है कि हम एक स्पेसिस हैं?"

"न। भारी अव्यवस्था फैल जाएगी जिम।" अजय पूरी तरह से गड़बड़ा गया। वह पूछना चाहता था कि इस बात को लेकर उसके अंदर कभी किसी किस्म की कुंठा या कोई हीन भावना तो नहीं उपजी है, साथ ही मन ही मन उसका उपदेशक उसे यह सलाह देना चाहता था कि अगर ऐसी कोई बात है तो उसे पूरी तरह से मन से निकाल दे, मगर अतुल ने तो इसका श्रेय भी लेने न दिया। एक दम बाप पर गया है कमबख्त! चलो अच्छा ही रहा। कम से कम अब डॉ. ज़ैक्सन को वह बता तो सकेगा कि उसके प्रति उनकी चिन्ता फिजूल है।

खिड़की पर कोई रोशनी चिलकी। पहले लगा, कोई बिजली कौंधी होगी, पर नहीं, कोई गाड़ी गैरेज से निकल रही थी। मौसम पहले की तरह अभी भी आंधी-पानी से आक्रांत था। इस बेढब मौसम में किसे बाहर जाने की सूझी? अजय ने जिज्ञासु भाव से जिम की ओर ताका। दोनों बाहर की ओर लपके। थापा ने बताया, "वो जो बूढ़ी मेमसाब है उसको लेकर डॉक्टर के पास गिया था, वोई लेके आया अभी।"

"क्या हुआ उन्हें मॉम?" अतुल ने श्रीमती एलिस को पूछा।

"वो जरा टेंशन था।"

"हम मिल सकते हैं?"

"सो रही हैं, अभी।"

एक-एक कर दिन बीतने लगे। दिन पर दिन। दिन पर दिन! तनाव पर तनाव!

इस पूरे अतुल मेंशन की सबसे निरीह जीव केथरिन स्मृति-ध्वंश की शिकार हो गई हैं। कभी-कभी उन्हें लगता है कि सचमुच विस्नू बिजारिया ने उनके साथ संभोग किया था। हां, वाकई। ऐसा ही हुआ था, मछलियों के द्वीप न्यूफाउंडलैंड में। पहला पति भी समुद्र में खो गया, विस्नू भी। यही उसकी नियति है। जिम जब उनके कंधे पर हाथ रखता है, चुंबन लेता है और मॉम कहता है तो वे धन्य हो उठती हैं। चाल में गुमान और मुद्रा में शेखी भर उठती है। मगर दवा खाते ही उनकी स्मृति लौट आती है, जलसाघर भरभरा कर गिरता है और रह जाती है वह बूढ़ी बिल्ली जो अपनी आहट बचा कर प्रेतनी की तरह ऊपर से नीचे चहलकदमी करती रहती है।

लाश की तरह सोयी मम्मी, बिल्ली की तरह चलती नानी, मूर्ति की तरह बैठी दादी, जीवन और मृत्यु के बीच झूलते देबू ठाकुर, प्रेत की तरह भटकते चाचा और पिता-यह अतुल मेंशन है या कोई श्मशान भूमि?

# ऊपर ईश्वर है, नीचे ईश्वर के बंदे!

अतुल मेंशन पर पुलिस का दोबारा छापा! मेसेज को पढ़कर अवाक रह गए मैनेजर घोष? वाक्य दूध की तरह फट जाता है 'अतुल', 'मेंशन', 'पुलिस', 'दोबारा', 'छापा'...हर पद अलग-अलग उन्हें घूर रहा है।

"सर्वनाश!" हांगकांग में अपनी कुर्सी से उछल पड़े बिजारियाज के सी.ई.ओ. घोष। चार दिन पहले विशाखापत्तनम में जब उनके आदमियों ने हारबर पर उत्तेजित मछुआरों की भीड़ पर फायरिंग की थी, पुलिस अतुल मेंशन आई थी, तब भी उन्होंने धीरज नहीं खोया था और देर रात तक अपने आदमियों को वहां से हटाकर पुलिस, प्रशासन सबको पटा लिया था, मगर आज...?

वहां से उन्होंने सीधे दमदम की फ्लाइट पकड़ी। पता नहीं, किस भूचाल पर खड़ा होगा बिजारिया परिवार!

वाकई भूचाल पर ही खड़ा था बिजारिया परिवार। न तो विस्नू थे, न जिम, न अजय, न घोष, पुलिस के डी-वाई.एस.पी. देवनाथ को अकेले फेस करती हुई श्रीमती एलिस मर्माहत हुई जा रही थीं।

"आप के नाम वारंट है?" देवनाथ ने कहा।

"लेकिन क्यों?"

"ये एलिस ओसेन फूड्स आपका है?"

"आय डॉन्ट नो। लेकिन हुआ क्या है?"

"वहां विशाखापत्तनम में ए.ओ.एफ. के आदमियों ने फायरिंग कर तीस लोगों को मार डाला है।"

"वो तो टीवी पर हमने भी देखा।"

"लेकिन ये कंपनी आपके नाम पर है।"

"यू मीन हमने गोली चलवायी?"

"वह सब हम नहीं जानते। आप के नाम वारंट है, आपको हमारे साथ थाने चलना पड़ेगा।"

घोष का दिमाग अवसन्न था, जब तक वे पहुंचेंगे, एलिस को थाने में लेकर चले गये होंगे, घोष ने वहीं से फोन किया बैरिस्टर सुचिंतो चटर्जी को, "आप फौरन जाकर जमानत लीजिए। 'एलिस' को 'इलिस' बताइये।"

करणी देवी और उनके स्वामी महाराज खबर पाकर सीधे बैठक में हाजिर हुए।

"क्या किया है हमारी बहू ने?"

एलिस की माँ भी बिल्ली की तरह चुपके से आकर खड़ी हो गईं अपनी बेटी के पीछे। स्वामीजी भी आकर खड़े हो गए। एलिस ने इतना अपमान जीवन में कभी नहीं भोगा था।

एलिस का सेलफोन बज उठा, उस तरफ बैरिस्टर चटर्जी थे, लपक लिया देवनाथ ने और अपने रिकार्डर से जोड़ दिया।

"हॅलो मैम! मैं आपकी दवा लेकर आ रहा हूं आधे घंटे में पहुंच जाऊंगा।" फोन कट गया।

"क्या आप बीमार हैं?" देवनाथ ने पूछा।

"जी। आधे घंटे तो आपको वेट करना ही होगा, फिर जहां ले चलिए, चलूंगी।"

"सॉरी, अच्छा, एक बात बताइए, क्या आप सचमुच नहीं जानतीं फायरिंग के बारे में।"

"मैंने पहले ही बताया, न्यूज में सुना था।"

"नो रिगार्डिंग योर इन्वाल्वमेंट?"

एलिस ने दोनों हाथों से मुंह ढक लिया और फफक पड़ीं। आधे घंटे तक पुलिस कुत्ते की तरह चाक-चौबंद बनी रही।

पौन घंटे में फाटक से कार दाखिल हुई...

बैरिस्टर सुचिंतो चटर्जी ने आते ही जमानत का कागज निकाला...।

"तो यह थी दवा!" देवनाथ ने व्यंग्य से कहा। "ठीक है! अभी तो हम जा रहे हैं, लेकिन जल्द ही दोबारा वापस आएंगे।"

घोष जितना ही सोच रहे थे, उतना ही खीज रहे थे। पुलिस के नाम से ही उन्हें बेसाख्ता घृणा है। कोई भी मसला हो, वे ले-दे कर ऊपर ही ऊपर सलटा देते। "संगमेश्वरन टैकल नहीं कर पाये। अब डेविड को भी पता नहीं क्या सूझी कि सीधे फायरिंग पर उतर आया। लो भुगतो! माना कि वे तट पर नहीं आने दे रहे थे। डीजल खत्म था, राशन खत्म था, पानी खत्म था, फ्रीज और कोल्ड स्टोरेज काम नहीं कर रहा था, हर तरफ नाकेबंदी थी, तुम लोग भूखे-प्यासे मर रहे थे, तुम्हारी मछलियां भी। मगर इसका यह मतलब तो कतई न था कि...लेकिन चलो। जो किया ठीक किया, मगर एलिस ओसेन फूड्स का नाम कैसे लीक आउट

हुआ? लीक आउट हुआ भी तो खबर विशाखापत्तनम से सीधे उछल कर कोलकाता कैसे पहुंच गई। पहुंच भी गई तो पुलिस ने इतने प्रतिष्ठित परिवार पर हाथ उठाने की जुर्रत कैसे की? कौन है यह भेदिया जो उनके पीछे हाथ धोकर पड़ गया इस बार? एक बार चीजें थिरा जायं तो तुम्हें तो हम छोड़ेंगे नहीं बच्चू, आइ विल किल यू, आइ विल।"

घोष ने अतुल मेंशन में प्रवेश किया तो मीडिया वालों की भीड़ देखकर चौंक गया।

"सॉरी मैम! मैं किसी भी सूरत में संकट की उस घड़ी में आपके पास हाजिर न हो सका। होता तो आपको इन अप्रिय स्थितियों का सामना न करना पड़ता।" घोष आज्ञाकारी गुलाम की तरह अपनी स्वामिभक्ति का सबूत दिए जा रहे थे।

थापा ने बाहर जाकर फाटक बंद कर दिया। मीडिया वाले बाहर ही रह गये। अब शुरू हुआ घोष का ट्रायल–

"घोष तुम हिन्दू हो न?" एलिस ने पूछा।

"यस मैम।" घोष ने कहा।

"धर्म और ईश्वर, माँ और संतान को मानते हो?"

"यस मैम।" इस बार सहम गए घोष।

"देखो ऊपर ईश्वर है, नीचे ईश्वर के बंदे, तुम सच-सच बता दो–यह विशाखापत्तनम की फायरिंग क्या हमारी किसी कंपनी ने करवाया है?"

"मैं नहीं जानता।"

"ये एलिस ओसेन फूड्स कंम्पनी किसकी है?"

"ऐक्चुअली इलिस एक प्रसिद्ध मछली है यहां की।"

"और फैक्चुअली यह कि यह इलिस एक इंसान है जिसके माता-पिता, पति-पुत्र हैं। और वो तुम्हारे सामने हैं।"

सन्न रह गए घोष।

"मुझे बिजारिया के बिजनेस का सबकुछ बताइये, कौन-कौन कहां-कहां है, ओनरशिप किसकी है?"

"सॉरी मैम! वो कागजात मुझे देखने होंगे।"

"यू बास्टर्ड नंबर वन। विस्नू की, माँ की, संतान की शपथ खाकर भी कदम-कदम पर झूठ बोलते रहे। लो ये हैं डॉक्यूमेंट्स।"

घोष को काटो तो खून नहीं, 'लेकिन मैडम के हाथ ये कागजात लगे कैसे?' फिर वही उलझन, 'कागजात तो हाथ लगने ही थे, देर सबेर। पहले से ही इन्हें विश्वास में लेना था। बट मैं कौन होता हूं फैसला करने वाला।'

"ये एलिस ओसेन फूड्स आपके नाम पर न्यू फाउंडलैंड से इंडिया तक मछलियों आदि का कारोबार है, विदेश में पार्टनरशिप है...। ये स्लाटरहाउस टेंगरा और जयनार में...आपकी मॉम कैथरिन जी के नाम। इस कंपनी की एक शाखा शिकागो में है। ये पच्चीस चैरीटेबुल सोसायटीज, चार टेम्पल्स साहब के पैरेंट्स गिरधारी बाबू और करणी देवी के नाम पर हैं, ये जॉन नर्सिंग होम, गिरधारी अनाथालय और अस्तित्व भी।"

"और...?"

"बाकी जिम के नाम...?"

"कुछ छोटी-छोटी कंपनियां हैं।"

"क्या फंक्शन है इनका?"

"फैशन शोज, मॉडेलिंग, रीमिक्सिंग, शेयर बिजनेस, लैब्स वगैरह-वगैरह!"

घोष ने सिर झुका लिया।

"ओऽऽऽ?" एलिस ने आंखें नचाईं, "इसका मतलब यह हुआ कि पाप हमारे और हमारी मम्मी के मत्थे, आधुनिकता की आड़ में यौनिकता उद्योग मेरे बेटे के नाम पर, पुण्य के कारोबार मां-बाप के नाम पर...खुद तो हाथ झाड़ लिए...मेरा क्या है!"

"मैडम?"

"हांगकांग में क्या करने जाते हो तुम और विस्नू...?"

"वो तो बिजनेस?"

"बिजनेस...? मगर तुम्हारा यह विस्नू अभी कहां है?

"मुझे नहीं पता मैम।"

"फिर झूठ?"

"हम सच बोलते मैम।"

मैम के लिए अब कोई रहस्य रहस्य नहीं रहा, वे जानती हैं मत्स्य कन्याएं ढूंढ़ने गया होगा उनका पति। यौन-उद्योग में कड़ी प्रतियोगिता है। रोज नए स्वाद के लिए नई-नई लड़कियां चाहिए। किस्म-किस्म की लड़कियां, गोरी, काली, भूरी, पीली, नीली और बिल्लौरी और सपनीली आंखों वाली, बिंदास और शर्मीली... जवानियां वैसे भी दो से पांच साल में ढल जाती हैं, सो हमेशा फ्रेश माल चाहिए। दुनिया भर में करोड़ों लड़कियां जवान हो रही हैं। बनी रहे तीसरी दुनिया की गरीबी, बनी रहे पश्चिम-पूरब की स्वेच्छाचारी वृत्तियां, लड़कियों की कोई कमी नहीं। फैशन शोज, मॉडेलिंग, रीमिक्सिंग। कितना कपड़ा? कैसे ढंकें कि देह और एक्सपोज्ड हो जाय। मछलियों की तरह ही धंधा है जवान लड़कियों का। खेप-दर-खेप लाकर उलीचते रहते हैं, फिर छांटी जाती हैं, प्रोसेसिंग में, उनके

ब्रेन को निकाल देते हैं, सप्लाई होती हैं, एक्सपोर्ट, इम्पोर्ट होता है। कुछ दिनों में मर जाती हैं या मार दी जाती हैं मछलियां, लड़कियां भी...।

और मांस...?

गाय, भेड़, बकरे, सूअर के मांस से भी लजीज होता है यह मांस-आदमी का मांस। शराफत की नकाब के चलते सीधे-सीधे खाया नहीं जा सकता आदमी के मांस को, सो गर्भ से निकले मरे शिशुओं का इस्तेमाल किया जाता है। और ये गर्भ-पतित शिशु आते हैं कहां से? यौन, उद्योग की उन्हीं लड़कियों से। बात यहां तक आ पहुंची है। रहे खून के छींटे तो उसे धोने के लिए चैरीटेबुल संस्थाएं हैं, देवी-देवता हैं, दान-पुण्य है, अनाथालय है, मंदिर हैं। और भी पता नहीं क्या-क्या है।

जितना ही सोचती, एलिस का दिमाग उतना ही अवसन्न होता जाता। वह खुद को छला हुआ महसूस करती जाती। क्या इसी आदमी के लिए वह राणी सती और श्यामदेव की पूजा करती रहीं, हिन्दू तीज-त्योहार रखती रहीं अब तक?

लेकिन वह गया कहां?

# मिस्टर फॉर्चून!

कोलकाता से हजारों मील दूर लहरों के झूले पर झूलता ट्रैपीज-सा एक द्वीप जहां आज एक सरकस-शो होने जा रहा है–विज्ञान के अद्‌भुत चमत्कार का शो।

ऑडीटोरियम के दरवाजे पर सख्त पहरा है। आमंत्रित अतिथियों के अलावा अंदर किसी को भी आने की इजाजत नहीं है, मीडिया को भी नहीं। इन अतिथियों में कुछ चुनिन्दा वैज्ञानिक हैं तो कुछ अरब के धनी-मानी शेख और कुछ दूसरे सम्पन्न लोग।

नेपथ्य की हलचलों पर टिकी सारी निगाहें उस वर्तुलाकार मखमली परदे से टकरा-टकराकर लौट रही हैं। उन्हें उस महान ऐतिहासिक क्षण का बेसब्री से इंतजार है जिसके बाद दुनिया ऐसी नहीं रहेगी, जैसी वह है।

सबको मालूम है कि क्या होने वाला है, फिर भी सब उस चमत्कार को आत्मसात कर लेना चाहते हैं।

हाल में विशुद्ध भारतीय परिवेश है–ढोल, नगाड़ा और शहनाई, सितार और बांसुरी से उस विराट मुहूर्त की समा बांधी जा रही है। अब वाद्य यंत्रों के स्वर मंद पड़ते हैं। मॉनीटर पर एनिमेशन के इलस्ट्रेशन्स के साथ उद्‌घोषणा सुनाई पड़ती है–'दिल थाम कर सुनिए मिस्टर फॉर्चून इज कमिंग।'

आगे का टोन मजाकिया था...।

"मिस्टर फॉर्चून के बूढ़े पड़ते अंग ट्रांस्प्लांट किये जा चुके हैं, आतें, दिल, गुर्दे, जिगर, पौरुष ग्रंथि, लिंग और अंडकोश भी काफी हद तक। अभी उन्होंने अपनी नई ताजी आंख को गोल-गोल नचा कर मूंद लिया, फिर खोला, ठीक! उन्होंने अपने ताजा मेरुदंड और टखनों को परखा। थोड़े लूज थे, टाइट किया। ठीक! नये-पुराने सारे अंग-उपांग ठीक-ठीक काम कर रहे हैं, सो लेडीज एंड जेन्टलमेन, आइये स्वागत करें अपने मिस्टर फॉर्चून एक्स-वाई का। द ग्रेट ग्रेट हिज हाइनेस मिस्टर विस्नू बिजारिया...आपने प्रौढ़ विस्नू को देखा होगा, आज युवा विस्नू को देखिए...।"

सामने का पर्दा दोनों ओर सरकने लगा है...सरक गया। अब पीछे के पर्दे पर एक प्रवेश द्वार दिख रहा है, ऊपर एक बिन्दु से फैलता 'ओम' का वृत्त...गायत्री मंत्र...

"ओम् भूर्भुवः स्वः-तत्सवितुर वरेण्यम्, भर्गो देवस्य..."

गायत्री मंत्र के शेष होते ही मंच पर अपने सूट में आविर्भूत होते हैं विस्नू बिजारिया। उन्होंने झुक कर अभिवादन किया है सबका।

तालियां!

कैमरों की चौंध!

किसी को यकीन नहीं होता, ये 55 साल के विस्नू हैं, बमुश्किल तीस के लगते हैं।

लोग आगे बढ़कर उन्हें गुलदस्ते दे रहे हैं। विनम्रता पूर्वक स्वीकार रहे हैं विस्नू।

"इट्स ए मिरेकल।" एक टिप्पणी।

"कहीं यह बिजारिया का क्लोन तो नहीं है?" एक आशंका, वैज्ञानिकों में तरह-तरह की फुसफुसाहटें हैं-

"अगर वाकई लिम्ब्स बदले गये हैं और बॉडी ने उन्हें एक्सेप्ट कर लिया है तो ये आदमी वह आदमी रहा कैसे?"

"मुझे तो प्रयोग पर ही संदेह है, ब्लड सेल्स, बोन मैरो, बोन्स, न्यूरॉन्स, सारा कुछ बदल पाना संभव है क्या?"

"दावा तो किया गया है।"

"अभी पता चल जाता है।" उस प्रौढ़ वैज्ञानिक ने अपनी सीट से खड़े होकर सवाल किया-"मिस्टर बिजारिया ट्रांस्प्लांटेशन के बाद आपके सभी अंग ठीक-ठीक काम कर रहे हैं?"

"जी।"

"क्या आप एक खुशबू सूंघ कर बता सकते हैं कि कौन-सी है?" उसने आगे बढ़ कर एक छोटा-सा फूल दिया। बिजारिया ने फूल लिया, सूंघा, दिमाग पर बल डाला, तभी एक विस्फोट हुआ और विस्नू का पुर्जा-पुर्जा छितरा गया। मंच पर सिर्फ एक मेरुदंड हिल रहा था दशहरे के रावण के पुतले की तरह।

भगदड़ मच गई ।

50 लाख वर्ष पहले जिस वाक् क्षमता, घ्राण क्षमता और विश्लेषण क्षमता आदि के चलते बनमानुख से मानुख बना था, आज फिर वहीं लौट गया इंसान।

"हमें पहले ही अंदेशा था कि यही होगा, यही हुआ।" एक प्रतिक्रिया।

"प्रदर्शन के पहले, आप क्या सोचते हैं, परीक्षण नहीं हुआ होगा?" दूसरी प्रतिक्रिया।

"आप लोग बेकार की बहस में उलझ रहे हैं, वह बिजारिया था ही नहीं। बिजारिया इस्केप कर गया। इतना कच्चा खिलाड़ी नहीं है वह।"

"अगर वह जिन्दा है तो वो कौन है जो मारा गया?"

"एक हायर्ड मैन, एक नॉक आउट चूहा?"

"और असली बिजारिया...?"

"इधर उसने कई द्वीप परचेज किये हैं, जिनमें एक यह है। किसी भी द्वीप पर हो सकता है। ठीक-ठीक कह नहीं सकता लेकिन स्टेम सेल्स के लिए मेरा अनुमान है कि वह अपने गर्भ नाल को ढूंढ़ने गया होगा—इंडिया।" वैज्ञानिक के स्वर में श्लेष था।

# त्राहिमाम!

एनिमल फेसिलिटी विभाग में चूहों के आधार प्रकोष्ठ और प्रजनन प्रकोष्ठ के अलावा कुछ प्रकोष्ठ और भी हैं—पहला ट्रांस्जेनिक, दूसरा नॉक आउट चूहे और तीसरा ट्रांस स्टेमिक चूहों का। यह नया नाम स्टेम कोशिकाओं के प्रत्यारोपण से जुड़ा है। इसमें वे चूहे रखे गये हैं जिनमें भ्रूण से निकाली गई स्टेम कोशिकाएं प्रत्यारोपित की गई हैं। कुछ ट्रांस्जेनिक चूहे ऐसे हैं जिनके वृषण में शुक्राणु उत्पादन के लिए जिम्मेवार जीन प्रत्यारोपित है। कुछ ऐसे कि जिनमें प्रोस्टेड वाले जीन डाले गए हैं, कुछ में आयुवृद्धि के जिम्मेवार जीन डाले गये हैं। नॉक आउट चूहों में पहले कैंसर, अल्जाइमर्स, पार्किंसन, डायबिटीज के रोग पनपाये गये हैं और अब उन पर इलाज के प्रयोग चल रहे हैं।

इस बार की विदेशी साइंस जर्नल्स में 'अस्तित्व' की उपलब्धियों की चर्चा है।

यह तो सिर्फ कुछ ही वैज्ञानिकों को मालूम है कि इन पांच प्रकोष्ठों के अलावा एक प्रकोष्ठ और भी है—मानव प्रकोष्ठ जहां ट्रांस्जेनिक, नॉक आउट और ट्रांस्जेनिक ह्यूमन रहते हैं, जिनमें प्रायः सारे ही गिरधारी शिशु गृह के बच्चे हैं जिनका सारा खर्च बिजारिया उठाते हैं। क्या कोई प्रकोष्ठ और है? शायद! किसी को पता नहीं कि ह्यूमन स्टेम सेल्स उस छठे प्रकोष्ठ से आते हैं जो अज्ञात जगह पर है, जहां बिजारिया के क्लोन का प्रयोग चल रहा है।

खोका द्विजेन्द्र जब निझूम रातों को चूहों के बीच से गुजरता है तो इनकी मूक कराहों में घिर जाता है। रोज ही आठ दस चूहे मरे मिलते हैं, यह वह रोज ही देखता है मगर मरे आदमियों को नहीं देख पाता जो कहीं दूर मरते हैं, शोध के किसी और बहाने से।

एनिमल फेसिलिटी के प्रभारी डॉ. माधवन ने अजय को दिखाया, "ये 'चीं-चीं चीं' करने वाले चूहे नर चूहे हैं जो चुहिया की देहगंध पाकर आनन्द भरी काम-पिपासा से भर उठे हैं। यह 'चीं-चीं' इनका मदन-संगीत है।"

"पक्षी की तरह?"

"हां, मगर एक चूहे का गायन दूसरे से डिफर करता है। इस समय इन्हें भोजन-पानी से ज्यादा जरूरत सेक्स की है।"

"यानी सेक्स का सेंटिमेंट भूख-प्यास के सेंटिमेंट से बड़ा है।"

"हां, इस समय ये अपूर्व शक्ति और आभा से संपन्न होते हैं ही, थोड़ी देर के लिए ही सही-जीवन अपना सारा कुछ निचोड़ कर दांव पर लगाता है।"

"लो यह बेचारा भी गया।" खोका ने पूंछ के बल मरे चूहे को पेंडुलम की तरह झुलाते हुए दिखाया।

"कई दिनों से यह हिलते-कांपते चल रहा था। पाल नंबर देखकर नोट कर रहा था, कुछ और भी मरने वाले हैं। जैसे ये, ये, वो...ठीक से चल भी नहीं पा रहे हैं ये।"

संकट की ऐसी घड़ी में भी किस्नू से संपर्क न हो पाना एक अलग समस्या है। करणी देवी को खुद कृष्णधाम जाना पड़ा। बहुत व्यस्त हैं किस्नू। सांसारिक मोह से ऊपर उठ चुके हैं कृष्णानन्द। पूरी तरह से कृष्णमय। वहां भी भेंट करना सहज नहीं। भक्ति में विभोर भक्तों के बीच से रास्ता बनाना दुष्कर है, कितनी बार नाचते भक्तों के द्वारा कुचली गईं कितनी बार धकियायी गईं। दूर से ही दर्शन कर पायीं।

माँ ने बेटे को मत्था टेक कर प्रणाम किया, नहीं, भक्त ने भगवान को प्रणाम किया। संक्षेप में सारा कुछ कह सुनाया। कृष्णानन्द ने कुछ नहीं कहा। होने को सिर्फ यह हुआ कि कुलगुरु स्वामी अभेदानंद साथ चलने को राजी हो गए।

"स्वामी जी के साथ यह बुढ़िया साध्वी कौन है?" सवाल।

"भगवान की माँ।" जवाब।

जाने कैसे भेद खुल गया।

"कौन है, कौन है?"

"भगवान की माँ।"

भक्तगण दौड़ पड़े 'भगवान की मां' के दर्शन के लिए। गार्ड्स न होते तो जाने क्या होता! लाठी चार्ज! कितने कुचले गए, कितनों के हाथ टूटे, कितनों के पांव, कितनों के दूसरे अंग। करणी देवी का मन खिन्न हो चला है, उम्मीद की आखिरी किरण थे किस्नू। बात तक न की, कैसी तो शंका होती है किस्नू को देखकर, कहीं न कहीं, कुछ न कुछ जरूर गड़बड़ है। मुझे भगवान नहीं, अपना बेटा चाहिए।

कृष्ण भगवान के चक्कर में अपनी आराध्य करणी देवी को भूल गईं। नहीं। देशनोक जाना होगा। करणी देवी के मंदिर।

देशनोक के मंदिर का एक-सा परिदृश्य। अनमना-अनमना-सा वातावरण, चूहों से अटा-पटा परिसर, दालान और मंदिर। लड्डू कुतरते चूहे, रेंगते चूहे, दौड़ते चूहे, सूअरों की तरह रति रंग में मादा की पीठ पर चढ़े हुए नर चूहे।

एक चूहे से चला नहीं जा रहा था। गिर पड़ा। करणी देवी के लड्डू देने के लिए उठे हाथ उठे रह गये–"बिना परिश्रम के हराम की खा-खाकर यह दुर्गति हुई है तुम्हारी।" चूहा किस्नू में रूपांतरित होता है। हाय भगवान। कहां से कहां पहुंच गई। क्या से क्या सोच गई! अपशकुन! अमंगल! तभी तो आज इतने चूहों के बीच सौभाग्य का सूचक एक भी श्वेत चूहा नहीं दिखा-एक भी नहीं। और विस्नू! एक पर एक परतें उठ रही थीं उसके कुकृत्यों की...।

शॉक पर शॉक लग रहे थे। माला फेरना तक भूल गईं। जो श्वेत चूहे शुभ माने जाते हैं और जिनकी वे पूजा करती रही हैं, उन्हें ही तरह-तरह से तकलीफें देकर मरवाता फिरता है उनका बड़ा बेटा। जिन गायों की रक्षा करने में उनके छोटे-बेटे किस्नू ने जीवन लगा दिया, उन गायों को कटवाता है उनका बड़ा बेटा। भेड़-बकरी भी, यहां तक कि सूअर भी। घर में मांस-मछली वर्जित है और मछलियों का धंधा करता है उनका विस्नू। आदमी तक के मांस का कारोबार करता है। 'हे विस्नू! नहीं, नहीं, विस्नू का नाम अब नहीं लेना। उस मुंहजले ने विस्नू के नाम को भी कलंकित किया। अब भगवान को दूसरे नाम से पुकारना होगा। महापाप! घोर पातक!'

'महापाप! घोर पातक!' यही धिक्कार स्वामीजी के मुंह से भी निकल रहा था, "इस महल का अन्न-जल-हवा तक प्रदूषित है। मैं यहां एक पल भी नहीं रुकूंगा। मुझे 'शुद्धी' करनी होगी, 'शुद्धी'।"

"मुझे बीच मंझधार में कहां छोड़कर जाएंगे स्वामी जी। मेरी भी 'शुद्धी' करनी होगी न! बेटा नालायक निकला, बहू तो साक्षात पार्वती है।"

"सारे पाप की जड़ तो वह विधर्मी बहू ही है। तुम लोग कैसे धर्मात्मा हो कि दो विधर्मी औरतों को घर में बिठा रखे हो, उनका गिरजाघर भी है।"

"उसी के पुण्य से तो बचे हुए हैं आज तक हम सभी?"

"तो फिर उसी के हाथों प्रायश्चित करा दीजिए! करे कोई, भरे कोई! बुलाओ अपने कपूत को।"

स्वामी जी ने अपना झोला-झंडा उठा लिया।

"ऐसे में कहां जाओगे महाराज? खुद को कष्ट दोगे तो मेरी पापों की गठरी और भारी हो जावेगी। मैं टिकट मगवा देती हूं।"

थोड़े ठंडे पड़े महाराज। टिकट के लिए कह कर लौट आईं करणी देवी, फिर से उठा लिया दुखड़ा, "मैं तो इसी कलेस में मरी जा रही हूं कि मेरा उद्धार हो तो कैसे हो।"

"मामला दो धर्मों के बीच का है, सो थोड़ा टेढ़ा है।" महाराज थोड़ी देर सोचते रहे फिर जैसे उन्हें कोई युक्ति सूझी, "तुम तो देशनोक की करणी देवी की पुजारन ठहरी।"

"वो तो अभी भी हूं। अभी-अभी हो आई हूं वहां से।"

"तुम्हें तो पता होगा कि अलवर के महाराज बख्तावर सिंह की गोली से एक सूअर घायल होकर किस तरह रसूल शाह के तकिया में घुस आया था। रसूल शाह ने श्राप दिया, 'जिसके सूअर ने उनकी पवित्रता भंग की है, वह चैन से नहीं बैठेगा।' सो, लगे महाराज बख्तावर सिंह तड़पने। उन्हें समझ में नी आवे कि इसका रहस्य क्या है। लोगों ने बताया तो उन्होंने क्षमा मांगी। लेकिन रसूल शाह ठहरा कट्टर मुसलमान; कहा, ऐसे नहीं। बख्तावर सिंह अपनी दाढ़ी से तकिया को साफ करे। महाराज को यह अपमानजनक लगा। लगे रोने, क्या हिन्दुओं के किसी देवी-देवता में इतनी सामर्थ्य नहीं कि मुसलमानों के देवी-देवता का मुकाबला कर सके और एक हिन्दू को बेइज्जत होने से बचा ले। तब किसी ने उन्हें बताया कि आप करणी देवी की पूजा करें, वही एकमात्र ऐसी देवी हैं जो आपको इस संकट से उबार सकती हैं और देवी ने उनकी इज्जत बचाई। वहां भी अनजाने में गलती हुई थी, यहां भी। सो आप उन्हीं का अनुष्ठान करें। उन्होंने किसे नहीं बचाया, महाराज विनय सिंह, बीका सिंह, राठौर राजपूत राजाओं को, चौथजी चारण को, संग्राम सिंह भाटी को, जैत सिंह, सूरत सिंह, कर्ण सिंह, किस किस का नाम लें। सो अब जबकि मामला दो धर्मों के बीच का है, तुम उन्हीं का अनुष्ठान करो। उनकी कृपा से सबकी बिगड़ी बन गई, तुम्हारा भी सब लौट आयेगा।" फिर उन्होंने करणी देवी के कान में झुककर कहा, "फिर देवी, आपका छोटा बेटा तो स्वयं कृष्णावतार है।" उन्होंने हाथ जोड़े, आंख मटकायीं।'

"जहां से लौट कर आयी हो, वहीं फिर जाओ देवी! अश्रद्धा से नहीं श्रद्धा से।"

"मैं आपको छोड़कर जाना तो नहीं चाहता था, लेकिन वहां जयपुर में दो नेताओं का झगड़ा है...।" गुरुजी ने अफसोस जाहिर किया। बिजारिया परिवार को मझधार में छोड़ कर रात हावड़ा जोधपुर से प्रथम श्रेणी के ए.सी. से लौट गए स्वामी जी। अतुल-मेंशन का कुछ भी नहीं लिया, उनके लिए फल और मिष्टान्न बाहर से खरीद कर भिजवाया करणी देवी ने।

"क्या हुआ विस्नू को?", श्रीमती एलिस का क्षुब्ध स्वर, "आसमान निगल गया, धरती निगल गई, समुद्र पी गया, क्या हुआ?" हारे हुए सेनापति सिर झुकाये खड़े हैं। "हर संभावित जगह पर तो ढूंढ़ा गया।" घोष बोलते हैं।

"इस संकट की घड़ी में हमें कारोबार पर ध्यान देना है। वैसे मेरा मन विचलित है। मुझे खुद पता नहीं कि कब क्या कर बैठूंगी। जब-जब उस ढोंगी आदमी के

बारे में सोचती हूं, होश खोने लगती हूं...ऐसा करो जिम और अजय को कह दो कि वे स्लाटर हाउस का भी मुआयना करते आयें, पिगरी का भी। स्ट्रिक्ट विजिलेंस! फिशरीज के अलग-अलग सेंटर्स, प्रोसेसिंग एंड पीलिंग सेंटर्स, एक्सपोर्ट आफिसेज की रिपोर्ट मुझे सात दिनों के अन्दर चाहिए। फिर हम सब बोर्ड के सदस्यों के साथ मिल कर बैठेंगे। बट वाइरस की चेकिंग में कहीं कोई ढिलाई नहीं होनी चाहिए।"

घोष जाने को होते हैं।

"रुको, मुझे ही...खैर छोड़ो। मेरे अगले डिसीजन तक रुको। मैं तुम्हें खुद बुला लूंगी। बट डॉन्ट लीव द स्टेशन। वन थिंग, जिम को अभी कह दो कि वह कोलकाता न आकर स्ट्रेट मुंबई जाए...?"

बूढ़ी कैथरिन की चेतना किसी क्रांतिक कोण पर आकर रिपल्स कर गई है। कहां तो बिल्कुल चुप-चुप रहने वाली और कहां यह उत्कट वाचालता! अधिकार-बोध ने चेहरे पर चमक ला दिया है और वाणी में दर्प। वे न्यू फाउंडलैंड को न्यूफंडलैंड कहतीं। उनकी बातों में आयरलैंड, फ्रांस, स्पेन और पता नहीं कहां-कहां की अनुगूंजें होतीं, मछुआरों के विवाद, नाविकों की लड़ाइयां, अटलांटिक की लहरें और जहाजों के भोपुओं के स्वर मचलते। वे वहां के द्वीपों, मछली मारने, सुखाने, प्रोसेसिंग और हारबर की हलचलों की बातें करतीं तो एलिस अवाक होकर उन्हें ताकती रह जातीं, 'क्या यह वही मॉम हैं!'

"क्या टॉड की तरह मुंह बाये देखती हो?" वह कभी लूसी को बताने लगतीं, "एलिस को पाल कर इन्हीं हाथों से इत्ता बड़ा किया है। इसका बाप तो समुद्र में ही भागा रहता। आज तो हमारा ऑफिस सेंट जोन्स में है पर उन दिनों हम सेंट पियरे की मछुआरों की बस्ती में रहते थे। आज पक्की निरामिष बन गई है मेरी बेटी पर उन दिनों सुखायी मछलियों का सूप ही मयस्सर हो पाता था इसे। बिल्ली की तरह चपर-चपर कर पीया करती।"

अजय होता तो कुरेद-कुरेद कर पूछता।

धीरे-धीरे वे और पीछे लौटती हैं, "फिर इसका बाप जाने कहां से उस युग का एक जंग खाया ट्रालर ले आया। सोचो, जब ट्रालर पहले पहल बना होगा कैसा रहा होगा। उसमें छोटे-छोटे हुक लटक रहे होते-कांटियां जिसमें चारे फंसा कर मछलियां पकड़ी जातीं। उसके पार्ट-पुरजे कहां मिलते! खैर हम दोनों ने इसे ठोंक-पीट कर समुद्र में उतारा। तुम जानो, पहले ही दिन उसमें इतनी भारी मछली फंस गई कि ट्रालर करवट हो गया। हुक टूट गया।" वे ठठा कर हंस पड़ीं, "कांटी गयी सो गयी, मछली भी गई।"

"वह कहां मिल गया उन्हें?"

"वो एक फ्रांसीसी मूल के मछुआरे से। तुम जानो, ट्रालर फ्रांस का ही आविष्कार था। वे उन दिनों उससे इत्ती मछलियां पकड़ते कि अंग्रेज मछुआरे टुकुर-टुकुर ताकते रह जाते। लेकिन अंग्रेज ठहरे एक ही हरामी! अब ये जानो कि कांटियां बनती इंग्लैंड में, सो उन्होंने कांटियों की सप्लाई ही बंद कर दीं, 'लो पकड़ो, कैसे पकड़ते हो!' 1857 में दोनों में एक पैक्ट हुआ, फिर कई एक पैक्ट। अब न्यू फंडलैंड ने देखा कि मछली हमारी, जमीन हमारी और लड़ने वाले तुम! पहले भी सिर्फ नमक के बदले लाखों टन मछलियां ले जा चुके हो, अभी भी यह खेल जारी है। उसने इन झगड़ने वालों को उठा-उठा कर बाहर फेंका-फ्रांस को फेंका, स्पेन को फेंका, डच को फेंका, इंग्लैंड को फेंका, अमेरिका को भी निकाल फेंका फिर भी अमेरिका जाल फेंकता रहा..."

अजय को लगता, वह न्यू फाउंडलैंड की नहीं, भारत की कहानी सुन रहा है।

# धुंध में भटकते हुए

सेंट जोन्स के एयरपोर्ट पर जिम और अजय को लेने कम्पनी के न्यू फाउंडलैंड के प्रभारी मिस्टर क्लाड खुद मौजूद थे। शाम की हवा में ठंड थी और कोहरा भी। औपचारिकताएं पूरी करने के बाद क्लाड ने पूछा, "पहले ऑफिस चलें न?"

"नहीं। सीधे हारबर।" जिम ने कहा।

क्लाड के गले में कुछ अटक रहा था, जो थोड़ी देर बाद धीरे-धीरे बाहर आया, "वैसे तो हमने आपके जाने की सारी तैयारियां कर रखी हैं लेकिन एक बात मैं समझ नहीं पा रहा हूं, हमने यहां की सारी एन्टरीज चेक कर ली हैं। कहीं तो मिलता कोई क्लू! फिर... ...?"

"मॉम का मैसेज नहीं मिला था?"

"वह तो एक निहायत ही भावुकतापूर्ण और अव्यावहारिक मैसेज था, उनका कहना है कि इतने छोटे-बड़े द्वीप हैं, उसे ढूंढ़ो, किसी न किसी द्वीप पर जरूर मिल जाएगा।"

"हूं।"

"यहां का सी-शोर कितना है, मालूम?"

"हां, प्रायः नौ हजार नौ सौ छप्पन कि.मी.।"

"और छोटे-छोटे द्वीपों की संख्या?"

"पता नहीं।"

"अब ये मौसम देख रहे हैं, कितना फॉगी है। बिजारिया, कोई अचल, निर्जीव वस्तु तो नहीं। पूरी उमर बीत जाएगी फिर भी न ढूंढ़ पाओगे।"

वाकई चारों ओर धुंध थी, जो क्रमशः गहराती जा रही थी। इस कुहासे में नजदीक की बत्तियां भी ढिबरी की मानिंद जल रही थीं और धुंध से निकलते साये स्वप्नलोक से निकलते-से लग रहे थे। हारबर तक पहुंचते-पहुंचते रात के नौ बज गए। समुद्र ने एक गाढ़ा लिहाफ ओढ़ रखा था, सिर्फ लहरों के शोर से उसकी उपस्थिति का आभास हो रहा था। फ्लड लाइट्स की रोशनी में बहुत करीब से देखने पर हारबर की छोटी-बड़ी नौकाएं एक धुंधली पेंटिंग-सी लग रही थीं।

तीन बजे रात को जिम ने अजय को जगाया, "चलेंगे?"

"हां।"

"तो फटाफट तैयार हो जाइये, अभी निकलना है।"

कोस्टगार्ड्स के दफ्तर में औपचारिकताएं पूरी करने के बाद ट्रालर पर कुल आठ जन सवार हुए–दो चालक, चार अन्य, बाकी जिम और अजय। लहरों का शोर पीछे छूटता गया। थोड़ी देर में वे अपेक्षाकृत शांत समुद्र में थे।

सबकी आंखों पर विशेष किस्म की दूरबीन थी और सारी आंखें अटलांटिक में कुछ तलाश रही थीं। हालांकि विजिबिलिटी मुश्किल से पचास मीटर ही थी और इतने दिनों बाद कुछ ढूंढ़ने का ख्याल ही अहमकाना था। इतना अहमक तो नहीं है जिम, अजय को आशंका होने लगी, पिता के साथ-साथ किसी और चीज का भी संधान कर रहा था वह। क्या हो सकता है वह? किसे ढूंढ़ रहा है वह इस गहराती धुंध में?

धीरे-धीरे धुंध के परदों पर हल्की उजास छाने लगी। बहुत मामूली-सा उजाला धुंध से छनकर उन तक पहुंच पा रहा था जिससे समुद्र का चेहरा तो नजर आ रहा था, पर उस पर तैरती कोई चीज अभी तक नमूदार नहीं हुई थी। अजय को फिर झपकियां आने लगी थीं। जाने कब तक सोता रहा वह। अचानक जिम की चीख पर जग गया वह, "वो देखो।"

सभी ने चौंक कर देखा, कोई सफेद-सी चीज समुद्र की सतह पर तैरती दिख रही थी। ट्रालर की गति धीमी हुई। उसके करीब आते ही एक अधेड़ श्वेतांग नाविक रडार पर कोई संदेश पाकर सहसा ही उछल पड़ा, "माई गॉड। यह हम मौत के मुंह में कहां आ पहुंचे?" उसने चालक को झिंझोड़ कर परे किया और ट्रालर का नियंत्रण अपने हाथ में लेकर उसे इतनी तेजी से मोड़ा कि वे सभी हिचकोले खा गए।

"यह क्या मजाक है?" जिम बरस पड़ा।

उस श्वेतांग ने, जिसने चड्ढी के सिवा अपने सारे कपड़े उतार फेंके थे और अब साक्षात जिन्न-सा लग रहा था, जिम की एक न सुनी तो जिम उससे हाथापाई पर आमादा हो गया। उस आदमी ने सीट पर से ही गर्दन मोड़ कर आंखें नचाते हुए डांटा, "खून मेरे जिस्म में भी है। मरना है क्या? वह कोई लाश नहीं है, आइसबर्ग है, आइसबर्ग–ठंडी मौत! हम पीटर की बेवकूफी के चलते काफी आगे निकल आये हैं–उस द्वीप के दूसरी तरफ।"

अजय की सारी खुमारी झड़ गई, शिराओं का खून पानी हो गया।

"पर यह हुआ कैसे?"

"यह कमबख्त सो गया था।"

पीटर सिर झुकाये खड़ा था, "वाकई मैं सो गया था।"

घड़ी की सुइयां दस बजा रही थीं।

"हम कहां आ पहुंचे हैं मालूम?" उस आदमी ने कहा, "वह जोन जहां गल्फ स्ट्रीम की गर्म धारा लेब्रोडोर की ठंडी धारा से मिलती है। उमस नहीं लग रही तुम्हें?"

"हां है तो, पर यह कैसे हो सकता है?" जिम अभी भी मानने को राजी न था, "वह अंचल तो चालीस डिग्री नार्थ और पैंसठ डिग्री वेस्ट के आसपास पड़ता है। वैसे भी 48 डिग्री नार्थ के दक्षिण कभी-कभी ही जाते हैं।"

उस आदमी ने बुरा-सा मुंह बनाया, "अब कोई मीटर तो है नहीं अपने पास तुम्हारी तरह कि हिसाब लगाऊं। अपना तो मीटर वह आइसवर्ग है, जो लेब्रोडोर की ठंडी धारा के अलावा कहीं से आ ही नहीं सकता, अपना मीटर वह उमस है जो गल्फस्ट्रीम की गर्म जलधारा की खासियत है और अपना मीटर वह धुंध है जो दोनों के मिलन से पैदा होती है।" वह कभी सामने तो कभी अगल-बगल देख लिया करता जैसे किसी शैतान की गुफा से प्राण बचाने को भाग रहा हो। धुंध के चलते वह काफी खीझा हुआ था, "नरक में जाय यह धुंध! तुम्हारा क्या नाम हुआ?"

"अतुल बिजारिया! वैसे मुझे जिम बुलाते हैं।"

"मैं भी तुम्हें जिम ही बुलाऊंगा, पहला अटपटा है मेरे लिए। तो जिम, जब तुम इतना जानते हो तो यह भी जानते होगे कि धुंध यहां पैदा होती है और कभी-कभी बोस्टन तक फैल जाती है।"

"तूफान के रुख के चलते।"

"और तूफान आता क्यों है?"

"झील क्षेत्र के डिप्रेसन के चलते।"

वह कुछ नरम पड़ा, "तूफानों के चलते मिलन बिन्दु खिसकते रहते हैं। आदमी जिस मछली को खाता है, एक दिन उसी मछली का खुराक बन जाता है।"

"यस।"

"पर ढूंढ़ क्या रहे हो?"

"है एक चीज।"

जिम ने घुटनों में सिर गड़ा लिया। फटकार खाया नाविक पीटर फर्श पर निढाल हो गया था। अब उसकी नाक बज रही थी। बाकी चार नाविक आंख गड़ाये रखना व्यर्थ समझ कर बगल की बेंच पर आ बैठे थे। उन्होंने दारू की बोतलें खोल ली थीं। उनमें से एक चौड़े चेहरे वाले ने, जिसने अब तक एक शब्द भी नहीं कहा था, अपने साथी से कहा मेरा ख्याल है, "मैं उसे जानता हूं।"

"तुम...?"

"हां, मैं उस लंचबोट के नाविकों में शामिल था। वही लंबी कद-काठी और भूरे रंग का एशियन उद्योगपति। नाहक धुंध में भटक रहा है यह बेचारा जिम उसकी तलाश में। कोई कहता है, मर गया, कोई कहता है, गायब हो गया। पर असल में क्या हुआ था, कोई नहीं जानता। रायल्स ठीक ही कहता है, हर आदमी आइसवर्ग की तरह होता है सात भाग पानी में डूबा हुआ और सिर्फ एक भाग पानी के ऊपर। ऊपर के शेप को देख कर अंदाजा भी नहीं लगा सकते कि अंदर कैसा है।"

"वो एक भाग ही तो धुंध में है?"

"हां।"

दूसरे को इस वार्ता में खासा रस मिला और उसने रोक कर कहा, "ठहरो।"

वह छुपा कर रखी पुरानी दारू की कोई बोतल ले आया और ग्लास के अभाव में बोतलों में ही उन्हें मिलाने लगा।

"फिर?"

"फिर वहां, जहां गर्म सांसें और ठंडी सांसें आपस में मिलती हैं, वरजिन रॉक्स पर 'छुल्ल-छुल्ल' बजने लगते हैं उद्दाम लहरों के इम्पल्स।"

"वरजिन रॉक्स पर...?" दारू के ढालने के स्वर में घुले जा रहे थे उत्तेजित स्वर। वह कामुक कुत्तों-सा 'कूं-कूं' की सीत्कारें भरने लगा था।

"हां वरजिन रॉक्स पर।"

"फिर?"

"फिर तो कुहासा ही कुहासा, धुंध ही धुंध?"

"फिर?"

"फिर तो डिप्रेसन खुद के खालीपन को भरने के लिए पीने लगता है धुंध और धुंध पीकर धुंध में भटकते किसी जहाज को किसी आइसवर्ग की ओर स्वयं खींच ले जाती है नियति-क्रैश-श-श...!" उसका 'श' देर तक सिसकारी भरता रहा जैसे गर्म रॉड बुझ रहा हो पानी में।

"गर्म पानी में ठंडी मौत! सात भाग पानी में, एक भाग पानी के ऊपर। सारी हलचलों पर परदा खींच लेती है धुंध।"

"तुम एक बास्टर्ड हो, सारा मजा किरकिरा कर दिया तुमने।" दूसरा नाविक रसभंग पर कुढ़ गया था। पहला खलनायक-सा क्रूर भाव से मजे ले-लेकर मुस्करा रहा था। दोनों ही घूंट भरते रहे। इंजन का कर्कश स्वर किसी बिद्ध पशु-सा गुर्राता रहा।

"लेकिन यार, इतना हरा-भरा संपन्न क्षेत्र है झील क्षेत्र! वहां डिप्रेसन क्यों कर पैदा होगा, वह तो हम जैसे सुखाड़ के मारों की समस्या है!" उसके स्वर में व्यंजना थी।

"वही तो।"

अचानक दूसरा नाविक समुद्र में खोये हुए अपने साथियों और उनके परिवारों की चर्चा करते हुए रोने लगा। पहला नाविक पीना छोड़कर उसे ढांढ़स बंधाने लगा। उनकी धीमी हो आयी बातचीत फिर डूबने लगी इंजन की घरघराहट में।

अजय ने, जो अब तक उनकी बातें सुनने के लिए सोने का अभिनय कर रखा था, इस बार सहम कर कनखियों से देखा जिम को। घुटनों में मुंह गाड़े जिम क्या सो रहा था?

क्रम-क्रम से वे कई द्वीपों पर गए, तटों पर भी, मगर विस्नू बिजारिया के बारे में कुछ भी पता नहीं चला। तीसरे दिन वे वापसी को मुड़े।

जैसे-जैसे वे किनारे के करीब आते गये, धुंध कम होती गई। मौसम डिप्रेसन से उबर रहा था। विजिबिलिटी बढ़ गई थी। एक धूसर संवलायी लहरदार कालीन बिछी थी मानो, जिसकी धूल क्रमशः झरती जा रही थी, रंग निखरता आ रहा था। तीसरे दिन का अरुणाभ सूरज उनके सामने था, जिसका गुबार क्रमशः उतर रहा था। एक नीम अंधेरी मायावी खोह से, मानो, वे खुले दिगंतों की ओर बढ़ रहे थे। तट के झुंड के झुंड पंछी उनके सकुशल वापसी पर चीखते हुए उड़-उड़ कर स्वागत कर रहे थे। मगर ये दो खोजी उदास थे। उनका अभियान निष्फल रहा।

# जो गुजर गया वह बीत क्यों नहीं जाता!

करणी देवी पर करणी देवी सवार हैं। गुरु महाराज को फिर खबर की गई है। वे दो राजनेताओं के झगड़े सलटा कर ही आ पाएंगे। घोष की जान सांसत में है। बिजारिया की अनुपस्थिति, एक प्रतिद्वंद्वी कंपनी के दुष्प्रचार कि डब्बाबंद मांस, मछली स्वास्थ्य के लिए हानिकारक है, वाइजाग की फायरिंग–इतने सारे कारण बिजनेस का भट्ठा बैठने को कम थे क्या जो एक और कारण टपक पड़ा।

"घोष?" सिर झटक रही हैं देवी।

"माँ।" घोष हाथ जोड़ कर खड़े हैं, जैक्सन खड़े हैं। परिवार के सदस्य खड़े हैं।

"जी।"

"चूहों को आजाद कर दो।"

"जी।"

"जानवरों को आजाद कर दो।"

"जी।"

"मछलियों को आजाद कर दो।"

"जी।"

"और भी कोई बंदी हो तो उसे भी।"

"गुरू महाराज आ जाते तो।" घोष हकलाते हैं।

"गुरू मेरा पुजारी है।"

"साहब...?"

"मैं साहब की माँ हूं।"

देवी और मानवी करणी देवी के दो पाटों के बीच पिस रहे हैं घोष।

"पर माता, वे सभी चूहे बीमार हैं।"

"मैं ठीक कर दूंगी।"

डॉ. जैक्सन करणी देवी को नींद का इंजेक्शन पुश करना चाहते हैं पर वे उन्हें छूने भी नहीं देतीं। स्वयं ही चक्कर खाती झटकती–पटकती शिथिल हुई जा रही हैं। शायद प्रस्थान कर रही हैं। मगर उनकी आज्ञा का पालन न हुआ तो वे

फिर आएंगी। यह विचित्र समस्या है। डॉ. जैक्सन या घोष या अन्य कोई जिम्मेवारी नहीं लेना चाहता।

माधवन एनिमल फेसिलिटी के सारे जंतुओं को अलग-अलग लैब में ट्रांस्फर कर रहे हैं। चूहे हटाये गये। गिनीपिग हटाए गए, हेमस्टर हटाये गये, मछलियां और दूसरे जानवर भी...।

लेकिन दूसरे दिन पूजा के ऐन वक्त फिर आ गईं करणी देवी, "घोष...!"

"हुक्म माँ।" भागे-भागे आते हैं घोष।

"सबको आजाद कर दिया गया?"

"जी।"

"झूठ!"

"नहीं माँ, सच। चल कर देख लो।"

"माँ से झूठ बोलता है! यहीं से सब देखती मैं। अभी है।"

"अब कौन है?"

"तुम सब पापी और दुष्टात्मा हो। आजाद करो वर्ना मैं इस बुढ़िया को आजाद कर दूंगी और बुढ़िया के बाद तुम सबों को भी।"

जिया उत्साहित हैं। बैठे-बिठाये उन्हें अपनी स्थापनाओं को सत्यापित करने का अवसर हाथ लग गया है। हाथ जोड़कर पूछते हैं, "आप माँ हो, अन्तर्यामी हो, हमारे बिजारिया साहब को बताइये कि वे कहां हैं, किस हाल में हैं?"

"पाप किया है, प्रायश्चित कर रहा है।"

बाहर आकर डॉ. जैक्सन को टहोंका मारते हैं, "आप सब मेरी खिल्ली उड़ाते हैं न! बताइये, माँ को कैसे मालूम हुआ यह सब...।"

"आप चुप रहेंगे कि नहीं।" डॉक्टर का सिर पहले ही भन्नाया हुआ है।

शाहनाज आकर खड़ी हो गई है। नया मुल्ला कुछ ज्यादा ही प्याज खाता है। मेकअप ओवरटोन-सा बज रहा है। पूछती है डॉक्टर से, "सर, मैं पूछ रही थी कि अभी कितने हारमोन्स-इंजेक्शन और लगेंगे मुझे?"

"अभी थोड़ी प्रॉब्लम है, डॉ. बलबिन्दर सिंह को आने दो, फिर बताते हैं।"

"पैसे की प्रॉब्लम हो तो सर मेरे पास हैं।"

"तुम्हारे पास? मालूम है, कितने पैसे लगेंगे?"

"आपको मालूम है, मैं कितना अर्न करने लगी हूं?"

"तुम...?" डॉक्टर हैरान हैं।

"हां, मैं। मीडिया वालों से मुझे काफी पैसे मिल रहे हैं। मैं एक रोल मॉडल बन गई हूं।" जैक्सन का तनाव कुछ ढीला पड़ा, "ओके चैम्बर में चलो, वहीं देखते हैं।"

"मोहतरमा...।" जिया ने टोका।

"फरमाइये।" जिस अंदाज में सवाल, उसी अंदाज में जवाब।

"आप छक्का के कितनी इधर या उधर हैं अभी?"

"दिखाऊं।" शाहनाज का हाथ अपने जीन्स-पैन्ट की चेन पर गया।

"तौबा! तौबा!" घबरा गये जिया।

खिलखिला पड़ी शाहनाज।

उसके जाने के बाद किसी ने पूछा, "ये लड़की कौन है?"

"लड़की नहीं, एक नॉक आउट चूहा।" डॉ. जिया ने कहा।

करणी देवी की आज्ञा से सबको मुक्त कर दिया गया। लड़कों को भी। छोड़े जाने के बाद अनाथालय, अस्तित्व और दूसरे केन्द्रों के लड़के देश भर में फैल गये। अचानक ही इधर चारों ओर चोरी, राहजनी, लूट, हत्या और बलात्कार की नई-नई वारदातें होने लगी हैं।

एलिस जहां भी जाती हैं, कुछ लड़कों को अपनी ओर घूरता पाकर हैरान रह जाती हैं। कहीं उन्हें दृष्टिभ्रम तो नहीं हो रहा है? वह क्या था जो सागर की लहरों में चिलक कर तिरोहित हो गया...बिजारिया?

हू-ब-हू वही शक्ल जैसे जवानी के दिनों में हुआ करता था वह, फिर एक नहीं कई-कई। अभी गरिया में देखा था, अभी चौरंगी में। वह एक है या अनेक? पर यह कैसे संभव है?

आज तो हद ही हो गई। ऐन गाड़ी के सामने आ गया। घोष भी साथ था, मगर घोष को तो नहीं दिखा। कोई चीज किसी को न दिखे, इसका यह मतलब तो नहीं कि वह चीज है ही नहीं। उसे नहीं दिखा, पर उन्हें (एलिस को) तो दिखा।

कनपटी में जोरों का दर्द उठा, शंका के विवर से सांप की फटी जीभ-सा कुछ लपलपाया। कलेजे में कुछ खौलने-सा लगा-बिजारिया का क्लोन तो नहीं?

"घोष!"

"यस मैडम।"

"टेल मी वन थिंग, विस्नू ने अपना क्लोन बनवाया था न?"

"ना।"

"झूठ बोलते हो। तुम्हें सब पता है।" फिर दुविधा में पड़ गई, "क्लोन हुआ भी हो तो काफी पहले बना होगा इतनी जल्दी इतना डेवलॅप कैसे हो गया? इस विषय में उनकी जानकारी भी तो न के बराबर है।"

# महाबली का अंत

एयरपोर्ट पर उतरते ही अजय ने पूछा, 'एक बात मेरी समझ में नहीं आई, कोलकाता न आकर हम मुंबई क्यों आ गये।"

"मॉम का मैसेज था।"

"कोई खास वजह?"

"आपके जैसा सांस्कारिक आदमी नहीं सुन पाएगा।"

"ऐसा भी क्या!"

"हां, स्लाटर हाउस चलना है।"

"अरे बाप रे, अब किसका वध करवाना है?"

"हमारे बिजनेस का एक भाग मांस उद्योग भी है।"

"क्या तुम्हें पहले से पता था?"

"मुझे पता था, बाकियों का पता नहीं। पापा ही देखते थे सारा बिजनेस–मीट और एलिस ओसेन फूड्स का। अब चूंकि पापा नहीं हैं सो मॉम देख रही हैं, उन्हें एसिस्ट करना है।"

"मुझे भी ले चलोगे?"

"आप तो ऐसे बोल रहे हैं जैसे...। न्यूयॉर्क में जहां हम ठहरे थे, वह पहले स्लाटर हाउस ही था, बाद में उसे टूरिस्ट स्पॉट बना दिया गया। शिकागो में हम इसी उद्देश्य के लिए गये थे।"

"अरे!" अजय ऐसे उछल पड़ा जैसे वह अभी भी कत्लगाह में ही था।

"वह सब अनजाने में हुआ, अब तो मुझे वहां न ले चलो प्लीज?"

"कहां ले चलूं फिर? एक बूचड़खाने से दूसरे बूचड़खाने–जहां जाइए फलेश या फिश। वी कैन सप्लाई आल काइंड्स ऑफ फलेश एंड फिश!" वाक्य अर्थ गर्भित था।

चार बजे सुबह ही जिम ने जगाया, "आधे घंटे में तैयार हो जाइये, निकलना है।"

"कहां?" ऊंघता हुआ सवाल था अजय का।

"वहीं।"

अजय को झुरझुरी आ गई।

पांच बजते-बजते वे उस विशाल अहाते के फाटक पर आ गये थे जहां बड़े-बड़े हरूफों में लिखा हुआ था—वधशाला! अक्षर-अक्षर से खून टपक रहा था जैसे। पर अंदर आकर अजय को अपनी राय में संशोधन करना पड़ा।

अंदर गेंदे, जूही, चमेली और मोंगरे की मिली-जुली खुशबू ने उसका स्वागत किया। इन खुशबुओं में मौत की बू ढूंढ़ना बेमानी था। हल्के नीले पेंट से दमकती दीवारों पर कोई भी छींटा न था खून का। यह स्लाटर हाउस का ऑफिस कॉम्प्लेक्स था, जहां अभी सिर्फ फूल जगे थे, मौत नहीं।

"हम कहीं वक्त से पहले तो नहीं आ गये?"

जिम चुपचाप चला जा रहा था। उसकी चुप्पी के साथ अजय का सवाल घिसट रहा था। थोड़ा आगे चलने पर उनका रास्ता रोक कर कोल्ड स्टोरेज नुमा तीन बड़े-बड़े हाल खड़े हो गये। उनसे कन्नी काटकर एक पतली गली से वे उनके पिछवाड़े आ गये। पिछवाड़ा जगा हुआ था। दूर से ही वहां कोई अस्फुट-सी हलचल सुनाई दे रही थी।

गली का मुहाना भक-से खुला और वे लंबे चौड़े परिसर में उगल दिए गए। सोडियम वेपर लैम्प की खुनाई रोशनी में वह किसी पशु मेले जैसा लग रहा था। बकरों की पांत खड़ी की जा रही थी। सफेद एप्रॉन पहने इंस्पेक्टर एक-एक बकरे को परखते हुए चल रहे थे। उससे बीस-एक गज की दूरी पर सूअरों की वैसी ही पांत थी, उसके कुछ आगे भैंसों की।

अहाते में ट्रकों से अभी भी पशुओं का उतारना जारी था।

बकरों की पांत की बगल से जिम ऊपर चढ़ने लगा। यह पहले वाले तीन बड़े हॉलों में से एक था। उसकी दूसरी मंजिल अन्दर सफेद टाइल्स मढ़ा विशाल हाल था। "कलेजा कड़ा कर लीजिए अजय दा।" जिम ने कहा। उसने मुड़कर देखा तो पीछे का दरवाजा खुल चुका था। दो व्यक्ति, जिन्होंने एक बकरे को पकड़ रखा था, इंस्पेक्टर की जांच के बाद घसीटते हुए ले आ रहे थे। बकरा प्रतिरोध कर रहा था। आगे बढ़कर उन्होंने बकरे को बगल के टेबुल पर चित पटक दिया। एक बेचैन करने वाली छटपटाहट—'मेंऽऽ मेंऽऽ...!' कोई मौलवी नुमा सज्जन 'लाइलाही इल्लिलाह...' पढ़ रहे थे, छुरा बकरे की गर्दन पर। छटपटाहट और मिमियाहट चरम पर...! पिलपिलाता खून...!

मौलवी ने टोटका सगुन भर किया। गर्दन पर जबह की छुरी चलाकर बकरे को परे कर दिया गया। ऊपर से गिरती आरी खटाक से गिरी। घुटती हुई 'में-बेंऽऽ ऽऽ', के साथ सिर धड़ से अलग हो गया और खून की पिचकारी फूट पड़ी।

अब बारी थी दोनों पांवों की। अजय ने आंखें मूंद लीं। पर कब तक? 'में-बें' की चीत्कार दोबारा उभरी। आंखें खुल गईं। यह दूसरा बकरा था और पहला रेलिंग की हुक से उल्टे झूलता आगे सरक रहा था। उसकी टांगें नहीं थीं, सिर, आंख, नाक, लंबे कान, सींगें नहीं थीं...अपनी-अपनी जगहों पर खड़े कर्मी उसका चमड़ा उकेर रहे थे। वह मांस का लोथ था। लोथ भी नहीं पेट फाड़कर आंतें बगल के हॉपर में गईं, अंडकोष गया, पूंछ गई। बकरों के मुंह एक तरफ रखे हुए थे। आंखें तपस्वियों-सी अर्धोन्मीलित, जैसे साधना कर रहे हों या रोएंदार चमड़े उतार कर रूहें अल्लाह के दरबार में जा पहुंची हों, नंगी रूहें। चमड़े का अंदरूनी भाग कितना चिकना है!

नीचे की सफेद टाइल्स लाल हो गईं। कर्मियों के कपड़े और देह लाल, जैसे वे होली खेल कर आ रहे हों। टाइल्स की नालियों मे खून बह रहा है पानी की तरह।

"आप ठीक तो हैं अजय दा?" जिम ने पूछा

अपने को बहादुर दिखाने की गरज से अजय ने कहा, "सिवाय इस खून, मल और कचरे के कोई भी चीज बेकार नहीं जाती?"

"अगर आप शिकागो के स्लाटर हाउस में हमारे साथ होते तो देखते कि कुछ भी बेकार नहीं जाता।"

यह उस तीन बड़े हॉलों से दूसरा था 'सूकंर बधशाला' का हॉल।

अजय के मुंह, नाक, कान में कोई मितली लाने वाली चीज सरसराने लगी। हालांकि अगले पल ही लगा ऐसा कुछ नहीं है। उसने खिड़की खोल कर अहाते में झांका। मांस से छलकते हुए खासे मोटे थुलथुल सूअर।

"एनिमल फार्म से सप्लायर ले आते हैं। अपने बंगाल के सिलीगुड़ी में भी इनका बाजार है।" जिम ने बताया।

वे अपने लंबे भोथरे गोल थूथन से एक दूसरे को कोंच रहे थे। कोई-कोई नर सूअर अपनी अगली दोनों टांगें उठा कर मादा के पुट्ठों पर चढ़ भी जाता। पांत में खड़ा रखना बेहद मुश्किल हो रहा था। इंस्पेक्टर पूरी जांच की जगह मोटे तौर पर उनका मुआयना सुलटा रहे थे। उसकी नजर एक विशेष सूअर पर जा टिकी, सूअरों के गिरोह में वह सबसे तगड़ा और खौफनाक सूअर था, जो अचानक ख़तरनाक और बेकाबू हो उठा था। उसके रोएं काले थे, मगर मस्तक पर सफेद रोओं का गोल टीका था। वह अपनी घुची आंखों से तिरछे ताकते हुए बदन ऐंठ कर पैंतरे लेने लगा, बाकी सूअर सकते में अपने बचाव के लिए सतर्क होकर हटने लगे।

"यह जोडेयिक फार्म का फैंटम है फैंटम, पापा का खास चहेता।" जिम ने बताया।

"यह इतना फेरोसस क्यों हो गया?" अजय ने पूछा।

"इसकी चहेती सूअर पर किसी दूसरे प्रेमी ने आंख गड़ा दी थी। दादा है न!"

जिम अभी यह सब बता ही रहा था कि फैंटम ने एक दूसरे सूअर पर इतने जोरों से प्रहार किया कि वह एक पिटे हुए मुक्केबाज-सा दूर जा छिटका। उसका पेट फट चुका था जो पिलपिलाते खून से स्पष्ट था।

"अब और देर नहीं।" जिम ने कहा, "सबसे पहले इस शैतान को पेन (पांत) में खड़ा करो।"

"गुड मॉर्निंग सर। सर, आज आप आये हैं?" एक ढुलमुल बरमुडा पहने नंग-धडंग कसाई, जो उसी सूअर जैसा मोटा-तगड़ा था, ने हाथों में दस्ताने लगाते हुए पूछा। जिम की चुप्पी में घुल गया उसका सवाल!

"आज आपके पापा के फेवरिट फैंटम का दिन था, सो...।" उसकी बाकी बात मुंह पर मुखोस लगा लेने के कारण घुट कर रह गई। इस तरह के चार कसाई फैंटम के स्वागत के लिए दो-दो करके दरवाजे के दोनों ओर फंदा और लोहे की जंजीर लेकर तैयार हो गए। दरवाजा खुला।

खुले दरवाजे से पीछे की चाबुक की सटकार पर महाबली ने अपनी गुस्सायी घुची आंखों से गुर्रा कर मुड़कर पीछे देखा, फिर शान से वध भूमि में प्रवेश किया। फंदा ऊपर से झुका और उसका गला उसमें आ गया। पर इसके पहले कि जंजीरें उसे जकड़ लेतीं, उसने फंदे समेत सामने के यमदूतों को इतनी जोरदार टक्कर मारी कि फंदा टूट गया, कसाई बगल न हटा होता तो उसकी स्थिति पहले वाले सूअर जैसी होती। अपने ही प्रहार के वेग को संभाल नहीं पाया फैंटम। भहरा गया। जंजीरें आगे बढ़ीं। फिर शुरू हुआ वह तुमुल युद्ध। 'घों-घों' की गुर्राहटों और इंसानी आवाजों के बीच उसके बेकाबू हो रहे अंगों को जंजीर में कसने की प्रक्रिया में जैसे पृथ्वी उलट-पुलट होने लगी। अचानक जाने क्या हुआ चारों यमदूत दूर जा छिटके। महाबली उठ खड़ा हुआ था। उसने दसों दिशाओं में अपने शत्रु को तलाशा। हुकों से झूलकर कसाइयों ने अपनी जान बचाई, फिर कूद कर भागे।

"जंजीरों में जकड़ लो साले को, भाग न पाये।" वह मोटा बधिक चीखा।

"तुम्हीं क्यों नहीं आते।" भागते हुए एक कसाई ने कहा।

'इंस्पेक्टर्स केबिन' में भाग कर जा छुपे जिम और अजय। इस बार दो-दो फंदे उसके रास्ते में लगाये गये और फंदे में कस कर उसे सीधे उठा लिया गया। उसी अवस्था् में उसे जंजीरों से जकड़ा गया। अब बिजली का शॉक तैयार था, जो सीधे उसकी कनपटी को छूता था। झटका लगा और उसकी मर्मभेदी चीत्कार

के साथ सारी छटपटाहट शांत पड़ने लगी। तभी एक छुरा खुला और गर्दन से होते हुए कलेजे तक को बेधता चला गया। फिर इसी तरह दूसरा छुरा गर्दन के दूसरी ओर से। अजेय लगने वाला महाबली अब निस्पंद पड़ता जा रहा था। क्षीण-सी कराह ध्वनि तरंगों पर अभी भी मचल रही थी। उसे उलटा झुला दिया गया। ताकि उसका खून बह कर निकल जाए। फिर उसे एक गर्म हौज में छोड़ दिया गया जिसका तापमान 70 से 80 डिग्री था।

जब यह पूरी तरह तय हो गया कि महाबली का अंत हो चुका है तो एक-एक कर सभी निकल आये। अन्य सूअरों के वध की यह प्रक्रिया चलती रही, मगर उन्हें इनमें कोई रुचि नहीं थी। थोड़ी देर बाद फैंटम का नरम हो आया बाल और चमड़ा आलू के छिलके की तरह सावधानी से उकेरा जाने लगा।

अब वह सिर्फ एक लोथड़ा था-लाल टह-टह मांस का लोथड़ा।

# फक दिस आल!

अजय ने आंखें बंद कर लीं, मगर पलकों को भेद कर वही हौलनाक दृश्य उसे अंदर से डराने लगा—जीवन के लिए वही छटपटाहट, 'गों-गों, बांऽऽऽऽ...बांऽऽऽऽ' की वही दिल को दहलाती कातर चीत्कारें, चेतना को शून्य में धकेलती वही चक्करदार भंवर।

रक्तपंकिल पथ से वे बगल के कांच के केबिन में आये। जीवन से भरे मवेशी पाउंडों, डॉलरों, यूरो और येनों में तब्दील हो रहे थे, उनका जिस्म कट-पिट, नुच-चुंथ कर पैकिंगों में।

जिम जगह-जगह जाकर व्यवसाय की जानकारियां बटोरता रहा पर अजय अस्वस्थ होकर अपने सूट में पड़ा रहा। आंखें मूंद लेने पर भी दिमाग में वही हौलनाक दृश्य खौलते रहे—'या इलाही इल्लिल्लाह' के साथ जबह। खुरों के घिसने के साथ पनाह मांगती छटपटाहटें, '-बां-आं-बां-आं-आं', की दम तोड़ती टेर। उलटे झूलते कबंध, शोणित के झरने। बच्चों के कपड़े उतारने की तरह चमड़ा उतार कर रखना। फैंटम-युद्ध के एक-एक दृश्य, चक्राकार आरी का काटना जैसे वे जीव न होकर बेजान काठ के कुंदे हों, खून, मांस, हड्डी और नसों के टुकड़ों का उछलना। मांस ही मांस! खून ही खून!

सूरज अरब सागर की काली झील में डूब गया। छन्न की आवाज तक न हुई। द्वाभा की खुनायी रोशनी पर कालिमा के बुरादे। हवा पत्तों पर ठहरी हुई। एक अजीब-सी उदासी सृष्टि और संहार के बफर जोन पर बिछलती हुई...सो, दिस इज लाइफ।

बहुत हो चुका स्नायु-परीक्षण। और नहीं! अजय ने आंखें बंद कर लीं, मगर पलकों को भेद कर वही दहशतजदा दृश्य उसे अंदर से डराने लगे। जीवन के लिए वही छटपटाहट। 'गों-गों, बां-बां, में-में' की वही दिल को दहलाती हुई जीवन की गुहार। चेतना को शून्य में धकेलती वही चक्करदार भंवर!

"सूअरों के खून का क्या होता है, मालूम?" अचानक जिम ने पटरी बदली,

"क्या?"

"टॉनिक बनता है, बोन मैरो या अस्थिद्रव का भी।"

"ओऽऽऽ।"

"यहां नहीं, शिकागो में। वह टॉनिक लेक्चर देने वाले नेताओं को बल प्रदान करता है।" वह अमेरिकी नेताओं की नकल करने लगा–"मैं अमेरिकी जनता से कहता हूं कि यह प्रार्थना करने का और अमेरिकी जनता के अधिकारों की रक्षा करने का समय है और मैं अमेरिकी जनता से अपने राष्ट्रपति की उस कार्रवाई पर विश्वास करने को कहता हूं जो वह अमेरिकी जनता की ओर से करने जा रहे हैं।...विश्व की शांति और स्वतंत्रता के लिए। जो भी विश्व शांति के लिए खतरा होगा हम मानवता और विश्व की रक्षा के लिए उसे सबक सिखा देंगे। इस समय 132 देशों में हमारे 702 सैन्य प्रतिष्ठान हैं। शांति की रक्षा के लिए हमारे पास आठ हजार एक्टिव न्यूक्लियर बम हैं। हमने हिरोशिमा, नागासाकी, वियतनाम, निकारागुआ, ग्वेतमाला, क्यूबा, रूस, इराक, अफगानिस्तान जैसे शांति के शत्रुओं को मजा चखाया। कई सूअर मर गए मगर उनकी चिग्घाड़ सूअरनुमा नेताओं के मुंह में जिंदा है।" बोलते-बोलते वह एक पल को रुका, फिर बोला, "मैं भारत के हर नेता को वह टॉनिक देना चाहता हूं ताकि वियाग्रा की तरह उन्हें देश की जनता से बलात्कार करने का पौरुष मिले–तुम्हारा क्या ख्याल है?"

अजय चकित था। क्या यह चुप-चुप रहने वाला वही जिम है?

बोलते समय वह अस्वाभाविक उत्तेजना से भर गया। गोकशी के मनहूस इलाके पार हुए और थोड़ी ही देर में उन्हें मुंबई की आधुनिक सभ्यता के चौंध भरे झकोरे आने लगे, मगर दृष्टि का कहीं जम पाना मुश्किल था। जिम इतनी तेज ड्राइव कर रहा था कि फ्लाई ओवर्स रन-वे-से छूटते हुए लग रहे थे और हाइवेज पर यान-वाहन गोलियों से छूट रहे थे। इतनी तेज रफ्तार से अजय की शिराएं खिंची जा रही थीं।

"मरने के लिए स्लाटर हाउस ही काफी नहीं था।" अजय ने जिम को टोका। अपनी नीली आंखों को चमकाते हुए उसने कहा, "मैं खुद कहां भाग रहा हूं, यह शिकारी कुत्तों-सा ट्राफिक मुझे धक्के दे रहा है निरंतर। जानते हैं, मेरी मॉम क्या कहती थीं, "मैं धीमे-धीमे इसलिए नहीं चल सकती कि भीड़ में कुचल कर मर जाऊंगी।"

आगे जाकर शेयर मार्केट के पार्किंग स्पेस में उसने कार रोक दी। तरह-तरह के लोग जैसे किसी उत्तेजना में बहे जा रहे थे। उनमें से प्रायः हर किसी के कान पर मोबाइल और जबान पर बहशियाना बोलियां थीं।

"ये क्या है?"

"थायरायड का विकार!"

"यह क्या जवाब हुआ जिम का?" अजय कुंठित हो गया।

"ओह! मैं तो भूल ही गया, मुझे अभी किसी से मिलना है। कार को आगे जाकर उसने वापस मोड़ दिया। थोड़ी ही देर में एक गंदा-सा इलाका उत्तरी बाजू में आ लगा।"

"ऐसे इलाके भी मुंबई में हैं?"

"यह थायरायड का दूसरा विकार है।" जिम बड़बड़ाया तो इस बार बिना पूछे ही उसकी व्यंजना का वह अनुमान लगाने लगा। वह शायद थायरायड ग्रंथि के चलते होने वाले कद की असामान्य वृद्धि या बौनेपन के बहाने असामान्य विकास की बात कर रहा था।

अचानक उसके ब्रेक पर चक्के चींऽऽऽ-सा चीख उठे और उसकी कार सामने अप्रत्याशित रूप से रुक गई, बस के पीछे जा टकरायी। सेफ्टी बेल्ट न होता तो थोबड़े टूट चुके होते। पीछे से आ रही स्कारपियो से कार का पीछे का भाग पिचक गया और कांच टूटकर खनखनाते हुए उन पर कांटों-सा आ बरसे।

जिम ने पहले खुद को संभाला फिर अजय की ओर देखा, "चोट तो नहीं आयी?"

"बच गए, लगता है।"

किसी तरह कार से बाहर निकल कर पटरी पर आये। आगे पीछे कई कारें पिचक कर विकृत हो चुकी थीं।

"यह थायरायड की ओवर आल परिणति है।" जिम ने विषण्ण भाव से कहा।

पुलिस के दस्ते आये, क्रेन आये, एंबुलेंस आयी। पूछताछ चली। घंटे भर बाद टूटी कार को लेकर वे चल पाये। सर्विसिंग स्टेशन पर कार को छोड़कर जिम ने किसी को फोन किया फिर चल पड़ा। यह कोई टूटे-फूटे हार्बर जैसी जगह थी। अगल-बगल मछुआरों और मजदूरों की बस्ती थी और सामने समुद्र तट पर नावों का जखीरा था और कुछ लांच बोट्स।

"तुम मुझे यहां क्यों ले आये?"

"आपने कोई कैरेबियन कन्ट्री देखा है?"

"नहीं।"

"तो आज देख लीजिए यह है भारत के अंदर लैटिन अमेरिका। ये जो लोग हैं ये भी मोस्टली बंबइया हिन्दी बोलते हैं, ब्लड कितनी बार बदला है, इन्हें नहीं पता। ये काले, भूरे, भैंगे, चिपटे, लाल क्रिश्चियन और हिन्दू-मुसलमान, यहूदी, पारसी...कहीं से कुछ मिला, कहीं से कुछ...लांच से चलेंगे। शॉर्टकट होगा।"

"तुम किसी से मिलना चाहते थे?"

"वो रही न क्रिस्टीना...मेरी एक्स क्लासमेट..."

"क्या कुछ खास है?"

"यस, खास ही नहीं, वो क्या कहते हैं, खासमखास।"

यह खासमखास जब लांच पर सवार हुआ तो अजय को लगा, जैसे इसे पहले भी कहीं देखा है। हां, विक्टोरिया मेमोरियल के परिसर में। धीरे-धीरे पैंट और टॉप वाली क्रिस्टीना की केंचुल झड़ गई और पीली साड़ी वाली कौशल्या निकल आयी।

पशुओं को ले जाने वाली यह लांच बोट पूरी तरह जाली से ढंकी थी। इस जाली में स्लाटर हाउस से लौटने वाले नौकर, नाविक और कुछ यात्री मवेशियों की तरह सफर कर रहे थे। बगल से गुजरते एक लांच बोट पर कुछ लड़कियां नाचती हुई दिखीं तो ये पूरी तरह सनक गये। एक ने गिटार संभाल लिया, दूसरे ने खाली पीपों को ड्रम की तरह बजाना शुरू किया। एक रीमिक्स गीत की नकल करते हुए वे कूल्हे मटकाने लगे। नाचते-गाते उन्होंने अपनी अश्लील सिसकारियों से उत्तेजित समा बांध दिया था। अजय की शिराओं में ज्वार-सा मचलने लगा। सहसा उसे जिम और कौशल्या का ख्याल आया। इस समय केबिन के एकांत में क्या कर रहे होंगे वे? उद्दीपना की लहर उसे केबिन तक ले आई।

पर हाय! वहां तो कुछ भी नहीं था। जिम उदास भाव से अरब सागर में डूबते सूरज की ओर देख रहा था। कौशल्या की एक बांह जिम के कंधे पर थी, वह नीचे ताकती हुई जिम को कुछ समझा रही थी। दोनों ही संजीदा थे-अपने आसपास से बेखबर किसी और ही दुनिया में खोये हुए-से।

टुकड़े-टुकड़े संवादों में आवाजें आ रही थीं!

कौशल्या-दूर-दूर तक कोई चारा न था। सिर्फ देह थी और मैं थी। थैंक गॉड कि देह जवान थी और कौमार्य अक्षत। फिर तुम्हारे भेजे हुए स्पांसर्स। उन्होंने सबसे पहले मेरा नाम बदला। 'वो कौशल्या से थोड़ा पवित्र-पवित्र और थोड़ा गंवारू-गंवारू की बू आती है। अब से तुम कौशल्या नहीं क्रिस्टीना हो' फिर चाल बदली, ढाल बदली, बोली बदली, अदा बदली और इंटरनेट और चैनेलों के प्रचार के चंग पर चढ़ा दिया। कोलकाता की गली की कौशल्या दुनिया भर की क्रिस्टी हो गई जिसकी वर्जिनिटी की बोली लगी। सवा करोड़ पर बोली टूटी। यह सब तो तुम जानते ही हो।

जिम-ओ, यस!

कौशल्या-लेकिन सबसे ऊंची बोली लगाई किसने यह शायद नहीं जानते।

जिम-नहीं।

कौशल्या-सुनना चाहोगे?

जिम-क्यों नहीं।

कौशल्या–मत सुनो। सुन नहीं पाओगे। फक दिस आल!

जिम–सुन पाऊंगा, तुम बोलो तो।

कौशल्या–तुम्हारे डैड विस्नू बिजारिया।

जिम–मुझे अपने डैड से यही उम्मीद थी।

अजय को अपने आप पर लाख-लाख धिक्कार आया, 'आखिर आ ही गए न अपनी औकात पर!' वह जैसे चोरों की तरह गया था, वैसे ही लौट आया और सबसे अलग एक अलग कोने में अनुतप्त-सा खड़ा हो गया। सामने लाल, काले तार बुनती हुई लहरें थीं, कानों में इंजिन की कर्कश घरघराहट में घुलता रीमिक्स या पॉप सांग का भदेस गीत, ऊपर नीला आसमान। मन एक अजीब-से खालीपन से भर गया–वह कौन है? यहां क्यों भटक रहा है? इस रिक्तता में कई अस्पष्ट-से बिंब अवक्षेपित होने लगे। समय के इस महासमुद्र में गति, शोर और उल्लास की लहरों की हिलकोरों में अपने आप अजनबी बनी उतराती सीपियां–भैया, भाभी, बच्चे उतरा-उतरा कर डूब गये सब, डूब गये मरु के टीलों के लैंडस्केप, खेजड़ी, कीकर और दीगर कंटीली झाड़ियां, पनिहारिनों की रंगीन कतारें, भेड़ों, बकरियों, ऊंटों के काफिले...। फिर सुपर इम्पोज हो आया बिजारिया का चेहरा, एलिस, कैथरिन, स्वामीजी, देबू ठाकुर, शाहनवाज, लारा, डॉ. जैक्सन, लूसी, बेला और करणी देवी के चेहरे...शंख और सीप की तरह तट पर निक्षेपित स्लाटर हाउस के पशुओं और समुद्र में खोये हुए नाविकों की हड्डियों के फॉसफोरस की नीली कौंध ही तो चमकती रहती है जिम की नीली आंखों में। उस तूफानी रात में कांच के पैन पर पानी की झलमलाहट और मचलती झंझा की छायाओं की पृष्ठभूमि में किसकी जन्म की दास्तान और न्यू फाउंडलैंड से स्लाटर हाउस की इस हौलनाक यात्रा में किसके संहार की दास्तान सुना रहा था जिम? अपनी या आने वाली दुनिया की? पुरानी दुनिया तो बिजारिया भाइयों की तरह अजर-अमर होने मरीचिका में उतर जाएगी या एलिस की तरह गुबार लिए डोलेगी। घुट-घुट कर संघनित होकर बूंद-बूंद बरसेगी कैथरिन की बूढ़ी आंखों से या एक विक्षिप्त खोज बन करके जला-बुझा करेगी करणी देवी की झुरियाई पलकों में...? क्या वाकई हर आदमी आइसवर्ग की तरह होता है, सात भाग पानी में, एक भाग पानी के ऊपर खुले में...खुला भी कहां, धुंध में! इस आदमी को न बूझ पाने के चलते ही कितने जहाज टकराकर टूटते, विसर्जित होते रहे हैं। क्या वाकई यहां सभी आत्मनिर्वासित हैं, कुछ ने यह निर्वासन स्वयं चुना है, कुछ पर लाद दिया गया है।...और उनका बोलना, उनके हाव-भाव, क्या यह सब खुद को उलीचते हुए ऊपर आने की कोशिश मात्र है? क्या जिम और क्रिस्टीना भी कुछ ऐसा ही सोच रहे हैं?

जिम को पहली बार भर नजर झील के तट पर ऐसे ही उदास बैठे देखा था। बाद में अटलांटिक में भी कई बार सिर को घुटनों में डाले, बैठे, ऐसे ही देखा था, यहां आज फिर वही, वैसे ही। वह अभी भी प्रत्यारोपित भ्रूण-सा ही लगा। वह तब भी उसके लिए एक पहेली था, आज भी एक पहेली है। सहसा हुड़दंग कुछ ज्यादा ही बढ़ गया। अजय ने पलट कर देखा तो हुड़दंगी लड़कियां कुछ औरतों के घूंघट और बुरके को खुलवाने को जिद करने लगीं।

पीठ पर आवाजों की झाड़ कुछ ज्यादा ही तीखी हो चली थी "बोलो-बोलो-अहा! आय लव माय इंडिया।"

पलटकर देखा तो नृत्य की हुड़दंग होलियाना हो चली थी। प्रत्येक 'इंडिया' पर जोरों से ड्रम बजाते वे किसी न किसी का घूंघट या बुरका उलट देते। सीधे-सीधे मारपीट की नौबत आ चली थी।

जिम और क्रिस्टीना भी केबिन से बाहर निकल आये थे। इसी लांच बोट पर वधशाला के पशु ले जाये गये थे और इसी पर इंसान आ रहे थे।

मुस्टंडे कसाई हुड़दंगियों को ठेठ फिल्मी अंदाज में हड़का रहे थे-"बौत झक्कास मस्ती आयेला है? स्साला एक-एक को टपका देगा। बोला क्या?"

"नहीं उस्ताद!"

"चोप स्साला, चोप्प! हम कुछ नहीं सुनना मांगता बोला तो खल्लास कर देंगा।"

लांच किनारे आ लगा था। सांड़-से दहाड़ते लोग बकरियों की तरह उतर रहे थे। मध्ययुगीन घूंघट और बुर्के उतर रहे थे, 21वीं सदी का वैश्वीकरण उतर रहा था। 'देस' उतर रहा था, 'देश' उतर रहा था और 'इंडिया' उतर रहा था।

एक बूढ़ी जिस-तिस से पूछ रही थी, "तुमने मेरे जगुआ को देखा है?" सवाल को फालतू समझ कर हर कोई उससे किनारा कर रहा था।

"सो दिस इज माय इंडिया! आय लव माय इंडिया।" जिम ने दोनों हाथ राजकपूर के अंदाज में झुकाये फिर क्रिस्टीना की ओर मुखातिब हुआ, "काफी कमाया, कॉफी नहीं पिलाओगी?"

"चलो फाइव स्टार कॉफी पिलाती हूं।"

"नो! फाइव स्टार के तामझाम से जी ऊब गया है, यहीं कहीं सस्ते कैफे में चलते हैं।"

"बट मुझे वहां बाई एइट रिपोर्ट करना है।"

"आय विल ड्रॉप यू बाई सेवेन थर्टी!"

कॉफी के झाग भरे मग को चम्मच से हिलाते हुए क्रिस्टीना ने पूछा, "कब लौट रहे हो?"

"कल की फ्लाइट से।"

"हम फिर मिलेंगे?"

"यस! ह्वाई नॉट, लेकिन कुछ चीजें शॉर्ट आउट करते हैं। मैं फिर तुम्हें रिंग करूंगा, चीजें अपसेट हो गई हैं, पहले उन्हें सेट कर लूं?"

क्रिस्टीना अब अजय की ओर मुखातिब हुई, "सो मिस्टर डेजर्ट इंडिया, वह हाथ हिला-हिला कर नाम याद करने लगी।"

"अजय।"

"यस मिस्टर अजै! तुम इतने दिनों तक लगातार जिम के साथ रहे–आइलैंड्स पर, स्लाटर हाउसेज में, मंडियों, रंडियों में...कैसा लगा आपको?"

"इनफैक्ट...एक वाक्य में कहूं तो सिहरा देने वाला, झटके पर झटके देने वाला...।" वह चाह कर भी अपने मनोभावों को जबान नहीं दे पा रहा था और पैबंद पर पैबंद जोड़ रहा था।

"ओ.के. फक दिस आल!" क्रिस्टीना का यह कमेन्ट जितना बेतुका था, उतना ही बेतुका था उसका जाना।

जिम की कार आ गई थी। कार के अंदर दाखिल होने को थे कि फिर वही बूढ़ी, "क्या तुमने मेरे जगुआ को देखा है?"

"इस बुढ़िया को देखने के बाद मुझे दादी याद आयीं," जिम बुदबुदाया, "जैसे पूछ रही हों, तुमने मेरे विस्नू को देखा है। माताएं होती ही हैं ऐसी। दुनिया के किसी भी बुचरीज से बचा लेना चाहती हैं अपने बच्चे को। एक छोटी-सी मां! है न दुनिया का सबसे उत्तेजक अनुभव!"

# कैसे बनी होंगी आंखें?

फिर वही कलकत्ता। कलकत्ता नहीं, कोलकाता! फिर वही खलखलाती भीड़, जीन्स, टाई, पसीने, पायरिया, परफ्यूम! फिर वही लेस्बियंस, गे, सेक्स चेंज, फिर वही लेक, गरियाहाट, चौरंगी, गंगातट और धर्मतल्ले में उद्देश्यहीन–से बैठे जीव, गाड़ियां और शोर। फिर वही अतुल मेंशन।

अजय अपने कमरे में पहुंचा तो कपड़े वाशिंग मशीन में डाल कर चिपचिपाहट से मुक्ति पाने के लिए खुद को शॉवर के नीचे छोड़ दिया। 'एक पल में सदियां जी आया' का अहसास! नहीं, एक पल तो नहीं, यथार्थ में पन्द्रह दिन लग गये और एक तरह से देखा जाय तो कई वर्ष। यह सफर तो उसी दिन शुरू हो गया था जब भैया को लेकर कलकत्ते आया था। तब से कलकत्ता शीर्षक बदल कर कोलकाता हो गया, पर यह मुआ कोलकाता, चढ़ा नहीं जबान पर, उसे तो कलकत्ता कहना ही अच्छा लगता है। कत्ता में त–त्त संयुक्त को दांत से इस तरह दबाते हैं कि वह फिसल नहीं पाता। दूसरी तरफ यह मुआ कोलकाता, जितना भी मुंह गोल–गोल करो, कम्बख्त फिसला ही जाए है। तन–मन से धुल रहे हैं विकार–स्लाटर हाउसेस के खून, एटलांटिक के आइसवर्ग, मुंबई की चौंध और अंधेरे के केलेडेस्कोप, पर कुछ है जो छूट कर भी नहीं छूटता कुछ–कुछ अपमानित करता हुआ–सा। क्या है वह? इस गोंजामेल से वह छल्ला ढूंढ़ निकाला उसने, क्रिस्टीना की फुफकार, 'फक दिस आल!'

जितनी काई, जितनी चिपचिपाहट उसने धोई थी, उससे ज्यादा आ जुड़ी। ये धुले कपड़े, ये सेन्ट, पाउडर, ये जूते, टाई–सब लगा, उसका उपहास कर रहे हैं। उसे सबसे चिढ़ हो गई। मन किया नोच–नोचकर, छील–छीलकर फेंक दे उन्हें। जिम ने कहा था कि वह सब तुम्हारे नर्व्स को मजबूत बनाने के लिए हैं ताकि तुम उनके बिजनेस में हाथ बटाओ। इफरात पैसे, लाख रुपए सलाना या उससे भी ज्यादा, ए. सी. गाड़ी, ए. सी. बंगले, सुंदरियां, ऐशो–आराम। मरुभूमि के हांफते हुए मारीच मृग की तकदीर! ज्वार के रूप में राशि–राशि फूलता पानी! इतना कि तुम्हारा दम ही निकल जाए। तुम आये किसलिए थे? आया की तरह उनके

बीस साल के बेबी की देखभाल के लिए...? वह तो स्वतः पूरा हो गया। तुमसे ज्यादा समझदार, ज्यादा स्वस्थ है बेबी।

वह जिम के पास तक हो आया। पूरे अतुल मेंशन में सन्नाटा है, कैथरिन तक 36 चौरंगी लेन गई है, विशाल को फोन मिलाया, नहीं लगा। ई मेल करने बैठ गया, "माई डियर विशाल, आगे क्या लिखें ?...बुझे मन से उठ गया। भाभी याद आयीं। पर क्या कहेगा उनसे? बेला...ओह नो। सत्यप्रकाश जी के घर हो आये...कदम आगे बढ़ाये फिर खींच लिया, म्यूजियम गया–जीव विकास के क्रम, हुंह! प्रिजर्वेटिव सोल्यूशन में तैरता शिशु-भ्रूण, उलटे-पुलटे चार्ट, सब कैसे तो...।"

शाहनवाज, अख्तर और जिया साहब...? खामखा मूड खराब करेंगे। इतना भरा-भरा मन यकायक इतना खाली-खाली कैसे हो गया?

जैसे-तैसे निबटाया, कुछ देर तक बाहर लान, झील, मेंशन और सर्वेंट्स क्वार्टर्स को देखता रहा। शाम घिर रही थी। वह फिर म्यूजियम में जा पहुंचा और अंदर से बंद कर खुद संग्रहालय का एक जीव हो गया।

"अब तुम क्या करोगे अजय?" अजय ने खुद से सवाल किया और सवाल की सलीब पर टंग गया। रात थी। सन्नाटा था। और वह था। क्या वह बिजारिया परिवार का गुलाम बनने आया था?

उसे लगा, वह बंद दीवारों में कैद हो गया है और दीवारें सिकुड़ती जा रही हैं। एक ऐसा खोल जहां से बाहर जाने की कोई राह नहीं। चेतन से अवचेतन में थिराता रहा वर्षों का अवसाद। कोई मवाद-सा टीस रहा है। उफ इतनी घुटन, इतनी बेकली! उसने अपने आपको आदिम जीव में तब्दील होते पाया जो कोशिका में निबद्ध था, जिसकी आंखें नहीं थीं। आंखें ऐसे ही बनी होंगी पहले पहल! जरूरतों ने ही सिरजी होंगी आंतरिक संरचनाएं, अंग-अंग बने होंगे-अंदर से बाहर की यात्रा के लिए। आंखें बनी होंगी, कान बने होंगे, नाक बनी होगी, मुंह बना होगा। मुंह में जीभ, दांत-हाथ बने होंगे, पांव बने होंगे, उंगलियां बनी होंगी...पूंछ बनी होगी। उसने देखा, सुना, टटोला होगा अपने आसपास को...अरे वह तो हनुमान है चाहे तो लंका में आग लगा सकता है। वह उछल-कूद कर आग लगा रहा है। धू-धू कर जल रहा है सब...मगर नहीं यह उसका वहम है। वह अपनी लंबी पूंछ को हवा में गोल-गोल घुमाते हुए सोच रहा है, वह तो चूहा है, चूहेदानी में बंद चूहा।

उसने फिर से खुद को बटोरा, पूंछ को चोटी की तरह गांठ बांधी और उछल पड़ा। काफी उछल-कूद के बाद वह थक गया। उसे पेशाब लगी। अब उसने पूंछ को अपने कानों के गिर्द लपेट लिया और मूतने लगा। पर इस क्रिया में पूंछ

के खिंच जाने के चलते उसकी दोनों पिछली टांगें उठ गईं और देह का सारा वजन उसकी अगली दोनों टांगों पर आ गया। द्विजत्व का भार असह्य था पर वह ढोये जा रहा था। पूंछ के खिंचाव से उसके जननांग खुल गए, उसे संभोग की इच्छा हुई। आगे कुछ करने की बात वह सोच ही रहा था कि उसे देबू ठाकुर के लड़के ने कान पकड़ कर उठा लिया। अब उस पर कैंसर का ग्रोथ कराया जायेगा। चीं-चीं-चीं! वह प्रतिवाद में चीखे जा रहा था कि उसे नॉक आउट नहीं बनाया जा सकता, वह द्विज है पर उसकी गुहार कोई नहीं सुन रहा था। उसकी हालत शेष चूहों जैसी ही थी। चूहे की तरह छटपटाते-छटपटाते उसकी नींद खुल गई। वह पसीने-पसीने हो रहा था।

बिस्तर पर उठ कर बैठ गया वह और सोचने लगा, बड़ा विचित्र स्वप्न था...लेकिन एक सत्य तो यह दे ही गया घुटन से बाहर निकले की। जद्दोजहद में ही कभी आंख, नाक, कान और शेष इंद्रियां विकसित हुई होंगी...आज उसकी भी आंख डेवलॅप हो गई–वह इस परिवार की गुलामी नहीं करेगा।

वह थोड़ी देर तक भन्नाया-सा बैठा रहा। उसने इतने दिन किया क्या–ले-देकर एक डायरी लिखी और मजाक-मजाक में जीव विकास-क्रम का खेल खेला। सहसा उसकी तीसरी आंख उछल कर सामने आ गई। डायरी उपन्यास बन सकती है और विकास-क्रम का वह खेल फिल्म।

हां, यही ठीक रहेगा। यही ठीक रहेगा। कड़ी-कड़ी जुड़ती गई और वह अपनी नई भूमिकाओं में उतरता गया, गहरे और गहरे...।

इसी क्रम में उसे एक दिन हाथ लग गई जिम की डायरी।

## गंगा आये कहां से, गंगा जाये कहां रे...?

म्यूजियम में जिम की डायरी। लिखते-लिखते शायद उठकर चला गया था जिम। पढ़ने लगा अजय–आज लूसी चली गई। अक्षर ओझल हो गये और लूसी साकार हो नाचने लगी आंखों के सामने...

श्वेत त्वचा, काली आंखें, फूलों वाली छींटदार स्कर्ट और गुलाबी टॉप में दबे पांव स्लीपरों की हल्की-हल्की आहटों वाली लालकुठी की खास पहचान चली गई। यह आहट सुबह पांच बजे से रात ग्यारह बजे तक रह-रह कर कभी इस कोने, कभी उस कोने, कभी ऊपर, कभी नीचे नब्ज-सी धड़कती रहती। देबू ठाकुर का बड़ा बेटा खोका उन्हें देखते ही जैसे चिढ़ाने के लिए बोल उठता–

"लूसी कैट, लूसी कैट ह्वेयर हैड यू बीन?"

लूसी बुरा न मानती। मूड में होती तो हंसते हुए खोका के सामने आकर कहती,

"आय हैड बीन टु लंडन टु मीट देयर द क्वीन"

आज इस प्रश्न का जवाब देने कोई नहीं आएगा।

लूसी की अल्हड़ता को समय ने सोख लिया है। लूसी ने बावला चटर्जी से प्रेम विवाह किया। मॉम और डैड तभी मैकलुस्कीगंज चले गए और पति चला गया सिमुलतला। लूसी न उधर जा सकी, न इधर। बाद में माँ जब बिल्कुल अकेली हो गई तो लूसी को मैकलुस्कीगंज जाने का निर्णय लेना पड़ा।

लूसी की माँ कहा करती थी, जैसे धरती के गर्भ में नदी होती है, वैसे ही माँ के गर्भ में भी एक नदी होती है। इस नदी में मनुष्य का बीज टपकता है और शिशु बनकर तैरने लगता है-गर्भ-जल कह लें, जीवन-जल कह लें, या कोई दूसरा नाम दे लें। वह एक बात और कहती कि न सिर्फ पुर्तगाली, बल्कि अंग्रेज, फ्रेंच, डच और कौन-सा उत्स नहीं, ऐंग्लो इंडियन एक ऐसा भटका हुआ जहाज है, जिनका कोई बंदरगाह नहीं। हजारों ऐंग्लो इंडियंस के सामने कभी न कभी पहचान का संकट उठ खड़ा होता है और वे तय नहीं कर पाते कि खुद को कहां से जोड़ें। लूसी खुद भी खुद को कभी इंगलैंड से जोड़ती, कभी ऑस्ट्रेलिया से।

दुनिया उसके लिए जैसे एक विशाल पारावार है, जहां कुछ छोटे-छोटे द्वीप हैं। वह किस द्वीप से आयी है और किस द्वीप को जाएगी, उसे कुछ पता नहीं। तन स्थावर है, मन जंगम...और संयोग यह कि पति भी चुना तो वैसा ही–बावला चटर्जी! बावला ने कहा "तुम सिमुलतला आ जाओ।" लूसी ने कहा, "तुम्हीं क्यों नहीं आ जाते मैकलुस्कीगंज"? बावला ने कहा, "सिमुलतला में मेरा टिम्बर का कारोबार है।" लूसी ने कहा, "मैकलुस्कीगंज में मेरी बूढ़ी माँ है।" न वह स्थायी रूप से सिमुलतला जा सकी, न वह मैकलुस्कीगंज आ सका। लालकुठी के लूसी के सरवेन्ट क्वार्टर में ही मिलते रहे पति-पत्नी। कभी-कभी कुछ-एक रातों को मैकलुस्कीगंज, कभी सिमुलतला। मिलते हैं तो साथ-साथ सो लेते हैं, लेकिन कुछ है जो बीच में बियाबान की तरह फैला रह जाता है, जिसे न लूसी लांघ पाती है, न बावला। अब तो मैकलुस्कीगंज भी उजाड़ हो रहा है, सिमुलतला भी। जिम की इस विशेषता पर कभी ध्यान न गया था अजय का। मन ही मन प्रशंसा से भर उठा। आगे पढ़ने की ललक जगी, पन्ने पलटने लगा...

'गोरे अंग्रेज या यूरोपियंस और काले हिन्दुस्तानियों की औलाद एंग्लो इंडियंस। कहीं से एक रंग लिया, कहीं से दूसरा, कहीं से एक आकार लिया, कहीं से दूसरा। चढ़ती गई परत पर परत। यूरोपियंस शासक थे, भारतीय शासित। वर्णगत श्रेष्ठता की ग्रंथि उन्हें ऊपर खींचती और भारतीय मलिनता की हीन ग्रंथि नीचे। पितृकुल ने उन्हें स्वीकारा नहीं और मातृकुल उन्हें स्वीकार नहीं। इतनी बड़ी दुनिया में आखिर जाएं तो जाएं कहां?

यह इलाका रातू महाराज की जमींदारी में पड़ता था। रांची से सीधी सड़क जाती है रातू को। मैनेजर ने पी. साहब की मदद से रातू महाराज से जमीन ली। इस तरह लपड़ा, हेसलांग और कंका पहाड़ी की तलहटी में सन् 1934 में आकार लेने लगा मैकलुस्की साहब का सपना जहां से दूर-दूर तक बिखरे हुए एंग्लो इंडियंस को उन्होंने आवाज दी, "तुम अंग्रेज बन नहीं सकते, हिन्दुस्तानी बने रहना ही तुम्हारी मजबूरी है और गरिमा भी। जहां भी हो, आ जाओ इस वन-प्रांतर में...यहां अपना छोटा-सा गांव बसाते हैं।"

लेकिन सिमुलतला मैक्लुस्कीगंज नहीं है। यहां बसने वालों की ऐसी कोई मजबूरी नहीं थी। सौ-सवा सौ साल से उच्चवर्ग बंगाली सैलानी मन कोलकाता की भीड़ भरी ठसमठस आबादी, नमी, उमस और ऊब से निजात पाने को बाहर की ओर रुख करता रहा। कभी रांची, गिरीडीह, मधुपुर, देवघर, हजारीबाग, काशी, प्रयाग, आगरा, वृन्दावन, हरिद्वार तो कभी सिमुलतला, जैसे बन्द कमरे का कोई पौधा सूरज की रोशनी के लिए खिड़की से बाहर गर्दन निकालता हो। मात्र दस-पन्द्रह दिन का पड़ाव, बाकी तो केयर टेकर कुली या माली ही रह जाते उनकी देख-रेख

करने को। उन विशाल-विशाल प्रासादों में अक्सर रातों को भटकी हुई आत्माओं की तरह लालटेन की लौ लिए इन्हें यदा-कदा देखा जा सकता है।

स्वास्थ्य लाभ के लिए हरहराते हुए शाल, करिन्द, आम, नीम, महुए, अशोक आदि के वृक्षों से घिरे सिमुलतला का परिवेश मन को मोहता है लेकिन सिमुलतला मैकलुस्कीगंज न बन सका, कारण सिमुलतला मैकलुस्कीगंज की तरह प्रवासियों का गांव न था। और प्रवासी भी कैसे-कैसे! मूल खोजते हुए पीछे लौटते चलें तो धमनियों में कहीं फ्रांस था, कहीं जर्मनी, कहीं हॉलैण्ड, कहीं स्पेन तो कहीं कोई अन्य यूरोपीय देश।

यही हाल भारतीय गिरमिटिया मजदूरों का है। डेढ़ सौ साल पहले बंधुआ मजदूर बनाकर उन्हें मारीशस, फिजी, त्रीनिदाद, टोबैगो, गाइना, सूरीनाम आदि जगहों पर ले जाया गया था। अपने वतन से उखड़ी हुई जलकुंभियों ने तमाम गर्दिशें झेलते हुए जब वहां अपनी जड़ें जमायीं, उन देशों को समृद्ध किया तो मूल निवासियों से ठन गई अधिकारों के लिए। अब वे उनके लिए भार थे, सिर्फ भार। छोड़ दो मेरा देश, चले जाओ अपने वतन को। लेकिन उन्हें भारत नहीं रास आया, कोई लंदन गया, कोई ऑस्ट्रेलिया, कोई कहीं तो कोई कहीं।

यही हाल रहा देश के अंदर चल रहे आंतरिक विस्थापन का। अपने गांव-मुलुक से दूर कलकत्ता, बंबई या कहीं और दिसावर को चले गये, जहां दो पैसे कमाये जा सकें, दो रोटी का जुगाड़ हो सके। एक बाह्य प्रवाह तो एक अन्तः प्रवाह। एक प्रवाह और है, सांस्कृतिक प्रवाह! शंकर जमादार कहता है कि उसके पूर्वज कभी ठाकुर थे। मुगलों द्वारा युद्ध में पराजित हुए और अपमानजनक दंड मिला मेहतरगीरी का। शिखर से नीचे गिरे नहीं कि मिल गई शेखी धूल में।

अस्तित्व ही नहीं अस्मिता की तलाश में भटकने को निकल पड़ी हैं जलकुंभियां। जड़ें टटोल रही हैं नीचे। कहां है स्थिरता? कहां है सुकून? कहां है इस भटकाव का अंत?

मधु! पूर्वज कभी गुज़रात से आये थे। कोई खंडहर होता शहर है लखपत अरब सागर के तट पर। कुछ सिंध से, कुछ बलूचिस्तान से तो कुछ कहीं और से। कुछ तो अबीसीनिया से आए थे, मस्जिद भी बनवा ली लेकिन अब...? कहां गये वे लोग? इसी तरह सम्पतगढ़। खोढ़रायी हुई हवेलियों में जड़े बड़े-बड़े ताले संकेतित करते हैं कि लोग धनाढ्य थे। धन कमाने के लिए देशावर गये और फिर नहीं लौटे? पता नहीं, कहां गए और क्यों नहीं लौटे। ये हवेलियों के खंडहर, ये जंग खाये ताले! मिस्र की ममियों की तरह ओसिरस देवता की प्रतीक्षा में पड़े हैं। मधु को क्या सपने में भी याद आता होगा सम्पतगढ़!

सहारा की धूल अटलांटिक के तटवर्ती देशों में झरती है और थार की धूल गंगा के मैदानों पर। पर यहां भी कुछ निश्चित नहीं जाने किधर उड़ा ले जाय तकदीर!

मधु ही क्यों, लूसी, बावला या दूसरे सभी...। सभ्यता के आकाश में कक्षच्युत ग्रह–नक्षत्रों की तरह भटके हुए ये लोग अपना केन्द्र ढूंढ़ रहे हैं। ये ओड़िया, तेलंगा, तमिल, मलयाली, कर्नाटकी, मराठी, मारवाड़ी और दूसरे लोग। कहां–कहां से आकर कोलकाता में बस गये। कोलकाता एक मेल्टिंग पॉट है। लेकिन यह भी क्या स्थायी है! क्या फीजी के भारतीयों को, सूरीनाम के भारतीयों को वहां से नहीं निकाला जा रहा है। बीसवीं सदी के आखिर तक लोग पूछने लगे, "तुम कौन हो और मैं कौन हूं।" अस्तित्व और पहचान को लेकर एक आयडेंटिटी क्राइसिस पैदा हो गयी। शताधिक सालों से चली आ रही जलकुंभियों की जड़ें जमाने की कोशिश को जैसे धक्का लगा। अंदर से अस्वीकार का एक भूचाल आया और जलकुंभियां तितर–बितर होने लगीं। शंकर की तरह सबको अपनी जड़ों की तलाश है। मैं कौन हूं? मैं कहां से आया?

तो यह है जिम की गंगा गंगासागर से उठकर गोमुख तक की यात्रा। छोटी–बड़ी डेल्टाई नदियां जिसकी जड़ें हैं जहां से बल्लरी की तरह लहरा कर ऊपर उठती हैं गोमुख पर।

# लाइफ इज ए कोमा आफ्टर फुल स्टॉप ऑर ए फुल स्टॉप आफ्टर कोमा!

जिम ने प्राय: हर व्यक्ति के उद्गम और उनके प्रवास के ग्राफ का विश्लेषण किया है। जिम ने आगे लिखा था, 'दरहकीकत यह भूमंडलीकरण का चक्रवात है। जिसमें केन्द्रापसारी बल के तहत तिनके उड़े जा रहे हैं। जैसे जंगल में आग लगी हो। लपटें सबकुछ, निगलती जा रही हों। चट-चट की आवाजें। जंगल के जीव-जन्तु अपनी जान बचाने को सभी कोने-अंतरे में भाग रहे हैं। लेकिन भाग कर जाओगे कहां भइये? प्रकृति कभी शून्य छोड़ती है क्या? सालों पहले जिन पड़ावों को छोड़कर गये थे, वे पड़ाव भरे जा चुके हैं। उनके पिछले पड़ाव और पिछले के पिछले पड़ाव भी।' पन्ने पलटते-पलटते एक खास जगह पर निगाह गई। कुछ खास है क्या? लगता तो है!

...विश्वेश्वर जालान दूर के रिश्ते में चाचा निकले। किस्नू और विस्नू के पूर्वजों के साथ 150 साल पहले कभी शेखावटी, राजस्थान से निकले थे भरतपुर, आगरा, प्रयाग, मिर्जापुर, भागलपुर, शाखा-दर-शाखा फैलते गये और अब प्राय: अस्सी सालों से कलकत्ते में हैं। वही कहानी कि धन की खोज में चार जन निकले। सबके हाथ में एक-एक दीया। पहले का दीया जहां गिरा वहां तांबा निकला। वह वहीं रुक गया। बाकी तीनों सिर्फ तांबे से संतुष्ट न हुए। आगे बढ़ते रहे। दूसरे का दीया जहां गिरा, वहां चांदी थी। वह वहीं रुक गया। बाकी दो अभी भी संतुष्ट न थे। सो आगे बढ़े। तीसरे का दिया जहां गिरा वहां सोना था। वह वहां रुक गया। लेकिन चौथे को सोने से भी संतुष्टि नहीं मिली। वह आगे बढ़ता रहा। धन की तलाश में भटकता रहा। अंत में उसे एक व्यक्ति मिला जिसके चेहरे पर असीम विपन्नता और तकलीफ के लक्षण थे और उसके सिर पर एक्र चक्र घूम रहा था। चौथे व्यक्ति ने पूछा कि भाई तुम कौन हो और ये तुम्हारे सिर पर क्या घूम रहा है। इतना कहते ही वह चक्र उस व्यक्ति के सिर से उड़कर इसके सिर पर आ लगा। उस व्यक्ति ने बताया कि यह एक लोभ चक्र है। मैं भी तुम्हारी

तरह लोभग्रसित, इस जंगल में धन के लिए भटकता रहा। सो विश्वेश्वर मल वह चौथे मित्र थे। उनके बाकी मित्रों में कोई मिर्जापुर, कोई असम, कोई कहां, कोई कहां रम गये। लेकिन विश्वेश्वर घाट-घाट का पानी पीकर अधिक धन की लालसा में कलकत्ते आकर रुके। अब उनकी मोटर पार्ट्स की छोटी-सी दुकान है। उम्र आज 65 की होने को आयी। मन बार-बार पीछे मुड़कर देखता है। खाली वीरान दिनों में उन्हें मिली थी नजमाँ जैसी कि रईस सेठों की शगल होती है, उन्होंने नजमा के लिए एक मकान खरीद दिया और नजमा बाकायदा रखैल बनकर रहने लगी। एक बेटा हुआ। नाम रखा हीरा। हिन्दुओं-सी परवरिस पाकर हिन्दुओं के स्कूल में पढ़कर हिन्दुओं की संगत में पला-बढ़ा हीरा। माँ, नमाज पढ़ती, रोजे रखती, हीरा समझ न पाता। धीरे-धीरे हीरा ने खुद को दोराहे पर पाया। कोढ़ में खाज यह कि कविता लिखने लगा और अपने अच्छे कंठ के लिए कवि सम्मेलनों का चहेता बनता गया। आकाश में उड़ा जा रहा था हीरा कि एक घटना ने उसे जमीन पर ला पटका। विश्वेश्वर सेठ के घर में शादी थी और नजमा वहां भिखारियों की पांत में हीरा को लेकर खड़ी थी। हीरा वहां से कलेजे में एक जलता सवाल लिए लौट आया। घर आकर उसने पूछा-"माँ, मैं कौन हूं?"

"मतलब?"

"मतलब हिन्दू या मुसलमान?"

विश्वेश्वर दूसरे दिन रात की थकान मिटाने के लिए आये और उनके सामने नजमा ने यह सवाल पेश किया।

हीरा से लोग पूछते हैं, "तू हिन्दू है या मुसलमान, वह क्या जवाब दे?"

विश्वेश्वर क्या जवाब देते! नजमा जैसे खुद को उधेड़ती चली जाती, "बहुतेरे समझाया, कुछ भी हो तेरा बाप है। उसी के पैसे पर तू पलकर बड़ा हुआ है, उसी के मकान में रहता है...मगर।" विश्वेश्वर मौन रह जाते।

कोई भी युक्ति काम न आती। हीरा शिकायत करता, "लोग मुझे 'कटुआ' कहते हैं। उनके घर वाले भी। मुझे सबसे शर्म आती है, नफरत होती है। खुद से भी।" नजमा रोने लगती। उन्हीं दिनों एक बहुत ही बेहतरीन कविता दूरदर्शन से प्रसारित हुई। पाठ करने वाला था हीरा-

भोर तो हुई है पर
हर तरफ उदासी है,
इसलिए कि सूरज की
हर किरण प्रवासी है।
लाख-लाख फूलों से
मन नहीं भरा करता

एक गन्ध पाते ही
सांस महमहाती है।
... ... ... ... ... ...

कोलकाता के बड़े बाजार की किसी बालकोनी पर नजमा रो रही थी। विश्वेश्वर रो रहे थे। अजय ने डायरी के पृष्ठ बंद कर दिये। उसे लगा, गीत दसों दिशाओं में बह रहा है।

कहां से बोल रहा था हीरा! किसके कंठ से बोल रहा था! उस जैसे लाखों-करोड़ों पूर्वजों के कण्ठों से बोल रहा था। ये मारवाड़ी, ये गुजराती, ये मुगल, ये तुर्क, ये अफगान, ये एंग्लो इंडियंस, ये बिहारी, ये पारसी, तमाम बहती जलकुंभियों के दर्द का समुच्चय बनकर बोल रहा था हीरा। गर्भ के सुरक्षित आश्रय से बाहर निकलकर पुनः उसी सुरक्षित आश्रय की चाह में भटकता है मन ता जिन्दगी, ता दम।

क्या खास क्या आम, सारे परदेशियों की एक-सी ट्रैजेडी। उघरती रील की तरह उघरती उम्र समा रही है परदेश में। खदर-खदर चुरता है चावल-सा मन। अपनी ही गरम-गरम उसांस-सी छोड़ती है चूल्हे पर फूलती रोटी। गांव से कटकर भी कटे नहीं, प्रवास से जुड़कर भी जुड़े नहीं। अपने दर्द को वेश्याओं, फिल्म, पारटी नाच-वाच में खंगालते हुए कितने अपरिचय के देवदास, कितनी आंखों के नूर रीत और बीत रहे हैं। क्या पता, गांव जा पाएंगे भी या उनका संदेश ढोती रहेंगी चिट्ठियां जिनमें आखिरी चिट्ठी फटी हुई होगी...।

डायरी रोक कर सोचने लगा अजय

'प्रवासी मन, छिन्नमूल जनों और अपनी जमीन टटोलती जलकुंभियों की अलग-अलग कथा क्यों संग्रह करता चल रहा है जिम? क्या एक्स्प्लोर करना चाहता है वह उनके माध्यम से...और क्या जस्टिफाई करना चाहता है उनके साक्ष्य से? अपने होने को...?

किसकी कविता थी वह? हीरा की, जिम की या उस बिन्दु पर खड़े, हम सब की, जब जिम जिम नहीं होता, हीरा हीरा नहीं होता, हम हम नहीं होते, सब एक हो जाते हैं?

उसका मन किया कि जाकर देबू ठाकुर को देख आये। काफी दिन हो गये उन्हें देखे।

जान नर्सिंग होम के केबिन के बाहर उसे लगा, एक और हीरा बैठा हुआ है। हाथ में एक कागज पर चंद कतरे टप-टप गिरते आंसू। कौन खोका! खोका, पढ़ रहा था और रो रहा था। अजय ने आहिस्ते से उसके कंधे पर हाथ रखा-

"ये क्या है...?"

खोका ने कागज उसे थमा दिया और कहा, मेरे एक फ्रेंड ने मेरी सांत्वना के लिए अपनी एक पोयम भेजी है–'बर्डली लाफ' करनदीप सिंह फ्रॉम चण्डीगढ़। कुछ ही महीने पहले उसकी माँ कोमा में गुजर गयी जबकि मेरा बाप अभी भी कोमा में है :

Unreal is the world
started above everything
will certainly end!
Every second, season every
is passing through,
the ultimate test,
sometimes saves; falls sometimes
like the little baby;
who crawls sometimes!
Like the bounded candle,
glows within the finite wax!
Like the cic' atrice[1]
Got some day,
Has to disappear one day!
Life is a comma after stop,
or a stop after comma?
or only a play or drama?
No matter it is what;
I will say au-revoir[2]

तिल-तिल कर पिघलती-बुझती जीवन की मोमबत्ती। जीवन पूर्णविराम के बाद अर्धविराम है या अर्धविराम के बाद पूर्णविराम...। या यह सबकुछ नहीं सिर्फ प्रकृति का एक नाटक।

वहां एक कोमा में एक माँ मरी थी, यहां कोमा में एक बाप मर रहा है। ये बच्चे कितने संवेदनशील हैं!

---

चोट 2. अलविदा

# जल भीतर एक बिरछा उपजे तामे अगिन जरे

जिम की बाईसवीं साल गिरह। एक बुझी-बुझी-सी साल गिरह। किसी का भी मन-मिजाज ठीक नहीं है। न तो कारों के काफिले होंगे, न आतिशबाजियों का शोर, और न रोशनी की आलोक-अल्पना। सिंपुल पूजा होगी, केक कटेगा और बस्स...।

यह तो कल कहीं से कोई ई-मेल आया कि विस्नू बिजारिया स्वस्थ हैं और जल्द ही वे कोलकाता में होंगे, तब जाकर मातम का माहौल कुछ छंटा-

"कुछ भी हो, एक छोटी-मोटी बर्थडे पार्टी तो हो ही जाएगी खास-खास लोगों की, सो लिस्ट को चाक आउट कर ही डालो।"

एलिस ने अजय और मधु को बुलाकर यह जिम्मेदारी सौंप दी, "जिम से कन्सल्ट करके फिक्स करो कि किसे इनवाइट किया जाय, किसे नहीं, आइटम्स क्या-क्या होंगे, क्या होंगे मेन्यू और क्या होगा वेन्यू...।" सवाल ही सवाल थे पर अभी सवालों में लाख टके का सवाल यह कि जिम से कन्सल्ट कैसे किया जाय। बीच-बीच में कहां जाकर गुम हो जाया करता है वह!

शंकर जमादार उन्हें झील तक लाकर छोड़ गया था। जिम अपनी 'हंसा' में था। मेढ़कों और झींगुरों के शोर में इस निपट अंधेरे में झील में क्या कर रहा था जिम? पीतल के एक बड़े थाल-सा क्षितिज के गर्भ से जन्म ले रहा था चांद-कुछ उजला, कुछ स्याह! सोने-चांदी की बारिश हो रही थी झील पर। पुकारने पर किनारे आई 'हंसा'।

"आ जाइए यहीं।" हिन्दी बोलते वक्त वह अपनी आदत के मुताबिक अजय को कभी आप और कभी तुम कहता, यह शायद 'यू' (you) के दो मुंहे हिन्दी अनुवाद का फल था।

कजलायी-कजलायी रात और चितकबरी-चितकबरी छायाएं। मधु और अजय की उपस्थिति को बिना कोई तवज्जो दिए वह अभी भी अपनी बन्द मुट्ठी को देखे जा रहा था जिस पर कोई जुगनू रेंग रहा था।

"क्या है यह?" अजय ने पूछा।

"तुम्ही बताओ।"

"आशा और निराशा का द्वंद्व।"

"नहीं।"

"तो...?"

"लारा! क्या मस्त चलती थी उन दिनों—अंदर का आलोक बाहर तक छिटका आ रहा था। तमाम वर्जनाओं को वर्जित करती हुई, मौलिकताओं को धता बताती हुई पिता को अपने गर्भ से जन्म देने की जिद। आग और उजाला लेकर चलती थी मानो गर्भ में। अंदर से बाहर तक फैलता आत्मा का प्रकाश, इस बार की बर्थडे पार्टी में तुम्हारी अनुपस्थिति बहुत खलेगी लारा...तुम नहीं हो, फिर भी हर जगह हो...तुम्ही लोगों से बदलती है दुनिया..."

"चुप क्यों हो गए?" मधु मंत्र मुग्ध-सी सुने जा रही थी, बोली, "बोलते रहो जिम। अच्छा लगता है।"

और जन्मदिन पर...

दादी अपने मंदिर में पूजा कर रही थीं, नानी अपने गिरजाघर में। श्रीमती एलिस गिने-चुने मेहमानों और नौकरों-चाकरों को अकेले संभाल रही थीं। बर्थडे का केक काटने के बाद अपने चन्द खासमखास दोस्तों के साथ जिम अपने म्यूजियम में...।

डॉ. जिया नौकरों की सहायता से एक लंबा पैकेट लेकर आए थे जिसे बड़ी मुश्किल से म्यूजियम में लाया जा सका।

"अपने प्यारे जिम की बाईसवीं सालगिरह, दैट इज उसकी जवानी को बाईस तोपों की सलामी देनी थी, सो यह नायाब तोप!" जिया ने एयर इंडिया के महाराज के नाटकीय अंदाज में अपने तोहफे को पेश किया।

"टाइटन एरम! एम आय राइट?" अजय ने पूछा।

"यस, यू आर 'रैट'। इसकी लंबाई 1.3 मीटर तक होती है, ये सिर्फ 1 मीटर का है वो भी बड़ी मुश्किल से मंगवाया।" जिया ने फूल को खोल दिया। उससे एक अजीब मनहूस-सी बू आ रही थी। जिम ने हैरान होकर देखा। उसे डॉ. जिया की यह हरकत नागवार लगी। मगर जिया अपनी ही धुन में थे।

"इसका आकार चुचके हुए पेनिश जैसा है और इससे सड़े मांस या सीमेन (वीर्य) जैसी बदबू आ रही है।" देवदासन ने कहा।

"सही पहचाना, मगर ऐसा क्या है?"

"इस पर तो कभी सोचा ही नहीं।"

"सोचो जवानो, सोचो। जवान हो चुके हो, अब नहीं सोचे तो क्या बुढ़ापे में सोचोगे?"

लड़कियां उकतायी हुई थीं, वे जल्द से जल्द इस बेहूदे प्रकरण से निजात पाना चाहती थीं, बाकी लोग भी। सो सबने मौन साध लिया और डॉ. जिया को वाक् ओवर मिल गया। उन्होंने विजयी अंदाज में कालर हिलाकर कहा, "यह सृष्टि का प्रतीक है।"

"यह तुम्हारी सड़ी मैंटलिटी का प्रतीक है।" मधु ने झिड़का।

"फितूर...? ह्वाट डू यू से?" शिव के लिंग और पार्वती के उस अंग की परिकल्पना जिन्होंने की थी, क्या वे मूर्ख थे? गया में एक पहाड़ है नाम है ब्रह्मयोनि–पूछो क्यों। लिंगायत, महालिंगम, निजलिंगप्पा, वज्रलिंगम, लिंगदोह, ये सारे जाति-नाम क्यों हैं?" जिया बड़े प्यार से अपने टाइटन एरम को सहला रहे थे।

"तुम तो इसे ऐसे सहला रहे हो जैसे यह तुम्हारा ही..."

"शीट?" कह कर ज्योत्सना वहां से हट गई।

"तुम दूसरों को ही यह एरम बांटते रहोगे या खुद का भी इन्तजाम करोगे? लड़के से करोगे या लड़की से?...क्यों?"

''सुनो, इधर एक फाइन जोक इवाल्व कर रहा है। सन् 70 में एक माँ अपने बेटे से कहती है, "बेटा अपनी जाति की लड़की से ही शादी करना। सन 80 में कहती है बेटा अपने धर्म वाली लड़की से ही और 2009 में क्या कहती है मालूम...बेटा लड़की से ही करना।"

"मैं जिस लड़की से शादी करने जा रहा हूं वह ज्योग्राफी की टॉपर है और उसकी ज्योग्राफी भी टॉप क्लास की है।" जिया ने कालर हिलाये।

"हुर्राह!" सभी उछल पड़े, "कहां से फांसा यार?"

"सुरों से।"

"सुरों से?"

"हां वो चैटिंग में मैंने उसके सुर को पहचाना, कि यस, दिस इज द गर्ल।"

"माने दरश-परस नहीं, सिर्फ सुनकर! माने कानों के जरिए प्रवेश किया उसने–कर्णवती या सुकर्णी। कमाल है, यह भी आपकी कोई टेलीपैथी है क्या?" विशाल ने प्रशंसा की।

"यू नो, नारद शास्त्र में सातों सुरों के अलग-अलग रंग भी बताये गये हैं। सर सी.वी. रमन ने संगीत की दिशा में...।" आधी बात उन्होंने कह कर छोड़ दी मगर वह आधी ही रह गई, किसी को उसके पुराये जाने में रुचि न थी।

मधु उन पर पूरी तरह उखड़ गई, "आप इसे यहां ले क्यों आये हैं, हटाइये!"

"तो दूसरा तोहफा कहां है?"

"ये रहा।" अजय ने एक सी.डी. दिखायी, "जिम की बाईसवीं सालगिरह पर हम दोस्तों की तरफ से एक फिल्म की सी.डी. पेश की जा रही है–सृष्टि

उत्सव! प्रसिद्ध विज्ञान लेखक देवेन्द्र मेवाड़ी की पुस्तक 'हारमोन और हम' और दूसरे जिन लेखकों, स्रोतों से हमने इसे बनाने में सहायता ली है, हम उन सब का तहे दिल से शुक्रिया अदा करते हुए फिल्म पेश करने की इजाजत चाहते हैं।"

इसके साथ ही मॉनीटर पर फिल्म खुलने लगी।

देसी वाद्ययंत्रों की भैरवी। मेघिल आकाश के श्याम पट पर बगुलों की श्वेत पंक्ति। इन्हीं श्वेत पंक्तियों से बन रहे थे कास्टिंग के अक्षर और शब्द...

पृष्ठभूमि में गूंज उठा कालिदास का मेघदूत–

मंदं-मंदं नुदति पवनश्चानुकूलो यथा तवां
वामश्चायं नदति मधुरं चातकस्ते सगन्धः
गर्भाधान क्षण परिचयमन्नूमा बद्ध मालाः
सोविष्यन्ते नयन सुभयं खे भवन्तं बलाकाः

संस्कृत का श्लोक धीमा पड़ा, मुखर हो गया उसका अनुवाद–"और आगे गर्भाधान के उत्सव में दक्ष बगुलियों की नैनों को सुख देने वाली पांत तुम्हारे साथ-साथ उड़ चलेगी।" आगे एक-एक कर प्रणय के दृश्य थे। किस्म-किस्म के फूल, किस्म-किस्म के पक्षी, किस्म-किस्म के पशु। पृष्ठभूमि से उद्घोषणा आने लगी–

नर में एण्ड्रोजेन और मादा में एस्ट्रोजेन हारमोनों की उद्दीप्ति प्रजनन दीप्ति बनकर खिल उठी है। रंग बदलते हैं, ढंग बदलते हैं, नीड़ का निर्माण होता है, भोजन तलाशा जाता है, प्रवास, प्रजनन और वापसी। सबकुछ हारमोनों द्वारा निर्यंत्रित, निर्देशित और संचालित। पहली नजर या नजर भर कर देख लेने से शुरू हुई यह प्रक्रिया नजर के फेर लेने तक पूरी होती है।

यह उत्तरी अमेरिका है और यह कनाडा। गर्मियां समाप्त हो रही हैं। और लीजिए मानार्क तितलियां उड़ चली हैं दक्षिण की अपेक्षाकृत गर्म और सुरक्षित जगहों की ओर। और यह दूरी...?

ज्यादा नहीं सिर्फ दो हजार मील! वसन्त में अपने प्रिय नर तितलियों से मिलन करती हैं और वापसी में अंडे देती चलती हैं। अंडे से बच्चे निकलते हैं और वे भी साथ-साथ उड़ चलते हैं उसी राह पर उत्तर दिशा में। न देखा, न सुना, फिर भी सही राह चुनने में कोई भूल नहीं। कौन बताता है इन्हें कि देखो, वो रहा तुम्हारा ननिहाल। हार्मोन की किन गुत्थियों में छुपा पड़ा है स्मृतियों का यह तिलस्मी रहस्य!

डॉ. जिया उत्तेजना में उठ कर खड़े हो गए। वनस्पतियों से लेकर जीवों की स्मृतियों को प्रमाणित करने का पूरा जखीरा था उनके पास लेकिन अभी उन्हें

जब्त करना पड़ा। उद्घोषणा अभी भी चल रही थी—कबीर का युगंधरी पक्षी ऊंचे आकाश में अंडे देता है और अंडे के नीचे गिरते न गिरते अंडे से चूजा निकलकर पुनः उड़ान भरने लगता है आकाश में ऊंचा और ऊंचा! मृत्यु के विरुद्ध जीवन की निरंतरता!

मिथक की असम्भाव्यता को भी संभव बनाती है प्रकृति की यह प्रेम कथा।

और अब दुनिया की इस रहस्यमयी प्रेम–यात्रा का चूड़ान्त–इल या सर्पमीन! यूरोप के मीठे पानी के तालाबों, नदियों में बीतते हुए अलसाये–अलसाये–से दिन। आठ बरस बीत गए आलस्य में लेकिन नवां वर्ष लगते न लगते यौवन का स्फुरण होता है। आलस्य झाड़ कर अंगड़ाई लेता है यौवन। परेशान करने लगती है मिलन की चाहना। प्रियतम! कहां है प्रियतम? कितने योजन दूर? कहीं भी हो, किसी भी सेज पर, सेज चाहे फूल की हो या शूल की मिलन बिना अब चैन नहीं। एक बार। मिल लो, सिर्फ एक बार। फिर जीवन रहे, चाहे जाय।

हारमोनों ने इन दुल्हनों को चर्बी की मोटी परत से संवारा है। नये–नये रंग, चमकीली बनारसी साड़ी। दुल्हन विदेशी मगर संकल्प भारतीय। पिया–मिलन तक उपवास पर रहेगी। सूरज की किरणों से पूछा, चांद की चांदनी से पूछा, "कहां है मेरा प्रियतम?"

एक नहीं, दो नहीं, हजार नहीं, लाखों प्रेम पुजारिन सर्पमीनें निकल पड़ी हैं। और आषाढ़स्य प्रथम दिवसे...(श्लोक मंद पड़ते–पड़ते पृष्ठभूमि में चला जाता है।)

आषाढ़ की पहली बरखा के होते ही रात के गहन अंधकार में इल मछलियां चली जा रही हैं समुद्र की ओर। गहन तम है, डगर मेरी मगर फिर भी चमकती है...मुहाने पर प्रतीक्षा कर रहे हैं प्रियतम।

ऊंह! क्या ठाठ हैं दूल्हे मियां के! दुल्हन ने सोलह शृंगार किया है तो दूल्हे राजा क्यों कर पीछे रहते! उन्होंने भी मनहूस भूरे रंग को त्याग कर चांदी–सी चमकीली शेरवानी पहन रखी है। नदी सागर से मिलती है और मादा नर से। अजी तौबा कीजिए। ऐसी भी क्या आशक्ति कि गलबहियां डाले मीलों मील निकल जाएं प्रेमी युगल! एटलांटिक महासागर का सारगासे! यूरोप के मीठे पानी की नदियों से एक हजार मील दूर, दो सौ से चार सौ मीटर के खारे पानी की गहराई।

मादा वहां अंडे देती है, नर उन पर शुक्राणु छिड़कता है। इस स्खलन के साथ ही जैसे अंत होता है इस प्रेमोन्माद का। अभिसार के इस पथ में कहां गिर गईं बिंदियां, कहां गिर गया झुमका...न न कहां गिर गईं आंतें, कहां झर गए दूसरे कई अंग। आश्चर्य! फिर भी जीवित रह गए इतने दिन। क्या मात्र इसी निमित्त था जीवन!

अंडों से बच्चे निकलते हैं। बच्चे बड़े होते हैं। वापस लौट आते हैं अपने ननिहाल को–रेत के टीलों को फलांगते, झरनों को लांघते, पानी के बहाव के विरुद्ध नदियों के उत्स की ओर। नर मुहानों पर रुक गये, मादाएं पुनः नदियों, तालाबों में। कल को ये बच्चे जवान होंगे, आठ साल बाद इनकी मुहब्बत का सफर शुरू होगा।

दृश्य बदलता है। मगर ये रहीं सामन मछलियां ठीक इल के विलोम, सागर के मुहाने से नदियों के उद्‌गम तक और अवधि भी 8–10 वर्ष की नहीं, फकत दो वर्ष की।

यह क्या, इन समुद्री घोड़े महोदय को क्या हुआ! अपने घोड़े जैसे मुंह पर दुनिया भर की दीनता ओढ़े क्या याचना करने आये हैं अपनी मादा के पास? पुरुष आया है नारी के पास? नहीं, भर्तृहरि आये हैं पत्नी के पास–भिक्षाम् देहि माता! भिक्षा? कैसी भिक्षा? अन्न नहीं, वस्त्र नहीं, धन नहीं, सम्पत्ति नहीं। फिर? क्या कहा–डिम्ब! यह कैसा दान है? इसे सिर्फ याचक समझता है या फिर दाता और मादा ने दया करके डाल दिया है अपना डिम्ब पुरुष की झोली में। पुरुष प्रसन्न। अब वह अपने गर्भ में अपने वीर्य से निःशेषित कर रहा है डिम्ब को। मातृत्व की कैसी पावन छाया है पितृत्व पर। उलट गये हैं मातृत्व और पितृत्व के पारंपरिक विधान! प्रकृति की लीला! अब फूला पेट लिए ढोल की तरह डोल रहा है पिता। गर्भ धारिणी नहीं गर्भधारक? गर्भवती नहीं गर्भवान!"

और ये...? स्पर्म, एग एक ही में! सेल्फ सफीसियेंट सार्क! नहीं ऐसे जीव और भी होंगे सृष्टि के भानुमती के पिटारे में।

अजय ने अपनी सारी प्रतिभा और कौशल लगा दिये हैं इसे प्रस्तुत करने में। सांस रोक कर लोग देख रहे थे कि मधु ने कहा, "बचना डॉ. जिया...? तुम अभी से मैटरनिटी लीव के लिए अप्लाई कर दो डॉ. बलविन्दर सिंह के पास।"

"मेरा तो दिमाग चकराने लगा है।" जिया ने चेहरे का पसीना पोंछा।

"गर्भधारण करने पर ऐसा ही होता है यार!"

"हर बदलाव शुरू–शुरू में मजाक का बायस बनता है।" जिम की आवाज भारी थी। फिल्म की कॉमेंट्री चल रही थी–

और अब इल नहीं, सामन नहीं, लाखों नहीं, करोड़ों बलवाइयों, हूणों की तरह पूछें फटकारते कौन हैं ये? जी, ये शुक्राणु हैं। इन प्रत्याशियों ने उस स्वयंवर सभा पर धावा बोला है, जिसकी राजकुमारी शरमाती, झिझकती अभी–अभी परदे से बाहर आयी है। नाम? डिम्ब! शुक्राणु छोटा और डिम्ब बड़ा! दुल्हन बड़ी, दूल्हे मियां छोटे! मगर ठहरिए, अभी से इन्हें दूल्हे मियां कैसे कहें? अभी तो ऐसे पचास

करोड़ों में तय होना बाकी है कि कौन होगा वह सौभाग्यशाली जो स्वयंवर जीत ले। अन्त:श्राव की पेंगों पर झूल रही हैं मन की कामनाएं, फकत पांच इंच की दूरी मगर दुनिया की सबसे बड़ी बाधा दौड़!

पहली बाधा योनि का अम्लीय वातावरण। क्षारीय वातावरण में पले शुक्राणुओं में से लाखों तो यहीं शलभ हो गए। कमजोरों की कहीं भी खैर नहीं। जो बच बचा गए, आगे बढ़ रहे हैं, अब इन्हें गर्भाशय की दीवार के दुर्गम मोड़ों को पार करना है।

न न, चीन की दीवार नहीं। उससे भी कठिन। यह अभियान एवरेस्ट आरोहण के अभियान से भी दुष्कर और दुर्गम है। कई लाख शुक्राणु और परवान चढ़ गए। यह देखिए इतने शुक्राणुओं ने यह बाधा पार भी कर ली। शाबाश बहादुरों! अब आपके सामने दो सुरंगें हैं–दोनों ओर की डिम्ब वाहिनी नलिकाएं। इधर जाएं या उधर ज़ाएं–किधर जाएं? अजीब भूल–भुलैया है। लीजिए ढेर सारे तो गलत सुरंग में ही जा समाये। खैर, तमाम आपदाओं को पार कर ये कुछ हजार शुक्राणु गर्भाशय तक पहुंच ही गये हैं।

चार हाथ, चौदह गिरह, अंगुल अष्ट प्रमान,<br>
याही पे सुलतान है, मत चूको चौहान।

पचास करोड़ शुक्राणुओं में से कौन–सा शुक्राणु भेदन कर पाया डिम्ब का? कर पाया या नहीं कर पाया! फिर से शुरू होनी है सृष्टि के बिग बैंग की कथा। मंदिर की तरह सजने लगा है गर्भगृह...

एक शिशु के मांगलिक रुदन 'के हांऽऽ' पर निष्पन्न हुई फिल्म। इलस्ट्रेट करने के लिए कहीं एनिमेशन, कहीं कार्टून, कहीं और ही तकनीक, पार्श्व संगीत के प्रयोग।

फिल्म के शेष होते ही अजय पर बधाइयां बरसने लगीं।

"लेडीज एंड जेंटल मेन, मे आइ हैव युओर रिएक्शंस ऑन द फिल्म?" अजय ने जानना चाहा।

पहली प्रतिक्रिया विशाल की, "मेरे लिए तो यह फिल्म नियतिवादी है। आपने एक सही गीत का इस्तेमाल किया है–

जिन्दगी इत्तेफाक है<br>
हर खुशी इत्तेफाक है<br>
कल भी इत्तेफाक थी<br>
आज भी इत्तेफाक है।

कौन प्रेडिक्ट कर सकता है कि पचास करोड़ स्पर्म्स में से यही स्पर्म मिलेगा ओभा से। फिर सारे संभोगों को जोड़ें तो यह संख्या खरबों में बैठती है। इल और

सामन मछलियों के साथ भी जो सफलता, असफलता और मौत मिलती है—वह भी एक इत्तेफाक ही है।''

"भयंकर अभिज्ञान! इसका अनुवाद दूसरी भाषाओं में भी हो।" दस्तीदार ने कहा।

"मधु आप?"

"मुझे तो लगता है, जीवन में सफलता का संघर्ष जीवन या अस्तित्व में आने से पहले से ही शुरू हो जाता है यानी जीवन प्रत्यक्ष जीवन से पहले प्रारंभ हो जाता है और यह अंधा और क्रूर है। इस संघर्ष में कोई किसी को बख्शता नहीं, चाहे कोई भी हो।"

''यही नहीं,'' जिया ने जोड़ा, ''हममें से हर एक का जीवन अपने करोड़ों भाई-बहनों की लाशों पर खड़ा है। दरहकीकत हम सभी हत्यारे हैं।'' जिया का यह कहना था कि थोड़ी देर के लिए सभी सकते में आ गए।

''इस तरह सोचने पर तो हम कहीं पहुँच नहीं पायेंगे। यह प्रकृति के विरेचन की अपनी ही पद्धति है कि करोड़ों में से मात्र कुछ ही जन्म ले पाते हैं, बाकी लाखों विचार, पात्र और कल्पित दुनियाओं को मौका ही नहीं मिलता और वे अकाल कवलित हो जाते हैं—अच्छे-बुरे जैसे भी हों।'' अजय ने कहा।

"तब तो गीता ही सही है?" दस्तीदार ने कहा।

"मेरा ख्याल है, इस बिन्दु पर डार्विन और गीता एक हैं।" मधु ने कहा।

"और आप जिया साहब? आप कुछ और जोड़ना चाहेंगे?'' अजय ने पूछा।

"मुझे तो यह ट्रांस्फर ऑफ मैसेज, संवादों का हस्तांतरण...या कहिए यादों का मृत्यूपरांत दूसरे जन्मों तक का सफर लगता है वरना इल के बच्चे सारोगासे कैसे पहुंच जाते। कौन बताता है उन्हें।" जिया ने बात को अपनी ओर मोड़ा।

मधु ने उन्हें टोकना चाहा तो जिया ने हाथ बढ़ाकर रोक दिया उसे, "लेट मी फिनिश। मुझे तो एक और ही नयी चीज दिख रही है—एक नई परिभाषा।"

"क्या?"

"स्मृतियां ही रूहें हैं और संतानें ही पुनर्जन्म। मेमोरीज आर द सोल्स एंड ईशूज आर ऑवर री-बर्थ ।" जिया जैसे स्वगत में बुदबुदाये, "कोई न कोई तार है जरूर जो हमें अपने पुरखों से जोड़ता है।"

"और ईश्वर से भी?" मधु ने टहोंका मारा।

"यस, ईश्वर से भी" ध्यान मग्न तपस्वी-सा जिया ने स्वीकारा।

ज्योत्सना कुछ कहने जा रही थी कि मधु ने उसे रोक लिया।

"अभी हम सिर्फ और सिर्फ जिम की सुनेंगे...।"

जिम ने अपनी नीली आंखों की पुतलियों को नचाते हुए कहा, "फिल्म की कमेन्ट्री में एक वाक्य था, 'भूख नहीं, प्यास नहीं, अन्न नहीं, जल नहीं, सिर्फ

और सिर्फ सेक्स। हजारों मील की टेरीफिक यात्रा, अंग-अंग झर रहे हैं फिर भी जिये जा रहे हैं, चले जा रहे हैं उस एक मिलन की चाह में, यानी कि जितने भी सेंटिमेंट्स हो सकते हैं, उनमें सबसे प्रबल सेंटिमेंट है सेक्स!"

"न सेक्स नहीं, प्रजनन का टूल बनना।" विशाल ने काटा, "अपनी जैविक पहचान को इस दुनिया में रख जाना, कुछ चीजें डायरेक्टली पता नहीं चलती हैं लेकिन इनडायरेक्टली कम्पेल करती रहती हैं चेतन से अवचेतन तक में...।"

"नो इट इज सेक्स!" जिम ने जोर देकर कहा

"देखो जिम, कोई भी क्रिएशन हो, क्रिएशन की प्रस्तुति मात्र ही चार्मिंग हो उठती है, फर्ज करो एक बीज का अंकुरण और ग्रोथ है, उसमें फूल, तितली, चटकीले रंग...इवेन पत्तियां तक रुपहली हो उठती हैं। सेक्स भी उसी प्रकार है। एक साधन मात्र, साध्य नहीं।"

"मुझे नहीं मालूम, इल या दूसरी मछलियां ऐसा सोच कर करती हैं।"

"आपने अभी इल और सामन मछलियों के आचरण देखे, ये दोनों मादाएं ही थीं।"

"ओह इसमें नर और मादा का सवाल कहां से उठ खड़ा हुआ। इट इज द अर्ज ऑफ नेचर जो नर और मादा दोनों को प्रोवोक करता है।" जिया ने कहा।

"न सिर्फ मछलियां बल्कि दूसरे कोई भी जीव हों, सब पर हावी है यह सेंटीमेंट-अपने जोड़े से मिलकर बर-बुता जाना है। वीर्य और डिंब यानी तप-तेज। इस तेज को कुचल दो वह नपुंसक और बांझ बन गया। गुलाम बनाने के लिए बैलों, बकरों आदि के साथ यही तो करते हैं।"

"बट थर्मो डायनामिक्स के इस तीसरे नियम से भी यह साफ नहीं है कि किसके साथ...।"

"हां, यह तो है।"

"यहां भी इत्तेफाक है। क्वांटम थ्योरी की तरह यहां भी साफ नहीं कि कितने एलेक्ट्रॉन एक कक्ष से दूसरे कक्ष में कूदेंगे। सब इत्तेफाक है।" विशाल ने बहस को अपनी ओर खींचा-"मैं ऐसा क्यों हूं। मैं वैसा क्यों नहीं? सब इत्तेफाक है।"

डॉ. जिया ने आगाज ही कुछ ऐसा कर दिया कि बहस एक ही विषय पर केन्द्रित हो गई। जिम ने अपना पलड़ा कमजोर होते देखा तो जिद पर उतर आया, "अफसोस मैं अभी एक्वेरियम नहीं दिखा सकता।"

"क्या दिखाते उसमें?"

"क्लाउन फिश!" वह अपने डेस्कटॉप के पास गया, एक से दूसरे खंड में ले जाते हुए वह उसे क्लाउन फिश पर ले आया, "ये देखिए, ये वंश का पिरामिड है। इनके शीर्ष पर है मादा क्लाउन लेकिन उसके मरते ही सबसे सक्षम नर क्लाउन

सेक्स चेंज कर मादा बन जाता है।"

"इसमें मेल कौन है और फीमेल कौन?"

"मेल कॅम्परेटिवली छोटे होते हैं। हरम सजाती है मादा। कुछ नर तो नपुंसक भी होते हैं, जैसे ये...प्वाइंटर एक खास मछली की ओर इशारा कर रहा था। आगे का दृश्य नर मछली के चपल, चंचल हो उठने का था। जिम ने बताया, आप दूसरा हरम देख रहे हैं अब। इस हरम में नर नहीं है, जैसे ही यह घटना घटी, वैसे ही एक नपुंसक नर में पुंसत्व आ जाता है। इस डाइको गैमी को आप क्या कहोगे?"

"अरे।"

"काश, अपुन क्लाउन फिश होता।" दस्तीदार ने आह भरी। मधु और ज्योत्सना की आंखों में जिम के लिए आदर और प्यार उमड़ आया।

"दूसरी तरफ रासेस (Wrasses) हैं।" जिम ने बात आगे बढ़ाई, "जहां दो तरह के बदलाव होते हैं।'' प्वाइंटर एक खास मछली पर केन्द्रित हुआ, ''कुछ मछलियां मादा की तरह अपना जीवन शुरू करती हैं, दैट इज, बाई बर्थ दे आर फीमेल। लेकिन वयस्क होने पर 'मेल' में बदल जाती हैं, जैसे ये...।"

"क्या कहते हो, जीवन के पहले भाग में मादा, दूसरे भाग में नर?" दस्तीदार की आंखें फैल गईं, "ये तो इक्जैक्टली अपने इल-इला का मिथ स्थापित हो गया।"

"रुको, रुको!" विशाल ने टोका, "मगर के अंडे एक खास टेम्परेचर पर माने 34 डिग्री सेंटिग्रेड पर सेने पर फूटते हैं तो नर, उससे नीचे 33 डिग्री सेंटिग्रेड पर हुए तो मादा। इसके विपरीत सेंट्रल बियर्डेड ड्रेगन लिजर्ड में सामान्य से ज्यादा टेम्परेचर होने पर अंडे की अवस्था में ही भ्रूण नर से मादा बन जाता है। कुछ दूसरे जीवों में भी ऐसा होता है। पौधों तक में...।

"हां।"

"इसका मतलब क्या हुआ?"

"क्या?"

"जिस जेन्डर को लेकर इतनी मारामारी है वो प्रकृति के लिए एक मामूली खेल है, यहां भी वही नियति! मैं नर हूं, मैं नारी भी हो सकता था।"

"इसे मैं आपको दिखा सकता हूं। मेरे एक्वेरियम में, बाई चांस जिन्दा है अभी।" जिम ने अपने एक्वेरियम में एक चमकीली मछली को दिखाया, "ये रही दूसरी मछलियों से ज्यादा चमकीली अपने हरम का बादशाह-मादा से नर बनी सुपर मेल। इसके हरम में ये देखो बाकी मादाएं हैं। लेकिन जैसे ही इस सुपर मेल की मौत होगी, उसकी जगह दूसरी मादा ले लेगी-सेक्स चेंज कर सुपर मेल बन कर।"

"बट माद फ्रेन्ड, हम इसको कैसे मान लेगा, सेक्स चेंज में...देवदासन ने

उंगलियों पर गिन कर बताया, नम्बर वन, क्रामोजोम्स बदलते, नम्बर टू गोनाड्स दैट इज..." वे उचित शब्द तलाशने लगे।

"ओवम और टेस्टीज!" अजय ने सुझाया।

"यस ओवम और क्या नाम का टेस्टीज। नम्बर थ्री हारमोन्स!"

"सर यहां डी.एन.ए. इंटरफेयर नहीं करते, बाकी चीजें पहले से इस तरह रहती हैं कि सेक्स कैरेक्टेरिस्टिक्स आसानी से बदल जाते हैं।"

"तो इन्फरेंस ये रहा कि सेक्स का सेंटिमेंट ही डॉमिनेट करता है।"

"अभी और देखिए" जिम भी उसी रौ में बहने लगा, "स्नेल तो कैल्शियम कार्बोनेट के तीर भी मारते हैं जिनमें स्पर्म्स होते हैं।"

उछल पड़े जिया, "मैं कहता था न, पुष्पधन्वा वाला कामदेव का मिथ मिथ्या नहीं है।"

"लेकिन मिस्टर जिया, यहां तीर दोनों तरफ से चलते हैं। दोनों ही एक दूसरे को गर्भधारण करवाते हैं। सो आर द हैमलेट फ़िशेज, सो आर द बनाना स्लग्स। जहां अपोजिट सेक्स का जोड़ा नहीं मिलता, वहां खुद ही खुद से फर्टिलाइज होते हैं, पूर्ण फूलों की तरह।"

ज्योत्सना और मधु हंसते हुए एक दूसरे पर गिर पड़ीं।

"यह सब कहां से मिला तुम्हें, तुमने तो जेन्डर और सेक्स की जटिलतम समस्या को सरलतम बना दिया।" मधु ने कहा।

"वो मैं और अजय दा एक ईवोल्यूशन टेबुल बना रहे थे न, वहीं से ।...बट नथिंग टू बी लाफ्ड एट! लिंग टूट भी जाते हैं।"

"तुम सेक्सुअल कैनिबलिज्म की बात कर रहे हो?" देवदासन ने पूछा।

"ऑफकोर्स! लेकिन मैं उस बिन्दु को समझना चाहता हूं, जहां सेक्स चरम सर्वग्रासी हो उठता है और यह किस हद तक हम इंसानों में आया है। मकड़ियों पर मैं शुरू से ही काम करता रहा हूं। ये देखिए, संभोग के दौरान मादा मकड़ी किस तरह नर मकड़ी का सिर चबा रही है।"

जिया ने इस अवसर पर एक टूटा-फूटा शेर पढ़ा, "तेरे आगोश में सर होगा, कजा सर पर खड़ी होगी। ऐसे सजदे का क्या कहना, अनोखी बंदगी होगी।"

"और ये कीड़े चाइनीज मैन्टीसेज।" जिम ने कहा, "मैंने एक बार दादी से पूछा था, इन्हें क्या कहते हैं, मुझे बतलाया गया, राम की घोड़ी!"

लोग हंस पड़े।

"सो इस राम की घोड़ी का सेक्स, यह मेल को पूरा का पूरा खा लेती है। मजे की बात है कि यहां नर या मेल खुद ही नाच-गा कर फीमेल को आमंत्रित और उद्दीप्त करता है।"

"ये राम के घोड़े भी साले एक ही चूतिये हैं।" दस्तीदार ने कहा, "काम करो और फूट लो, सो नहीं, चिपके रहेंगे गुड़-चींटे की तरह। मरो!"

"वे आपकी तरह बेवफा नहीं होते कि स्त्री के ऑर्गाज्म (तृप्ति) की परवाह किए बिना फूट लेते।"

"बट विशाल, एक बात, हमारा बीवी तो सचमुच राम की घोड़ी है, चबा डाला हमें पूरी तरह।" दस्तीदार बोले।

पार्टी में भोजन के दौरान भी बातचीत चलती रही। विशाल अपने नियतिवाद पर, जिम अपने सेक्स की सुपरमेसी पर, जिया अपने आध्यात्म और टेलिपैथी पर कायम रहे। अपने जुनून में ये लोग भूल ही गए कि उदासी की छांव में यह एक बर्थडे पार्टी थी, नाचने गाने और मौज मनाने की पार्टी, कोई कॉन्फरेंस नहीं।

"एक सच के कई आयाम होते हैं।" अजय ने समझौते के बिन्दु की तलाश की।

"सच तो यह है कि हम वही समझते हैं जो हम समझना चाहते हैं।" मधु ने कहा।

पार्टी के बाद दस्तीदार अपने घर गए, बाकी लोग गेस्ट हाउस में।

सुबह नौ बजते-बजते दस्तीदार फिर हाजिर हुए मित्रों के सामने, आते ही कान पकड़ कर उठक-बैठक करने लगे, "मायेर दिब्बी (माँ कसम) जो अब से तुम लोगों की चर्चा में शामिल हुआ। बाप रे, रात भर लगा कि तारों का 'पूंछ' निकल 'आया' है। पूंछ हिलाते असंख्य तारे पूर्णिमा के चन्द्रमा की ओर बढ़ रहे हैं, माने तारे स्पर्म्स, चांद डिम्ब!"

"वाह!"

"और सुनो, रात में कई दफा लगा, तुमारा बोउदी (भाभी) मुंह फाड़ कर हमको खाने को दौड़ रहा है।"

नौकरों को लगा कि इनमें आपस में झगड़ा हो गया है। देवदासन ने समझाना चाहा, "हैव पेशेन्स सर, हैव पेशेन्स!"

दस्तीदार ने बहुत दूर तक अंगुली हिलाते हुए उनके पेशेन्स को बुहार कर किनारे कर दिया। कहा, "कुछ सत्य रहस्य के आवरण में ही रहें तो ठीक, सबकुछ जान लेने पर जिन्दगी में कोई चार्म, कोई थ्रिल बचेगा ही नहीं। नो चार्म, नो एडवेन्चर, नो थ्रिल, गुड बाय साइन्स, गुड बाय साइन्टिस्ट्स।"

और एक 'गुड बाय' मधु का। जिम उसे घर तक छोड़ने आया तो वह उसे सीधे अपने संग्रहालय में ले आयी।

इतना महत्त्वपूर्ण निर्णय और जगह! मधु के संग्रहालय से बढ़कर और कोई दूसरी उपयुक्त जगह भला हो भी क्या सकती थी विवाह जैसी मायावी संस्था

के लिए! रोज-रोज गोल-मटोल बातों से थक हार कर मधु आज इस पार या उस पार की फाइनल करने के मूड में आ गई थी।

"ऐसे में भला पूछी जाती है इतनी नाजुक बात अपने मंगेतर से?" जिम हकलाया।

"नो टाल-मटोल! तुमसे डर लगने लगा है। यस या नो में क्लीयर कट जवाब दो, मुझसे शादी करोगे या नहीं।" मधु ने दो टूक सवाल किया।

"मैं, माने...क्या कहूं?" जिम ने उसे दार्शनिक भाव से देखा, "विवाह मुझे एक फांस की तरह लगता है...शायद मैं विवाह जैसे इंस्टीट्यूशन के लिए बना ही नहीं..." वह रुक-रुक कर बोल रहा था।

संग्रहालय का बांग देता मुर्गा, पर तोलती मैना, छलांग भरने को आमादा हिरण सब यकायक आक्रामक हो उठे, "यस ऑर नो?"

"मैं कहीं पढ़ रहा था कि..प्रेम जितना सहज है, उतना ही दुरूह भी। ज्यां पाल सार्त्र ने क्या कहा था मालूम...कहा था कि प्रेम एक असंभव चीज है। हम जिससे प्रेम करते हैं, उसे खा जाना चाहते हैं, हमारा प्रेमी भी हमें खा जाना चाहता है। जब तक दोनों का अस्तित्व मिलकर एक अखण्ड नहीं हो जाते, तब तक चैन नहीं मिलता। मेरी बात समझ रही हो न?...सार्त्र बहुत स्पष्ट हैं। दोनों में कोई भी वस्तु नहीं है, दोनों जीते-जागते प्राणी हैं, इसलिए प्रेम के शांतिपूर्ण सह-अस्तित्व की स्थिति कठिन और असंभव है। इसीलिए कोई भी प्रेम संबंध अंततः विफल हो जाने को अभिशप्त है।"

"यहां जो भी पैदा हुआ है, अंततः मर जाने को अभिशप्त है, तुम्हारी थ्योरी के हिसाब से तो उसे जन्म ही नहीं लेना चाहिए।" मधु ने कहा।

"तुम तो नाहक बुरा मान गई। ठंडे दिमाग से सोचो तो ह्यूमन के अलावा विवाह कहीं नहीं होता।"

"लेकिन मैं 'कहीं नहीं' में नहीं, ह्यूमन हूं।"

# जन्मने की अनगिनत संभावनाएं हैं, ...और मरने की?

रात अतुल और अजय को भी बुला लिया था शीला जी ने। तीनों अभी सो रहे थे। विशाल के लिए लंदन से कलकत्ते आने पर पहला फर्क होता है सुबह नींद से जगने का। लंदन में सामान्यत: वह 'एलार्म' से जगता है लेकिन कोलकाता में वे अपने दुलारे बेटे को नींद से जगाने के लिए 'ठुमुकि चलत रामचन्द्र...' जैसा कोई भजन लगा देती हैं। लेकिन आज...।

"जन्मने की अनगिनत कहानियां हैं..."
यह कौन-सा षटराग है? वह अलस भाव से सुनने लगा।
"व्यर्थ क्रियाओं के कोलाहल से भरी दुनिया...
जन्मने का अर्थ मांगती है...
फिर जन्मने की अनगिनत कहानियों में डूब जाती है।
अनगिनत संभावनाओं के बीच
जन्मना एक संयोग है
जन्मने की अनगिनत संभावनाएं हैं
और इनमें एक मैं हूं
यदि मैं न भी होता
तो क्या होता।"

लगता है, मम्मी काली घाट गई हुईं हैं और पापा ने अपनी पसन्द की कोई कविता-वबिता लगा दी है। लेकिन यह कैसे हुआ कि उस दिन की पार्टी के सारे उभरे सवाल कविता में जवाब के फूल-अक्षत बन कर उस पर झर रहे हैं–

संयोगों के घात-प्रतिघात से चलती है यह दुनिया
चाहती है जानना अपनी नियति
जन्मने की अनेक व्याख्याएं हैं
समुद्र मंथन, शरीर मंथन, शव मंथन से

टेस्ट ट्यूब मंथन तक...।
अपनी प्रतिकृति आप गढ़ने वाली परमाणुओं की
अद्‌भुत कला से चकित दुनिया।
भूलती जाती है बलि से जन्मने की कथा...।
अनादि और अनन्त के बीच

ड्रेस, लाइक सिविलाइजेशन, इज द बिगिनिंग ऑफ आवर हिपोक्रेशी। एवरीवन नोज ह्वाट इज हिडन इन द क्लॉथ्स/इसलिए छिपना है पाखण्ड! ड्रेस इज नॉट ए मीन्स टु हाइड, मॉम/इट्स ए मीन्स टु एक्सपोज वन्स बॉडी इन अ मोर एट्रैक्टिव मैनर...।"

अरे बाप! बिस्तर से नीचे कूद पड़ा विशाल। उसे मधु और ज्योत्सना के उत्तेजक परिधान नजर आने लगे! कविता आगे बढ़ गई–

"धुंध और धुएं को काटती
कितना फासला तय करती है सभ्यता
फिर भी
आज इस धुएं की धुंध में भी आग की तासीर है
आवारा बूंद में भी किसी आदिम जल की प्यास है।...

जैसे कोई बूंद-सी बरसती हो सागर पर और विशाल-विशाल लहरों के वृत्त बनते चले जा रहे हैं।"

जेनेटिक्स, रोबोटिक्स, फ्यूचर प्रोजेक्शन, नियति, बलि, द्वंद्व! कल की सारी दुविधाओं के उठते बुदबुदों का जवाब थी कविता। यह कैसी टेलीपैथी है? पापा को कैसे मालूम हुआ यह सब? जिम की बर्थडे पार्टी में तो गए भी न थे। क्या जिया साहब की टेलीपैथी ही सच है?

बिजारिया साहब की दुविधा और उसके अनुसंधान का जवाब भी और दुनिया के तमाम अनुसंधान केन्द्रों के प्रति एक चेतावनी भी। लगता है, मम्मी लौट आई हैं। पापा किसी बहस में उलझ गये हैं मगर यह दूसरा कौन है? लगता है, मधु के पापा हैं। टुकड़े-टुकड़े में आवाजें आ रही हैं। दो दिग्गज सूमो पैंतरे ले रहे हैं। इधर दो सूमो जिम और अजय अभी भी लेटे पड़े हैं। पता नहीं सो रहे हैं या सोने का अभिनय कर रहे हैं...।

"क्या लगा रखा है प्रोफेसर साहब?" मधु के पापा ने पूछा।

"कविता।" सत्य प्रकाश जी ने जवाब दिया।

"कविता...? यह भी कोई सुनने की चीज है। किसकी है, रवीन्द्रनाथ की?"

"नहीं, प्रसन्न कुमार चौधरी की।"

"आप यही सब पढ़ते-सुनते हैं?"

"हां, आस्था के लिए।"

"इतनी तारीफ न करो म्यां, मैं जो पढ़कर आ रहा हूं, वह सुन लोगे तो सारी आस्थाएं हिल जाएंगी।" लगता है, सूमो भिड़े बिना नहीं मानेंगे।

"ऐसा क्या पढ़ लिया?" पापा कुरेदते हैं।

"सार्क मछलियों के बच्चे गर्भ में ही एक दूजे को मार डालने की कोशिश करते हैं...कुछ अत्यंत विषधर सांपों के बच्चे भी...।" मधु के पापा उत्तेजित थे।

"तो...?" उनकी निष्पत्ति में कहीं न कहीं वह अवसाद भी था जो जिम के मधु के प्रति इनकार से उपजा था।

"अरे भई बच्चे तो बच्चे होते हैं, भोले, मासूम।"

"सवाल है, किसके बच्चे?"

"देखिए, बात को बरगलाइये मत। बहुत गौर से देखें तो पाएंगे कि हमारे, आपके बच्चे भी...।"

"आप कहना क्या चाहते हैं?" सत्य प्रकाश ने उस अवसाद को टटोला।

"यह कि खुदगर्जी और हिंसा एक आदिम प्रवृत्ति है।"

'किसका आर्टिकल था?"

"राधागोविन्द चट्टोपाध्याय का। प्रमोद बेड़िया जी ने 'पहल' में हिन्दी में ट्रांस्लेट किया है। वे पूछते हैं संहारक बम या हथियार बनाने वाले बड़े-बड़े बुद्धिजीवी ऐसे कुकर्म क्यों करते हैं?"

"आप क्या समझते हैं?"

"अपने प्रभाव, यश और पैसे के लिए। अब ऐसा है कि वैज्ञानिक के पास प्रतिभा होती है लेकिन पैसा...? पैसा तो पूंजीपति के पास होता है या फिर शासक या सरकारों के पास। ये सेठ और सरकारें उन्हें खिलाती-पिलाती हैं, पैसे देती हैं, पालतू बनाती हैं। कभी कहती हैं ऐसा करो, कभी कहती हैं वैसा और कभी-कभी कुछ कहती भी नहीं, ये उसकी इच्छा को अच्छे स्वामिभक्त की तरह स्वयं ही समझ लेते हैं।"

"फैराडे साब को अंग्रेज सरकार ने विषाक्त गैस बनाने को कहा-उसने इनकार कर दिया। उसे तो उस सरकार ने ज्यादा नुकसान नहीं पहुंचाया लेकिन ओपेन हाइमर और रोजन वर्ग दम्पत्ति जैसों को अपमान व मौत तक झेलनी पड़ी।"

"आज का मीडिया इन सेठों और सरकारों का अलग कुत्ता है।" मधु के पिता ने प्रतिवाद कियां, "सभी एक जैसे नहीं होते।"

"आप बिल्कुल सही हैं। कोई भी सचेत रूप से अन्याय का खुल्लमखुल्ला समर्थन नहीं करता। लेकिन तब क्या कीजिएगा जब उनके दिमाग में न्याय-अन्याय, कर्तव्य-अकर्तव्य की निश्चित धारणा बन चुकी हो।"

"हां, आप उस दिन स्टैलिन की बात कर रहे थे कि दो करोड़ रूसी उसके हुक्म पर मारे गये थे।"

"आपको मालूम है उसने अपनी बेटी स्वेतलाना के लिए एक पैसा तक जमा-पूंजी नहीं छोड़ी। सिर्फ एक हजार रूबल तनख्वाह लेता था। उसी में पार्टी का चन्दा भी था और दूसरे खर्च भी। बिना लालच के दो करोड़ लोगों का वध।"

"हिटलर ने 60 लाख यहूदी मारे, वो भी बिना लालच के। माओ के अभियान में लाखों मरे। कम्पुचिया ने लाल ख्मेर को मारा। कंकाल अभी तक मिलते हैं, बिना किसी स्वार्थ के।"

"रुकिए, रुकिए प्रोफेसर साहब, स्वार्थ का मतलब है–स्व-अर्थ अपने किसी अर्थ के लिए। पैसा न सही कोई दूसरा स्वार्थ होगा। मैं मनुष्य के दिमाग और उसमें भी दुनिया के सबसे आला दर्जे के दिमागों की खुराफातों पर हैरान हूं। आपके सामने मैं कुछ उदाहरण रख रहा हूं जिनकी मुझे व्याख्यायें नहीं मिलतीं। आप समझते होंगे कि हमारे मनु महाराज ने दलितों और स्त्रियों पर जघन्य अपराध किए। उनके मत्स्य न्याय से कोई भी सहमत नहीं हो सकता। अन्तर्विरोध यह है कि मनु एक विद्वान व्यक्ति थे, ऐसा उन्होंने क्यों किया। सिर्फ मनु ने किया हो, ऐसी बात नहीं है। दास प्रथा और औरतों के संबंध में सब एक जैसे हैं। बर्बर लोगों की बात ही छोड़िए। जार्ज वाशिंगटन जैसे अमेरिकी स्वतंत्रता के महान योद्धा तक की वसीयत में 160 गुलाम थे...।

"बेंजामिन फ्रैंकलिन और 'स्वाधीनता का घोषणा पत्र' के रचयिता टामस जेफरसन छांट-छांट कर नीग्रो युवतियां खरीदते थे।"

"मुक्त करने के लिए?"

"नहीं आरती उतारने के लिए! अरे भोगने के लिए। फ्रैंकलिन का तो दास उत्पादन का व्यापार ही था। भोगी हुई औरतों से जो लड़कियां पैदा होतीं, यानी उनकी अपनी बेटियां, वे भी बेच दी जातीं। प्रेसिडेंट जेफरसन अपनी ऐसी कन्याओं को सीधे रंडीखाने में बेचा करते।"

"इम्पॉसिबल।"

"इम्पॉसिबल? जेफरसन की मौत के बाद उनकी दो सुंदर बेटियां बेची गयीं। गोरी, सुंदर, नीली आंखों वाली, वेल कल्चरर्ड। इसीलिए एक-एक की कीमत मिली डेढ-डेढ़ हजार डॉलर। दूसरे प्रेसिडेन्ट टाइलर ने भी यही किया। सोचिए कि इंग्लैण्ड में केले या मूली की चोरी पर फांसी तक दी जा सकती थी।

"और सुनिये, लैवोजियर जैसे विश्व के अग्रणी वैज्ञानिक को गिलोटिन दे दी गई। वह मिन्नतें करता रहा कि कम से कम पहले से चल रहे उसके प्रयोगों को पूरा कर लेने दें, लेकिन जुनूनियों ने एक न सुनी, जिस व्यक्ति को बनाने में सैकड़ों साल लगे होंगे, उसका सिर धड़ से अलग करने में उन्हें एक सेकेण्ड

भी न लगा। और यह सब किया किसने?"

"किसी हत्यारे ने, तानाशाह ने, पागल ने!"

"नहीं, फ्रांस के क्रांतिकारियों ने, जिनकी हम प्रशंसा करते हैं।

"रैले को जो एक लेखक भी था, झूठ बोलने व धोखा-धड़ी के लिए गिलोटिन से बलि दी गयी और जबकि वहां अपनी ही बेटी व दास को बेचना न्याय संगत था। सीता की अग्नि परीक्षा पर हम रामचन्द्र को सौ-सौ धिक्कार भेजते हैं। सती प्रथा पर 'हिन्दू धर्म का नाश हो' हमारे मुंह से निकलता है। लेकिन ये बर्बर प्रथायें तमाम दुनिया में प्रचलित थीं। अफ्रीका के कैनीबल में तो अपने घर के सदस्य को ही मरणोपरान्त खा जाते हैं। विचित्र अन्तर्विरोध है कि इस्लाम में शराब हराम है मगर जन्नत में शराब के झरने मिलने के प्रलोभन हैं। ऐसे ही दूसरे अन्तर्विरोध भी...। इस्लाम में दो औरतों की गवाही बराबर होती है एक मर्द की गवाही। नीग्रो लोगों के संदर्भ में कहा गया कि वे 60 प्रतिशत नहीं, मात्र 50 प्रतिशत इंसान हैं। पूरी न्याय व्यवस्था में जज घूस लेते थे खुलेआम। चाणक्य ने खुलेआम राजाओं को अमीर सेठों के धन को छल से जुए में लूट लेने को कहा है।

"चाणक्य, मनु, शंकराचार्य, मुहम्मद साहब, वाशिंगटन, फ्रैंकलिन, जेफरसन, या रैले जैसे लोग काफी सचेत बुद्धिजीवी थे। जाति, धर्म, सेक्स और स्वार्थ का सवाल आने पर बड़े-बड़ों का आसन डोल जाता है, विवेकानंद में भी जाति और स्वधर्म के प्रति कलर ब्लाइंडनेस था। पर वे ऐसे क्यों थे, इसका कोई जवाब मुझे नहीं मिलता सिवाय इसके कि हर व्यक्ति अपने समग्र की संतान होता है। मूल्य सापेक्ष होते हैं। सभ्यता का रथ कितने बेगुनाहों को पीसता हुआ रक्त पंकिल पथ से आज पूंजीवाद की प्रतियोगिता मूलक असामाजिक प्रवृत्ति तक आ पहुंचा है जिसमें अब समाज नहीं होगा। एक-दूसरे को कुचलकर लोग आगे बढ़ेंगे। समाज नहीं होगा तो व्यक्ति दिनों-दिन अकेला और असहाय होता जायेगा।"

"हर सचेत आदमी को समाज को टूटने से बचाना चाहिए।" प्रोफेसर ने कहा।

"ऑफकोर्स!" लड़ते-लड़ते दोनों बूढ़े एक ही जबान बोलने लगे थे।

शीलाजी आकर खड़ी हो गईं बीच में, आप दोनों ही मुझे उन दो शराबियों की तरह लग रहे हैं जिन्हें धूप में झुलसता एक मंदिर दिखा। घोर अन्याय! सारे लोग छांव में और भगवान धूप में। हमें भगवान को धूप से छांव में ले आना चाहिए कहकर उन्होंने मंदिर को ठेलना शुरू किया। ठेलते-ठेलते शाम हो गई। मंदिर जहां का तहां। मगर शाम को देखकर दोनों शराबी मित्र प्रसन्न हो गए। आखिर हम मंदिर को ठेल कर छांव में ले ही आए। कोशिश करने से क्या नहीं होता!" फिर वे पलटीं विशाल की ओर, "अरे तुम तीनों घोड़े बेच कर सो रहे अभी तक! उठो, उठो जल्दी उठो।"

# ये न थी हमारी किस्मत!

कृष्णानन्द का क्या हुआ, ठीक-ठीक बता पाना मुश्किल है। शाखा-प्रशाखा फैलाता ही गया था कृष्णधाम, टेम्पुल कॉम्प्लेक्स, गोशाला और गोलोक आदि। हर शाखा में भक्तों की उमड़ती एक-सी भीड़!

कृष्णानन्द का सबके प्रति स्नेह है सिवाय अपने परिवार के। संन्यासी बनकर उन्होंने अपना श्राद्ध कर लिया था और भगवान बनकर परिवार का। ठीक श्राद्ध नहीं पुनरान्वेषण! लेकिन जो सबको नेह-छोह बांटता फिर रहा हो, अपने परिवार और अपने ही भाई के प्रति इतना निष्ठुर क्यों हो जायेगा! सम्पत्ति का विवाद अपनी जगह है, सहोदर भाई अपनी जगह। फिर ऐसा भी क्या विवाद कि विपदा की घड़ी में भी भाई भाई की ओर मुड़कर न ताके! उनके पास गायों के लिए समय है, पूजा-नीराजना के लिए समय है, रास-महारास के लिए समय है, समय नहीं है तो लालकुठी और अपने परिवार के लिए। जिस समय लालकुठी पर पुलिस का छापा पड़ा था उस समय कृष्णधाम में महारास चल रहा था। सेठानियों के साथ डाँडिया नाच रहे थे कृष्णानन्द। जिस सेठानी की डांडी से उनकी डांडी टकरा जाती, वह धन्य हो जाती।

जिस समय अस्तित्व अनुसंधान केन्द्र टूट रहा था, एक नये अनुसंधान में व्यस्त थे कृष्णानन्द। और वह अनुसंधान था उनके अस्तित्व से जुड़ा हुआ। अर्से से भक्त उन्हें चीरहरण लीला के दुहराये जाने का अनुरोध कर रहे थे। आश्रम के तरणताल को यमुना का रूप दिया जा रहा था। एक नकली कदंब वृक्ष भी लगाया जा रहा था, जिस पर गोपियों का चीर चुराकर कृष्णानन्द को बैठना था। कोई ब्रांड कम्पनी इसे स्पॉन्सर कर रही थी। गोपी बनने की इच्छुक हर स्त्री से पचास हजार शुल्क वसूला जा रहा था। कुछ पुरुष भी गोपी बनने के इच्छुक थे उनके लिए भी पचास हजार शुल्क रखा गया था। सारी लीला निर्विघ्न और गरिमामय ढंग से सम्पन्न हो, इसके लिए राज्य सरकार की पक्की व्यवस्था थी। सारा काम युद्ध स्तर पर चल रहा था कि हठात् समाधि में चले गए कृष्णानन्द!

करणी देवी गई थीं बेटे को देखने के लिए। ट्रस्ट के रक्षकों ने उन्हें उनके करीब भी जाने नहीं दिया। सिर्फ दूर से उन्हें समाधि में बैठा देखकर आंसुओं का अर्घ्य देकर लौट आयीं।

इक्कीसवीं सदी के इस पहले दशक में बिजारिया परिवार में क्या हुआ और क्या होने वाला है–यह बता पाना मुश्किल है। इधर लालकुठी मुरझा रही है, उधर कृष्णधाम। अगर कोई ठीक-ठीक अनुमान लगा पाता है तो वे हैं प्रोफेसर सत्य प्रकाश।

सत्य प्रकाश का कहना है कि कृष्णानन्द अपनी महिमा की उस ढलान पर धीरे-धीरे इतने गहरे उतर चुके हैं कि अब उन्हें बाहर की दुनिया की कोई आवाज नहीं सुनाई देती। न तो कृष्णधाम द्वारा जारी विज्ञप्तियों में, न ही उनके मुखपत्र 'दिव्यालोक' से कोई सूचना निर्गत होती है। सुना है, अब तो दर्शनार्थियों को भी निराश होकर लौटना पड़ता है। एक अजीब-सा रहस्य गुम्मी मारे बैठा हुआ है। तरह-तरह की अफवाहें उड़ती हैं। कोई कोई कहता है भगवान बीमार हैं जैसे पुरी के जगन्नाथ मौसी के यहां जाकर बीमार पड़ जाते थे।

ट्रस्ट के लोग हंस कर इस अफवाह को उड़ा देते हैं,

"भगवान और बीमार!"

"तो फिर दिखाई क्यों नहीं देते?"

"भगवान कब दर्शन देंगे, कब नहीं–यह उनकी इच्छा पर है। कोई भी व्याख्या संतुष्ट नहीं कर पाती माता करणी देवी को। उन्हें लगता है जैसे एक विशाल डरावना पक्षी अपने लंबे-लंबे डैनों को फैलाये उड़ रहा है उनके सिर पर, जिसके एक डैने की डरावनी छाया लाल कुठी पर है तो दूसरे की कृष्णधाम पर। किससे कहें अपने मन की पीर, समझ नहीं पातीं। सुस्त कदमों से चलकर जा खड़ी होती हैं अजय के पास। अचकचा कर खड़ा हो जाता है अजय, "कुछ कह रही हैं माता?"

"सुना, जा रहे हो?"

मौन रह जाता है अजय।

"जाने से पहले मेरे बेटों की ठीक-ठीक खबर मुझे नहीं देते जाओगे बेटा? तुम्हारे सिवा मेरा दर्द कोई नहीं समझ पायेगा।"

"अतुल तो है माता।"

"अतुल!" एक लंबी सांस छोड़ती हैं करणी देवी, "अतुल ही ठीक होता तो यह परिवार इस कदर टूटता क्यों! अतुल ने परिवार का धरम निभाया ही होता तो न किस्नू संन्यास लेते, न बंटवारा हुआ होता, न वह सब हुआ होता जो हुआ। कैसी अभागिन हूं मैं, मेरे दोनों ही बेटे...," आगे सिसकियों में डूब गये उनके शब्द।

अब करणी देवी को किसी भी देवी-देवता पर भरोसा नहीं रहा। असहाय राजमाता गिड़गिड़ा रही हैं अजय जैसे अदने आदमी के सामने। द्रवित हो आया मन।

कौन बता सकता है विस्नू बिजारिया की पक्की खबर? विशाल!

विशाल ने फोन पर बताया कि विस्नू बिजारिया के बारे में वैज्ञानिकों की सर्किल में तरह-तरह की अफ़वाहें हैं। अफ़वाह है कि विस्नू स्वाइन फ्लू से मर गए, कि विस्नू मरे नहीं, जीवित हैं, कि अस्तित्व में उन पर शोध चल रहा है, वह विस्नू हैं या कोई और-यह बता पाना मुश्किल है।

"लेकिन अस्तित्व के डायरेक्टर तो तुम्ही हो।" अजय ने पूछा।

"हूं नहीं, था। मैंने पिछले महीने ही रिजाइन कर दिया है।"

"तो अब कौन चला रहा है उसे, बलविन्दर सिंह?"

"कोई इन्टरनेशनल रैकेट। अस्तित्व के वैज्ञानिक तो महज कठपुतलियां हैं। आज्ञाकारी रोबोट। इसलिए जब तक वह रैकेट डिक्लेयर नहीं करता, कोई नहीं बता सकता कि विस्नू मर गए, जीवित हैं या कुछ और।"

उधर कृष्णधाम का भी एक-सा हाल! एयरोड्रम से लेकर कृष्णधाम तक अफ़वाहें ही अफवाहें उड़ रही थीं। आश्रम के फाटक पर भीड़ उथला रही थी, लोग चीख रहे थे, "क्या हुआ हमारे भगवान को? क्या हुआ?" दूर से दिख रहा था कि कुछ गेरुआधारी संन्यासी संन्यासिनें अंदर आ जा रहे थे।

बहुत कड़ी सुरक्षा व्यवस्था थी। अन्दर जाने की किसी को भी इजाजत नहीं थी। पूछने पर हर बार एक-सा उत्तर-भगवान अभी समाधि में हैं।

मंत्री, पुलिस, प्रशासन-सारी कोशिशें बेकार गईं। तीसरे दिन लौट आया अजय।

सीधे लालकुठी न जाकर बालीगंज गया विशाल के घर। सत्य प्रकाश ने सारा वृत्तांत सुनकर कहा, "अतिशय भोग-विलास के चलते किस्नू बिजारिया को तरह-तरह की बीमारियां हो गईं, वे उससे उबर नहीं पाये और भगवान गोलोक वासी हो गए। यही हाल उनके बड़े भाई विस्नू बिजारिया का हुआ।"

"क्या कहते हैं?" शीला देवी ने प्रतिवाद किया।

"लाश से अपचय की बू आने लगी तो बदबू को छुपाने के लिए एक ने पारंपरिक खुशबू चंदन का सहारा लिया, दूसरे ने डीप फ्रीज या अन्य वैज्ञानिक तरीकों का। पारंपरिक को परंपरा ने संभाला, वैज्ञानिक को विज्ञान ने।"

"लेकिन वे इस सच को कब तक छुपा पायेंगे?"

"जब तक उनके द्वारा जमा की गई अकूत सम्पत्ति को रफा-दफा नहीं कर लिया जाता।" तनिक ठमक कर आत्मसंलाप में जैसे बुदबुदाये, "एक की अजर

होने और दूसरे की अमर होने की कामना–यही अंत होना था इन कामनाओं का–यही।"

"मेरा कलेजा मुंह को आ रहा है, कैसे कह पाऊंगा माता करणी देवी और अतुल को यह सब।"

"किसी को कुछ बताने की जरूरत नहीं। तुम्हें जाना है, जाओ। वे खुद-ब-खुद जान जाएंगे।" सत्य प्रकाश ने कहा।

डॉ. बलविंदर से जुड़े 'फातिमा बनाम फत्तेखां' और 'नौकर की मौत' के रस्योद्घाटनों के बाद अब डॉ. जिया का तीसरा प्रहार बनकर आया है 'द अर्थ' नामक जर्नल में उनका नया पेपर। पहले में हारमोंस के गलत ट्रीटमेंट के दुष्प्रभाव से फातिमा नारी से पुरुष बन गई थी और दूसरे में बलविंदर सिंह के डरपोक नौकर में भय के लिए जिम्मेवार जीन्स को 'पैसिव' बनाने के कारण निडर बना नौकर समुद्र में डूब मरा था। प्रथम दो खबरों को डॉ. जिया का मजाक समझकर किसी ने गंभीरता से नहीं लिया था मगर 'द अर्थ' में डॉ. जिया के पेपर ने डॉ. बलविंदर सिंह को बचाव की मुद्रा में ला खड़ा किया।

आंकड़ों के जरिये डॉ. जिया ने बताया था कि इंसान के कद को मात्र 15 सेंटीमीटर घटा दें तो उसका वजन 21 से 25 प्रतिशत कम हो जायेगा। वजन घट जाय तो उनके मेटाबोलिज्म की दर 15 से 18 प्रतिशत घट जायेगी। इसी तरह मांसाहार का मसला है। दुनिया भर में ग्रीन हाउस उत्सर्जनों में अकेले मवेशी फार्मों का हिस्सा बनता है 51 प्रतिशत...।

लब्बोलुबाब यह कि धारती को बचाना है तो कद्दावर इंसानों और मांसाहार के स्रोतों को तत्काल रोकना होगा। खुद को सिकोड़कर ही हम अपनों और गैरों के लिए ज्यादा स्पेस बना सकते हैं।

प्रथम दो रहस्योद्घाटनों की तरह ही डॉ. जिया का यह पेपर भी उनके चिर शत्रु डॉ. बलविंदर सिंह पर व्यक्तिगत हमला था। वे न सिर्फ छह फुट के थे बल्कि मांसाहार के दीवाने भी...। शत्रु पर वार करते-करते अनजाने ही डॉ. जिया अपने मालिक पर भी वार कर बैठे थे। यह पेपर विस्नू बिजारिया के मांस उद्योग पर भी प्रहार था। डॉ. जिया के इस पेपर ने पर्यावरणविदों की दुनिया में हलचल मचा दी थी। कभी अपनी छहफुटी सजीली काया की नुमाइश करते हुए शान से झूमकर चलते हुए डॉ. बलविंदर इन दिनों सहमे, सकुचाये और अपने आप में सिकुड़े-सिकुड़े से चलते। अब कोई अपने वदन को कितना सिकोड़े! डॉ. बलविंदर सिंह सिंह से अचानक चूहे कैसे हो गए? क्या नौकर की मौत?

हां! डॉ. बलविंदर सिंह को कोच्चि में समुद्र में डूबने से हुई मौत के सिलसिले में पुलिस पकड़ कर ले गई। इसका मतलब, मजाक समझी गई डॉ. जिया की

तीनों ही बातें मजाक नहीं थीं। डॉ. जिया स्वयं भी इस मानसिक अवस्था में न थे कि बता पाते, और विस्नू बिजारिया का कोई अता-पता न था। लोग कयास ही लगाते रह गए कि किसी न किसी कोने से कोई न कोई प्रतिवाद या निर्देश अवश्य आएगा, मगर नहीं।

डॉ. जिया इन दिनों अपने टेलीपैथी के विचारों और शोधों को संग्रह करने में लगे हैं–असंबद्ध से बिन्दु-बिन्दु विचार-कुछ विचार तात्कालिक में मसलन–

गांधारी की कोख से निकली मांस-पेशी को घी से भरे सौ घड़ों में रखवाया गया जिनसे सौ संतानों का जन्म हुआ। ये मांस पेशी क्या थी? एम्ब्रियो स्टेम सेल्स और घड़े थे सरोगेट मदर्स!

घृत क्या था जीवन रक्षक द्रव!

कुछ पुरानी निष्पत्तियां थीं, मसलन,

'चित्तवृत्ति के निरोध के चलते मनुष्य कितने ही असंभव कार्य कर सकता है...' या कुछ ऐसे सवाल :

'एक बड़े कैनवस में लें तो पायेंगे कि व्यक्तित्वों का भी सेल-डिवीजन, यानी एक बंट कर दो हो जाता है जैसे जिम और विशाल या किस्नू और विस्नू...। यह क्या और कैसे होता है कि दो अलग-अलग आदमी एक जैसा सोचने लगते हैं?'

'इंसान का ब्लैक बॉक्स कहां है?'

कुछ विचार दोस्तों से लिए हुए थे, मसलन, जिम की यह सदाबहार उक्ति :

'होना हमेशा दो तरफा होता है।'

'मैं हूं, इसलिए यह दुनिया है।
मेरे होने से ही ये पेड़, पहाड़, नदी,
ये चांद और सितारे हैं।
मैं इसमें शामिल भी हूं
और अलग भी...!'

अपने सामने इंसान, चिपैंजी और चमगादड़ के पंजों के चित्र फैलाये अकेले-अकेले बुदबुदा रहे हैं डॉ. जिया। मुद्रा चकित और प्रसन्न है। कोई नई ही युक्ति सूझ गई हो जैसे–"बी.एम.पी-2 जीन्स! टेलीपैथी के जरिये एक आदमी दूसरे आदमी से संवाद ही नहीं कर सकता, उड़कर उस तक पहुंच भी सकता है। इन्हीं पंजों की बनावट में कोई रहस्य छुपा लगता है। हनुमान जी उड़ सकते थे, परियां उड़ सकती थीं। कई घोड़ों के उड़ने के बारे में भी कहा जाता है। कोरा गप तो नहीं होगा यह सब! डॉ. जगदीश चन्द्र बसु तक मानते थे कि जो-जो हम कर और खोज रहे हैं, हमारे पूर्वज पहले ही कर और खोज गये हैं।"

लोग उनकी ओर दया की नजर से देखते हैं। टेलीपैथी के इस साधक ने कब शादी की, कब पत्नी गुजर गई–कोई नहीं जानता। पत्नी के मर जाने के बाद बिल्कुल अकेले हो गये। टेलीपैथी के माध्यम से दुनिया भर से संवाद जोड़ लेने का दावा करने वाले वैज्ञानिक का अपनी पत्नी से ही संवाद नहीं हो पा रहा है। बाकी तो अभी बाकी ही है। बेचारे डॉक्टर जिया...! इम्यून सिस्टम रोग प्रतिरोधक है पर उसकी अतिशय सक्रियता रोगों का जनक भी। शायद यही हुआ अपने जिया के साथ।

करणी देवी न बड़े बेटे से मिल पायीं, न छोटे बेटे से। एक ही रात में और भी बूढ़ी हो गईं करणी देवी, हजार–हजार झुर्रियों वाली...जैसे जीवन रेखा अजस्र डेल्टाओं में बंटती–बिखरती चली गई हो। चेहरा जंगल बन गया है–सुंदर नहीं, असुंदर बन...सिर्फ दो आंखें जुगुनओं की तरह इस जंगल में मद्धम–मद्धम टिमटिमाती हुई–विस्नू और किस्नू!

अपने कमरे में रजाई ओढ़े चुपचाप लेटा पड़ा है विशाल। रात लंबी बात हुई है जिम और अजय से। पापा और मम्मी से भी। सिम्मी साथ–साथ थी। बिजारिया परिवार को कभी ऐसे भी दिन देखने पड़ेंगे, कौन जानता था। अपनी–अपनी परिणति को प्राप्त हुए विस्नू और किस्नू बिजारिया। दोनों की लाशें सड़ रही हैं–एक की अस्तित्व में, दूसरे की कृष्णधाम में। ऐसे मौके पर उसे जिम के साथ होना चाहिए था, मगर उसने खुद मना कर दिया है। उसे क्या करना चाहिए, क्या नहीं–वह एक साथ बहुत–सी बातें सोच रहा था और कुछ भी नहीं सोच पा रहा था।

कॉफी का ट्रे लिए सिम्मी कब से आकर खड़ी है सामने। मगर उसे उसकी उपस्थिति का भान नहीं है। खड़ी–खड़ी वाच कर रही है सिम्मी फिर हौले से बैठ जाती है बेड पर। सिर सहलाते हुए पूछती है, "लैब नहीं चलना है?"

"मन नहीं कर रहा है।"

मन को बहलाने के लिए कई नुस्खे आजमाती है सिम्मी–पर्चेजिंग करनी है, लान्ड्री में दिया हुआ कोट लाना है, लॉन की घास लंबी हो गई है, कटवानी है वगैरह–वगैरह। कुछ नहीं बोलता विशाल।

"बाहर बर्फ गिरने लगी है। कॉफी बनाकर ले आयी हूं, चलेगी?"

"नो।"

"क्यों?"

"तेजी से एसिड बनने लगा है पेट में।"

"यह सब अतिशय सोचने का नतीजा है।"

"सिम्मी, जानती हो, मैं किस विषय पर सोच रहा था।"

"ना।"

"डेस्टिनी पर। हमने नियति का क्या बिगाड़ा है कि जब देखो, हमारे पीछे ही पड़ी रहती है।"

"तो कॉफी नहीं चलेगी?"

"ना। एकदम ना। तुम पी लो।"

सिम्मी ने अपना मग ले लिया। कुछ पल यूं ही खिड़कियों पर जमी धुंध को देखती रही फिर मग रख कर बोली, "और मैं क्या सोच रही थी, सुनोगे?"

"क्या?"

"वह क्या चीज है जो तुम्हारे जैसे आला दर्जे के वैज्ञानिक को भी नियति पर सोचने को विवश करती है, कभी एक तरह से सोचने को बाध्य करती है, कभी उसके बिल्कुल उलटे तरीके से? वह कौन-सी मरीचिका बनकर कभी शाहनाज को भटकाती है, कभी लारा को, कभी क्रिस्टी या कौशल्या को, कभी जिम, जिया, अजय या हमारे तुम्हारे जैसे जीवों को? तुमने अपने पापा और किसी अन्य सज्जन को बातचीत का हवाला देते हुए दुनिया के कई नामी-गिरामी हस्तियों के विचित्र अंतर्विरोधों का जिक्र किया था। क्या तो चाणक्या, मनु, शंकराचार्या, मुहम्मद साहब, जॉर्ज वाशिंगटन, फ्रेंकलिन, जेफरसन, रैले और कौन नहीं-इनके परस्पर विरोधी आचरणों को कैसे व्याख्यायित करोगे? कहां है इसकी कुंजी?"

"कहां?"

"ब्रेन में। मैं तुम्हारे जीन-रिपेयर वाले शोध में तब भी तुम्हारे साथ रहूंगी, मगर स्वतंत्र रूप से ह्यूमन ब्रेन पर ही कंसेंट्रेट करूंगी। जरूरत पड़ी तो 'नैनो' के लेवेल तक में जाऊंगी-नैनो डिवाइसेज निर्मित करने तक। मैं इस तरह इनसान को पागल बनकर अपने ही बुने मरण जाल में हास्यास्पद या करुण भाव से तड़प-तड़प कर मरते या तड़पा-तड़पा कर मारते नहीं देख सकती।"

विशाल ने अपनी प्रेमिका को नजर उठाकर देखा, यह इतनी तनी हुई थी कि उसे लगा उसके आवेश को सम न किया गया तो वह...अपने ही तनाव में कड़कड़ा कर टूट जाएगी। उसने आगे बढ़कर उसे रजाई में खींच लिया, "जरा मौसम की प्रतिष्ठा का तो ख्याल करो। क्यों रुसवा कर रही हो?"

वाकई, तनाव में कुछ ज्यादा ही कड़ी हो गई थीं सिम्मी के स्तनों और नितंबों की मांस पेशियां, बदन जैसे कोई तना हुआ तार हो टन्न-टन्न बज रहा हो। उसने अपने दुलार भरे स्पर्श से इस कठोरता को पिघलाना चाहा लेकिन वे यथावत् बने रहे जैसे वह खजुराहो की पाषाण प्रतिमा हो।

"हे, ह्वाट हैपेंड टु यू?"

लाल कुठी में अजय अपने सामान समेट रहा था कि स्मृति में अचानक दैत्य की तरह प्रकट हो गया पीटर, वही चेहरे में सुराख करती आंखें।

"जा रहे हैं?" पीटर ने पूछा।

"हां।"

"सुना है, आपके यहां किसी भटकते प्रेत को काशी या गया में कील ठोक कर या पिंडदान देकर शांत कर देते हैं?"

वह अवाक होकर लगा ताकने पीटर को, "अचानक तुम्हें इसकी जरूरत क्यों आन पड़ी?"

पीटर ने एक गहरी सांस ली, पलकें फड़फड़ायीं फिर आंखों के कोये स्क्रीन जैसे सपाट हो गये, "मैं ही वह भटकता प्रेत हूं।"

"यूऽऽऽ!"

"यस, मी! डॉक्टर ने कभी आपको मेरे बारे में बताया नहीं?"

"नहीं तो।"

"और जिम ने भी नहीं?"

"नहीं।"

उठ कर टहलने लगा वह। शायद जिस रहस्य को वह खोलना चाहता था, उसके लिए खुद को तैयार कर रहा था। अचानक किसी आवाहन मंत्र की तरह उसकी आवाज शुरू हुई–

"मैं कृत्रिम गर्भाधान का जाया हूं। माँ एयर हॉस्टेस थी, उसने वीर्य बैंक से वीर्य लिया था।"

"क्यों?" वह चिहुंक कर बैठ गया।

"इस रहस्य को वह अपने साथ ही लेती गई। मैं दस साल का था कि एक एयरक्रैश में वह भी...।"

"ओह!"

"माँ नहीं है, लेकिन माँ का अहसास तो है, ट्विलाइट (द्वाभा) की तरह घेरे हुए है मुझे। पर पिता...? पिता का तो कुछ भी पता नहीं। मरने के पूर्व माँ मुझे डॉ. जैक्सन को सौंप गई थी। डॉक्टर ने सौंप दिया गिरधारी अनाथालय को। तब से मैं अनाथालय में पलता हूं और पिता को ढूंढ़ता हूं–एक खूनी की तरह। आईने में देखता हूं...एक-एक मुद्रा, एक-एक कट, एक-एक भंगिमा, इवेन आवाज वगैरह। अलग करता हूं माँ का अंश, जो बचेगा वही तो पिता का होगा। इसलिए मैं हर चेहरे और उसकी हर अदा को घूरता हूं। आपसे विनती है, मुझसे मिलता-जुलता कोई चेहरा दिखे तो बताना प्लीज!"

पीटर रुक-रुककर बोल रहा था और उसे अवसन्न करता जा रहा था।

अजय ने फोन पर विशाल को बताया और विशाल ने सिम्मी को :

"कैसाबियानका की तरह जलते जहाज पर चीख रहे हैं कितने पीटर–पिता

तुम तो न आने तक मुझे यहां खड़ा रहने को कह गए थे। जहाज जल रहा है और मेरे चारों ओर आग की लपटें हैं, क्या मैं अब भी खड़ा रहूं पिता?"

"किस पिता को संबोधित कर रहे हैं पीटर, हीरा या उस जैसे पुत्र? पिता तो कब के युद्ध में मारे जा चुके। भस्म हो चुके सारे रिश्ते।"

''डॉक्टर जैक्सन के स्वर में इसी कैसाबियानका के जलने का धुआं था क्या?'' सिम्मी ने पूछा।

"नहीं, मैं वाकई सीरियस हूं। तुम्हें जिया की ज्यादातर बातें क्रेजी या नॉन सीरियस लगती होंगी, मगर मुझे वे भी सोचने को बाध्य करती हैं।"

"जैसे?"

"जैसे यही कि एक आदमी दूसरे आदमी के मन की बात को समझ सकता है बशर्ते कोई कनेक्टिविटी हो। किसी लाई डिटेक्टर की जरूरत नहीं, सबकुछ पारदर्शी हो उठेगा। वह अतीत में जा सकता है, भविष्य में झांक सकता है, सपनों के पीछे के सच को जान सकता है, चिर जीवन और चिर यौवन भी प्राप्त कर सकता है, जेनोम डिकोड करने की बात से भी आगे की यात्रा।" वह फिर से आवेश में आने लगी थी :

"और सुनो!"

"क्या?"

"वो स्पेनवाले साइंटिस्टों ने बिजारियाज की प्रॉब्लम का सॉल्यूशन खोज लिया है।"

"क्या?"

"वही बायोलोजिकल एज! आदमी कब बूढ़ा होगा, कब मरेगा! अजरत्व! अमरत्व!"

"क्या?" विशाल के स्वर में कौतुक था।

"वेरी सिम्पल! क्रोमोजोम्स के टिप पर टेलोमर्स! ए सिम्पल ब्लड टेस्ट कैन टेल हाउलांग ही विल सरवाइव। छोटे टेलोमर्स छोटा जीवन! बड़े टेलोमर्स बड़ा जीवन!"

"ऐसा मत करना डार्लिंग।"

"क्यों?"

"मैंने तुम्हें महाभारत के बारे में कभी बताया था, महान योद्धा बर्बरीक ने भी कुछ इसी तरह के दावे किए थे? कृष्ण ने उसका सिर ही काट दिया।"

वह कोई प्रतिवाद करना चाह रही थी। विशाल ने उसका मुंह चुंबनों से बंद कर दिया।

# करे कोई, भरे कोई!

विदा की बेला में कैसा-कैसा तो खाली होने लगता है मन, जैसे भाटे के बाद खलियाई नदी।

कंधे पर किसी का हाथ आ पड़ा था। पलटकर देखा तो डॉ. जैक्सन थे। बुजुर्गियत के जाले में उलझा चेहरा।

"जा रहे हो?" डॉ. जैक्सन का उदास सवाल।

"जी।" अजय का बुझा हुआ स्वर।

"पूरे हो गये सारे रिसर्च?"

"कैसे कह सकता हूं!"

डॉ. जैक्सन दार्शनिक हो उठे, "ठीक कहते हो। दावे क्या और प्रतिदावे क्या! हम क्या हैं और हमारी औकात क्या है! कहीं पढ़ा था, ऐसा भी हो सकता है कि हम सब किसी दूरस्थ ग्रहवासी की प्रयोग-भूमि मात्र हों।" वे किंचित रुके फिर जैसे उन्हें याद आया, मैंने सुना, "तुम राजस्थान में किसी ऐसे पौधे के प्रोजेक्ट पर काम कर रहे हो जो काफी गहराई से पानी को खींच लाता है।"

"जी जलाकर्षिका!"

"गुड! विश यू बेस्ट ऑफ लक!"

चले गए डॉ. जैक्सन!

सामान पैक हो गया। अब अतुल परिवार से मिल कर मात्र अलविदा कहना भर रह गया है। अजय ने खड़े होकर अपने कमरे का मुआयना किया। लगा कमरे की दीवार में अजस्र सुराख हो गये हैं। हर सुराख से झांक रहा है कोई न कोई चेहरा–विशाल, सिम्मी, जिया, जिम और पीटर, लारा, क्रिस्टी, शाहनाज जैसे दूसरे लोग। सभी खोजी एक ही बिन्दु से फैलते हैं–जीवन! अलग-अलग दिशाओं में बढ़ते हैं रहस्यों की अलग-अलग कांपती किरचों के सूत्र पकड़ कर। पहले भी लोग जाते रहे हैं। कुछ धुंध में भटक गए कुछ चौंध में, कुछ को सागर की लहरों ने निगल लिया, कुछ को जलचरों ने। यह महानता उन्हें मुबारक जो अगम-अगोचर

को साध रहे हैं, उस जैसे साधारण जन के लिए तो जो ऐन सामने है, वही महत्त्वपूर्ण है।

जिम को जगाना नहीं पड़ा। वह कहीं से अभी-अभी लौटा था और सीढ़ियां चढ़ रहा था। अजय की आहट पाकर उसने मुड़कर देखा, "क्या बात है, अभी तक आप जगे हुए हैं?"

"यूं ही। कल वापस लौटना था, सो...।"

वह ठिठक गया, "कल ही...ऐसा क्या?" फिर कुछ सोच कर चल पड़ा, "आइये खाना तो खा लें पहले।"

वह उसके साथ चल कर ऊपर आया और डाइनिंग हाल में कुर्सी पर बैठ गया। घर में अजीब-सी शांति थी। न जिम की माँ थीं, न नानी, न दादी, न ही कोई अन्य स्त्री या पुरुष। अलबत्ता दो नए कुक थे जो अभी कायदे से परिवार का मन-मिजाज नहीं समझ पाये थे। ब्रेड, उबले आलू, उबली गोभी, पनीर। था तो यह शाकाहार ही, मगर अंग्रेजियत की कोख से निकला हुआ। कहां देबू ठाकुर का मुखरोचक बंगाली व्यंजन, कहां ये...! खुद के साथ-साथ स्वाद को भी कोमा में ले गए ठाकुर। जिम ने भोजन तक कोई बात न की, जैसे-तैसे पेट में डाल कर नैपकीन से हाथ-मुंह पोंछते हुए उसने कहा, "अच्छा नहीं लगा होगा पर कभी-कभी वो क्या है, सारा कुछ बेजायका हो जाया करता है।"

"भोजन उतना जरूरी नहीं था, जरूरी था सबसे मिलना।"

"लेकिन मुझे इस वक्त जोरों की नींद आ रही है।"

"कल मैं जा रहा हूं, दिन-रात सोते रहना।"

अनिच्छा से वह वाश-बेसिन तक गया, मुंह पर कुछ छींटे मारे, फिर तौलिये से पोंछते हुए बोला, "तो जैसी माँ की इच्छा थी, आप हमारी कम्पनी ज्वाइन नहीं करेंगे?"

"मुझे क्षमा करोगे।"

"क्षमा तो माँ और दादी से, पापा से मांगनी चाहिए थी।"

"तुम्हारे सिवा कोई नहीं है यहां।"

"दो-एक दिन वेट नहीं कर सकते?"

अजय चुप हो गया।

हंस पड़ा जिम, "डर है। कहीं इरादा न बदल जाय, है न?"

"नहीं, उनका आना सरटेन नहीं है न? ठीक है, कल भर देखता हूं।"

"जाएंगे कहां...?"

"पता नहीं।"

पर मुझे पता है। वह फिर हंसा और डाइनिंग टेबुल बजाकर गाने लगा, "वहां कौन है तेरा, मुसाफिर जाएगा कहां...आप से सीखा है ये। ओ. के.। जाइये। माय गुड विशेज टु यू!" वह तनिक रुका फिर बोला, "बट आपको प्रकृति ने दो ही पांव दिए हैं—एक वहां रहेगा, एक यहां...।"

'तुमने पुकारा और हम चले आये' गाते हुए मैं हाजिर हो जाऊंगा, फिर पूछूंगा, "क्या हुक्म है मेरे आका?" दोनों हंसने लगे।

"अभी तो यही हुक्म है कि सोओ और सोने दो।"

"अररर...स्क्रीन पर कौन सा मैसेज आ रहा है—कैलिफोर्निया फाउण्ड द राइट कॉकटेल ऑफ केमिकल्स एंड विटामिंस टु कॉक्स द सेल्स इंटू विकमिंग एग्स एंड स्पर्म्स! यानी कृत्रिम डिम्ब और स्पर्म बना लिये जायेंगे।''

अजय ने मैसेज पढ़ा और जिम के आगे कर दिया।

जिम की आंखें खाली थीं। पता नहीं, उसने देखा भी या नहीं। अजय को अपना उत्साह बचकाना लगा। ऐसे समय में ऐसी बातें। श्मशान में उत्सव।

"सॉरी यार!" उसने खेद प्रकट किया।

"इट्स ओ. के.! आपकी प्रतिक्रिया?"

"मैं तो तुम्हारी प्रतिक्रिया जानना चाहता हूं।"

"मी?"

"यस!"

जिम ने थोड़ी देर के लिए आंखें बंद कीं फिर खोलीं, "मुझे तो इसमें एक नये ही संकट की आहट आने लगी है।"

"क्या?"

"एक हुए हम—माँ और बाप के मिलन से पैदा ट्रैडिशनल इंसान, एक हुए वे...माँ, न बाप, सिंथेटिक इंसान। इन ट्रैडिशनल और सिंथेटिक इंसानों में एक नये किस्म की श्रेष्ठता की जंग शुरू हो जाएगी।" जिम की आंखें चिलक रही थीं, "हम इंसान पहले से ही सेल्फ सेंटर्ड और सेल्फिश हैं अब पूरी तरह छिन्नमूल रूटलेस हो जायेंगे। इनके न माँ होगी, न बाप, न रिश्ते, न सामाजिक जुड़ाव। सिंथेटिक मैन को मरने-मारने के इस महाभारत में कोई अर्जुन-वैराग्य नहीं सालेगा। वही विजयी होगा। सत्ता उसी के हाथ में रहेगी।"

"मुझे तो वो कहानी याद आ रही है—चार मूर्ख पंडितों की।" अजय ने कहा,

"कौन-सी?"

"वही...। चार पंडित थे, पहला पंडित मात्र हड्डी पाकर पूरा ढांचा खड़ा कर सकता था, दूसरा उस पर चमड़ा आदि सजा सकता था, तीसरा पंडित उसे पूरा आकार प्रदान कर सकता था, वैसे ही जैसे अपनी मधु ने म्यूजियम सजा

रखी है। चौथा पंडित उसमें जान डाल सकता था। पहले जो हड्डी मिली थी, वह बाघ की थी, उससे उन्होंने पूरा का पूरा बाघ बना डाला जो उन्हीं को खा गया। मजे की बात है बाघ का आकार स्पष्ट होता जा रहा था, फिर भी उन्हें नहीं सूझा।"

"पिक्यूलियर स्टोरी!"

"यस पिक्यूलियर! वही हाल है इब्तदाये इश्क है रोता है क्या, आगे-आगे देखिए होता है क्या। अभी तो और भी बहुत कुछ आयेगा रोबोटिक्स से, जेनेटिक्स से, प्रोटोन कोलाइडर से और दूसरे फील्ड्स से। वह सब जब होगा, तब होगा, जिनका एक-एक दिन पहाड़ हुआ जा रहा है, उनके लिए क्या है? हिमालय हटाने की जरूरत नहीं है, निहायत छोटे-छोटे फौरी उपाय उनके अंधेरे जीवन में उजाले ला सकते हैं। वह न करके हम अभी से अपने शव से बाहर निकल कर अपना स्यापा क्यों करने बैठ गये?"

"सारा निगेटिव ही क्यों सोच लेते हैं। ऐसा भी तो हो सकता है कि शुद्ध विज्ञान की उपज होने के कारण...वह रूढ़िवादी और दकियानूस न होकर रेशनल हो।" जिम की आंखें फिर अलसाने लगी थीं।

"अब तो सोने की इजाजत है न!" जिम इस बार आदेश से अनुरोध पर उतर आया।

"और मेरे सवालों का क्या होगा?"

"क्या?"

"नम्बर एक-कहां गए परिवार के बाकी सदस्य?"

"वह मैं खुद भी नहीं जानता। नंबर दो भी है?"

"हां नंबर दो यह कि जीवन जैसा भी क्यों न हो, हमेशा उत्तेजक ही क्यों लगता है तुम्हें और औरतें जैसी भी हो, सुंदर ही क्यों दिखाई देती हैं तुम्हें?"

"बस?"

"हां।"

"आपने जीवन नहीं जिया?"

"मैं तुमसे सुनना चाहता हूं।"

नींद उसे फिर से घेरने लगी थी, सतत् जागरण का प्रभाव स्पष्ट था। उसके खूबसूरत चेहरे पर रुक्षता छाने लगी थी और आंखों में लाल डोरे दहकने लगे थे। रॉकिंग चेयर पर झूलते हुए उसने नींद को तड़ी करना चाहा। जंभाइयों में उसका पहला वाक्य उधड़ गया, "देखिए, अभी मेरा अनुभव ही क्या है?"

"ओ. के.! जाओ सो जाओ।" कहते हुए उठ पड़ा अजय।

उसका झूलना बंद हो गया, "रुकिए, मैं अब ठीक हूं।" अब वह स्थिर था

और उसकी आंखें छत के झाड़-फानूस में उलझी हुईं, "मुझे लगता है कि माँ की कोख और कसाईखाने के बीच जो दूरी है, वही तो जीवन है।"

"क्या गुजरात दंगों के बाद भी कोख और कसाईखाने के बीच कोई दूरी बची है?"

"वेट, वेट।" जिम ने हाथ फैला कर उसे रोका, "धुंध से भरी है यह दूरी। इसलिए मौत और धुंध के बावजूद जिन्दा रहना या जीवन जीना अपने आप में परम उत्तेजक अनुभव हैं।"

"और औरत...?"

"औरत?" उसने तनिक सोचा फिर असम्बद्ध वाक्यों में बोलता गया,

"जीवन को अगर न्यूक्लियस मानें तो उसके चारों ओर खड़ी है मौत, कई-कई परिधियों के छल्लों पर...। तो चारों ओर मुंह बाये, अपने नुकीले दांत निकाले, हुंकारती, दहाड़ती, रेंगती शिकारी मौत के खिलाफ जीवन की निरंतरता की धारा का नाम है औरत और जैसा कि आपने उस दिन कहा था, जो न सिर्फ उस मौत से संत्रस्त है बल्कि जीवन से भी, फिर भी मौत को चकमा देती हुई जीवन को अमरत्व की ओर ले जाती है। संसार का पवित्रतम शब्द क्या है, मालूम...मां!"

"झूठ!" एक बुलेट शॉट की तरह दगी थी आवाज। अचानक भूतनी की तरह दरवाजे पर प्रकट हुई थीं श्रीमती एलिस! हड़बड़ा कर सीढ़ियों से नीचे उतर पड़े दोनों।

उनके चेहरे पर खरोंचों के खुनाये निशान थे, केश छितराये हुए और धूल से अंटे हुए थे। दरवाजे का सहारा लेकर जिस तरह वे खड़ी थीं, लग रहा था, उन्हें खड़े होने में भी खासा तकलीफ हो रही होगी।

"ममा!" जिम की नींद उड़ चुकी थी।

"रुको जिम।" श्रीमती एलिस ने हाथ बढ़ा कर रोक दिया उसे, "ईश्वर के लिए औरत को देवी न बनाओ। उसके भी हाड़-मांस हैं, दूसरे अंग हैं, ब्रेन है, प्राकृतिक तकाजे हैं तुम्हारी तरह।"

"लेकिन तुम्हारी यह हालत कैसे हुई और तुम आ कहां से रही हो?"

"तुम्हें फिकर है? फिकर है तुम्हें मेरी? सुनो, मैं मर्दों के प्यार पुचकार के ढकोसलों से ऊब चुकी हूं पूरी तरह। मैंने तुम्हारे फलसफे सुने। सारी महानता का बोझ हम पर फेंक कर ये मर्द हर दाय-दायित्व से मुक्त हो जाते हैं-सरासर ब्लैक मेल। मैं नहीं मानती, नहीं मानती मैं। तुम्हारे उस झूठ का सबसे बड़ा साक्ष्य बन कर खड़ी है यह औरत तुम्हारे सामने। पता है कुत्तों से नुचवा कर आ रही हूं। इसी नस्ल को तुम सभी बचाना चाहते हो-थू है तुम पर!"

"पर ये थे कौन?" उत्तेजित हो उठा वह।

"तुम्हारे बाप के पाप। सुना? आइदर दिस वे ऑर दैट वे, बट इनफैक्ट ऑल

वेयर क्लोन्स ऑफ विस्नू।"

"उफ! तुम्हें वैसे नहीं जाना चाहिए था मॉम!" जिम ने सिर के बाल नोच लिए।

"और कैसे जाना था? बाप तो भगोड़ा निकला। बड़े साम्राज्य की स्वामिनी–थू। इतने बड़े बिजनेस को हैंडल करने के लिए जाता कौन!"

"फिर भी।...और वो ड्राइवर कहां था? बॉडी गार्ड्स? रुको, पहले मैं..."

"क्या पता करोगे? क्या? मैं अकेली गई थी अकेली...मेरा दम घुटता था इस कैद में।"

रुक गया जिम, "तुम्हें ऐसे अकेले नहीं जाना चाहिए था मॉम!"

"तुमने अपने बाप को क्यों नहीं रोका? कहां गया वह कुत्ता?"

उत्तेजना में गिरने-गिरने को हुईं कि संभाल लिया जिम ने।

"दूर हटो मुझसे। दूर दूर!" उन्होंने झिड़का और अपनी रही-सही शक्ति से परे धकेलने लगीं उसे। करुणा, आक्रोश और अनुताप की आंच में चटखता उनका सदा का महिमामंडित चेहरा विकृत हो चला था, आंखें बरस रही थीं, जबान भर्रा रही थी, मगर हाथ-पांव झपट रहे थे। उन पर जैसे सन्निपात का प्रकोप हो चला था, "तुम मेरे जाये बेटे होते तो ऐसी शर्मनाक वारदात के बाद भी आइडियोलोजी न बघारते, उठाते बंदूक और छलनी कर डालते उनकी...और मेरी भी। मगर तुम? तुम तो खंडित संतान हो। जन्म से ही खंडित। तुम्हें तो डॉ. जैक्सन ने न इधर का रहने दिया, न उधर का।"

दूर से ही अपने थुलथुल शरीर से बदहवास दौड़ती आयीं कैथरिन, "एलिस, मेरी बेटी!"

वे शायद 36 चौरंगी लेन से फोन से सूचना पाकर आ रही थीं। उन्होंने उन्हें पुचकार कर शांत कराने की कोशिश की, मगर श्रीमती एलिस शांत होने की बजाय एकदम से भड़क उठीं, "मुझे नहीं, इसे संभालो मॉम...मैं कहे देती हूं मॉम, यह तुम्हारा अतुल, ये जिम, अपने बाप की तरह ही कापुरुष है, सच का सामना नहीं कर सकता।"

"क्या हुआ जिम?" कैथरिन जिम की ओर मुखातिब हुईं।

"उस दिन बहुत दावे के साथ कह रही थीं न, तुम्हारा नहीं, मेरा बेटा है। कैथरिन मैडम, ले जाओ अपने लाडले को। आज मैं इसे सारे दाय-दायित्व से मुक्त करती हूं। न तुम मेरी कोई, न यह...! हम सब समुद्र की मछलियां थीं, न बाप से कुछ लेना-देना, न माँ से। पृथक-पृथक सत्ताएं हैं हम सबों की।"

"मॉम प्लीज!" जिम अबोध बच्चे-सा कातर हो उठा ।

"मर गई तुम्हारी मॉम। अगर तुम इस कुत्सित देह से मेरी आत्मा को मुक्ति

दिलाना चाहते हो तो गोली मार दो मुझे। शूट मी। शूट मी ऐटवन्स।" उसे वे लगीं झकझोरने और झकझोरते-झकझोरते संज्ञा खोकर उसकी बाहों में झूल गईं।

जिम ने उन्हें उठाया और अपने बिस्तर पर लिटा दिया। जहां वे अब तक खड़ी थीं, वहां खून ही खून पसरा पड़ा था। खून बिस्तर तक बूंद-बूंद टपकता गया था और अब सफेद चादर लाल हो रही थी।

कैथरिन की हिचकियां बंध गई थीं। मोबाइल पर जिम ने जिस-तिस से कॉन्टैक्ट करने की कोशिश की, शायद लगा नहीं फिर लौट कर अपनी नानी के साथ उनके उपचार में लग गया। कैथरिन अपनी बेटी के हाथ-पांव सिर और सीने को मल रही थीं जैसे एलिस उनकी बेटी नहीं, छोटी बहन हो जो सहसा हिस्टीरिया का शिकार हो गई हो।

अजय क्या करे, बुद्धू की तरह उसके भेजे में कुछ भी नहीं समा रहा था। सबसे भद्दा यह हुआ कि इतना सारा कुछ उसकी उपस्थिति में हो गया। उन्हें छोड़कर जाना भी उचित नहीं लग रहा था और वहां खड़े रहना भी।

बहुत सोच विचार कर सहमते हुए उसने बाहर खड़े थापा से पूछा, "दादी कहां गई हैं?"

"पता नहीं साहब।"

उसकी बात पूरी भी न हो पायी थी कि एंबुलेंस आ गयी। मिनटों में श्रीमती एलिस को लाद कर आग-आगे एंबुलेंस चल पड़ी, पीछे-पीछे दो कारें। जिम के साथ कार में बैठे अजय ने एक बार पीछें मुड़ कर देखा, उस महल में सिवाय नौकरों के अब कोई न था।

जॉन नर्सिंग होम के आई.सी.यू. में जीवन-मृत्यु से जूझती पड़ी थीं श्रीमती एलिस। बाहर टेबुल पर एक ओर कैथरिन सुबक रही थीं, दूसरी ओर जिम। पर नहीं, जिम सुबक कहां रहा था, उसकी नीली आंखों में सिर्फ खून के डोरे लहरा रहे थे। दरअसल वह पूरे जिस्म से श्रावित हो रहा था, बोला तो जैसे आवाजें चू रही थीं, "मॉम ने ही हमेशा सबमिट किया, इस वैष्णव परिवार में। मांस छोड़ा, मछली छोड़ी, धर्म छोड़ा, भाषा छोड़ी, सती-साध्वी बन गईं, इसके ठीक उल्टे डैड ने उनकी परित्यक्त चीजों को ग्रहण किया, कौन-कौन-सा मांस नहीं, कौन-कौन-सी दारू नहीं, कौन-कौन-से छल-प्रपंच नहीं जो उन्होंने नहीं किये। भोग के भटकाव में जाने किस धुंध में भटक गए डैड, करे कोई, भरे कोई।...कितनी शर्मनाक बात है, है न? कोई एक व्यक्ति नहीं, यह सारा का सारा ही अपराधिकी का प्रदूषित पंक है, मेरे पिता और पिता जैसों का फैलाया हुआ, व्यक्ति तो बुदबुदे मात्र हैं इस सड़ते पंक के।"

# रह गईं दिशाएं इसी पार, जाना है मुझको बहुत दूर!

पत्तों के सघन तंतु जाल-सी झलकती है झील। झील की करधनी पर बैठी हैं मछुआरिनें–बेला है, जाहिदा है, तेलम्मा, कमला, जूली, शुभा है और कितनी कितनी बेलाएं, जाहिदाएं...।

"माछ ले लो माछ! टटका माछ! मांस लेना है मांस? किस जीव का मांस? आदमी तक का मांस हमारे पास है। बोलो, क्या चाहिए।"

पूरा देश बैठा है बेचने। क्या बेच रहे हैं लोग?

मछली? मांस?

सिर्फ मछली नहीं, सेक्स, आंख, दिल, खून, किडनी, स्टेम सेल्स, कोख...।

अलसायी-अलसायी धूप में टांगें फैलाये–डिम्ब ले लो डिम्ब।

मछली, घड़ियाल, कछुए, मुर्गी, हंस के नहीं, आदमी के डिम्ब, आदमी के। उकड़ूं बैठी...टांगें फैलाये...। स्पर्म ले लो स्पर्म, जैसा चाहो वैसा स्पर्म! यकीन नहीं आता?

लोग हथेलियों पर रखकर अपना माल दिखा रहे हैं–ये देखो, ये डिम्ब, ये वीर्य, ये कोख, ये...

सब बेच रहे हैं खुद को, झेंपने की जरूरत नहीं। श्लील, अश्लील, मूल्य, संस्कार की सारी रेखाएं मिट गई हैं।

"क्या कहा? असलहे? असलहे भी। कितने चाहिए? हां, किसे मारना है और किसे जिलाये रखना है–यह हम तय करेंगे, आप नहीं।"

वह स्वप्न था या जागरण, चेतन था या अवचेतन, स्थिति थी या स्थिति-विहीनता या स्वप्न, जागरण, चेतन, अवचेतन, स्थिति और स्थिति-विहीनता से परे कोई और ही लोक!

शून्य में हाथ पसारे निकल पड़ा है वह।

कटे हुए बकरे, भेड़, गायें, सूअर, मुंड ही मुंड, कबंध ही कबंध। अंग-अंग, पहाड़, नदियां, आइसवर्ग्स, संध्याएं, सूर्योदय, चांद और सितारे। दृश्यबंधों के कितने कितने क्रिस्टल्स!

कल आया था, कल चला जाऊंगा।

यथा नदीनाम् बहवोऽम्बु वेगाः
समुद्र मेवाभिमुखा द्रवन्ति...

टूटती उल्काओं, धसकते पहाड़ों और उत्ताल लहरों के बीच से।

रह-रहकर प्रदीप्त होते और अंधेरे में समाप्त होते ज्योति वलय के बीच पीछे छूटती जा रही हैं दिशाएं। किस ब्लैक होल में समाते जा रहे हैं सूरज, चांद, सितारे आकाशगंगाएं और नीहारिकाएं!

यहां न पूरब है, न पश्चिम, न उत्तर, न दक्षिण, न ऊपर, न नीचे, न कोई रिश्ता है, न कोई मूल्य, न कोई संस्कार।

स्वयं में समाहित है यह ब्रह्मांड, मैं भी।

किसी का कोई केन्द्र नहीं, मेरा भी नहीं, मैं स्वयं अपने आप का केन्द्र हूं।

सारी रात यूं ही दुःस्वप्नों में बीत गई थी।

अगली सुबह धड़कते दिल से अजय ने जिम के डोर को नॉक किया।

"कम इन!" उधर से आवाज आई।

अंदर दाखिल हुआ तो जिम जैसे उसी का इंतजार कर रहा था।

"आइये अजय दा, गुड मॉर्निंग।"

"गुड मॉर्निंग जिम! कैसी हैं तुम्हारी माँ अब।"

"मां...?" शब्द जैसे हवा में टंग गया फिर विसर्जित की जाने वाली प्रतिमा की तरह धीरे से धरती पर उतारा उसने, "यह सुबह मेरे लिए मार्निंग लेकर आई है।"

"क्या मतलब?"

"रात मेरी एक माँ गुजर गईं, एक माँ रो रही हैं।"

"अरे!" स्तब्ध रह गया अजय, जिम का अंदाज-ए-बयां ही कुछ ऐसा था कि उसे फिर से पूछना पड़ा, "कौन-सी माँ गुजर गईं, श्रीमती एलिस?"

"यस!"

"ओह!" उसे सांत्वना देने के लिए सहसा कोई शब्द न मिला। जिम शायद विचलित हो रहा था संताप से। मन भीगता रहा। श्रीमती एलिस का भव्य चेहरा याद आया, वीनस और मदर मरियम का मिला-जुला अक्स, वक्त और उपेक्षा की झाइयां बहुत कम लकीरें डाल पायी थीं जिस पर। फिर उदासी की परतों में मुरझाते-मुरझाते अन्ततः सन्निपात की झंझाओं में खंड-खंड टूटने लगा।

"कब...?"

"रात तीन बजे।"

"आखिरी समय पर उन्होंने कुछ बताया था?"

"हां, कहा था, उन्हें मरने का उतना गम नहीं, सिर्फ इस तरह मरने की कसक साल रही है। किसी ने सीधे-सीधे गोली मार दी होती, वह बेहतर रहता। मैंने तो जीने की ही भरसक कोशिश की थी, पर इस तरह चेतना को भटका कर, चक्कर खिलाकर कलेजे में किरिच भोंकना। क्या यह स्लाटर हाउसेज के पशुओं का अभिशाप था? मैं अंशतः ऐसी मौतों का जिम्मेवार तो रही ही, आज खुद उसे ओढ़कर शायद प्रायश्चित कर सकूं थोड़ा-बहुत।"

तो जिम की यह माँ, जिन्हें न पूरा का पूरा गर्भधारिणी ही कहा जा सकता है, न जन्मदायिनी ही और न उनके श्रेय को सरासर नकारा ही जा सकता है, निर्मम यातना झेलती हुई मर गईं। बड़े-बड़े दावों के लिए शोध में जुटे परिवार की मालकिन ऐसी मौत मरी। और दूसरी माँ, जो उसकी अनुपूरक ही नहीं, उस माँ की भी माँ है, जिसे कानून सिर्फ सरोगेट मदर कहेगा, जो वर्षों अकेले-अकेले अपनी निपट तनहाई, अपने एकांतिक जुड़ाव और अपने दमघोटू निर्वासन का दंश झेलती रही, अपनी इस उम्र में और भी टीसती तनहाई और भी घुटन, निर्वासन और भी करारी टीस झेलने को जिन्दा रह गईं। वह शायद सूअर की मौत न मरें, मगर मरने से भला कौन रोक पायेगा उन्हें! इस कसाईखाने में वध होना सबकी नियति है। किसे असली माँ कहें, किसे गौण? एलिस मानो बीच का अवक्षेपण थीं, अपनी भूमिका अदा की और नेपथ्य में चली गईं, कैथरिन शाश्वत मातृत्व हैं जो जिन्दा हैं, जिन्दा रहेंगी।

"लाश कहां है?"

"पोस्टमार्टम के लिए गई है।"

"कफन होगा या दफन?"

"कुछ भी हो, क्या फर्क पड़ता है।" वे टहलते हुए म्यूजियम में आ गए।

"सब खत्म हो गया।" अजय के लिए शब्द कम पड़ रहे थे।

"हां, सिवाय इस चीज के।" जिम ने एक जार की ओर इशारा किया जिसमें द्रव में डूबी वह रबर जैसी कोई चीज थी, कटी-फटी अमेरिका के नक्शे-सी तानी हुई।

"क्या है यह?" उसके मुंह से बेसाख्ता निकल पड़ा। "औरत की सबसे बड़ी जीत...और उसकी सबसे बड़ी हार।"

"पर यह है क्या?"

"माँ का गर्भाशय, उसके फेलोपियन ट्यूब के साथ।"

"क्या?" अजय के रोंगटे खड़े हो गये। मन जुगुप्सा से भर उठा।

"लेकिन तुम इसका करोगे क्या?"

"ठीक-ठीक खुद भी नहीं जानता, फिर भी माँ से माँ के इस अंग को अलग करके एक सवाल तो पूछ ही सकता हूं कि आखिर क्या मजबूरी थी उसकी

कि मुझसे परहेज हो गया इसे। कहां बिगड़ गया ताल? इसलिए भी कि मैं कभी भूल नहीं पाऊं कि मेरी माँ के साथ क्या हुआ था।"

अजय उसके इस अटपटे जवाब पर हैरान रह गया। पता नहीं, वह कितना कविता में बोल रहा था, कितना टेक्नॉलॉजी में। अपने स्फटिक सरीखे अमेरिकन टोन की इंग्लिश में वह कोई मंत्र-सा बुदबुदा रहा था।

क्या यह माँ की चिता से चुराई गई कोई चमक थी? क्या जिम वाकई अपना मानसिक संतुलन खो बैठा है? म्यूजियम की हर चीज—वे झूलते चार्ट्स, एक्वेरियम्स, संदीप राय के विचित्र चित्र और वे सारे अजीबो-गरीब कलेक्शंस, जीव विकास-क्रम के डिमांस्ट्रेशंस, कम्प्यूटर, फोन, बॉनगाग के सेल्फ पोर्टेट से निकलती किरचें, नियाग्रा प्रपात के चित्र, प्रयोगशाला के उपकरण, रेक पर अलग-अलग जारों में तैरती अलग-अलग आकृतियों के बीच चमगादड़-सा उड़ान भरता माँ का गर्भाशय और एलिस और कैथरिन के गर्भों में कुलबुलाते जिम के भ्रूण के इलस्ट्रेशंस और उन सबके बीच चहलकदमी करता हुआ जिम—सभी उसे भयावने नजर आने लगे।

खिड़की के बाहर झील का स्याह अहसास फैला हुआ था और बत्तियां अंगारों-सी दहक रही थीं। मन में भीषण उधेड़-बुन मची हुई थी। जब तक डॉ. जैक्सन या अन्य कोई जिम्मेवार व्यक्ति नहीं आ जाता, इस मानसिक रोगी को छोड़कर जा पाना भी संभव न था। आखिर इस महाविनाश की शुरुआत हुई कैसे? शक का हर सिरा उसके जन्म तक ले आता। असमंजस की स्थिति में अजय ने कदम बढ़ाये, पर वे उसे खाली-खाली से लगे। जिम उसकी ओर पीठ किए खिड़की से बाहर देख रहा था। अजय ने आगे बढ़कर उसके कंधे पर अपना हाथ रखा।

"इतने दिनों में तुम इतने अपने लगे, इतने कि...। दुख है कि तुम्हें ऐसे क्रिटिकल मोड़ पर छोड़कर जाना पड़ रहा है कि एक साथ कई वियोग और कई जिम्मेवारियां तुम पर आन पड़ी हैं।" बोलते-बोलते वह ठेठ भारतीय बुजुर्गों की शैली पर उतर आया, "देखना कोई कॉम्प्लेक्स और कॉम्प्लिकेशन न पाल लेना।"

जिम ने पलटकर देखा। उसकी नीली आंखें जल रही थीं। कितने उत्ताप पर लौ का रंग नीला हो उठता है—तीन हजार, चार हजार, छह हजार डिग्री सेन्टीग्रेड या उससे भी ज्यादा? इसी उत्ताप पर संकुचन के दबाव से कोयला हीरा बनता है, यही चौंध सूर्य के बाहरी वलय से उत्कीर्ण होकर ग्रहों के कण-कण को भास्वर बनाती है।

"कॉम्प्लेक्स और कॉम्प्लिकेशंस!" जिम ने अजय के तमाम शब्दों में से आघात के लिए इन्हीं दो को चुना। अजय की ओर थोड़ी देर तक देखता रहा फिर बोला, "हमने नहीं बनाया दुनिया को स्लाटर हाउस। हमने नहीं फैलायी कोई धुंध। वह

तो विस्नू बिजारियाओं और केन्टों से पूछो। जानवर से आदमी बनने में सदियां गुजर गईं, सदियां, सहस्राब्दियां! और आदमी से जानवर बनने में एक पल भी नहीं।...इस धुंध में अपनी-अपनी डोंगियां लेकर निकल पड़े हैं हम। एक धुंध बाहर है...एक अंदर।

उसे बहलाये रखने के लिये चलते-चलते फिर वही सवाल-"कैसा लगा तुम्हें जब तुमने पहली बार जाना कि तुम टेस्ट ट्यूब बेबी हो?"

"इसे कैसे व्यक्त करूं...? जैसे...जैसे कोई अपने शहर को और...और ऊंचाई से देखे, क्षितिज का छल्ला खिलता और खुलता ही चला जाए।"

"पर इस फैलाव का कोई तो केन्द्र होगा?"

"केन्द्र? आप बताइये, क्या केन्द्र है?"

"व्यक्ति?"

"क्या व्यक्ति निरपेक्ष है?"

"जीवन?"

"क्या जीवन निरपेक्ष है?"

"नहीं दरअसल..." अजय सोच में पड़ गया।

"सब गड्डमड्ड है अजय दा, सब। इसे पूरी संरचना से ही, जहां केन्द्र भी है, विस्तार भी, संश्लेषित करना होगा क्योंकि वही सत्य है, पूर्ण सत्य, बाकी मिथ्या।"

"मेरे दिमाग में अट नहीं रहा। तुम्हारे इस विराट सत्य में से मैं सिर्फ माँ की बावत जानना चाहता हूं-वह केन्द्र है या परिधि?"

"केन्द्र भी है और परिधि भी।"

"लेकिन मातृत्व की परिभाषा क्या होगी और उसकी इन्तहा कहां है?"

"क्यों?" वह इस बार पूरी तरह पलट कर खड़ा हो गया, "मेरी माँ भी माँ हैं, नानी भी माँ। जिस जीव-जन्तु के दूध और जिन वनस्पतियों के मैंने रस पिये, वे भी जिन जीवों के मैंने मांस खाये, जिन मुर्गियों के मैंने अंडे खाये, वे भी...। यहां तक कि मेरे डॉक्टर्स, नर्सेज और वे दूसरे जिनके चलते मैं हूं, मेरा वजूद कायम है, वे सभी...इस एक अतुल को बनाने में तिल-तिल जोड़ने में पता नहीं किस-किस का अवदान है।" फिर वह अजय को घूरने लगा। उसकी तीखी नजर जैसे उसे आर-पार बेध रही थी, "आपने स्वयं भी कभी कहा था कि मेरा जीवन विचित्र है।"

"नहीं, मुझे क्षमा करो, मैं अपनी बात वापस लेता हूं।" अजय ने घबरा कर आत्मसमर्पण कर दिया।

"नोऽऽऽ! सच तो यह है कि विचित्रताओं के उन्हीं गलियारों में से गुजरकर ही मैंने जाना कि जीवन और मातृत्व सीमाहीन हैं। मैं किस-किस का कर्ज उतार

पाऊंगा? आय वो टू एवरी बॉडी!" वह किसी ऊंचे और सुदूर नक्षत्र से बोल रहा था, शत-शत प्रकाश वर्षों की दूरी से, "मैं जितना ही माँ को अणु-परमाणु से संश्लेषित करता हूं, उतनी ही असीम, उतनी ही अगाध, उतनी ही अनन्त होती जाती है मां...यौवन से मदमाती, खुशबू से महमहाती, झरनों-सी झरती, नदियों-सी बहती, सागर-सी लहराती...बूंद-बूंद इस रेगिस्तान में जज्ब होती, सरसब्ज करती...। मैं उसके पुष्ट स्तनों की धार को मर्म-मर्म में महसूस करता हूं।" उसका स्वर आवेग रहित होता गया, आंखें उत्ताप रहित, स्वर स्नेह और अपनत्व से सराबोर।

वह बोल रहा था और अजय हर्ष की फुहारों के बीच विस्मय की पेंगों पर झूल रहा था। कुछ देर पहले झील और दरख्तों का जो कैनवस स्याह लग रहा था, अब चांदनी से सराबोर लगने लगा, तट की बत्तियां उसकी करधनी पर सलमे-सितारों-सी जगमगा रही थीं। पूरी कायनात एक स्वच्छ दर्पण-सी खिली हुई थी, इसी दर्पण से बोल रहा था जिम, अतुल बिजारिया, निगेटिव नहीं, पॉजिटिव, समस्त भौतिकताओं और अधिभौतिकताओं को अपने में समोये हुए।

आखिर डरते-डरते उसने डर के आखिरी बिन्दु को छुआ, "एंड ह्वाट एबाउट विस्नू एंड किस्नू बिजारिया?"

"क्या होगा? दोनों नॉक आउट चूहे थे, अपनी-अपनी नियति को प्राप्त हुए।" जिम ने इतने सहज भाव से कहा कि वह असहज हो गया। संभ्रमित-सा उठ पड़ा, "दो दुनियाएं हैं। दो अनुभव। पहले हम जानते हैं कि ऐसे थे, बाद में पता चलता है, नहीं, ऐसे नहीं, वैसे थे, जैसे मैंने तुम्हें बताया था परकाया प्रवेश, वह नाटक 'भगवद अज्जुकीयम्' ऋषि और गणिका का। ऋषि के गणिका में और गणिका के ऋषि में परकाया प्रवेश करते ही ऋषि गणिका की तरह आचरण करने लगते हैं और गणिका ऋषि की तरह। जैसे हीरा, जैसे शंकर जमादार, जैसे शाहनवाज, उसी तरह तुम! ए बिग जंप! हाउ डू यू फील द चेन्ज ऑर इज देयर नो चेंज ऐट आल?"

"निर्वासित।"

"निर्वासित?...वैसे तो डॉक्टर जैक्सन ने तुम्हारे जन्म के बारे में सबकुछ बता दिया है।"

"लेकिन उन्होंने सब नहीं बताया होगा, जो उन्होंने नहीं बताया, वह क्या था?" वह सयानों की तरह चुभती आंखों से देख रहा था।

"अभी कुछ बाकी भी है क्या?"

"हां, भ्रूण तो बन गया मगर ट्रांस्प्लांट करने का साहस न हुआ, सुविधा न मिली, जैसे प्रोमेथ्यूज ने स्वर्ग से आग तो चुरा ली मगर...आय थिंक इट वाज नाइन्टीन सेवेंटी सिक्स। पहला टेस्ट ट्यूब बेबी लुइजे ब्राउन के आने में अभी

भी दो साल बाकी थे। जैक्सन कोई पके वैज्ञानिक तो थे नहीं। वे उस बच्चे के समान थे जिसने कोई दुर्लभ खजाना पा लिया हो, मगर वह उससे संभल न रहा हो। तेरह साल लग गए उन्हें उपयुक्त कोख तलाशने और खुद का कॉन्फिडेंस जमाने में। तेरह साल तक मैं डीप फ्रीज में पड़ा रहा। तेरह साल बाद मुझे कोख मिली नानी की।"

"अरे! तुम तो एक पुरा कथा बन गए। उस हिसाब से तो खुद से भी तेरह साल बड़े हुए।" अजय चौंक गया।

"शायद!"

"पहले टेस्ट ट्यूब बेबी से भी दो साल बड़े। यानी दुनिया के पहले टेस्ट ट्यूब बेबी।"

"शायद!"

"मेरे भी बड़े भाई।"

"शायद!"

"तेरह साल!" अजय बर्राया, "कहीं इसे किक तो नहीं कर गई?"

"सिर्फ तेरह साल ही क्यों? अपना डी.एन.ए. डिकोड करते-करते मैं पीछे, पीछे और-और पीछे लौटते हुए दक्षिण अफ्रीका के उस मुकाम से देखता हूं जहां से यात्राएं शुरू करते हैं हमारे पुरखे। चींटियों की कतारों की शक्ल में बनती लकीरें। नदियों, समंदरों, पहाड़ों, जंगलों, सहराओं, मैदानों तक फैलती लकीरें, फिर उन लकीरों को पकड़ कर उनके उत्स से भी पहले, जहां ब्रह्मांड ने विकसित होना शुरू किया, आकाश गंगाएं छिटकनी शुरू हुईं। कितना हास्यास्पद है खुद की वंश-गरिमा, जेन्डर, जाति, उपजाति, संप्रदाय और क्षेत्रीयता का बखान! हम सब हैं तो वही...।"

आवाज घाटियों में घहरा रही थी। उसे लगा, वह हंस रहा है। कल्पांतरों के पार से फूलों-सी झर रही है उसकी उजली-उजली हंसी।

जिम अतीत के अंतिम छोर को छूकर जैसे वर्तमान के अंतिम छोर पर आया, "आप किसी पेड़ या हर्ब पर शोध कर रहे थे न, जो जमीन से 60 या 80 मीटर नीचे तक का पानी खींच लेता है?"

"हां। मुझे नहीं मालूम, वैज्ञानिक शब्दावली में इसका क्या नाम है, मैंने नाम दिया है 'जलाकर्षिका'। यह पौधा न सिर्फ खुद को हरा-भरा रखता है, बल्कि अपने आस-पास को भी।"

"अजय दा, मैं नहीं जानता, बोटनी में ऐसा कोई पौधा होता भी है या नहीं मगर आपकी भाभी और उस मरुस्थल की दूसरी औरतें किस जलाकर्षिका से कम हैं? कितनी-कितनी दूरी से लाती हैं पानी...? और आपकी, वो क्या नाम

है, बेला...आप रेगिस्तान, वह सागर, जा रहे हो तो उस जलधारा को भी लिवाते जाना, आपका रेगिस्तान हरा हो जायेगा।"

अजय आश्चर्य से लगा देखने जिम को, वह एक साथ सापेक्ष और निरपेक्ष कैसे हो जाता है।...उनकी बातचीत को सुनकर कोई कल्पना भी कर सकता है कि इसी घर में तीन-तीन स्वजनों की मौतें हुई हैं!

"जानते हो, अभी आज मैं एक सपना देख रहा था, स्वप्न नहीं, दुःस्वप्न! न था वहां जीवन, न थी वहां मौत, था तो बस एक बाजार मात्र, बोध के स्तर पर अपने अस्तित्व को नकारता हुआ, अस्मिता को नकारता हुआ। उसके बाद मैं पूरी तरह आस्थाहीन हो गया।"

"आस्थाहीन होकर हम कैसे रह सकते हैं? रिश्ते न भी हों तो भी हमें ईजाद कर लेने होंगे, ईश्वर न भी हो तो ईश्वर भी...।" वह फिर से सापेक्ष होने लगा था।

लेक के किनारे तीन-तीन चिताएं सजायी गई हैं। एक एलिस की, दूसरी विस्नू बिजारिया, तीसरी किस्नू बिजारिया की। पहली आ गई है। बाकी दोनों की प्रतीक्षा है।

अखबारों में खबरें अंटी पड़ी हैं क्या होगा बिजारियाज का? खंड-खंड बिकेगा या एक साथ, टीवी के समाचार चैनलों पर 'कृष्णधाम' और 'अस्तित्व' पर पुलिस के छापे की खबरें और विजुअल्स बराबर दिखाये जा रहे हैं। किसी-किसी चैनल पर स्क्रीन को चार खंडों में बांट कर चार-चार जगहों को दिखाया जा रहा है—लालकुठी, विशाखापत्तनम की फायरिंग, 'कृष्णधाम' और 'अस्तित्व' पर पुलिस बल द्वारा छापा, भक्तों द्वारा प्रतिरोध और पुलिस द्वारा बल प्रयोग। कृष्णधाम पर श्रद्धालु प्रतिरोध में नारे लगा रहे हैं, रास्ता रोककर लेट जाने से लेकर ईंट-पत्थर सबकुछ चल रहा है। उन्हें अपने भगवान का इस तरह ले जाया जाना मंजूर नहीं। सड़ी हुई लाशों के चलते विजुअल्स में कुछ लोगों को नाक पर रूमाल रखते हुए और कुछ को उल्टी करते हुए दिखाया जा रहा है। विस्नू की लाश के साथ गनीमत है, ऐसा कुछ नहीं है।

अजय सचेत भाव से जिम को बातों में उलझाए रखना चाह रहा था कि कहीं उसका रुलाई का बांध टूट न जाय। भला जिस घर में माता-पिता और चाचा तीन-तीन स्वजनों की मौत हुई हो, वह खुद पर काबू कैसे रख सकता है? यह खेल खासा मनहूस था। कौन किसे खेला रहा था, जिम उसे या वह जिम को! अचानक ही भय की एक विचित्र ही अनुभूति ने उसे जकड़ लिया—जिम रोये ही नहीं तो...? इतने दिनों से वह जिम के साथ है, क्या उसने जिम को कभी रोते हुए देखा? न-नहीं। इससे बढ़ कर और खतरनाक बात क्या होगी कि एक आदमी रोये नहीं! सत्य प्रकाश जी, शीला जी, अग्रवाल साहब, डॉ. जैक्सन, घोष,

दस्तीदार, अलग-अलग गुटों में सारे लोग इसी बात पर हैरान हैं। आज अचानक उसे जाने क्यों 'घरघुसरा' की याद आई। डॉ. सिंह अस्तित्व छोड़ कर चले गये, वरना उनसे पूछता, 'क्यों लगता था उसे जमाने भर से डर!'

आ गई दोनों लाशें जैसे टीवी से सीधे उतार कर उन्हें चिता पर रखा जा रहा हो। लकड़ियों से ढंक दी गई लाशें। जिम ने एक मशाल ली और बिना किसी प्रचलित कर्मकाण्ड के छुला दी आग। जलने लगी चिताएं चट-चट! चट-चट! मचलने लगी ज्वालाओं की लपक एक-एक के चेहरे पर। जिम चुपचाप खड़ा था लपटों के सामने।

सारे परिवारिक मित्र अलग-अलग गुटों में जुट कर एक ही मंत्रणा कर रहे हैं–'जिम का रोना बेहद जरूरी है, मगर कैसे...?'

सहसा शीला जी ने आकर बताया, 'जिम तो यहां है ही नहीं।'

'कहां गया जिम?'

जिम अपने म्यूजियम में कम्प्यूटर पर कोई फिल्म देख रहा था। आज प्रभु की लाश के साथ उनकी कई निजी चीजें भी जिम को सौंपी गई थीं, उनमें वह पेन ड्राइव भी थी जिसमें वह फिल्म थी एबॉर्शन की, उसकी आकांक्षित फिल्म जिसके संधान में वह कहां-कहां नहीं भटका और फिल्म...?

अतीत का वह ओझल कालखण्ड इतने दिनों बाद खुल रहा है उसके सामने।

फिल्म में एक जीवित मांस पिंड का अक्स उभरता है...कोई बच्ची है, माँ के गर्भ की सुरक्षित दुनिया में मछली की तरह किल्लोलें करती हुई। सॅक्शन एबॉर्शन मशीन के पहुंचते ही माँ से जुड़ी बच्ची चौंक कर दूसरी ओर भागती है।

"अरे, देखो, देखो कैसी भागी जा रही है।" मॉनीटर के सामने बैठी एक औरत कहती है।

"और उसका हार्ट बीट कितना बढ़ गया है 100, तुमने देखा?" दूसरी औरत बताती है।

एबॉर्शन जैसे कोई मृत्यु का उत्सव हो जिसे देख के सास-ननद और दूसरी औरतें मॉनीटर के सामने आ बैठी हों, अब वे सभी ललकारने लगती हैं, जैसे वे एक जानवर को घेरकर शिकार करने निकली हों। आंखें और चेहरे स्क्रीन बन गए हैं जिन पर दुनिया के सारे हत्यारे चेहरों की क्रूरताएं लपलपा रही हैं। सार्क की तरह काटने वाली मशीन का मृत्युग्रासी जबड़ा उसकी ओर बढ़ता है और भाग-भाग कर छुपती बेहद डरी हुई वह बच्ची ठिठक जाती है, मुंह खोलकर सिर को पीछे तानती हुई चीखती है–एक खामोश नंगी चीख। अब उसे 'कच-कच' करके काटा जा रहा है गाजर मूली की तरह। सिर तोड़ा जा रहा है। सक-आउट किया जा रहा है।

किस राग और अनुराग से आया होगा वह भ्रूण माँ के गर्भ में! किस बेरहमी से काट कर निकाला जा रहा है उसे!

वह बच्ची, पता नहीं, बड़ी होकर क्या बनती! पर अब वह कचरा थी, सिर्फ कचरा। यह एक बेरहम कसाई की कार्रवाई थी जैसे सैफ्टी टैंक की सफाई-पानी घोला, सक-आउट किया, फेंक दिया, वहां कुत्ते नोचे या कौवे। यह अलग बात है कि जिम ने बच्ची के टुकड़ों को फॉर्मलिन के जार में तभी सुरक्षित रख लिया था।

जिम को लगता है, स्क्रीन के ठीक ऊपर 'बाल-भोग' के लेबेल लगे हुए जार में फॉर्मलिन में डूबी टुकड़े-टुकड़े में बंटी बच्ची की लाश आपस में जुड़ने की कोशिश कर रही है।

यह सारा कुछ उस वृत्तचित्र का अंग था जिसमें अजय के स्टिंग ऑपरेशन का अनुषंग भी शामिल थे और जिन्हें एडिट नहीं किया गया था। जिम ने पलट कर देखा तो पीटर, अजय, सिम्मी, विशाल और जिया की नजरें भी फिल्म पर गड़ी हुई थीं।

बाहर चिताएं जल रही थीं, अंदर चूड़ांत बर्बरता का बाइस्कोप, उसके ऊपर फॉर्मलिन में तैरते बच्ची के टुकड़े और सबसे ऊपर एलिस का गर्भाशय-मातृत्व का लहराता हुआ कटा-फटा परचम! अजीब सिक्वेंस था। इस सिक्वेंस का चूड़ांत थी जिम की चीख।

"वह माँ जो हमें जन्म देती है।

"वह पिता जिसके हम अंश होते हैं

"वे रिश्ते जो हमें भावनात्मक सुरक्षा देते हैं

"वे डॉक्टर्स और वैज्ञानिक जो हमारा होना संभव बनाते हैं—यही जीवनदायी हाथ यहां मारने पर तुले हैं।"

जिम रुक-रुक कर बोल रहा था। आंखें बरस रही थीं मगर आवाज सधी हुई, "इस फिल्म की तलाश में मैं कहां-कहां नहीं भटकता रहा। डैड नहीं चाहते थे कि मैं इसे देखूं। मांस का व्यापारी मेरा बधिक पिता अपने पुत्र को क्या नहीं दिखाना चाहता था—बध की नृशंसता? मगर क्यों...कि कहीं पुत्र को वैराग्य न हो जाए या कि डॉ. बैनर्जी की तरह वह भी कहीं पागल न हो जाए? वही शुद्धोधन सिंड्रोम! अब तक मैंने बाहर की चीखें ही सुनी थीं, आज पहली बार अंदर की चीखें सुनी हैं। अब तक मैंने लाउड चीखें ही सुनी थीं, आज पहली बार सायलेंट चीखें सुनी हैं। उस निर्दोष बच्ची की हत्या में मैंने सारे निर्दोषों की हत्याएं देख लीं और उसकी खामोश चीख में सारी अनसुनी चीखें सुन लीं। माना कि कैनिवलिज्म एक बेरहम सच्चाई है, मगर हम ईरैशनल कैसे हो सकते हैं? मैं अपने पिता और चाचा की विरासत नहीं, प्रायश्चित्त हूं।"

अंतिम वाक्य, जैसे, एक पंक्ति का प्रेस नोट बनकर सभी सूचियों पर टंग गया है और चिता की लपटों में लपलपा रहा है।

प्रभु के साथ क्या जल रहा है–जिम का अतीत, उसके व्यक्तित्व का वह अंश जो उसके वास्तविक जन्म को अवरुद्ध कर रहा था! ये रुद्ध कपाट जिम की इस चीख के साथ खुल गए जो जन्म लेते शिशु का पहला क्रन्दन होती है और वह निर्धारित करती है–शिशु सामान्य है। क्या वह रुदन जो बच्ची के भ्रूण के कंठों पर गुम हुआ था, जिम के कंठों पर उतराया? क्या इसे ही परकाया प्रवेश कहते हैं?

यह सब सोचते हुए अजय कुछ-कुछ कन्फ्यूज कर रहा था कि वह जो देख रहा है, वह एक हैलोसिनेशन है या हकीकत। क्या यह वही शख्स है, जो भ्रूण बनकर तेरह वर्षों तक हाइबरनेशन में रहा, फिर नौ महीने नानी के गर्भ में और तब से आज तक जिम बन कर! सारे रिश्तों, नातों, स्थितियों, दिशाओं और काल को पीछे धकेलते हुए जारी है उसका यह सफर! तेरह नहीं, तेरह सौ नहीं, तेरह लाख, तेरह करोड़ नहीं, अरबों-खरबों वर्ष का प्रवासी है वह, उसके आनंद, उसके संताप, उसके संघर्ष और उसकी संप्राप्ति का वाहक...' दूर तक चली गई हैं उसकी परछाइयां और अनुगूंजें।

उसने विस्मयविमुग्ध भाव से जिम के कंधों पर अपने हाथ रख दिए, "वाकई तुम अतुल्य हो। फिर से जन्म लिया है तुमने–आज, यहां, अभी–इस बच्ची की कोख से। मुबारक हो तुम्हें तुम्हारा यह नया जनम! चश्मे बद्दूर!"

●●●